总主编　刘国深
副总主编　邓孔昭　邓利娟

台湾研究新跨越·经济分析

主编　石正方

九州出版社

图书在版编目（CIP）数据

台湾研究新跨越·经济分析/石正方主编. —北京：九州出版社，2010.4

ISBN 978-7-5108-0446-5

Ⅰ.①台… Ⅱ.①石… Ⅲ.①台湾问题—文集②地区经济—经济发展—台湾省—文集 Ⅳ.①D618-53②F127.58-53

中国版本图书馆CIP数据核字(2010)第058292号

台湾研究新跨越·经济分析

作　　者	石正方　主编
出版发行	九州出版社
出 版 人	徐尚定
地　　址	北京市西城区阜外大街甲35号(100037)
发行电话	(010)68992190/2/3/5/6
网　　址	www.jiuzhoupress.com
电子信箱	jiuzhou@jiuzhoupress.com
印　　刷	三河市东方印刷厂
开　　本	720毫米×1020毫米　16开
印　　张	28
字　　数	332千字
版　　次	2010年6月第1版
印　　次	2010年6月第1次印刷
书　　号	ISBN 978-7-5108-0446-5
定　　价	56.00元

总 序

厦门大学台湾研究院（台湾研究所）成立 30 年来，我们先后在 10 周年庆典、20 周年庆典和 25 周年庆典前出版了《台湾研究十年》、《台湾研究论文集》和《台湾研究 25 年精粹》，这次又集结出版了“台湾研究新跨越”系列文集，作为 30 周年庆典的献礼。本系列文集的出版，一方面是为了继续传承厦门大学台湾研究院的团队精神，将过去 5 年来较具学术创见的研究成果汇总起来，进行集中展示，以便于关心厦门大学台湾研究院发展的领导、学界同仁在短时期内了解本院五年来的研究成果和思想前沿；另一方面则是希望借此有一个新的开始，激励全体师生在台湾研究的学术征程中确立新坐标，找到跨越研究难题新的着力点和方向。

多学科交叉融合是厦门大学台湾研究院相对来说比较明显的优势。2006 年 12 月 24 日，中共中央政治局常委、全国政协主席贾庆林一行前来视察，在向他做简报时，我谈到了自己在研究中的一点感想：“对于我们这些研究台湾问题的学者来说，如果不知道台湾的历史，我们的研究是不会有深度的；如果不知道台湾的文学，我们的研究是缺少人文关怀的；如果不知道台湾的经济，我们的研究是不能说有深度的；如果不知道台湾的政治，我们的研究是很难有高度的。”这段话是个人在对台交流交往和研究工作中比较强烈的感受，对于任何研究者来说，要跨越这么多学科去认识台湾问题实属不易，但是，不跨越学科藩篱又不行！

1895 年清政府被迫割让台湾，进一步激发了中国人变法图强的坚定意志。115 年以来，两岸中国人为此不懈努力，经历了无数的挫折，也走了许多弯路。回顾过去的历史，我们可以总结出许多经验和教训，其中知识的偏颇和缺乏系统性的思维可能是值得检讨的众多问题之一。作为政治精英个体，两岸的许多前辈先贤，他们各自都有对国家和民族问题极其深刻的洞察和体会，他们提出的主张也都有一定的合理性。但是，在如何吸纳其他人的观点，如何采纳其他政党的合理主张方面，我们太需要够调和鼎鼐、博采众长的精英。学会欣赏对方的优点，真正做到有容乃大，其实并非易事，除了要有高尚的道德精神外，更需要有全面的知识和能力。这一点对于从事台湾研究的专家学者来说同样是适用的，当我们的国家拥有一大批知识渊博且胸怀宽广的两岸关系研究精英群体时，我们就有可能实现115年来的梦想。

厦门大学台湾研究院30位研究人员，分别隶属5个研究所和政治、经济、历史、文学、法律、教育6个不同学科。虽然平时有不少机会一起工作和生活，但跨学科知识整合和合作研究的机会仍然很有限。期待这一系列文集的出版，将再触动全体师生研究观念的变革和跨越，或许5年、10年之后，多学科的知识整合将给我们的研究带来新的收获和喜悦。

感谢所有关心我们的人，感谢全院教职工不懈的努力和奉献！

刘国深

2010年5月8日于厦大海滨寓所

目　录

第一篇　台湾经济及政治研究

第二篇　两岸投资、贸易及经济关系研究

第三篇　两岸产业合作研究

第四篇　两岸经济一体化与区域整合

第五篇　大陆涉台经济研究历程与方法回顾

第一篇　台湾经济及政治研究

试析台湾“均富型增长模式”的改变*

邓利娟

各国各地区发展经济的最重要目标之一就是要提高国民收入，改善生活水平。但在实际经济发展过程中，收入分配往往趋于集中，造成社会贫富差距扩大。正因为如此，有关经济增长与收入分配的关系问题一直是经济学特别是发展经济学一个十分重要的研究课题。战后台湾“均富型增长模式”（经济发展同时带来社会平等）曾备受世人称道，但自20世纪80年代以来台湾这种模式发生了明显的逆转趋势，而进入21世纪以后，贫富差距扩大化问题更是成为台湾社会持续关注的热点。因此，台湾收入分配问题不仅是当代台湾经济问题研究的重要课题，作为一个典型案例，对于收入分配理论也具有明显的研究价值。本文首先阐述相关收入分配理论的发展演变，在此基础上，追寻台湾经济增长与所得分配之间关系的发展轨迹，并进一步探讨其“均富型增长模式”发生改变的原因。

一、有关收入分配理论的历史演进

自1955年美国经济学家西蒙·库兹涅茨（S. Kuznets）就经济增长中收入差距的变动趋势提出了著名的“倒U型曲线”假说后，近半个世纪以来，围绕这一假说，发展经济学家们学术争论不断，有关经济增长与收入分配的理论研究也在此过程中向前推进着。

---

* 本文原载于《台湾研究集刊》，2005年第3期。

（一）库兹涅茨的“倒U型曲线”假说

1955年库兹涅茨在《经济增长与收入不平等》一文中提出了有关经济增长与收入分配相互关系趋势的著名假说：“在长期的收入结构中存在着一个以不平等为特征的长期波动：在前工业文明向工业文明极为迅速地转变的经济增长早期阶段上，不平等扩大；一段时期变得稳定；然后在后期阶段上不平等缩小。”后来人们将库兹涅茨的上述假说法描绘在以横轴代表经济增长率，以纵轴代表收入分配均等程度的坐标图上，由此得出一条“倒U型曲线”。收入分配之所以会呈这样的变动趋势，库兹涅茨的解释是，进入向工业文明过渡的起飞阶段后，由于对增长具有重要意义的储蓄和资产集中在少数富有阶层，成为这些阶层及其后代获取更大的收入份额的基础；另一方面，伴随着工业化过程的是，人口由低收入的农业和乡村向高收入的工业和城市转移，从而扩大了两个部门间的收入不平等，因此，这个时期社会的收入差距会迅速扩大。而在进入经济增长后期和达到较高发展水平后，随着财税（特别是累进所得税和遗产税）、福利制度的改进和完善，将会一定程度抵消储蓄不平等的累积效应，同时在工业化和城市化早期的动荡阶段过去之后，各种因素就会趋向于提高城市人口中低收入阶层的经济地位，这些有利于收入不平等的缩小。可以看出，库兹涅茨认为关于经济增长中收入差距的变动趋势主要是由市场力量造成的。

库兹涅茨还进一步指出，由于发展中国家的人均平均收入水平比发达国家低得多，而储蓄和资产的集中又比发达国家更为明显，因此长期收入分配在发展中国家可能比在发达国家更加不平等。这种不平等还可能持续扩大，因为发展中国家缺乏与迅速增长相联系的动态力量，因而无法阻止上层阶层借助于过去的储蓄持续集中所带来的累积效应造成收入份额呈上升的趋势，另外，发展中国家的政治与社会体制未能通过政府或政治上的操作来有效地提高低收入阶层的地位。①

由于有较强的理论分析和经验支持，库兹涅茨的“倒U型曲线”假说

---

① 马颖：《结构主义发展思路收入分配理论的历史演进》，http：//cedr. whu. edu. cn/emagazine/200441616357. pdf。

长期以来一直成为研究收入分配理论的基本依据和重要文献。而战后巴西、墨西哥等拉美国家的发展事实也被视为对这一假说的一个验证，他们的收入分配状况在1960—1970年的经济高增长时期是急剧恶化的。

（二）“倒U型曲线”假说受到质疑

就在“倒U型曲线”假说获得肯定与支持的时候，其真实性所面对的实践与理论方面的挑战也日渐增大。20世纪60年代以来东亚各国和地区的经济发展显示出了一条与“倒U型曲线”不相符合的路径。自60年代以来的20、30年里，韩国、新加坡、台湾和香港等东亚国家及地区的经济快速增长，但同时这些国家和地区的贫富差距总的来说并没有明显恶化，台湾等地还有相当程度的改善。在理论研究方面，从80年代开始，一些发展经济学家通过观察发展中国家的有关资料分析，对“倒U型曲线”提出了公开质疑。到了90年代，则有更多的经济学家对此假说提出不同意见。其中较有代表性的是，1998年Deininger－Squire在其出版的《国际不平等数据库》中，运用108个国家的有关数据资料分析表明，“大约90%的被调查国家是不存在倒U型曲线这种关系。”他们的研究还发现不平等在经济增长时期会上升，同时在经济衰退时期也同样会上升。①

同样，赖特（C. L. Wright）的制度假设理论也对库兹涅茨的假说提出了挑战。② 他认为，市场力量不是决定收入分配的唯一因素，决定收入分配状况的主要因素是机制和政府的政策。如果过度关注市场力量而忽视机制变迁和政府政策，便会对收入分配与经济发展之间的关系产生错误认识。收入分配与经济发展的关系并不像“倒U型曲线”理论所假设的那么多变，事实上，没有任何国家在其经济发展过程中收入分配都必须经历如“倒U型曲线”假设所描述的这种单一模式。此外，机制变迁和政府政策也有可能继续导致收入不公的恶化。而且，这种情况不可能得到“自我纠正”。收入分配高度不公的国家尤为如此，因为控制政治和行政权力的精英是不会贯彻那些

① 权衡：《收入分配与经济增长的相关性》，《社会科学》，2004年第6期。

② Wright，C. L.，Income Inequality and Economic Growth：Examining the Evidence，journal of Developing Areas，Vol. 13，October，p. 51，62，63。转引自沈红芳：《东亚主要经济体收入分配的比较研究》，《南洋研究》，2004年第3期，第17－18页。

对其利益有所损害的政策。

如果经济增长与收入分配相互关系不一定呈“倒U型曲线”，就有可能存在即使经济增长，又令收入差距不会扩大的途径。1990年世界银行的《世界发展报告》和联合国发展计划署的《人类发展报告》据此提出了这样的看法：只要采取了恰当的政策，增长可以减少贫困，增长甚至可以和平等的分配携手并进。

（三）重新重视“倒U型曲线”假说

20世纪末以来，有关收入分配理论的学术争论又有了新的发展。1997年爆发了震惊世界的亚洲金融危机，“东亚奇迹”受到质疑。而拉美各国借鉴东亚的经验所采取的相关改革措施成效不彰，2000年底阿根廷还发生了金融危机。于是，关于经济增长与收入分配之间关系的主流观点又倾向回到“倒U型曲线”假说上，东亚曾经取得的成绩被认为是由于某些因素在起作用，它们抵消了拉大收入差距的力量。经济学家们在东亚成功与失败间寻找着共同起作用的因素，其中“教育论”较引人注目。英国发展研究所（IDS）的Adrian Wood提出了一种模型，① 其中包括三种类型的劳动力，分别为没有受过教育的、受过基本教育的和受过高等教育的，他假设一国要发展技术含量较低的劳动密集型制成品产业，至少需要受过基本教育的劳动力。这种制成品产业的扩大将会增加这一教育程度的劳动者的收益，这一方面缩小了他们与高等教育接受者的收入差距，另一方面却扩大了与没有受过教育的劳动者的收入差距。最终的净影响如何，取决于这三种类型劳动力在人口中的分布。如果一国中受过基本教育的劳动人口比重非常大，他们所获得的收益的增加就会降低经济增长带来的收入分配的不平等性，而如果没有受过教育的劳动人口的比例非常大，以劳动密集型产业支撑起的经济增长就一定会带来收入差距的扩大。东亚国家由于儒家文化传统的关系，社会整体对教育的重视程度较高，因此受过初级教育的人口比重很大，这就为它们通过出口替代战略发展经济并为缩小收入差距创造了条件。但随着一国收入水平的整体提高，产业结构转向发展技术密集型产业时，受益最多的是受过高等教育的

① 刘晓路：《论政府在改善收入分配状况中的作用》，《财贸经济》，2003年第8期。

劳动人口，他们与没有受过教育的和仅受过基本教育的劳动人口间的收入差距不可避免地拉大了。换言之，东亚国家的文化传统构成了一种发展初期的优势，但当国民收入达到一定水平后，“倒 U 型曲线”还是会发生作用的。

事实上，自 20 世纪 80 年代以来，包括发达国家在内的全球的大部分国家均出现了收入差距扩大化的趋势。有关解释比较形成共识的是与“教育论”有关的“知识经济论”。一般认为，知识经济的发展会使收入差距扩大加快，李德比特（Charles Leadbeater）在《知识经济大趋势》中指出：“知识经济使贫富不均变本加厉”。之所以如此，李诚教授指出，在知识经济的时代，谁掌握最新知识谁便掌握经济大权，而知识的取得只限于少数进入高等学府，特别是名校的学生。① 韦端教授则从产业结构角度分析知识经济对所得分配的影响，他认为，知识经济的发展使传统产业萎缩而知识密集产业快速发展，由此产生高知识、高技能人力与低知识、低技能人力的供需失衡，进而造成结构性失业增加、所得分配恶化，在此过程中，“高学历高所得，低学历求职难”的趋势更加剧了所得分配不均的状况。②

由上述可见，有关收入分配问题的认识在理论与实践的发展中不断加深，尽管目前尚未有十分一致的结论，但相关理论论述对于观察与分析发展中国家及地区经济发展每个阶段中的收入分配问题仍有重要的指导意义，只是要避免简单、僵化地套用某种理论，因为各个国家及地区发展中的差异性很大，具体情况要具体分析。另一方面，通过对个别国家及地区实际经济增长与收入分配关系的分析研究，也可以在某种程度上检验上述理论的适用性，推动相关理论研究的完善。

---

① 李诚：《知识经济时代的人力资源政策》，台湾“政策基金研究会”，2001 年 4 月 14 日，www. npf. org. tw。

② 韦端：《知识经济对失业与所得分配之影响》，台湾《“自由中国”之工业》2002 年第 12 期。

二、台湾经济增长与收入分配关系的发展轨迹

追寻半个多世纪来台湾经济增长与收入分配之间关系的发展轨迹，可以发现其经历了由相对较均衡到不均衡的过程，中间呈明显的三个阶段，目前贫富差距扩大化问题对台湾社会的困扰日益加重。以下将采用经济学界常用的衡量收入分配不平等程度的两个指标：其一，高低收入比率。将家庭收入（或个人收入）从多到少进行排列，分成5个组别（或10个组别），20%最高所得家庭的收入与20%最低所得家庭收入的比即是高低收入比率，它衡量的是一个国家及地区最富和最穷两个极端收入不平等的程度。其二，基尼系数。这是20世纪初由意大利统计学家基尼（Corrado Gini）发明的，系数值介于0与1之间，数值越大，表明收入差距越大，反之差距越小，国际上一般以基尼系数0.4为警戒线。

第一阶段1953－1980：库兹涅茨“倒U型曲线”假说的例外。

国民党政权败退至台后，台湾经济经过几年的恢复稳定，从1953年起进入较顺利发展时期，60年代后更进入快速发展的繁荣时期。1951－1960年经济平均增长率为7.6%，1961－1970年增长率达10%，1971－1980年则为9.4%，与此同时，台湾由一个农业社会转变为工业化社会。在这过程中，台湾的收入分配没有出现“倒U型曲线”假说所描述的不平等扩大的情况，所得分配表现出相对平均化的趋势。1953年，台湾的5组别高低收入比率是16.52倍，所得分配情况与多数发展中国家及地区差别不大。但1959年这个比率降为8.72倍，1964年又降到5.33倍，到1972年为4.99倍，1980年进一步降至4.17倍。（参见表1）同期，台湾的基尼系数也呈逐步下降，由50年代初的0.5580逐步下降到1980年的0.277。（参见表1）这与5组别高低收入比率趋势基本相同。由此可见，这个时期台湾经济发展基本兼顾了“均”与“富”两个目标，即所谓“均富型的增长模式”，明显是库兹涅茨“倒U型曲线”假说的例外。

第二阶段 1981 – 2000 年：呈现正 U 曲线走势。

进入 80 年代以后台湾经济增长速度有所下降，但 1981 – 1990 年，年平均增长率仍达 8.1%，1991 – 2000 年平均增长率降为 6.3%。而过去近 30 年的“均富型的增长模式”却发生了逆转趋势，从 1981 年起所得分配差距逐步扩大，5 组别高低收入比率由 1980 年的 4.17 倍上升为 4.21 倍，此后持续上升到 1990 年的 5.18 倍，2000 年时进一步提高至 5.55 倍。同期，基尼系数也相应逐步上升，由 1981 年的 0.281 上升到 1990 年的 0.312，2000 年为 0.326。（参见表 1）与上个阶段台湾收入差距变动走势合并观察，台湾收入差距在这个阶段形成了“正 U 型”变动趋势。（参见图 1）

第三阶段 2001 – 2003 年：贫富差距扩大明显加快并呈“均贫”现象。

21 世纪以来，台湾经济增长发生了转折性变化，2001 年出现半个世纪来首次的负增长 2.22%，2002 年增长率回升到 3.94%，2003 年又降至 3.33%。在此过程中，台湾经济增长与收入分配之间关系的发展又有了新变化。一方面，所得分配不平均加剧，“正 U 型”的右半边曲线明显上升，（参见图 1）5 组别高低收入比率由上个世纪 90 年代的 5 倍多骤然突破 6 倍，2001 年达 6.39 倍，为上个世纪 60 年代以来最高水平，2002 年有所下降，仍为 6.16 倍，2003 年为 6.07 倍。2001 – 2003 年基尼系数分别为 0.350、0.345 及 0.343。（参见表 1、图 2）另一方面，所得分配情况呈现“均贫”现象，贫穷扩大化趋势明显。由于经济增长缓慢甚至衰退，全体可支配所得与平均每户可支配所得几乎停滞不前或呈下降走势。2000 年全体可支配所得 58734 亿元新台币，2001 年下降为 58468 亿元，到 2003 年才缓慢回升到 61377 亿元。平均每户可支配所得缩水更明显，2000 年为 891445 元，2001 年下降为 868651 元，2003 年回升到 881662 元，仍低于 2000 年的水平。而就户数 5 组别的可支配所得来看，2000 – 2003 年，除了最高所得第 5 组由 1748633 元逐年上升至 1799992 元外，其他 4 组均呈下降走势，其中，最低所得第 1 组由 315172 元下降至 296297 元。[①]“均贫”现象发展的结果使全家平均收入低于当局规定的最低生活费的低收入户户数及人数明显上升。低收入户数由 2000 年的 6.65 万户增至 2003 年的 7.64 万户，

① 台湾“行政院”主计处：《台湾地区家庭收支调查报告 2003 年》。

2004年更高达8.28万户。低收入户人数也由2000年的15.61万人增至2003年的18.79万人，2004年再增加到20.42万人。①

表1　1953－1980年户数5组别的所得分配比与所得差距

年　别	可支配所得按户数5组别的所得分配比（%）					第5组为第1组的倍数（倍）	基尼系数
	1（最低所得组）	2	3	4	5（最高所得组）		
1953	－	－	－	－	－	16.52	0.558
1959	－	－	－	－	－	8.72	0.44
1964	7.71	12.57	16.62	22.03	41.07	5.33	0.321
1968	7.84	12.22	16.25	22.32	41.37	5.28	0.326
1970	8.44	13.27	17.09	22.51	38.69	4.58	0.294
1972	8.6	13.25	17.06	22.48	38.61	4.49	0.291
1974	8.84	13.49	16.99	22.05	38.63	4.37	0.287
1976	8.91	13.64	17.48	22.71	37.26	4.18	0.280
1978	8.89	13.71	17.53	22.7	37.17	4.18	0.287
1980	8.82	13.9	17.7	22.78	36.80	4.17	0.277
1981	8.8	13.76	17.62	22.78	37.04	4.21	0.281
1982	8.69	13.8	17.56	22.68	37.27	4.29	0.283
1984	8.49	13.69	17.62	22.84	37.36	4.40	0.287
1986	8.3	13.51	17.38	22.65	38.16	4.60	0.296
1988	7.89	13.43	17.55	22.88	38.25	4.85	0.303
1990	7.45	13.22	17.51	23.22	38.60	5.18	0.312
1992	7.37	13.24	17.52	23.21	38.66	5.24	0.312
1994	7.28	12.97	17.41	23.18	39.16	5.38	0.318
1996	7.23	13.00	17.5	23.38	38.89	5.38	0.317
1998	7.12	12.84	17.53	23.24	39.26	5.51	0.324
2000	7.07	12.82	17.47	23.41	39.23	5.55	0.326
2001	6.43	12.08	17.04	23.33	41.11	6.39	0.350
2002	6.67	12.30	16.99	22.95	41.09	6.16	0.345
2003	6.72	12.37	16.91	23.17	40.83	6.07	0.343

注：第5组为第1组的倍数为求精确系以第5组可支配所得总额除以第1组可支配所得总额计算而得；所得总额包括：薪资报酬、产业主所得、财产所得及移转所得。

① 台湾“内政部”：《“内政”统计月报》，2005年4月。

资料来源：台湾"行政院"主计处：《台湾地区家庭收支调查报告2003年》；1953年、1959年数据来自郭婉容等：《台湾的经济之路》，中国经济出版社，1991年版，第34、93页。

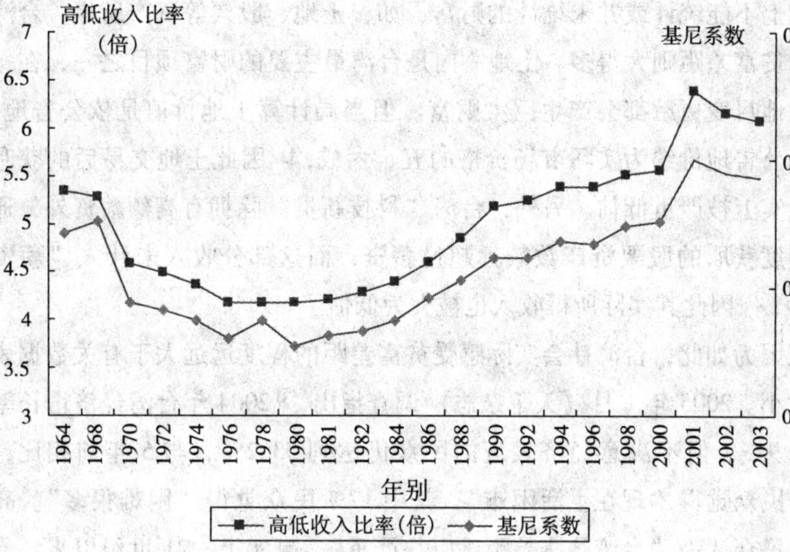

图1　台湾收入分配差距走势（1964－2003）

资料来源：同表1。

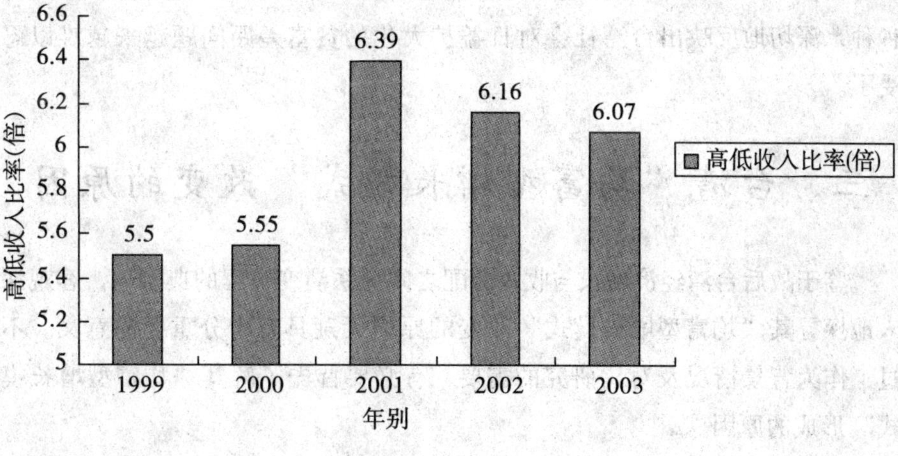

图2　台湾贫富差距扩大倍数（1999－2003）

资料来源：同表1。

从上述50年来台湾所得分配发展过程看，台湾在经历了约30年的"均富型的增长模式"后，从80年代起所得分配差距逆向转成逐步扩大，21世纪后差距更明显扩大。需要强调说明的是，这些还只是统计数据可表现的部分，是以薪资报酬、产业主所得、财产所得及移转所得为统计依据的差距。如果加上不能统计或并未统计的财富，如，土地、股票等资产所得，台湾社会实际贫富差距则大得多。土地一向是台湾最主要的财富项目之一，在每次转手及地目变更后都会产生巨大财富。但当局计算土地价值是依公告地价，而一般公告地价约为实际市场价格的五、六成，① 因此土地交易后的获利所得，事实上被严重低估。另外，台湾“科技新贵”除拥有高额薪资外，通过分红制度获取的股票资产数额远超过薪资，而这部分收入未计入“薪资报酬”中，② 因此其实际所得收入也被大为低估了。

正因为如此，台湾社会实际感受贫富差距的程度远远大于有关数据表现出的大小。2005 年 1 月《天下杂志》调查指出，③ 2004 年台湾经济增长率虽然有 5.9%，但不满意经济表现的民众仍达到 53.2%，与 5 年前相比，有 42.4% 民众觉得“现在生活困难”；其中 17% 民众觉得“困难很多”。高达 76.7% 民众认为“台湾贫富差距比以往严重”。事实上，21 世纪以来，受到失业增加收入减少的强大贫穷压力，台湾自杀率明显上升，岛内社会治安不断恶化，以“反贫穷”为诉求的各种民众游行抗议活动接二连三发生，凡此种种，深切地反映出台湾社会对日益扩大化的贫富差距问题越来越难以忍受了。

三、台湾“均富型增长模式”改变的原因

鉴于战后台湾经济增长与收入分配之间关系演变过程的典型性，客观深入地探寻其“均富型增长模式”改变的原因无疑具有十分重要的意义。不过，作为背景情况及对比研究的需要，有必要首先了解其“均富型增长模式”形成的原因。

① 于宗先、王金利：《台湾泡沫经济》，（台）台湾联经出版事业公司，1999 年版，第 73 页。

② 蔡明璋：《促进台湾所得公平分配之因应政策》，（台北）“台湾经济战略研讨会”2003 年 2 月 22 日。

③ 《二〇〇五“国情”调查——人民看不到未来》，台湾《天下杂志》，2005 年第 1 期。

(一)“均富型增长模式”形成的原因

理论上，政府通过累进税制及社会福利制度等手段可以改善所得分配状况，西方国家早期经济发展中也是这么做的。但这却不是台湾 20 世纪 80 年代以前形成“均富型增长模式”的主要原因。这个时期台湾个人综合所得税规模小，影响有限，当局在社会福利方面的财政支出也十分有限，直到 1980 年“政府”移转收支使所得差距缩小的倍数仅 0.132 倍（“政府”移转收支前为 4.305 倍，之后为 4.173 倍）。事实上，正如前述赖特的制度假设理论所指出的，机制变迁和政府政策是对这个时期台湾所得分配改善产生影响的主要因素。

1. “土地改革”及优先发展农业的策略

库兹涅茨在说明经济增长会带来收入不平等的原因之一是，对增长具有重要意义的储蓄和资产集中在少数富有阶层，成为这些阶层及其后代获取更大的收入份额的基础。而台湾在经济发展初期进行了较有成效的土地改革，通过“公地放领”及“耕者有其田”等一系列政策措施，将土地资产重新分配，改变原来土地高度集中于少数地主手中的状况，这在提高农民改良土地增加生产积极性的同时，也为日后收入分配相对平均打下了一定基础。而当局随后采取优先发展农业的策略及大量兼业农的出现，则进一步促进农业部门家庭平均收入与非农业部门家庭平均收入之间差距的缩小。1964 年农家平均每户可支配所得为 27995 元新台币，为非农家平均每户可支配所得的 96.59%，此后随着工业化进程，这一比率有所下降，但 1980 年时仍达 81.57%。①

2. 大力发展以中小企业为主体的劳力密集型出口工业

从 60 年代起蓬勃发展的劳力密集型出口工业，使台湾在实现工业化的同时，较充分地解决了社会就业问题，使较低层劳动力的经济状况有可能随着工业化进程而改善，社会贫富差距问题不那么突出。台湾的失业率从 1960 年的 4.0% 逐年下降到 1970 年的 1.7%，此后 10 年大致都维持在 2% 以下，1980 年为 1.2%。同时，台湾劳力密集型工业是以广大中小企业为主体，大

---

① 台湾“行政院”主计处：《台湾地区家庭收支调查报告 2003 年》。

量资本规模小、人数不多的中小企业的存在，避免了私人资本的过度集中，有利于收入分配的平均化。

3. 重视发展教育政策，有助于收入的公平分配

英国发展研究所（IDS）的“教育论”在此十分适合台湾的情况。战后台湾在自然资源贫乏、资本也较短缺的情况下，只有人力资源较丰富，当局比较重视发展教育，提高人力素质。按台湾“宪法”规定，每年教育、科学及文化的经费占各级“政府”预算总额的比例为：“中央”不得少于15%，省不得少于25%，县市不得少于35%。1955年度至1993年度，教科文经费支出总额占财政支出总额的比重由13.6%上升到19.3%。① 在发展教育方面，自20世纪50年代起台湾实施小学义务教育，普及小学教育。从1968年9月起对国民中学（初中）也实行义务教育，完成了普及初中教育的任务。大量“受过基本教育”的人口的存在，既满足了技术层次较低的劳动密集型产业发展的需求，同时，随着产业的迅速扩张，他们收入的增加产生了降低经济增长带来的收入分配的不平等性的效果。

此外，台湾在人口和劳动力政策上，采取控制人口增长和允许劳动力流动的措施，起到了使经济中“分红”者减少和通过市场机制改善分配的效果。②

总体而言，在20世纪80年代以前台湾收入分配呈平均化趋势，是在特定历史条件下各种“机制”与“政策”综合作用的结果，当历史条件与“机制”及“政策”发生改变时，这种趋势也就随之改变。

（二）80年代以来均富模式改变的原因

如前所述，80年代以来收入差距不断扩大的趋势在全世界具有普遍性，因此引起台湾收入差距扩大的原因应与其他国家及地区有共同之处，即一般性原因。但各国及地区所处的环境与采取的政策不同，造成收入差距扩大的原因难免又有差异性，即特殊性原因，特别是台湾由过去的均富趋势发生逆转，这种特殊性原因更值得关注。

---

① 邓利娟：《战后台湾财政》，鹭江出版社，1993年版。

② 李实等：《台湾收入分配考察报告》，《经济学动态》，1998年第7期。

1. 一般性原因

前述提及，人们将20世纪80年代以来全球大部分国家均出现了收入差距扩大化趋势的主要归因于知识经济的发展。在台湾也不例外，主要表现为知识经济的发展使产业结构发生了明显变化，在传统产业逐渐萎缩而知识密集产业快速发展的过程中，结构性失业人数的增加与工资差别的扩大等因素导致了所得分配不均的状况。

自80年代中期起台湾产业结构明显变化，服务业迅速崛起成为产业构成的主导部门，而制造业所占比重逐年下降；与此同时，制造业由传统的劳力密集产业向以电子信息产业为主的技术密集产业转型升级。这对低所得家庭就业状况造成双重冲击，一方面，低所得家庭所得来源主要依赖工作所得的工资，长期以来制造业为这个群体提供了最主要的工作机会，传统制造业的萎缩减少了他们的工作机会。另一方面，低所得家庭又主要是低教育、低知识的群体，难以达到技术密集产业所需的知识要求。据台湾“行政院主计处”调查资料显示，1980－2000年最低所得组平均每户就业人数由1.46人降低到0.68人，而最高所得组平均每户就业人数则由2.65人微降为2.41人，同期，后者为前者的倍数由1.82倍扩大到3.54倍。①

产业结构的快速变化还引起不同产业别间的工资水平差别扩大，使低所得家庭处于不利的地位。80年代以后，最能吸收低所得家庭的制造业、营造业等的工资涨幅明显低于水电燃气业、金融保险业等。1980－2000年制造业平均每月工资，从8043元增至39080元，而以公营员工为主的水电燃气业则从13451元增至88348元，后者为前者的倍数从1.67倍提高到2.26倍。制造业与金融保险业的差距也大致如此。②而在制造业内，传统产业与高科技业工作报酬的差距更是突出，高科技产业除了薪资报酬远高于传统产业外，还有通过分红制度获取的高额股票资产。

与工资水平密切相关的是教育程度的高低。教育在以往台湾经济发展中扮演所得分配平均化的重要角色，但在知识经济发展的时代由于对高知识、

① 台湾“行政院”主计处：《台湾地区家庭收支调查报告2003年》。

② 台湾CEPD，Taiwan Statistical Data Book 2004，p. 35.

高技能人力的强大需求，教育反成了收入分配差距扩大的重要因子，不同教育程度之间的所得收入差距逐步扩大。1999 年研究院（所）教育程度的平均每人可支配所得为 103.66 万元新台币，而补习自修或不识字的平均每人可支配所得仅为 13.43 万元。2000 年前者进一步增加到 103.96 万元，而后者则减为 12.72 万元。①

观察历年台湾所得总额来源构成（即薪资报酬、产业主所得、财产所得及移转所得）可见，受雇人员薪资报酬为 4 项来源中的最大项，约占 55－60%，因此，工资报酬是决定个人间所得分配的重要因素，工资报酬差距拉大，将导致所得分配的不平均化。这就是随着知识经济的发展，台湾所得分配状况发生逆向转变的重要原因。

2. 特殊性原因

除了上述一般性原因外，更应该引起重视的是因政策失误造成的台湾所得分配状况发生逆转的特殊性原因。

（1）泡沫经济造成的恶果之一。

台湾在 80 年代中期后出现总体经济严重失衡，泡沫经济严重。大量资金竞相追逐房地产与股票，造成房地产及股票价格急剧上涨。少数拥有土地者无不成了巨富，特别是台湾当局计算土地价值是按公告地价而不是市场价格，又使得土地交易者得以逃避巨额的税款。据台湾“财政部”的统计资料，1976－1996 年间，土地交易者共获利 10 兆 3 百亿元，但只缴 1 兆 4 千亿的增值税，税率约只有 1/10，远低于税法所规定的 40% 至 60%。② 而没有土地和住房的工薪阶层则可能尽其一生的收入也不能购得一处住宅。在股票市场，少数“大户”及大财团利用自身雄厚的资金来操纵股市，获取暴利。据统计，1980－1998 年，台湾上市公司的股票市值从 2191 亿元，增长到 8 兆 3770 亿元，平均每年增加 22.4%，而且股票交易所得不课税，财富因此迅速向少数人集中，社会贫富差距明显扩大。

---

① 韦端：《知识经济对失业与所得分配之影响》，台湾《“自由中国”之工业》2002 年第 12 期，第 9 页。

② 杨玛利：《中产阶级你为什么不生气?》，台湾《天下杂志》，2000 年 1 月，第 56 页。

（2）税制不公平对所得分配的影响。

台湾从1960年开始实施了30年的《奖励投资条例》，接着自1991年起实施《促进产业升级条例》，都是以税收减免方式为促进产业与经济发展的手段。长期、大量的政策性减免税，除了导致税基的明显缩减外，就是造成税制不公平外。根据传统的财政学，所得税制通过累进税率可以达到量能课税的公平性，进而有助于平均社会财富。但台湾一方面综合所得税中减免税项目繁多，并对各类产业广泛提供股东投资抵减的优惠，另一方面证券交易所得免税，这就使得所得税制在实质上已不是对富人课税，而是窄化为薪资税性质。这种情况在20世纪80年代后随着产业结构的调整升级更显得突出。根据台湾“财政部财税资料中心”的统计资料，1998年全台湾所得来源中，只有55.7%的所得来自受雇人员的薪资报酬；产业主所得则为16.0%，但是在综合所得税来源上，薪资所得者却缴了72.3%的税，企业主只缴5.3%。[①] 这种“劫贫济富”的税制，不但无法有效发挥改善所得分配的功能，而且由于高所得或资本利得长期免税，造成税负不公平，助长所得分配的恶化。

（3）“政府”的移转收支效果小。

由于税制公平性的严重扭曲，使得台湾当局无法有效发挥税收调节社会分配的功能，而在社会福利方面，虽然以1980年通过《老人福利法》、《社会救助法》与《身心障碍者保护法》三法为标志，台湾的社会福利有了较快的发展，但至1994年社会福利支出占“中央政府”总预算支出的比例仅达8.9%。90年代中期起台湾实施《全民健康保险法》后，社会福利支出的增加才较明显，在总预算支出的比例逐步上升到两位数。总体而言，80－90年代台湾通过“政府”移转收支改善所得差距的成效仍不明显。“政府”移转收支使所得差距缩小的倍数1987年以前均在0.2倍以下，90年代中期以前则在0.5倍以下，90年代中期后才较明显增加，到2000年达1.02倍。[②]

① 杨玛利：《中产阶级你为什么不生气?》，台湾《天下杂志》，2000年1月，第56页。

② 台湾“行政院”主计处：《台湾地区家庭收支调查报告2003年》。

（三）21 世纪初期造成贫富差距加速扩大的因素

在上述种种不利因素造成台湾收入差距转呈扩大化趋势的基础上，21 世纪以来若干新因素的加入，使得这种趋势进一步加剧。

1. 经济不景气加剧社会贫富差距的扩大

2000 年 3 月台湾岛内政局发生巨大改变，新上台的民进党，不仅没有对上述结构性的经济问题进行有效改革，而且是以政治斗争为中心工作、以选举胜利为首要任务，造成岛内政局动荡不安、两岸关系紧张对峙以及财经政策摇摆不定等一系列不利经济发展的新变数，再加上国际经济不景气的因素，台湾经济发生转折性的变化，经济陷于持续低迷甚至衰退的困境。2001 年经济增长率为 -2.22%，为战后首次负增长。2002 年以后虽有所好转，也仅维持低较的增长水平。总体经济持续低迷不振，进一步激化了社会所得分配不均的问题。

（1）失业率快速上升。自 1996 年起台湾整体失业率呈上升走势，但至 2000 年止，失业率尚维持在 3.0% 以下。2001 年失业率升至 4.57%，2002 年再升至 5.17%，连创历史新高。失业者的平均失业时间也在不断增加，与 1996 年相比，2001 年失业者平均失业时间由 20.45 周增至 26.13 周，2002 年进一步增至 31.9 周。失业率的大幅上升，就意味着贫困人口的大量增加、社会贫富差距的不断扩大。而在失业潮中受到冲击最大的仍是最低所得组人群，其平均每户就业人数由 2000 年的 0.68 人再降低到 2003 年的 0.62 人，而最高所得组平均每户就业人数则由 2.41 人略降为 2.35 人，后者为前者的倍数则由 3.54 倍再扩大到 3.79 倍。①

（2）工资水平停滞不前。由于经济持续不景气，21 世纪以来台湾整体工资水平呈停滞不前状态。但不同产业别的工资又进一步拉大，加速了收入差距的扩大化。制造业平均每月工资，从 2000 年的 39080 元减少至 2002 年 38565 元，2003 年才恢复为 39583 元。营造业的平均每月工资，也从 2000 年的 38896 元减少到 2002 年的 36848 元，2003 年为 37219 元。而 2000 - 2003 年，水电燃气业则从 88348 元增至 91034 元，金融保险业也由 60871 增至

① 台湾“行政院”主计处：《台湾地区家庭收支调查报告 2003 年》。

64693 元。①

2. 相关政策措施进一步扭曲税制的公平原则

新上台的民进党当局为了兑现选举诺言及刺激景气需要，相继采取了一系列新的减税或免税政策，加剧税制的不公平，使税负不公平对所得分配的负面影响进一步扩大化。如，新规定制造业及相关技术服务业新增投资 5 年免营利事业所得税；实施土地增值税减半征收；对设立金融控股公司所需规费及印花税、营业税、所得税等税捐多予免缴或免征；制订金融资产证券化条例，免征印花税、契税、证交税与营业税等等。这些税收减免措施的受惠者几乎都是财团与企业，富人的税负因此变得更轻，有时甚至不用缴税反而可以获得退税。根据台湾“立法院”国民党团公布的特定企业损益年报表，2001 年与 2002 年“大陆工程”税前净利各为 3. 04 亿元与 6. 7 亿元，2001 年不用缴税，2002 年只需缴税 1400 万元；同期“富邦金控”的税前净利分别为 6. 3 亿元与 92. 05 亿元，2001 年不用缴税，2002 年则可获退税 2. 1 亿元；“国泰金控”这 2 年的税前净利分为 1. 3 亿元与 128. 7 亿元，缴税情况也分别是不用缴税与获退税 2. 1 亿万元。② 这些例子十分典型地反映了台湾现行税制不公平、税负分配不均的情况。

① 台湾 CEPD，Taiwan Statistical Data Book 2004，p. 35.

② 陈志平：《税制不公企业赚百亿不用缴税还退税》，（台）中时电子报，2003 年 5 月 31 日。

台湾经济“四化”问题与两岸经济合作*

石正方

一、新世纪初期台湾经济的“四化”问题

2000年以来，台湾经济遭遇50年来罕见衰退，反映在对外经济层面，不但对外贸易、投资多数指标呈现持续、大幅度下滑，而且一些主要对外经济关系消长也出现较大反差。从表面上看，这些不景气与世界性投资、贸易衰退有密切关系，并且其中一些指标随着世界经济的复苏已呈现利好走势，但实质上反映了台湾对外经济步入了一个新的历史转折点，透视出全球化演变格局中台湾经济所面临的一些新问题。

（一）“出口导向产品单一化”问题

自1990年代初制造业结构发生剧烈变动以来，台湾电子、信息通信产品出口比重开始逐年递升，至1990年代末期平均比重已达到30%以上，10年间提升了8个百分点。而其他两类大宗出口产品中，纺织品所占比重呈缓慢下降的趋势，基本金属及其制品所占比重虽缓慢上升，但10年间仅提高了不足1个百分点。这种演变格局反映出台湾出口产品结构的单一化特征。

台湾出口产品结构向电子、信息与通信产品的重度倾斜，一方面虽对其产业结构升级和提升国际竞争力有利，但另一方面也使其对外贸易容易遭受国际景气波动的影响——2000年以来台湾对外贸易的大幅衰退，很大程度上是国际电子信息产品需求缩减所致，因台湾电子信息产业主要是以个人电脑（PC）及其上游产品为主体。国际市场对个人电脑需求的饱和以及1990年代

* 本文原载于《台湾研究集刊》，2005年第1期。

末期美国企业的过度投资，导致从2001年第二季度开始国际市场个人电脑出货量急剧下降，从而对台湾电子、信息与通讯产品的出口造成严重冲击，致使2001年出口额较2000年锐减119.7亿美元、负增长23.4%，而出口萎缩进一步引发“出口引申”疲弱，导致台湾电子、信息与通讯产品进口同期缩减94.2亿美元，负增长24.4%。2002、2003年，台湾电子、信息与通信产品出口分别增长6.6%和7.9%，但仍属于低基期上的恢复性增长。

台湾经济对出口有很高的依赖性，出口出现问题将会带累经济全面衰退：除使国际收支受到影响外，还会直接带来内部经济调整，引发企业投资缩减、出口引申下降、生产萧条、失业人口增加等连锁反应。近年来台湾经济衰退，受出口贸易下滑的影响很大，从中也透视出台湾“出口导向产品单一化”问题的严重性。

(二)“新产业空洞化”问题

产业空洞化（Hollowing - Out）是指由于海外直接投资的增大而带来的本土生产、投资、雇佣等减少的现象①。1980年代末至1990年代初台湾先后发生了以轻纺工业为代表的劳动密集型产业、以石化工业为代表的资本密集型产业大举外移，由此引发了岛内学者对台湾产业空洞化的担忧。后来由于台湾快速推进向以电子信息产业为主体的技术密集型产业转型，一定程度上缓解了由传统产业外移造成的经济转型压力。东南亚金融危机后，尤其2000年以来，台湾岛内资本外移逐渐转向高科技产业，与此同时，台湾经济遭受50年来最严重衰退，出现工业生产和进出口贸易下降，民间投资、外资投资巨减，失业率攀升等现象。岛内部分学者认为，资讯产业大量外移所引发的“产业空洞化”是导致台湾经济困境的主要原因。于是，“产业空洞化”又成焦点。由于此番的“产业空洞化”是针对高科技产业外移现象而言，故称之为“新产业空洞化”②。

① 刘红：《日本产业空洞化浅析》，《辽宁大学学报》，1998年第1期，第10－12页。

② 黄如良：《对台湾“新产业空洞化”的质疑》，《亚太经济》，2003年第2期，第69－72页。

按照产业空洞化的一般性衡量指标（刘红，1998①；林武郎；2003②），台湾确实存在“新产业空洞化”趋势：首先，台湾信息电子产业的海外投资逐年上升。以其中之电子电器业为例：1952——1990年台湾FDI制造业净流入达71.8亿美元，其中电子及电器产业21.4亿美元，占制造业资本净流入的29.8%。自1993年起台湾FDI制造业投资除了1995年为净流入外，其余各年均为净流出，表示台湾制造业资本外移超过外部制造业资本进驻，呈现资本净流出的局面。1991至2003年FDI制造业净流出高达236.5亿美元，其中电子电器业FDI净流出65.3亿美元。尤其是2000以来的四年间，台湾电子电器业FDI净流出总额高达68.0亿美元，占过去13年净流出总额的104.1%③。

其次，台湾资讯产业海外生产比重大幅增长。据台“经济部”2003年12月1日公布的2003年“制造业经营调查报告”显示，台湾制造业海外生产比重逐年增加，岛内自制比例逐年减少，2002年委由海外生产基地生产的比重达到18.7%，相较2000年提升了近10个百分点，其中信息硬体产业的海外生产比重攀升更快，2002年已达到64.3%，较2000年提升了13.4个百分点，2003年更高达79.1%④。

此外，与台湾FDI制造业投资净流出趋势同步，台湾本土制造业从业人数、设备投资率、生产指数年增加率、劳动生产力均呈下降态势⑤⑥⑦。

总之，以信息电子产业为主体的台湾高科技产业加速外移，不但引发本土投资规模萎缩，失业率增加、而且有进一步导致其国际竞争力弱化的倾向；岛内制造业资本外移已不单是“防御型”投资性质，而显露出“扩张型”投资迹象，其结果也不单是扩张经济势力和促进本土产业升级，而是造

① 黄如良：《对台湾“新产业空洞化”的质疑》，《亚太经济》，2003年第2期，第69－72页。

② （台）林武郎：《台湾“产业空洞化”问题之再探讨》，《台湾经济论衡》，2003年第4期，第19－41页。

③ 台“行政院”主计处：《“我国”对外投资（FDI）制造业概况》，2003年7月22日。

④ 台“行政院”主计处：《近年“我国”资讯产业概况》，2004年1月13日。

⑤ 台“行政院”主计处：《薪资与生产力统计》，2004年2月。

⑥ 台“行政院”主计处：《国民所得统计及国内经济情势展望》，2004年2月20日。

⑦ 据台“经济部”统计处：《工业生产统计》，2004年2月，http：//www.moea.gov.tw。

成高科技与上游工业大规模外移，致使台湾经济面临“新产业空洞化”的挑战。

（三）“台湾经济边缘化”问题

“台湾经济边缘化”概念最初是由台湾岛内学者提出的，主要意涵是指随着东亚区域自由贸易整合的推进，台湾面临由“贸易、投资转移”效应所导致的市场空间缩小的危险：1980 年代末期，在“南向、西和、北进”的“亚太战略”推动下，台湾经济重心开始向亚洲地区转移，至 1990 年代初期业已确立了以东亚为投资、贸易重心的对外经济格局。新世纪初期，东亚板块在台湾对外经济中的地位更加突出：2002 年祖国大陆取代美国成为台湾最大出口地区——至此，台湾最大进、出口来源地齐集亚洲；新世纪以来的四年间，亚洲所占台湾出口比重由 1990 年代的 49.0% 上升到 55.1%，所占进口比重由 49.5% 上升到 56.5%；所占台湾对外投资比重由 1990 年代的 57.6% 上升到 59.8%。这种趋势表明亚洲市场对于台湾经济越来越具有举足轻重的意义。而从目前东亚地区内浮现的 AFTA、“10 + 3”、“10 + 1”以及 CEPA 等板块整合来看，对于游离于外的台湾经济显然存在贸易、投资转移的负面影响，有导致台湾经济市场空间缩小的可能性。

实际上，作为与“经济核心化”相对应的概念，“经济边缘化”更多的是对经济体区域经济地位下滑现象的描述，反映经济体在区域经济事务中由于可替代竞争的出现而日渐“去中心化”的过程。表象上看，是经济体对区域经济活动参与减少、经济活力萎缩，实质上是区域竞争力的下降。因此，“台湾经济边缘化”除了“市场空间缩小”层面的意涵外，更主要的是台湾在亚太经济乃至全球产业分工链中的定位问题。在过去半个世纪的时间里，台湾经济创造了世人瞩目的发展奇迹，其区域经济地位从美、日经济的边缘上升为亚太区域的技术、产业中介。然而，全球化浪潮的推进，祖国大陆等发展中经济体的替代竞争，以及“入世”带来的挑战，加之岛内政治生态等非经济因素的负面影响——凡此种种，都在改变着台湾经济赖以发展的社会、经济环境，动摇着台湾经济在亚太产业分工链中的既有地位，使台湾经济面临“由产业分工地位下降导致经济边缘化”的挑战①。

（四）经济发展战略“泛政治化”问题

新世纪以来，台湾首次“政党轮替”，岛内以及两岸政治生态发生变化：一方面是朝野政党纷争不断，一方面是民进党“台独”政治诉求下两岸关系的严重倒退。台湾当局从“台独”政治出发，统筹全球化、两岸以及岛内财经政策，从而导致其经济战略“泛政治化”，集中表现在以下两个方面：

其一是以遏制两岸经贸关系发展为出发点推行“全球布局”战略。“全球布局”战略是台湾当局在2001年8月的“经济发展咨询委员会”上提出来的，主要内容是“深耕台湾、布局全球”，对于两岸经贸关系，一方面主张以“积极开放，有效管理”取代“戒急用忍”，一方面主张加强“风险管理”。这次“经发会”虽然在岛内有识之士的呼吁下就“松绑”两岸经贸关系达成了很多共识，但在后继执行上却大打折扣。事实证明，受“台独”政治影响，台湾经济“全球布局”战略非但没有得到真正意义上的贯彻和落实，而且在实际推行中偏离其原有的经济利益诉求，最终演变为针对祖国大陆的“市场分散”策略。台湾当局一方面对两岸经贸关系实施“假开放，真管理”，一方面积极深化与大陆以外的经济伙伴关系，试图以“多元分散”策略减缓两岸经贸关系的发展步伐。

其二是为达成巩固政权、竞选连任等目的，陈水扁当局以意识形态主导岛内财经政策，致使其施政中心不再是围绕经济发展而是围绕政治斗争②，诸如与在野党在“核四”、“防SARS”、“党产”、“公投”、“制宪”等政经议题上攻讦不休，以及为选战而出台一系列短期性社会福利政策等，都充分体现了其“政治主导经济”的“泛政治化”。

总之，台湾当局的“经济发展战略泛政治化”使岛内政治因素对于台湾经济的影响，在民进党执政以来的四年内上升到主导地位，其所引发的岛内政局动荡、财经政策摇摆不定、两岸关系前景不明，特别是迟迟无法达成两

---

① 石正方：《东亚经济一体化新格局下台湾经济的边缘化》，《厦门大学学报》（哲社版），2004第1期，第71－78页。

② 邓利娟：《陈水扁当局在经济发展中的角色及其影响评析》，《台湾研究集刊》，2004年第2期，第1－8页。

岸直接“三通”等，最直接的后果是造成岛内投资环境急剧恶化，侨外投资持续下滑，岛内企业加速外移，欧美商会纷纷撤离等。总之，台湾当局从“台独”理念出发，统筹全球化、两岸以及岛内财经政策，造成了台湾经济环境恶化，使台湾经济错过了许多发展良机。

二、大陆经济成长对台湾经济“四化”的影响

“四化”问题，究其根本，是内、外部经济、非经济因素共同作用的结果，是台湾经济结构性、当局战略性等深层次问题的反映。“出口导向产品单一化”是传统产业出口萎缩与高技术产业内部结构性失衡的矛盾显现；“新产业空洞化”导因于全球IT产业生产经营模式的变革，但其实质仍然是台湾电子资讯产业本身结构升级及其在国际IT产业价值链中所处地位问题；至于“台湾经济边缘化”，表象上看是台湾游离于区域经济集团化而导致其区域经济地位的下滑的走势，但最终取决于其区域经济角色调整，相当程度上是台湾当局全球化战略取向的函数；而“经济发展战略泛政治化”的主要根源则在于台湾当局以“去中国化”意识形态统筹对外经济政策。

“四化”问题由来已久，但在21世纪初期凸显出来，主要是受全球化、区域化浪潮冲击所至。特别是大陆作为亚太新经济增长中心的崛起及其对全球化、区域化的积极参与，对台湾经济“四化”问题产生了尤为深刻的影响。大陆经济的成长效应，对于台湾而言，有积极的一面，也有消极的一面，但在两岸政治“哈哈镜”的作用下，在台湾当局的政治宣导下，其消极面被放大，以至岛内存在将“台湾经济边缘化”、“产业空洞化”归咎、问责于大陆“磁吸作用”的舆论。因此，有必要就大陆经济成长对台湾经济“四化”的影响加以客观评估，以正确认识“紧密两岸经贸往来”与“保障台湾经济安全”之间的关系。

（一）大陆经济成长对台湾经济发挥“增长引擎”的作用；两岸贸易稳定增长有利于减缓台湾对外贸易波动性。

近年来，特别是中国“入世”后，低要素成本优势与市场商机的显现，

使中国成为全球资本聚集地。一方面原来分散在其他东亚国家的来自东亚区域外的跨国投资转向大陆，另一方面包括日本、韩国、东南亚和港台地区的东亚区域内的制造业资本也向大陆的迁移。2003 年大陆新批设立外商投资企业 41081 家，比去年增长 20.2%；全年吸引合同外资 1150.7 亿美元，同比增长 39.03%；实际使用外商直接投资 535.05 亿美元，同比增长 1.44%。以实际投入金额计算，2003 年对华投资前十位的国家和地区依次为：香港、维尔京群岛、日本、韩国、美国、台湾地区、新加坡、西萨摩亚、开曼群岛和德国①。近年来流入中国的外资不仅在数量上迅猛增长，而且在质量上也有明显提升，伴随日、韩等跨国制造商而来的往往是他们的配套研发部门和一些高端产品。这些迹象表明，中国正在成长为东亚乃至全球的制造业中心。此外，中国本土重工业化的推进和国民消费水平的提高启动了潜力巨大的内需市场，同时外商投资也带动原物料及中间产品需求的增加——中国正在成为世界各国（地区）竞相角逐的“世界市场”。特别是泰国、新加坡、韩国、台湾等东亚经济体都相继以中国作为第一出口国（或最大贸易伙伴）。总之，作为“世界工厂”、“世界市场”的中国，正以其巨大的磁吸力量汇聚全球资本、物流、信息流，集成而为亚太区域经济增长的新极核，带动周边国家（地区）乃至全球经济成长。

依据经济比较利益法则以及区域经济成长的“近邻效应”，根植东亚、与祖国大陆一衣带水的台湾，因为享有与大陆的经济互补优势以及地缘、语缘优势，更有条件在与大陆这一新经济增长中心的互动中获取利益，成为新一轮东亚经济重组的大赢家。近年来两岸经贸发展对台湾经济增长、经济转型的贡献是有目共睹的，大陆已经成为台湾经济发展的重要动力。特别是在新世纪初期台湾经济景气急剧衰退形势下，更加凸显出大陆经济对台湾经济的重要支撑作用。进入新世纪以来，由于台湾内部经济环境恶化，出口、投资、消费——拉动经济增长的“三驾马车”中，唯有出口维持相对的活力。仅就 2003 年台湾经济成长情况分析：2003 年台湾民间消费增加率、固定投资均创 40 多年来最低纪录，在如此严峻的内需不振形势下，台湾经济仍能

① 《2003 我国利用外商投资 535 亿美元》，2004 年 1 月 14 日，www.cctv.com。

够达到3.15%的年增长，其主要动力来自外部需求即贸易出超，贡献率高达82%，其中，与大陆贸易出超403.7亿美元，是台湾对全球贸易出超147.2亿美元的2.74倍。可见，两岸贸易已经成为台湾经济成长的主要牵引力。此外，两岸贸易具有稳步持续增长的特征。四年来台湾对大陆进、出口成长最为稳定。即使2001年面对台湾进、出口市场的全面衰退，大陆市场的缩减幅度也是最小的。两岸贸易这种稳步持续增长的特性对“出口导向产品单一化”所导致的台湾对外贸易波动起到了重要的缓解作用。

（二）大陆作为新增长中心的出现，促进了亚太乃至全球产业分工链重组，客观上对台湾的经济转型产生压力和挑战。

从区域经济空间演进角度考察，新增长中心的出现会导致新投资、贸易网路的形成，从而引发区域资源重组，产业重构，进而打破既有的经济循环模式和业已建立起来的竞争均衡，形成新的区域产业分工格局，以及新的竞争均衡。新增长中心所引发的区域经济空间结构、梯度的变化，无疑会使区域成员感受到不同程度的冲击和压力。依靠低要素成本优势从事代工制造，是目前中国参与东亚区域以及全球产业分工的主体模式。因此，中国作为“世界工厂”的崛起对于以加工制造业为支柱的东亚经济体而言，意味着强大的替代竞争压力。而加速产业升级、提升产业分工地位则是应对竞争、抓住机遇、谋求发展的最佳选择。

台湾的制造业一向以传统的代工生产模式为主，成本、规模、产业集聚效应是其竞争优势所在，但大陆在上述方面成长迅速，逐渐取代台湾成为亚太“制造中心”，从而在客观上加速台湾传统代工优势的丧失，迫使岛内产业加速“西进”。据统计，1991——2003年间，台湾制造业FDI中有73.9%流向大陆，2000——2003年更高达80.4%；其中电子电器业FDI中流向大陆的份额为66.3%，2000——2003年更上升至72.4%。在台湾社会政治经济环境恶化的大背景下，岛内制造产业的这种加速“西移”与“外人投资”的踯躅不前以及民间投资意愿的急剧下降所形成的巨大反差，自然引发了岛内诸如“生产基地西进，排挤‘国内’投资”、大陆“磁吸作用”导致台湾“产业空洞化”等疑虑。

事实上，产业外移是全球化下资本加速流动的大势所趋，是经济发展的阶段性特征，这样的趋势并不只限于海峡两岸，全球已开发的国家，包括美国、日本和欧盟，都面临此类的产业外移；产业外移并不必然导致产业空洞化，产业升级滞缓导致新、老产业衔接不力而出现产业“断层”危机，才是“产业空洞化”的根本源头。台湾的信息电子产业主要因循“代工模式”，缺乏自主研发，技术提升缓慢，在产品附加值、品牌和服务方面都很薄弱。当较低层级的资讯硬体制造业为适应全球化下信息产业“供应链管理”模式①而外移寻求新发展空间时，岛内高阶产品成长有限、新形态应用领域开发不足，自然无法填补产业外移造成的“空洞”。

大陆对岛内资本的确存在巨大“磁吸作用”，但这种磁吸力量是通过市场经济规律发挥作用的。如果说有超越市场的“魔力”，则应归因于台湾当局限制性两岸经贸政策的“推力”效应——正是台湾当局对两岸经贸“假开放，真管理”，极力离间两岸经贸关系，迟迟不开放两岸“三通”等诸如此类的种种作为反而迫使岛内企业加快转移大陆的步伐。由此可见，台湾产业升级不力和台湾当局的“泛政治化”才是台湾“新产业空洞化”的始作俑者。大陆以“竞争促进者”身份所形成的对于台湾经济转型的压力和挑战，从积极的角度思考，恰是台湾实施经济转型的契机和动力。

（三）大陆经济对区域化的积极参与有力地促进了东亚经济整合；借助两岸经济一体化融入其中是台湾防范经济“边缘化”的最佳途径。

20世纪90年代以来，经济全球化和区域经济集团化步伐加快。在这一进程中，随着改革开放的不断深入，大陆越来越多地参与多边贸易体制和不同形式的区域经济合作，目前已经加入的区域合作组织包括亚欧会议、曼谷协定、中国——东盟（10+1）合作机制、亚太经济合作组织（APEC）、上海合作组织、中日韩——东盟（10+3）合作机制等，合作对象包括欧洲、北美、东南亚、南亚、中亚等地区。其中尤以“中国——东盟（10+1）”合作机制为新世纪以来祖国大陆对外经济交往的新亮点。对于祖国大陆的积极态度，有台湾学者评论说：“以市场诱因为后盾，结合泛亚洲民族主义，

① 张冠华：《步入转型期的台湾信息电子产业》，《台湾研究》，2002年第3期，第43－51页。

使得中共不但表达了融入新国际秩序的企图，也展现了主导的实力，一改过去改造国际秩序的理念。……最足以说明北京方面以参与取代介入，以领导代替革命的新建设性交流政策"①。实际上，祖国大陆成为东亚区域经济一体化的重要推动力，关键在于经济的日益崛起和市场空间的日益显现。"正在成为东亚共同的制造业中心的中国已经把东亚各国的经济联系在一起了"，因此，"东亚国家就有必要签订这种协议来保护这种分工，这种合作，使大家共享区域利益"②。

近年来，面对亚太经济整合新格局，台湾当局把与美、日以及东南亚国家洽签"FTA"提高到谋求其所谓"国际空间"的"高度"倾力加以推动，但都没有收到预期效果。实际上，两岸经济一体化是台湾经济参与东亚经济"机制性"整合，防范"边缘化"危机的便捷通道。这条通道不仅能够使台湾经济尽快融入区域一体化，实现其"全球布局"的产业扩张策略，拓展更广阔的市场空间，而且可以整合两岸资源优势重塑台湾经济竞争力，有助于巩固、提升台湾的区域经济地位。就此角度而言，能否尽快融入东亚经济一体化整合，避免经济边缘化，很大程度上取决于台湾当局的战略取向：是执着于"远离大陆的经济多元分散"，还是依据比较利益法则与大陆经济持续整合。

三、深化两岸经济合作才是解决台湾经济"四化"问题的有效途径

通过前述分析，可以明确：台湾对外经济层面所凸显出来的"四化"问题是台湾经济本身结构性矛盾的显现，而台湾当局政治诉求下的战略导向起到了推波助澜的作用；大陆作为亚太区域新制造中心的崛起及其对全球化、区域化的积极参与，于台湾经济而言，是机会也是挑战。

事实上，在全球化浪潮下，两岸经贸关系已不单是两岸之间经济往来的

① （台）赵建民：《停止政争，参与亚太经济整合趋势》，www. npf. org. tw。
② 《中国正在塑造一个全新的亚洲经济圈》，www. cctv. com。

问题，还必须从全球化、区域化的高度加以探讨。所谓全球化，具体而言，就是在关税壁垒消除、信息科技大发展前提下，以追求最大获利机会为目的，全球资本、技术、工作机会在世界各国（地区）之间加速流动，进而形成全球产业分工网络的过程。在此进程中，不论是政府、企业或民间部门都将面对来自全球范围的竞争，都将有机会掌握全球各地的商机，也都必须不断提升自己的核心竞争力以应对全球性的挑战。经济全球化促进了世界各国（地区）经济的融合和发展，极大地提高了全球范围内生产要素配置效率和资源利用效率。但其消极后果却是对世界各国（地区）非对称的冲击效应和日益加剧的两极分化。一国（地区）要在客观必然的经济全球化进程中降低不利冲击、获取更多利益，其一是通过发挥比较优势，提升国际竞争力；其二是通过与其他国家（地区）的经济结盟，建构内部市场风险共担机制，以抵御和缓解全球化浪潮的冲击，这正是区域经济一体化与世界经济全球化并行发展的主要原因。从上述角度来看，两岸经贸关系不仅是两岸之间的经济交往，而且是全球、区域产业分工体系下的必要环节。企业对外投资，与全球生产体系紧密结合，是企业提升竞争力、拓展生存空间的基本策略，台商对大陆投资也是基于市场经济规律的理性选择，至于由此引发岛内“资本外流”、“产业空洞化”以及“经济边缘化”等现象，根源在于台湾经济本身结构性问题，很大程度上也受政府政策导向的负面影响。将其简单地归咎于产业外移现象、归咎于大陆“磁吸作用”则有失偏颇。

两岸经贸关系是在“后冷战”时期“经济合作取代政治冲突”的国际政经大气候中，在全球化浪潮的推动下，随着台湾经贸重心向亚洲转移而孕育、发展起来，又是以新世纪初期两岸先后“入世”为契机获得更大进步的。两岸经贸是经济全球化的产物，也必然随着经济全球化的推进而成为不可遏止的潮流和趋势。因此，因势利导，抓住大陆经济成长所带来的发展机会，推进与大陆经济深度整合，构建两岸产业优势互补、合作分工的联动格局，有利于加快台湾产业升级步伐，推动经济结构转型，不失为解决台湾经济“四化”问题的有效途径。

解决“四化”问题要从台湾经济结构转型着手，包括推进高科技产业结构多元化、资讯产业内部结构升级以及推进传统产业信息化、高附加值化等方面：(1) 在总体发展策略上，就是由原有代工制造的出口导向模式重新定位，注重研发、设计和品牌、营销、运筹等服务环节，也即向“微笑曲线”两端提升。而把产业链低端的制造加工功能转移至祖国大陆，这样既可以因应祖国大陆的“替代竞争”，又可以利用祖国大陆的“制造中心”资源实现经济结构升级。(2) 在具体产业发展方面，依据比较优势，选定策略发展的产业。目前台湾规划除大力发展以 LCD 为主导的光电产业、半导体专工产业①以推进电子信息产业内部升级外，未来发展纳米技术、生物技术等高新技术产业。但这些产业尚处于初始研发阶段，短期内难以达成规模经济。此方面存在两岸分工合作的巨大空间：大陆基础科技研究实力雄厚，研发人才众多，研究成果丰硕；台湾在科研成果的转化、企业市场营销的能力、分销网络的建设等科技商品化方面，以及在微电子、通讯、计算机、光电等产业等国际化营销网络方面有明显优势。据此，两岸可以考虑在“共选项目、共同研发、共合资金、共享市场”方面展开高科技商品的产业化合作②。

“四化”问题既有结构性因素，也有战略性因素，而在目前两岸政治矛盾纠结的大环境下，消除台湾当局经济发展战略的“泛政治化”更成为解决台湾经济“四化”问题的关键所在。其核心在于跳脱当局的“政经连环套”，从全球化、区域化、两岸经济一体化联动发展角度，重构台湾经济发展新思维。具体而言就是松绑两岸经贸关系，开放两岸“三通”，使两岸经贸关系在市场经济规律的导引下向纵深发展。唯此，才能进一步发掘两岸经济互补优势，使台湾经济得以充分利用大陆的腹地资源和市场，在与大陆这一亚太经济新成长中心的互动整合中，奠定发展新利基。

---

① 笔者注：与“代工”概念相对应，“专工”不单从事生产制造，还从事研发和设计，属于高科技制造服务业范畴。

② 郭国庆等：《论台湾科技产业发展的缺陷与两岸合作模式》，《中国科技论坛》，2001 年第 6 期，第 42－46 页。

台湾经济现状与前景分析*

邓利娟

台湾经济在2001年出现50年来首次负增长后，2002、2003年维持着低增长态势，2004年在国际经济景气带动下呈反弹复苏，经济增长率达6.07%，为1998年以来最高水平。但是2005年却又发生了逆转，经济增长率大幅下滑。本文将分析一年来台湾经济发生的变化及其原因，展望未来一年的走势。

一、经济运行的基本状况及影响因素分析

由于国际经济景气转缓，加上国际油价高涨等因素，2004年底岛内与国际重要经济机构均预测2005年台湾经济将不如2004年，经济增长率介于4.1-4.8%之间。① 但实际情况却还远不及预期，2005年台湾经济不仅增长速度大幅下滑，而且经济结构性问题更显突出。

（一）经济增长大幅下滑，民生痛苦指数创新高

2005年以来，随着国际景气扩张减缓，台湾制造业生产与出口明显下滑，而岛内民间消费增加有限，民间投资又从2004年的高点大幅回落，上半年总体经济仅增长2.73%。下半年制造业生产逐渐回升，出口增长有所加快，加上当局加快推动公共建设，台湾“行政院主计处”初步统计第3季经济增长4.38%，预测第4季经济增长率再升至5.28%，合计下半年经济增长4.83%。全年经济增长率预估3.80%，GNP为3 547亿美元，人均GNP 15

* 本文原载于《厦门大学学报》，2006年第3期。

① 邓利娟：《2004年台湾经济形势分析》，菲律宾《世界日报》，2005年1月2日。

659 美元。[①] 与 2004 年 6.07% 的经济增长率相比，2005 年减少了 2.27 个百分点，台湾经济重新回到低增长水平。

物价方面 2005 年延续 2004 年持续升高走势，1－10 月份消费者物价指数（CPI）年增率 2.29%，其中，商品类价格指数上扬 3.77%，服务类价格指数上涨 0.58%。与过去几年物价持续下跌、呈现通货紧缩的局面相比，2005 年明显上升主要是受到蔬果、油价、健保负担涨价的影响，其中蔬果价格大幅上涨的影响尤为突出，7－8 月台湾遭受多个台风袭击，农业损失严重，导致果蔬类价格大幅度波动。

物价持续走高，使台湾的民生痛苦指数（失业率加消费者物价指数年增率）大幅提升。自 2000 年以来台湾痛苦指数持续上升，由 4.25% 升至 2004 年的 6.06%。2005 年 1－10 月台湾的失业率为 4.17%，物价年增率 2.29%，民生痛苦指数为 6.46%，创历史新高。物价明显提高还使台湾出现实质平均工资负增长与银行存款实质负利率状况，加重民众生活痛苦程度。2005 年 1－9 月台湾工业及服务业受雇员工每人月平均薪资（含经常性与非经常性薪资）为 44 724 元，较上年同期增加 1.78%，其中经常性薪资为 35 601 元，较上年同期增加 0.99%，均赶不上物价的上涨幅度。利率方面，台湾银行、合作金库及三商银平均一年期定存固定利率是 1.79%，而物价上涨率则超过 2%，实质利率为负数。

（二）影响台湾经济增长的因素分析

2005 年以来影响台湾经济增长的需求面与生产面均呈疲弱，从而造成经济增长动力不足。

1. 内需增长乏力，外需大幅萎缩

台湾内部需求中，民间消费占 GDP 的比重超过 60%，是影响经济增长的最重要因素之一。2005 年以来困扰台湾当局多年的失业问题有所缓和，但对民间消费的增加并无明显作用。由于岛内政争不断，当局弊案丑闻接二连三，社会不安加剧，社会大众对台湾经济前景的忧虑表现为消费信心不足，

① 台湾“行政院”主计处：《国民所得统计及预测》，2005 年 11 月 17 日，www.dgbasey.gov.tw。

另一方面，经济景气趋缓，物价上涨，股市震荡低迷，导致民众财富与所得缩减，影响消费能力，1－3季民间消费增长率依次为2.56%、2.98%、3.69%，预估全年为3.05%，低于上年3.91%的水平。而另一个影响经济增长的重大因素——民间投资，也因为岛内投资环境恶化问题依旧，加上全球经济景气扩张放慢，增长急剧下滑。2004年民间投资年增长率为30.96%，而2005年1－3季民间投资分别增长10.52%、8.95%及－2.00%，预估全年民间投资仅增长3.00%，严重削弱经济增长的动力。2005年侨外对台投资也呈衰退之势，1－11月核准侨外投资金额计31.24亿美元，较上年同期减少5.30%。按照台湾“行政院主计处”的综合统计，预估2005年岛内需求增长率由上年的6.99%降至2.60%，对经济增长贡献则由上年的6.30个百分点降至2.37个百分点，对经济增长贡献所占的比重则由上年的103.79%降为62.37%。①

外部需求方面，2005年以来由于国际油价居高不下，全球经济景气趋缓，台湾对外贸易受到明显影响，贸易出超大幅缩减。按海关统计，2005年1－11月对外贸易总额3395.9亿美元，较去年同期增加9.2%，其中出口增加8.2%，为1722.3亿美元；进口增加10.2%，为1673.6亿美元，出超48.7亿美元，较上年同期大幅减少32.7%。② 而按国民所得统计，“主计处”预估，2005年台湾商品及劳务输出增长6.12%，而输入增长4.40%，合并计算后外部净需求对经济增长贡献1.43个百分点，对经济增长贡献所占的比重为37.63%。

以上分析说明，2005年台湾经济增长明显下降，从需求面来看主要是因为内需部分民间消费与投资的不振，外部需求虽不振，但对经济增长仍有小幅贡献，好于上年的负贡献。

2. 制造业生产增长明显减缓，服务业呈小幅增长

按照台湾“行政院主计处”最新修正的统计资料，2004年服务业占GDP的

---

① 台湾“行政院”主计处：《国民所得统计及预测——附表》，2005年11月17日，www.dgbasey.gov.tw。

② 台湾“经济部”：《出口成长持续稳健，出超缩减可望缓和》，2005年12月8日，www.trade.gov.tw。

比重高达72.73%，工业占25.58%（其中制造业占21.95%），目前台湾的产业结构明显以服务业为主干，但制造业仍占举足轻重的地位。2004年台湾制造业生产增长9.45%，对经济增长贡献2.25个百分点，是经济增长的重要来源。但随着国际景气趋缓，国际市场需求减弱及产业持续外移，自2004年第4季起制造业生产增长已明显放慢，2005年第1、2季则继续维持2.02%、2.23%的低增长水平，第3季才提高至5.83%，制造业对经济增长的影响大幅降低。而以内需市场为面向的服务业，由于内需增长乏力，2005年以来也仅呈小幅增长的态势，难以充分发挥主导产业部门支撑经济较快增长的作用。1－3季度，服务业增长率分别为2.52%、3.67%及4.25%。其中，商业因油价高涨及岛内台风造成物价上扬，影响民众消费意愿，上半年增长5.9%，较上年同期减少4.9个百分点，第3季增长率为6.4%；运输、仓储及通信业上半年增长4.0%，较上年同期减少5.3个百分点，第3季增长率为5.39%；而金融保险业上半年仅增长0.9%，较上年同期减少6.2个百分点，第3季增长率提高为5.39%。特别值得一提的是，2005年在欧、美、日、韩、新、港等全球股市相继创下新高纪录、1－11月外资投入台湾股市净汇入额达203亿美元的情况下，由于岛内政局动荡不安，投资者对台湾经济信心不足，再加上相继爆发股市内线交易的“秃鹰案”等丑闻，台湾股市持续呈现疲软不振状态，平均加权股价指数在6000点上下盘桓，其中1、4、5及10月份股价指数均在6000点以下。

二、导致经济增长衰退的原因分析

自新世纪以来台湾经济陷于持续低迷甚至衰退的困境，仅2004年在国际景气强劲复苏带动下有所好转，之所以如此，除了国际因素外，主要在于台湾岛内政局改变后，新上台的民进党当局，不但没有对经济发展中存在的产业结构脆弱化、金融与财政恶化等结构性经济问题进行有效改革，而且是以政治斗争为中心工作、以选举胜利为首要任务，造成岛内政局动荡不安、两岸关系紧张对峙以及财经政策摇摆不定等一系列不利经济发展的新变数。2005年台湾经济增长大幅衰退的基本原因依然如故。不过，由于岛内外环境的变化，一年来台湾经济生活中呈现若干明显的新趋向，这些新趋向不仅是台湾经济增长衰退的直接原因，而且也会深刻地影响未来台湾经济走向。

（一）产业竞争力下降导致贸易顺差缩减加剧

出口一向是台湾经济增长的主要动力之一，而2005年以来引起台湾各界高度关注的一个经济现象就是出口增长明显减速，贸易顺差缩减加剧。2003年及2004年台湾出口年增率分别为10.40%与20.69%，而2005年1－3季出口增长率仅7.77%、5.99%及7.12%，预估全年增长率为8.55%，较上年大幅减少12.14个百分点。相应的2005年台湾的贸易顺差由2003年的169.31亿美元及2004年61.24亿美元再下降至50亿美元左右。对于台湾出口增长大幅下滑的原因，台湾当局及岛内部分学者①认为除了国际景气转缓，外部需求减弱外，主要在于近年台湾产业“台湾接单、海外生产”趋势明显加强。据台湾“经济部”统计资料，台湾制造业台湾接单海外生产的比重由2003年的24.03%上升至2004年的32.12%，2005年1－9月再至38.89%，其中资讯通信业转单生产的比重则由45.41%升到60.71%及73.07%。② 应该说这两个因素都直接影响了台湾出口的增长，但却不是根本性的因素。2005年1－7月韩国、新加坡及香港出口分别增长10.8%、13.6%及8.3%，而台湾只有6.7%的增长率，③ 国际因素显然不足以说明台湾出口增长的衰退。而随着台湾产业持续向海外特别是大陆转移，确实会产生出口地转移现象，导致外销订单与实际出口金额差距扩大，同时随着台商所在地生产体系的完善，台商投资带动出口的效应也会逐渐下降。但是，在产业逐渐成熟之后，向外寻找劳力与原料便宜之地以降低生产成本是经济发展过程的自然现象，特别是在经济全球化加速发展的今天，厂商为了维持竞争力调整生产基地，加快全球布局是难以避免的趋势。其他国家及地区也有相同的经历。因此问题的关键不在于产业外移造成的转单生产效应，而在于台湾自身产业升

---

① 台湾“经济部”：《经济情势分析》，www.trade.gov.tw，2005年11月；台湾“行政院”主计处：《国民所得统计及预测》，www.dgbasey.gov.tw，2005年11月17日。

② 台湾“经济部”：《经济情势分析》，http//www.trade.gov.tw，2005年11月。

③ 台湾“经济部”：《2005年8月份国际贸易情势分析》，http//www.trade.gov.tw，2005年10月。

级的速度慢于产业外移的速度，无法形成足够新的有竞争力的产业或产品，创造出口新来源，整体产业竞争力趋于下降，具体表现如下。

1. 劳动生产力增长衰退。

劳动生产力的不断提高是维持产业竞争力的关键性因素。台湾制造业的劳动生产力年增率自 1995 年以来基本维持在 5% 至 9% 之间，2002 年达 9.55%，但近年来由于投资不足、生产技术进步缓慢等原因已有降低之势，2003 - 2004 年分别降到 5.29% 及 5.89%。① 2005 年以来台湾生产力增长趋缓的现象更加突出，1 - 9 月制造业生产力仅较上年同期增长 1.35%，创下近 10 年最低水平。而同期制造业受雇者总薪资较上年同期增加 3.62%，单位产出劳动成本上升 2.61%，② 产品竞争力无疑受到明显的削弱。

2. 高科技产品占出口的比重下降。

上个世纪 90 年代以来随着台湾产业结构的转型升级，高科技产业发展迅速，高科技产品逐渐替代传统的劳力密集型产品成为台湾出口主力。2000 年高科技产品出口值达 828 亿美元，占出口总值的 55.8%。但此后受到全球景气低迷与产业升级步伐放慢等因素的影响，高科技产品出口值即明显萎缩，2004 年高科技产品出口比重下滑至 52.1%，2005 年更从 1 月的 51.3% 逐月下滑至 8 月的 50.9%，③ 大致倒退到 7 年前的水平，台湾出口竞争力下降的关键原因即在于此。

3. 与日、韩贸易逆差持续扩大。

台湾产业升级滞后，竞争力下降还突出表现在台湾产业水平呈现与韩国拉大差距之势。90 年代电子信息产业成为台湾产业的主流，是支撑台湾经济增长与出口的主力。但因研究与发展的投入不足，技术自主性不高，台湾信息电子业的关键零组件及中间原料大量依赖从日本进口，导致台湾对日贸易逆差持续上升。新世纪以来台湾经济这种结构性的问题不仅没有缓解，反而进一步扩大至原来产业结构类似、互为竞争对手的韩国。DRAM 与液晶面板

① 台湾 CEPD：Taiwan Statistical Data Book 2005，2005 年 6 月。

② 台湾“行政院”主计处：《2005 年 9 月薪资与生产力统计结》，http//www.dgbasey.gov.tw，2005 年 11 月 22 日。

③ （台）《进出口贸易统计月报》，2005 年 8 月。

是台湾近年大力发展重点产业，但关键性零组件却需要由韩国大量进口，从而造成近年台湾对韩国的贸易逆差不断扩大，2004年逆差额达62.8亿美元，较上年大幅增加52.5%。2005年1-8月，台湾对韩国贸易逆差额48.8亿美元，较上年同期增加28.5%，预估全年台湾对韩国的贸易逆差将超过75亿美元。当台湾整体出口增长衰退，而对日、韩贸易逆差却持续扩大时，贸易出超必然大幅缩小。

在世界经济论坛（WEF）的《2005-2006全球竞争力报告》中，台湾的"成长竞争力"（衡量一国及地区未来中长期经济持续成长的潜力）排名第5，虽较上年滑落1名，却仍为亚洲之首。其主要原因是台湾民间科技与创新表现突出。然而以上分析说明，近年来台湾这种潜力并未充分发挥而转变为实际的竞争力，现实中台湾的竞争力正呈明显下滑的趋向。

（二）泛滥的金权政治严重侵蚀经济肌体

新世纪以来台湾经济备受非经济因素的困扰，突出地表现为台湾当局在施政与两岸关系问题上一切以政治利益与意识形态为优先，经济发展甚至成为其牺牲品。而2005年这种非经济因素的影响又有新的扩张。一年来台湾相继爆发了高速铁路延期、"股市秃鹰"、高雄捷运弊案等一系列重大弊案，可谓近年爆发各种弊案最多的一年。岛内外关注较多的是这些弊案对政局与选举的影响，而实际上不容忽视的还有，这些弊案所反映出的政商勾结普遍、金权政治泛滥问题，已成为严重侵蚀台湾社会经济肌体的巨大毒瘤，使其不断丧失健康发展的动力。

其一，造成公共建设投资效率低下。从理论上讲，扩大公共建设投资可以刺激总需求扩张，又可在供给面加强基础设施，提高社会总生产力。特别是在台湾经济多年持续低迷不振的情况下，公共建设投资的作用显得尤其重要。但是由于金权政治的深刻介入，造成台湾一系列重大公共投资案成本高、效率低。"高铁案"即是个典型。原本是个由民间主要投资而"政府零出资"的BOT案，但由于原始股东与台湾当局有特殊密切的关系，官方资金相继大量注入，至今已达1057亿元新台币，致使当局由"零出资"变成为最大股东，完全背离了BOT的原则。不仅如此，由于资金缺口巨大及工程进度的严重落后，原定2005年10月通车的高铁被迫推迟一年通车，造成损失高达667.5亿元新台币。而2005年给台湾社会造成巨大震撼的“高捷弊案”，除了暴露出官商勾结、伪造文书、利益输送、收受回扣、偷工减料、剥削外劳等一系列重大违法行为外，高捷工程本身的质量成了最直接的牺牲品。自工程开工以来不到2年内竟然已发生11次塌陷的安全事故，至今为止没有一家国际再保公司和岛内保险公司愿意为高雄捷运公司承保工程财物损失险、延迟完工险及工程专业责任险。

其二，扰乱正常的经济秩序。一系列由官商勾结造成的弊案除了对涉案的事件本身造成严重冲击外，其扰乱正常的经济秩序、制造市场混乱，对经济肌体的伤害则更深刻。由“高捷弊案”已经揭露出来的事实看，在上自“总统府”，中经“公共工程委员会”及“劳委会”，下至高雄市政府，与厂商之间形成盘根错节高层次的官商结构网络的背景下，原有的经济秩序与市场规则荡然无存。如，当局出资比重达83%，但13名董事成员中官派董事仅有3人，完全不符比例原则，主导者还是出资仅7亿新台币的“副董事长”；捷运建设中的6项重大工程，绕过正常程序而不采用“政府采购法”；没有地铁建设经验的公司竟可获得上百亿元的大标。“股市秃鹰”案也是个破坏市场规则与秩序的典型。作为金融主管机关的“金管会”的检查局局长竟然利用职务之便屡屡泄漏“金管会”查核上市公司的内线消息给特定股市金主，而证券交易所内部人员也通过窃取机密档案提供内部讯息，官商密切勾结之下大肆炒作股市，牟取暴利。其结果造成股市投资者巨大损失，并严重影响台湾股市交易的公平性，破坏股市正常交易，而岛内金融市场秩序监督者的权威性更是备受怀疑。

其三，打击民间投资与消费信心。台湾金权政治泛滥与横行在直接伤害台湾经济肌体、扰乱经济秩序的同时，在宏观层次对经济更深远的危害就是沉重打击了民间投资与消费信心，进而削弱经济发展的动力。接连不断的官商弊案爆发，造成社会动荡不安，当局标榜的“执政清廉”被贪污腐败所替代，公权力信用受到严重损害。据台湾《远见》杂志《2005年外商投资意愿调查》显示，外商认为台湾当局不太清廉或非常不清廉的比例高达

51.3%，而对投资环境整体满意度，外商表示满意的由2004年的20.3%降为2005年的10.4%，不太满意或非常不满意的则由35.9%上升至47.8%。① 与此同时，民间消费信心持续低迷，据台湾“中央大学”台湾经济发展研究中心发布的2005年9月份消费者信心指数（CCI），总数为71.42点，创近两年半以来新低，其中下降幅度最大者为“未来半年投资股票时机”，指数为66.30点，较上月减少4.40点。②

（三）台湾在大陆市场的领先优势逐渐失去

近20年来，台湾凭借着与大陆相同文化背景、享受特殊优惠政策及抢先进入市场等优势，对大陆的投资与贸易在东亚国家及地区中居于领先地位。目前大陆已是台湾最大的出口市场及最大的贸易顺差来源地，大陆同时也是台湾最大的海外投资地，日益密切的两岸贸易关系已成为台湾经济持续增长不可或缺的重要动力。但是在经济全球化区域化加速发展的背景下，台湾当局却逆潮流而动，顽固坚守限制性对大陆经贸政策，尽量拖延两岸经贸关系的正常化。这种政策的负面效应已在2005年逐渐突显，它使台湾在大陆市场的竞争力削弱，原有的领先优势逐渐失去。

1. 对大陆出口增长明显趋缓。

2005年台湾在整体出口增长下降的背景下，对大陆的出口也呈现明显趋缓。据台湾“国贸局”的统计资料，2002－2004年台湾对大陆出口增长率均超过20%，而2005年1－9月，台湾对大陆出口为529.67亿美元，比上年同期仅增加11.8%，低于同期大陆总体进口增长率16.1%，台湾产品占中国大陆进口比重相应下降至11.1%。而同期韩国对大陆出口额为557.76亿美元，较上年同期增长22.4%，高于同期大陆总体进口增长速度，韩国产品占中国大陆进口比重提高到11.7%，已超过台湾，这样韩国取代台湾成为大陆的第二大进口来源地。除了韩国，2005年1－9月，新加坡、泰国对大陆出口增长也高达20.3%及20.1%，③ 由此可见，台湾产品在大陆的竞争力

① 2005年外商投资意愿调查，台湾《远见》，2005年12月。

② 岛内消费者信心指数创新低，www.people.com.cn，2005年9月29日。

③ 台湾“经济部”：《2005年9月份两岸贸易情势分析》，http//www.trade.gov.tw，2005年11月。

已面临严峻的挑战。

2. 台商对大陆投资增长速度下降。

造成台湾对大陆出口增长减缓的原因有多种，但由于台商对大陆投资增速下降引起投资拉动贸易效应减弱应是其中一种。据国家商务部统计资料，近年台商投资大陆已出现增长衰退趋势。2005 年衰退趋势更显得突出，1－11 月，大陆批准台商投资项目数较上年同期减少 2.9%；实际使用台资金额则较上年同期减少 32.7%；仅合同台资金额较上年增加 3.8%。① 而按台湾"经济部"投审会的资料，2005 年则是台商对大陆投资转为衰退的一年。2003 年、2004 年台商对大陆投资件数与投资金额年增率分别为 23%、19% 及 9%、51%。而 2005 年 1－11 月，核准台商对大陆投资件数为 1 188 件，较上年同期减少 35.40%，核准投资金额为 56.24 亿美元，也较上年同期减少 8.73%。② 与台湾形成鲜明对比的是，近年韩国对华直接投资增长迅速，2004 年韩国对大陆投资合同投资额 139.11 亿美元，实际投资额 62.48 亿美元，成为中国第三大海外投资来源国。2005 年 1－11 月，韩国对大陆的合同投资额及实际投资额分别为 181.86 亿美元及 43.19 亿美元。③ 韩商大量对大陆投资带动了原物料与半成品对大陆的出口，这也是近年韩国对大陆出口会超过台湾的部分原因。

三、未来经济前景展望

展望 2006 年，台湾经济在内外环境变化的影响下，可能表现略好于 2005 年，但由于上述分析的造成台湾经济增长衰退的基本因素及新趋向并不会有明显变化，台湾经济仍将维持相对低的增长水平。

就台湾经济发展的外部环境——世界经济走势而言，2005 年世界经济在

---

① 商务部台港澳司：《2005 年 1－11 月两岸贸易、投资情况》，http//www.mofcom.gov.cn，2005 年 12 月 14 日。

② 台湾"经济部"投审会，http：//www.moeaic.gov.tw，2005 年 12 月 20 日。

③ 商务部外资司：《2005 年 1－11 月利用外资分国别（地区）分析表》，http//www.mofcom.gov.cn，2005 年 12 月 22 日。

高油价等不利因素的冲击下依然保持了稳步增长态势，在此基础上，2006 年尽管存在油价上涨、全球经济失衡、房地产泡沫和国际贸易保护主义加剧等方面的潜在风险，但正处于周期上升期的世界经济仍将稳步增长。美国经济依然保持较强增长势头，日本经济可能真正走上复苏的轨道，欧元区经济也有缓慢加速的迹象，而中国和印度等主要发展中国家经济仍将继续保持强劲增长。多数国际权威预测机构预测 2006 年全球经济将与 2005 年持平。国际货币基金组织（IMF）9 月预测 2006 年全球经济增长率为 4.3%（2005 年为 4.3%）；环球透视机构（Global Insight Inc.）11 月预测 2006 年全球经济成长率为 3.2%（2005 年为 3.4%）。外部大环境持续平稳的发展，将有利于台湾外贸一定程度的扩张。

两岸关系问题依然是影响未来台湾经济走向的重大因素。尽管 2005 年以来由于大陆方面的积极推动两岸关系有些可喜的新进展，但总体而言，只要台湾当局不放弃“台独”立场，就会继续坚持限制与大陆经贸往来的经济战略思维，尽力拖延两岸经贸关系的正常化的进程，从而伤害台湾经济的竞争力。特别是，当前东亚区域经济整合正加速发展，除了中、日、韩与东盟 10 国的合作框架机制（“10 + 3”）运作外，中国与东盟 10 国的自由贸易区（“10 + 1”）建设正在积极推进中，台湾如果由于两岸因素继续游离于这种区域合作潮流的话，无疑将被“边缘化”，台湾产品将因此更加无法与韩国及其他国家及地区竞争。不过，2006 年两岸经贸互动也存在局部突破的可能性，如大陆积极推动的开放大陆民众赴台旅游。如果这一举措得以实施，将会拉动岛内各项投资和消费，带动服务业的发展，进而有助于提升台湾整体经济的增长。

在内部环境方面，各种影响因素在 2006 年难以好于 2005 年。除了长期积累下来的产业结构、财政金融及金权政治等结构性问题短期内不易解决，仍将制约台湾经济有效增长外，对经济不利的因素主要有：（1）政局将持续动荡不安。2005 年台湾政局剧烈动荡，2006 年仍将不平静。民进党当局在 2005 年年底“三合一”选举败选后，反省改革的趋向并不明确，而党内接班问题又将加剧内部矛盾，未来施政必将面临各界更多的压力与阻力。另一方面，围绕台北及高雄市长、市议员选举与各种议题，朝野各党将展开新一轮激烈较量。没有稳定与协调的政治环境，整体经济的前景是难以乐观的。前述《2005 年外商投资意愿调查》显示，对“台湾未来一年的经济成长表现看法”，表示悲观及十分悲观的由上年的24.2%上升至31.3%，而表示乐观及相当乐观的则由上年的39.8%下降为20.9%。(2) 投资增长欲振乏力。尽管台湾“经建会”希望通过落实公共投资效率及激励民间投资需求来提升岛内投资，“经济部”也强调根据调查显示，2006 年民间新增投资目标可达 8682 元新台币，与 2005 年大致持平，但实际上由于政局动荡、金权政治泛滥导致投资环境持续恶化，民间投资意愿难以明显提升，“主计处”预估2006 年民间投资增长 3.6%，仅比上年略增 0.6 个百分点。公共投资方面，受困于财政恶化与官商勾结的横行也难有明显成效。台湾“行政院”送往“立法院”审议的“2006 年度总预算案”中，经济发展支出为 2 044 亿元新台币，较上年度减少 18.4%。(3) 民间消费增长有限。台湾“经建会”计划在 2006 年将失业率控制在 4%以内，消费者物价指数上涨率在 2%，希望有助民间消费稳定增长，但能否达成尚待观察。事实上，民间对台湾经济前景信心不足，在新的一年里消费信心与能力难有大的改善，民间消费增长仍将有限。“主计处”预估 2006 年民间消费实质增长 3.1%，与 2005 相同。

综合以上分析，2006 年台湾经济形势将大致与 2005 年相近，倘若世界经济形势比预估的好，或两岸经贸关系能有局部突破，前者将有可能略好于后者。按台湾官方机构的预测，“主计处”预计 2006 年经济增长率为4.08%；而“经建会”制定的经济增长率目标则为 4.5%。民间主要经济机构对 2006 年经济增长率的预测分别为，“台经究”3.91%；“中研院”4.25%。概言之，如果不发生重大突发性事件的话，2006 年台湾经济增长率将在 4%上下。

现阶段台湾贸易政策及其影响评析*

邓利娟 熊俊莉

台湾于2002年加入世界贸易组织（WTO），这意味着台湾作为WTO成员，必须积极调整其贸易及其相关政策，减少、消除贸易与投资的障碍，进一步开放市场，在WTO的国际经贸规范下进行公平的经济竞争。现在5年过去了，台湾总体贸易政策调整情况如何？台湾长期实行的限制性两岸贸易政策有何变化？而现阶段台湾贸易政策对两岸经贸往来及台湾经济的发展又有什么影响？本文拟就这些相关问题做初步的分析。

一、台湾总体贸易政策的调整

台湾在加入WTO前就已经开始推动贸易自由化进程，20世纪80年代中期提出经济自由化、国际化及制度化的“三化”政策，贸易自由化便是其中主要内容之一。台湾当局主要通过降低进口关税税率、解除进口管制及限制等改革措施来推动贸易的自由化。2002年台湾正式加入WTO后，为履行承诺，台湾对其贸易政策继续作进一步的调整开放。

（一）关税调降

台湾在入会时承诺，全部产品平均关税税率，由现行的8.20%调降至2002年的7.08%，并分年（2003－2011年）调降至5.53%；农产品平均关税税率，由现行的20.02%调降至2002年的14.01%，并分年（2003－2011年）调降至12.89%；工业产品平均关税税率，由现行的6.03%调降至2002

---

* 本文原载于《台湾研究》，2007年第4期。

年的5.78%，并分年（2003－2011年）调降至4.15%。①

对照台湾实际调降关税的情况，2002年入会时，台湾修正5301项产品的关税税率。2003年12月，为执行台湾与巴拿马双边自由贸易协议关税减让承诺，并给予低度开发国家部分产品免关税的优惠待遇，台湾又修正8237项产品的关税税率。至此，台湾平均名目税率由2001年的8.20%，降至2003年的6.32%，其中，农产品平均税率由20.02%降至13.69%；工业品平均税率由6.03%降至4.94%。② 2003年以来台湾平均名目税率没再变动，但其距2011年的调降目标已不太远了。若就台湾的平均实质税率而言，其持续下降的趋势也十分明显，由2002年的2.3%降至2005年的1.5%。③

（二）减少非关税贸易限制

在减少农、工产品管制方面，台湾入会时承诺将取消且不再实行不符WTO规范之进口限制、数量限制、签审限制或其他具有类似效果且不符合WTO协议规定的非关税措施。另外，台湾还承诺于入会时，取消农工产品的地区限制措施。具体而言，现行采取管制进口或限地区进口的41种农产品，入会后除稻米采限量进口外，其余产品分别采关税配额措施或开放自由进口，但14项敏感农产品可采行特别防卫措施，以减轻受到不利冲击。小客车及货车（未超过3.5吨者）进口现行采地区限制，入会后改采关税配额制度，逐步开放进口。入会后取消汽、机车的自制率、进口地区限制及禁止性出口补贴。入会后6个月及2年内，分别开放150CC以上机车与柴油小客车的进口。④

加入WTO 5年来，台湾按上述承诺逐步减少农、工产品进口管制措施，不断提高商品进口的自由度。据统计，在2001年8月时列入台湾进口负面

---

① 台湾“经建会”：《“台湾加入WTO对经济之影响及因应对策”政策说明》，http：//www.trade.gov.tw。

② 台湾“财政部”关政司：《进口关税资料分析表》；《进口货品平均税率（农工产品别）》，http：//www.doca.mof.gov.tw。

③ 台湾“财政部”关税总局：《2006关税年报》，http：//web.customs.gov.tw。平均实质税率指，进口关税对进口货物起岸价格总值的百分比。

④ 台湾“经建会”：《“台湾加入WTO对经济之影响及因应对策”政策说明》，http：//www.trade.gov.tw。

列表的货品有1388项，占所有进口货品总数的13.43%；其中管制进口货品项目共252项，占2.44%；有条件准许进口者计有130项，占1.26%；列入委托查核输入货品表者共计1006项，占9.73%。① 而根据台湾“国贸局”2006年2月的《限制输入货品、海关协助查核输入货品汇总表》统计，列于负面列表上的产品类别减少为1163项，占全部货品总数（10，921项）的10.65%；管制进口货品减少至55项，占0.5%；有条件准许进口货品剩24项，占0.22%；其余1084项则是委托查核输入货品。管制进口的货品主要是有机化学产品和农、矿产品，其中最大项化学产品有40项。②

（三）进一步开放服务业市场

服务业市场开放包括律师、会计师等专业服务、金融、保险、证券期货、电信、运输、教育、电影等，台湾在入会前已逐步推动落实。台湾入会时承诺将进一步取消外人投资航空货运承揽业及航空货物集散站经营业的外资比例限制、适度允许外国律师来台执行业务、取消电影业方面的各种限制等。而从台湾入会后实际继续推动服务业市场开放举动来看，比较重要的有：

1. 提高外资在电信业的持股比例。2002年6月台湾修正“电信法”，将外资对相关电信事业的持股比例上限放宽到49%。

2. 放宽保险业境外投资上限。2003年1月台湾将保险业境外投资上限由20%提高至35%，台湾寿险业投资境外金额随之大幅增加，至2005年8月投资境外金额高达新台币1.69兆元，占寿险业全体资金运用总额比重，达30.3%，而2002年时这一比重仅为16.42%。③

3. 大幅放宽证券市场对外资的限制。2003年9月台湾废除了外国专业投资机构（QFII）制度，外资持股占股票市值比例迅速成长。截至2006年12月底止，外资持股占台湾整体上市公司总市值比例已达33.93%。2006年

① 《台湾、澎湖、金门及马祖个别关税领域入会工作小组报告》第62－73段，引自台湾“国贸局”：《我入会工作小组报告相关承诺问与答》，2001年9月25日，http：//cweb. trade. gov. tw。

② 台湾“国贸局”：《限制输入货品、海关协助查核输入货品汇总表》，2006年2月19日，http：//cweb. trade. gov. tw。

③ 台湾“经建会”：《金融改革政策》，2005年12月，http：//www. cepd. gov. tw。

一年外资投资台湾股市净汇入金额高达213.83亿美元。

此外，台湾还逐步取消了对外资银行的各种限制，如删除外国银行增设分行须有等待期（5年），设立地区（限于台北市及高雄市设立），以及每年增设以三家为限等限制。

总而言之，台湾在加入WTO之前已经开始贸易自由化进程，在加入WTO之后，总体贸易政策继续朝着自由、开放的方向调整。

二、歧视性的对大陆贸易政策

海峡两岸自1979年恢复贸易往来后，贸易关系发展十分迅速，目前大陆已是台湾最大的贸易伙伴。据国家商务部统计，2006年两岸贸易额已高达1078.4亿美元，占同年台湾对外贸易总额4267.1亿美元的25.3%。但是，在台湾当局的《两岸人民关系条例》及《两岸贸易许可办法》的约束下，台湾一直对大陆采取严格限制的贸易政策，与台湾总体贸易政策朝自由、开放方向发展形成鲜明的对比。台湾加入WTO后，迫于WTO的规范及岛内各界强大压力，对相关政策作了些调整，但明显具有歧视性的对大陆贸易政策的基本格局迄今并没有改变。

（一）对大陆进出口商品的限制

台湾当局自1988年开放大陆物品间接进口以来，一直采取“宽出严进”的大陆贸易政策，对大陆产品进口进行严格限制。开始时采取正面表列方式管理，仅有少量的大陆商品被允许进口。1996年7月以后改用工业产品由负面列表、农产品由正面表列的并列方式管理。自1998年4月起，两岸贸易纳入《台湾输出入货品分类表》统一管理，该分类表中，列有“111”代号的对全球管制的物品及“121”代号的对全球有条件准许输入的物品，又列有“MW0”代号的大陆物品不准输入项目及“MP1”代号的有条件准许输入的大陆物品，这样大陆物品输入台湾在相当程度上受到双重的限制。

为了应对加入WTO，2002年1月台湾“行政院”通过《分阶段扩大开放大陆物品进口》条文，一定程度上放宽大陆物品的进口。2002年开放大陆进口物品2167项，2003至2005年则逐年减少，分别为开放368项、191项及52项。① 截至2007年4月2日，台湾对大陆开放进口物品总数为8696项，即仍然对大陆禁止高达2219项农、工产品的进口，占全部物品总数10915项的20.3%。其中，禁止进口农产品828项，占农产品总数2240项的37.1%；禁止进口工业产品1389项，占工业产品总数8675项的16.0%。（参见表1）而进一步观察台湾禁止大陆进口货品类别则可见，农产品中，食品及烟酒等比重最高，其次为植物产品、动物产品；工业产品中，钢铁及其制品比重最高，其次为医药品、纺织产品。（参见表2）

表1　台湾开放进口大陆农、工产品统计表（截止2007年4月2日）

货品类别	项数	开放项目			未开放项目			免办签证项目		
		项数	占全部货品%	占农、工产品%	项数	占全部货品%	占农、工产品%	项数	占全部货品%	占开放项目%
农产品	2240	1410	12.9	63.0	828	7.6	37.1	1404	12.9	99.6
工业产品	8675	7286	66.8	84.0	1389	12.7	16.0	6994	64.1	96.0
总　计	10915	8696	79.7	-	2219	20.3	-	8398	76.9	96.6

资料来源：台湾"国贸局"，http：//ekm92.trade.gov.tw。

表2　台湾禁止大陆进口货品类别统计表（截止2006年2月10日）

产品类别		禁止进口项数	总项数	比重（%）
农产品	食品、烟酒等	286	711	40.23
	植物产品	265	695	38.13
	动物产品	283	787	35.96
	其他	8	78	10.26

① 台湾"国贸局"：《历年开放大陆农、工产品统计表明细》，2006年2月，http：//cweb.trade.gov.tw。

续　表

产品类别		禁止进口项数	总项数	比重（%）
工业产品	钢铁及其制品	376	884	42.53
	医药品	70	172	40.7
	纺织产品	477	1259	37.89
	车辆等运输设备	94	268	35.07
	铜及其制品	24	86	27.91
	铝及其制品	14	62	22.58
	水泥陶瓷玻璃制品	53	259	20.46
	电机设备及零件	132	674	19.58
	武器弹药及零件	5	28	17.86
	其他	169	4958	3.4
合计		2256	10921	20.66

注：禁止进口项数仅统计《台湾输出入货品分类表》中“MW0”代号的管制输入大陆物品项数，有条件输入和委托核查输入的大陆货品并未计算在内。

资料来源：根据台湾“国贸局”《台湾输出入货品分类表》（2006年2月10日）统计而得。

如前所述，台湾加入WTO后，管制其他国家及地区的进口物品已降为55项，而不准进口的大陆物品却至今仍然高达2219项。事实上，即使是名为开放的大陆物品，仍受到所谓的“特殊防御机制”的制约。按台湾《两岸贸易许可办法》第八条规定，对已开放进口的大陆物品，“因情事变更或政策需要”，可由主管机关报请“行政院”核定后停止输入。显而易见，台湾当局不仅没有依照WTO规范，消除对大陆贸易的非关税壁垒，而且对大陆采取明显歧视性的政策。

此外，台湾当局还对大陆施行出口管制制度。2002年4月30日，台湾“经济部”公告高科技货品管制清单，增列“大陆地区”为“战略性高科技设备及技术输出管制区”，限制23项半导体制造设备输往大陆。①

（二）拒绝两岸直航，阻碍贸易商品运输便捷化

两岸自恢复贸易往来后，台湾当局一直顽固拒绝两岸直航，使两岸贸易往来只能采取间接模式，费时费事，徒增成本，严重妨碍了两岸贸易正常化发展。

1997年4月，台湾启动高雄港境外航运中心，与大陆的厦门港、福州港开始了两岸“试点直航”的营运。但由于“不通关、不入境”的限制，高雄港境外航运中心，只能从事大陆输往第三地或第三地输往大陆货物的转运及相关的加工、重整及仓储作业，也就是说，大陆货物不能最终输往台湾，台湾货物也不能最终输往大陆。所谓的“直航”其实质意义并不大。2001年1月台湾开放所谓“小三通”，允许台湾的金门、马祖与大陆的厦门、马尾海上直航，局部性地实现了两岸海上直航。

2002年台湾加入WTO后，修改《两岸贸易许可办法》，其中第五条规定，“台湾地区与大陆地区贸易，得以直接方式为之；其买方或卖方，得为大陆地区业者。但其物品之运输，应经由第三地区或境外航运中心为之。”②这样，两岸的贸易商可以不经过第三者而直接交易，但贸易商品的运输仍无法直航。两岸贸易实质上仍是“间接贸易”。

2003年10月台湾修正公布《两岸人民关系条例》，据第28条规定，台湾的船舶、航空器及其他运输工具，经主管机关许可，得航行至大陆地区。其许可及管理办法，在18个月内，由“交通部”会同有关机关拟订，报请“行政院”核定。至此，实现两岸直航的法规障碍应是排除了。然而，台湾当局囿于政治立场与意识形态，却迟迟不出台两岸直航许可及管理办法，两岸全面双向直航迄今无法达成。

（三）对大陆有关服务贸易投资的限制

在开放服务贸易市场方面，台湾当局同样违背WTO的基本原则，而对大陆采取明显歧视性的做法。

---

① 《2002年两岸关系大事记》，http：//news.xinhuanet.com/ziliao/2003－09/23/content_1094542_1.htm。

② 台湾“陆委会”：《台湾地区与大陆地区贸易许可办法》，http：//www.mac.gov.tw。

2002年1月，台湾当局出台《加入WTO两岸经贸政策调整执行计划》，在对大陆服务贸易投资政策上，把大陆资金到台投资从原来的“完全禁止”调整为“分阶段开放”。具体做法是，按台湾“入会服务业特定承诺表”的行业范围（共计108项，已对其他国家或地区开放），将开放行业区分为三类，第一类为，两岸入会后优先对陆资开放的行业；第二类是，两岸入会后，视情势发展再考虑对陆资开放的行业；第三类，暂不考虑对陆资开放之行业。并确定了《开放陆资投资服务业之第一类行业分类清单》，共计58项，包括商业服务业27项、通讯服务业2项、营造相关工程服务业8项、运输服务业8项、配销服务业7项、观光服务业2项以及环境、金融、社会、娱乐服务业各1项。

然而，开放陆资投资台湾的配套的法规和实施措施却迟迟没有出台。台湾当局仅于2002年8月公告《大陆地区人民在台湾地区取得设定或转移不动产物权许可办法》，规定大陆地区的人民、法人、团体，或其他机构与其于第三地区投资的公司，在经过台湾“内政部”许可后，可入台投资不动产，但仅限于自用住宅、或投资观光旅馆、商业大楼、工业厂房，并采取总量管制。而实际施行时间拖延到《两岸人民关系条例》修正后的2004年3月，迄今仅有个别申请案通过审查。

2004年6月，台湾“陆委会”又公布了大陆资金赴台投资产业的“三不原则”，即陆资不得超过侨外来台投资范围；不得在台投资被台湾当局禁止赴大陆投资的项目；不得投资台湾当局正在推动的对产业发展有重大影响的明星产业。

由于台湾当局的重重限制及缺乏配套法规措施，迄今为止，大陆资金基本上仍无法进入台湾，两岸正常、公平的双向投资迟迟难以实现。

三、台湾现行贸易政策的影响分析

台湾当局不遵守WTO规范，对大陆采取一系列的歧视性贸易政策，其表面上的经济理由是，“鉴于现行我大陆经贸管理体制与WTO规范架构差距甚大，假若全面适用 WTO 规范，对岛内产业部门将有一定的冲击与影响。”① 然而事实正相反，限制两岸贸易正常化的做法，除了扭曲两岸经贸关系外，对台湾产业与经济的发展及台湾在国际社会的形象，均造成极大的负面影响。

（一）加剧两岸贸易的不平衡

由于台湾当局长期对大陆产品输入台湾实行严格限制，再加上两岸间经济发展水平及产业结构存在差异，自上个世纪 80 年代初起，两岸贸易就一直存在不平衡现象，台湾长期处于顺差地位，而且顺差额持续扩大。据国家商务部的统计，2001 年两岸贸易额 323.4 亿美元，其中，台湾对大陆出口高达 273.4 亿美元，而台湾自大陆进口则仅有 50.0 亿美元，台湾顺差高达 223.4 亿美元。（参见表 3）两岸加入 WTO 后，从理论说，双方都应相互减少甚至消除贸易的障碍，进一步开放市场，在 WTO 的规范下从事自由公平的贸易活动。这样就有助于缓解两岸贸易长期严重失衡现象。但实际情况并非如此。两岸加入 WTO 后，随着两岸贸易规模的增长，台湾对大陆贸易逆差额仍然不断扩大，两岸贸易不平衡状况明显加剧。2006 年台湾对大陆贸易顺差额大幅上升至 663.7 亿美元，是 2001 年的近 3 倍。（见表 3）

表 3　两岸贸易统计（2001－2006）

单位：亿美元、%

年份	两岸贸易总值		台湾对大陆出口		台湾自大陆进口		台湾对大陆顺差	
	金额	增长率	金额	增长率	金额	增长率	金额	增长率
2001	323.4	5.9	273.4	7.2	50.0	－0.8	223.4	9.2
2002	446.5	38.1	380.6	39.2	65.9	31.7	314.7	40.9
2003	583.7	30.7	493.6	29.7	90.0	36.7	403.6	28.2
2004	783.2	34.2	647.8	31.2	135.5	50.4	512.3	26.9
2005	912.3	16.5	746.8	15.3	165.5	22.2	581.3	13.5
2006	1078.4	18.2	871.1	16.6	207.4	25.3	663.7	14.2

资料来源：《两岸进出口统计数据》，http：//gcs.mofcom.gov.cn/tongji.shtml。

---

① 台湾“行政院”：《加入 WTO 两岸经贸政策调整执行计划》，http：//www.mac.gov.tw。

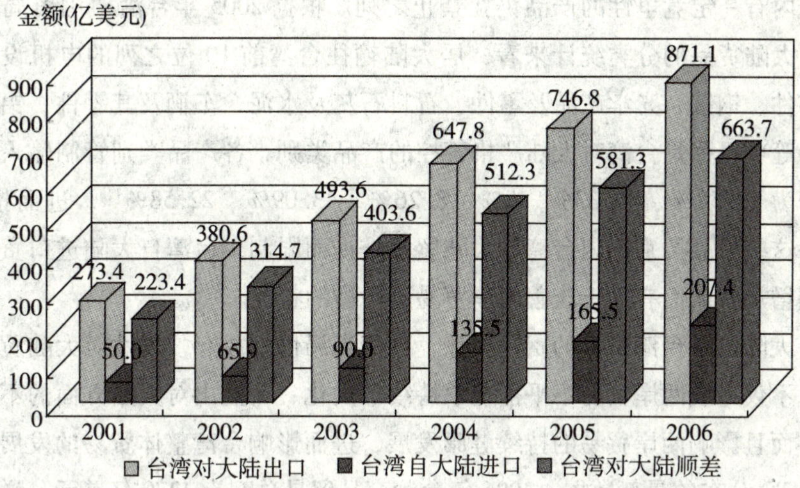

图1　两岸贸易不平衡情况（2001－2006）

资料来源：根据表3数据绘制。

造成上述状况的一个重要原因就是，两岸在加入WTO后对相关政策的调整存在很大落差。大陆加入WTO后，积极认真履行承诺，分阶段地开放内部市场，降低关税，撤除非关税壁垒，这些有利因素大大刺激了台湾对大陆的出口在原来基数已经很大的情况下进一步扩张。而台湾加入WTO后，虽然也在一定程度上放宽对两岸贸易的限制，但开放大陆产品进口的进程缓慢，至今仍有2219项大陆物品不准进入台湾，所谓“宽出严进”的歧视性对大陆贸易政策并没改变。台湾自大陆进口因此无法在原来较小基数上加快增长。

尤其值得关注的是，从表面来看，目前台湾对大陆开放进口产品项目已经增至8696项，占全部农工产品进口项目的79.7%。但实际上，在农产品项目方面，台湾所开放的主要是渔产品、干果及烟酒类，而大陆较具竞争力的生鲜果蔬、畜禽产品及主要种植业产品等均未开放，对台湾市场较敏感的红豆、花生、蒜头、香菇等更是在限制之列，这些未开放的项目仍占农产品总项目的近40%。在工业产品方面，未对大陆开放的工业产品项目仍达16%，这些属于有“一定调适期”的第二类项目与“敏感性及管制性”的第三类项目，尚未确定开放时程；开放的多为一般轻工业消费产品，技术密集型产品基本是属于台湾已失去竞争力、或是与岛内市场互补的产品，大陆与岛内有一定竞争性的产品仍在禁止之列。根据2005年台湾“国贸局”对进口大陆货品的分类统计来看，居大陆输往台湾前10位之列的电机设备及其零件、钢铁、光学产品及零件、石料石灰及水泥、车辆及其零件、铝及其制品等项目都是台湾对大陆严格管控的产品类别，各产品类别管制输入比率分别为19.58%、48.33%、8%、8.26%、43.09%、22.58%①，进而推之，如果这些货品类别不因台湾对大陆贸易歧视而限制，台湾自大陆进口贸易将大幅增加，从而有助于改善两岸贸易不平衡的状况。

大陆已是台湾最大的贸易伙伴，台湾当局仍不放弃歧视性对大陆贸易政策，不仅造成两岸贸易不平衡现象持续扩大化、突显出对大陆方面的不公平性，而且影响两岸贸易的持续健康发展，进而影响台湾整体贸易的发展。根据WTO公布的最新数据，2006年台湾商品贸易总额为4270亿美元，增长率为12%，低于全球平均数的14%，贸易总额排名滑落至全球第17名，创下有统计以来最差纪录。②

（二）对台湾产业发展造成不利影响

从理论上讲，一国或地区采取进口壁垒或补贴出口等表现形式的贸易保护政策，多出于保护自身产业发展的需要，或将本地竞争力弱的产业与外来竞争隔离开来，或帮助本地区产业参与世界竞争。台湾当局不顾WTO规范，严格限制大陆物品进口，其经济上的理由也是要保护岛内产业，但实际效果却正相反。

应当承认，自由贸易、开放市场在给台湾经济带来整体的利益同时，不同产业因原有自由化程度及竞争力的不同，所受的影响是不尽相同的。但这并不能成为不开放的理由。事实上，由于两岸经济互补性高及两岸贸易具有产业内贸易比例高的特征，正常化的贸易关系对台湾产业的发展明显利大于弊。从目前两岸的贸易构成来看，主要是用于制造业的初级加工品或零部件，其所占比重高达50%以上。无论是台湾输往大陆，还是大陆输往台湾的

---

① 根据台湾“国贸局”的《“中华民国”输出入货品分类表》（2006年2月10日）统计而得。管制输入比率＝“MWO”代号的管制输入大陆物品项数/该项产品类别全部项数。

② WTO report：“world trade2006，prospects for 2007”，2007年4月12日，www.wto.org.

20项主要产品中，均属于此类产品，这其中电子零部件产品居首位。[①] 由于大陆产品具有价格优势，扩大其进口，对台湾相关产业将有降低生产成本的效应。台湾“行政院”在《加入WTO两岸经贸政策调整执行计划》中就有这样的评估：“部分产业因可自大陆进口原材料及零配件而降低生产成本，提升出口竞争力，例如纺织、信息、电子、汽车零组件等以出口为主之产业。”[②] 同时，台湾“经济部工业局”的研究结果也显示，在资本管制条件下，开放大陆货物进口，相对于进口管制的情况，将使台湾的GDP在1999–2005年间多增加1.44%，出口值多增加2.36%，进口值多增加1.03%，制造业产值多增加53.76亿美元，整体贸易盈余多增加14.35亿美元，对大陆贸易盈余则减少48.07亿美元。对大陆实行更开放的贸易政策对台湾总体经济发展是利大于弊。[③]很显然，台湾当局坚持严格限制大陆产品进口，虽然名为保护产业，实际却是违背市场规律，妨碍台湾产业的顺利发展。

（三）削弱台湾经济的竞争力

台湾当局长期顽固拒绝开放两岸直接“三通”，最直接的后果是两岸经贸往来成本明显增加，而其对台湾经济实际造成的伤害则远远大于此。一方面，台湾相关产业如空运、海运、港口业等备受打击，失去竞争力。台湾最重要的港口高雄港的地位急剧下降就是个典型例证。近年来大陆对外贸易迅速发展，成为全球最大货源，但因两岸不能直接通航，高雄港难以参与到大陆货柜转口市场，许多国际海运公司的越洋航线因此减少甚至取消弯靠台湾的航班，台湾自己的航商也纷纷转移到大陆沿海港口寻找航运商机。高雄港的竞争力明显削弱，在全球货柜港的排名自1993年的第3位持续下滑至2003年以来的第6位。此外，台湾第二大货柜港基隆港，2006年年底全球排名也滑落至第44位。[④]

另一方面，两岸迟迟不直接“三通”使台湾在亚太地区中地理区位的优

① 邓利娟：《21世纪以来的台湾经济：困境与转折》，九州出版社，2004年版，第352页。

② 台湾“行政院”：《加入WTO两岸经贸政策调整执行计划》，http：//www.mac.gov.tw。

③ 高长：《两岸加入WTO后产业可能的互动与竞争力变化》，http：//www.moea.gov.tw/~ecobook/season/9012/7_3_1.htm。

④ 《基隆港转型蜕变商业城》，台湾《经济日报》，2007年4月17日。

势无从发挥。越来越多的跨国企业因此将原在台湾的地区总部迁往香港、新加坡或上海。外商对台投资也持续衰退，由2000年的76.08亿美元减少至2005年的42.3亿美元。2006年11月，台北欧洲商会公布的白皮书指出，2005年与2006年分别有17家及33家欧商撤出在台湾的投资，很可能2007年还会有15家左右集体撤资。① 台湾在经济全球化与区域化潮流中面临“边缘化”的危机日显突出。

（四）影响台湾在国际上的形象

台湾当局不遵守WTO规则，对大陆地区施行歧视性贸易政策，不仅阻碍两岸经贸关系的正常化，伤害台湾产业与经济的发展，而且对其在国际社会的形象也造成很大的伤害。2006年1月，美国传统基金会与华尔街日报公布了“2006年全球经济自由度指数报告”，台湾的排名由2005年的26名大幅下滑到2006年的37名，而2000年台湾的排名则是第11名。②两岸贸易往来受到严格限制、两岸“三通”迟迟不开放、两岸资金不能自由往来、大陆人员赴台限制重重，所有这些限制性的政策，都使台湾经济自由度大打折扣。

总而言之，顽固坚持对大陆歧视性的贸易政策是台湾当局现行贸易政策的突出特征，台湾在加入WTO后，依然将大陆与WTO其他成员区别对待，严重违反WTO规范，而其坚持对大陆歧视性的贸易政策的所谓经济理由也显然站不住脚的。事实上，台湾当局这样做的根本原因在于其坚持“台独”的政治立场，害怕两岸经贸关系正常化后将更加密切。2006年以来，台湾当局不顾岛内各界的强烈反对，又进一步提出有关两岸经贸关系“积极管理”的紧缩性政策，并出台相应的配套措施。这更加充分证明台湾当局只是为了达到其政治目的，不惜牺牲台湾经济与岛内民众的利益。

---

① 林祖嘉：《两岸投资环境消长，外资用脚投票》，http：//www.npf.org.tw/PUBLICATION/TE/095/TE－B－095－026.htm。

② 美国传统基金会：“Index of Economic Freedom”（2000－2006），http：//www.heritage.org/research/features/index/index.cfm。

台湾经济发展规律研究*

李　非　胡少东

一、文献综述与数据来源

（一）台湾经济发展规律研究文献综述

增长与发展是密切联系的两个不同概念。经济增长是指一地一定时期内产品和服务量的增加，用来量度的是 GDP（GNP）或其人均值。经济发展除包含经济增长外，还包含经济结构的变化（如产业结构合理化等）、社会结构的变化（如劳动力结构等）、环境治理和改善、收入分配的变化等。经济增长是经济发展的基础。

在台湾经济发展规律研究方面，对经济增长研究的文献比较丰富，而对于社会结构、环境、收入分配等方面的研究还相对欠缺。

在 21 世纪初台湾经济发展出现衰退时，岛内外研究机构普遍认为，台湾经济发展前景虽然短期内会有所恢复，但就长期而言，仍受到诸多因素的制约。台湾主要研究机构对经济发展前景的看法较为乐观，认为经济将从“谷底”跃升，呈现“V”型，或者至少是“U”型增长趋势；而国际评估机构对台湾经济的看法就不那么乐观。IMF 认为台湾经济虽然有望摆脱衰退，但复苏步伐明显较慢，在亚洲主要经济体中排名倒数第二。摩根斯坦利公司认为，台湾经济增长不仅是亚洲“四小龙”中经济增长率最低的地区，而且在东亚除日本外的十大经济体中也是倒数第一。相对而言，国际研究机构对台湾经济发展前景的普遍看法是，经济将缓慢复苏，在“谷底”徘徊一段时间后，大致呈“U”型增长趋势，如果出现新的变数，甚至也有可能是“L”型增长趋势。

* 本文原载于《厦门大学学报》（哲社版），2009 年第 4 期。

黄德海等从GDP、居民消费、政府支出、企业投资数据进行分析，认为台湾经济以2000年为界，呈现强烈的两阶段特征，2000年后经济增速锐减。① 张旭华采用Markov状态转换模型，对台湾经济增长的季度数据进行建模和分析，认为当前台湾经济处于中速增长阶段，再次进入衰退或高速增长的可能性均较小。② 周忠菲认为，台湾经济整体下滑是长期趋势，但台湾企业仍有较强的国际竞争力。③ 林毅夫、易秋霖认为，台湾地区经济可能保持较长时期的高速增长，条件之一是推进海峡两岸经贸交流与合作，利用祖国大陆丰富的劳动力资源和巨大的市场。④

李非对台湾经济的发展做了比较全面的研究。李非认为，台湾经济在经历了50年的长盛期后，发展形势出现了逆转。⑤ 如果台湾经济无法充分运用大陆的资源和优势，将难以从“谷底”跃升，呈现“V”型或“U”型走势，而可能出现“L”型走势，即转入“长衰期”。未来台湾经济走势表现在产出总量上，大致保持低度成长趋势；表现在经济结构上，就是逐步向技术型与服务型产业演化，不断迈向后现代经济社会。邓利娟认为，自2000年以来，台湾经济发生逆转和恶化，进入一个新的转型期，认为经济自身结构性问题、急剧强化的非经济因素和国际经济景气衰退，是台湾经济恶化的重要因素。影响台湾经济增长既有内部需求又有外部需求，在台湾经济内部需求乏力的形势下，外部需求越来越成为支撑经济增长的重要因素。台湾经济结构在经历了从农业主导到工业主导的转变后，将不断迈向服务业主导时代，逐步从工业化社会向后工业化社会发展。

从相关文献的主要观点来看，总的来讲，台湾经济在经历了近50年的长盛期后，自2000年以来开始发生逆转，进入一个新的转折时期，发展速度明显下降，再次进入中、高速增长的可能性很小，普遍认为将转入低速增长轨道，并逐

---

① 黄德海、李保明、胡永亮：《台湾消费、投资与经济增长两阶段现象评析》，《亚太经济》，2006年第2期。

② 张旭华：《台湾经济增长的周期和前景：一项基于Markov转换模型的实证研究》《亚太经济》，2006年第2期。

③ 周忠菲：《台湾经济竞争力剖析及其发展前景》，《世界经济研究》，2006年第5期。

④ 林毅夫、易秋霖：《海峡两岸经济发展与经贸合作趋势》，《国际贸易问题》，2006年第2期。

⑤ 李非：《台湾经济发展通论》，九州出版社，2004年版。

步向后工业化社会发展。在影响未来台湾经济发展方面，许多学者认为两岸经贸合作将影响并决定着未来台湾经济的发展趋势。在两岸经贸问题上，认为两岸建立更紧密的经济联系，将成为台湾经济继续保持适度增长的重要动力来源。

目前来说，影响台湾经济发展的因素很多，特别是不确定因素，如金融危机等，未来经济发展是呈现“V”型，还是“U”型，或是“L”型，不同的研究有不同的判断。如何从台湾经济发展轨迹中找出有关规律，对未来台湾经济发展趋势的判断具有重要意义。在台湾经济发展规律研究中，分析经济运行规律是最基础的工作。只有在经济运行规律的基础上，才能进行预测和有关决策。其次，经济发展与产业结构的变化密切相关，经济发展过程就是产业结构变化的过程，产业结构的变化是经济增长的主要驱动力。所以，研究台湾经济发展规律，需要对台湾的产业结构进行研究。再者，对外贸易对海岛型台湾经济具有重要影响，研究台湾对外贸易对了解台湾经济发展规律具有重要作用。

诚然，台湾经济发展规律研究内涵非常丰富，可以从多个角度进行研究。鉴于以上考虑，本文将从以下几方面进行研究：从宏观的角度研究台湾经济增长过程，对未来台湾经济增长做出判断；分析台湾产业结构的变化过程，研究产业结构变化与经济增长的关系；分析对外贸易对台湾经济增长的影响。

（二）台湾经济发展规律研究数据来源

本研究采用历年台湾地区有关经济指标，主要有GDP、人均GDP、经济增长率、失业率、物价指数、三次产业结构、三次产业就业结构、进出口额、净出口额等。除特别说明外，各指标的绝对额按当年价格计算。数据来源为《“中华民国”经济统计年报》（2005、2007）、《Taiwan Statistical Data Book》（2005，2007）和台湾“经济部”网站；人均GDP根据GDP、人口数量和汇率计算得到。台湾对大陆贸易依赖度数据来自《海峡两岸经济关系通论》①。

① 李非：《海峡两岸经济关系通论》，鹭江出版社，2008年版。

二、台湾经济增长与产业结构演变

（一）台湾经济增长循环周期

台湾经济在20世纪50－70年代出现了近30年的高速增长（年均约9.8%），80－90年代又保持了20年的中速增长（年均约7.3%），在经历了50年的“长盛期”（年均约8.3%）后，21世纪初期发展形势出现逆转，进入了低速增长时期（2001－2008年年均3.6%）。台湾经济增长的演变可分为三个循环周期。

1. 高增长循环周期。台湾经济在经历了20世纪50年代的恢复和发展后，从60年代初起，开始步入快速增长周期，至70年代初，初步实现了第一次经济起飞。世界第一次能源危机后，台湾经济经过70年代中期的调整，至70年代后期大致恢复到石油危机前的增长状态，1977和1978年又实现两位数增长，失业率控制在2%以下，CPI年增长率控制在19.01%之内，短暂地重现60年代黄金时期稳定增长的局面。然而，好景不长，70年代末第二次世界经济危机的先兆又使台湾经济增长率连续几年出现低迷状态。

2. 中增长循环周期。经过80年代初期的调整，台湾经济从低迷状态重新进入增长周期。自1983年起，伴随着新的四年经建计划的实施和重点建设工程的推动，台湾经济开始步入新的中度扩张期，物价水平也再度重现经济起飞时期的平稳状态。从20世纪80年代中后期起，台湾经济发展面临新的转型期：生产形态从传统的轻纺和石化工业为主导，逐步转向以技术层次和附加值较高的策略性工业为重点，并选择新的电子信息工业作为主导产业；经济体制从管制、集中和垄断性经济，逐步走向自由化、国际化和制度化；产业结构在现代商品经济发展日趋成熟的基础上，开始向服务型经济过渡，逐步迈向后工业社会。1988年起，台湾经济增长趋势明显放缓，至2000年，平均每年增长速度为6.72%，物价相对平稳，失业率虽有上升趋势，但到1999年失业率也只有2.92%。

3. 低增长循环周期。21世纪初年，受世界经济增长趋缓、岛内外市场需求不振以及美国“9·11”事件等因素的影响，台湾经济出现了50年来罕见的衰退，多项经济指标全面恶化。失业率上升，2002年超过5%；实际GDP增长

率为 -2.17%（见表1），从而标志着台湾经济发展从“中增长”阶段逐步转入“低增长”阶段。虽然经过几年的调整，台湾经济发展有所恢复，但一直未能走出低谷状态。受2008年世界金融危机的全面冲击和影响，2008年台湾经济增长率为0.06%，未来相当一段时间内，台湾经济将会继续在低位徘徊。

表1　台湾经济有关指标

年份	宏观经济指标					对外贸易			台湾对大陆贸易依赖度		
	台湾GDP（亿元新台币）	人均GDP（美元）	经济增长率（%）	CPI（2001=100）（%）	失业率（%）	出口（百万美元）	进口（百万美元）	净出口（百万美元）	两岸贸易占台湾外贸总值	对大陆出口占台湾出口总值	自大陆进口占台湾进口总值
2000	100320	13651	5.77	100.01	2.99	151950	140732	11218	10.82	16.85	4.43
2001	98622	12576	-2.17	100.00	4.57	126314	107971	18343	14.04	22.21	4.66
2002	102933	13153	4.64	99.80	5.17	135317	113245	22072	18.38	29.10	5.86
2003	105196	13695	3.5	99.52	4.99	150600	128010	22590	21.51	34.26	7.07
2004	110655	15279	6.15	101.13	4.44	182370	168758	13612	22.31	35.52	8.03
2005	114213	15269	4.07	103.46	4.13	198432	182614	15818	23.94	37.64	9.06
2006	118590	15901	4.68	104.08	3.91	224017	202698	21319	25.27	38.89	10.23
2007	125890	16873	5.72	101.80	3.91	246677	219252	27425	27.07	41.66	10.80

备注:限于篇幅,只列出2000-2007年数据。

（二）台湾经济结构演变规律

世界经济发展经验表明，产业结构升级与经济持续增长具有强相关性。发展中的经济体进入起飞阶段后，长时期的较快增长都是以经济结构的快速转换为基础的。可以说，工业化过程既是经济总量不断增长的过程，也是经济结构调整升级的过程①经济发展就是经济结构的成功转变②。

---

① 罗必良：《广东产业结构升级、进展、问题与选择》，《广东社会科学》，2007年第6期。

② 钱纳里、赛尔昆：《发展的形式1950—1970》，经济科学出版社，1988年版。

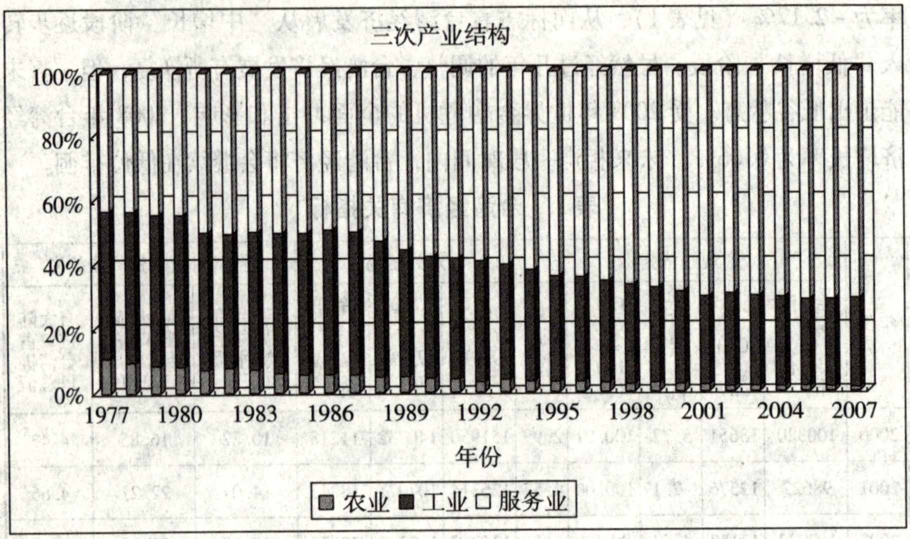

图1　台湾三次产业所占GDP比重结构

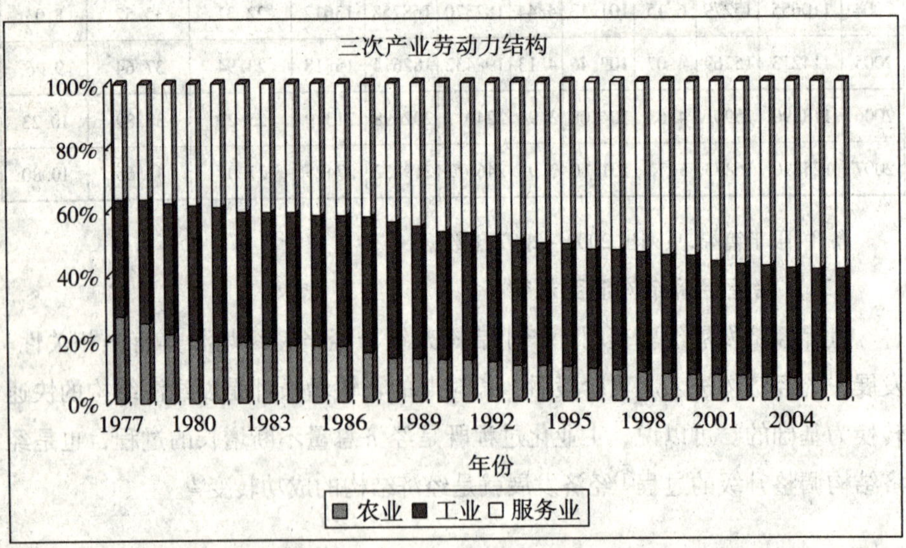

图2　台湾三次产业劳动力比重结构

根据一般工业化国家和地区经济发展的经验，产业开发的顺序大多从农业而至工业，在工业发展达到一定水平后，再通过服务业的扩张以扩大经济发展的成果。台湾在完成工业化进程、跻身“新兴工业化地区”行列后，为进一步向发达国家和地区靠拢，凭借发展加工出口经济的成功经验和发展惯性，大力扩展第三产业，壮大服务经济，促进产业升级，从而推动现代经济社会迈向后工业化时代。台湾三次产业结构和三次产业劳动力结构见图1和图2。

从图1中可以看出，台湾经济向服务产业主导迈进始于80年代初，至80年代末初步完成转型期，90年代初正式进入服务经济时代。就产业结构指标变化而言，1981年服务业产值在GDP中的比重首次超过工业产值的比重，达到50%，表明台湾经济在80年代处于产业结构从工业主导向服务业主导转变的过渡期。从90年代初期起，服务业在经济结构中的优势地位明显加强，1990年三次产业比重结构为4.04：38.39：57.58，处于中等发达地区向发达地区转变的过程。此后，服务业比重不断上升，并逐步拉大与工业在GDP中比重的差距，并于2001年达到70.53%，到2007年达到71%，而工业在GDP中的比重降为27.5%，其产业结构已经达到发达国家和地区的水平。伴随产业结构变化的是三次产业就业劳动力结构的变化，图2显示，三次产业的就业结构由1977年的26.71：37.62：35.67演化为2006年的5.49：36.02：58.49。

按照经济发展的普遍经验，产业结构演进的一般规律是，先由“一二三”模式（前工业社会，金字塔型），经过“二一三”模式（工业化初期，橄榄型）和“二三一”模式（工业化中期，橄榄型），转变为“三二一”模式（工业化后期，倒金字塔型）。从图1可以看出，台湾产业结构的变化符合一般经济发展规律。在经济增长过程中，第二产业比重先上升后下降，第三产业比重不断上升并超过第二产业比重。台湾从80年代初期进入工业化后期，80年代中期开始向后工业化社会转型，服务业逐步成为台湾经济成长的主要来源，尤其是90年代的经济增长在很大程度上有赖于服务业的支撑，开始进入后工业化社会发展阶段。

产业结构演变与经济增长具有内在联系。产业结构的高变换率会导致经济总量的高增长率，而经济总量的高增长率又会导致产业结构的高变换率。两者相互影响，相互促进。这可从台湾经济结构的演变与经济增长的变化得到验证。台湾于1984年人均GDP超过3000美元，三次产业结构为6.17：43.81：50.02；1992年人均GDP超过10000美元时，三次产业结构为3.45：36.9：59.65；到2007年人均GDP达16800美元，三次产业结构演变为

1.45：27.5：71.05。可见，随着经济增长，农业的比重呈不断下降趋势，而工业比重在80年代中期达到最高点45%后趋于下降，服务业则呈持续上升趋势，产业结构不断升级。这印证了钱纳里的研究发现，即经济增长的过程就是经济结构转变的过程，经济结构的转变又推动经济发展。①

（三）经济增长与产业结构变动的计量分析

本部分选取1977－2007年的年度时间序列数据，以取对数之后的人均GDP（PGDP）为自变量，分别以第二产业在GDP中的比重/第一产业在GDP中的比重（RATE21）和第三产业在GDP中的比重/第一产业在GDP中的比重（RATE31）为因变量，分别建立一元回归方程，结果见表2。

表2　一元回归分析结果

Variable	Model 1（因变量为RATE21）	Variable	Model 2（因变量为RATE31）
C	-31.1（-7.5）＊＊＊	C	-113.5（-6.7）＊＊＊
LOG（PGDP）	4.7（10.1）＊＊＊	LOG（PGDP）	15.2（7.9）＊＊＊
Adjusted	0.77	Adjusted	0.67
Prob（F－statistic）	0.000	Prob（F－statistic）	0.000

注：RATE21＝第二产业在GDP中的比重/第一产业在GDP中的比重；RATE31＝第三产业在GDP中的比重/第一产业在GDP中的比重；括号中的数字为t值，＊＊＊表示1%的显著性水平。

从统计结果看，两个模型的调整后判定系数分别为0.77和0.67，回归系数均非常显著，说明回归模型的拟合良好，F值也通过了检验。计量结果显示，RATE21、RATE31与LOG（PGDP）呈正相关关系。回归结果表明伴随着人均收入的提高，RATE21和RATE31不断提升，经济结构升级趋势明显。Model 2中人均GDP对数前的系数（15.16）明显高于Model 1中的系数（4.71）。这说明台湾从20世纪70年代后期起，随着人均GDP的增长，RATE31比RATE21提高得快，经济增长对第三产业比重的提升非常明显，

① 钱纳里、赛尔昆：《发展的形式1950—1970》，经济科学出版社，1988年版。

与三次产业结构的演变相一致。

（四）小结

从人均收入看，台湾经济 80 年代进入中等收入地区发展阶段（超过 3000 美元），90 年代进入发达地区发展阶段（超过 10000 美元）。从产业结构和就业结构看，台湾从 80 年代进入工业化后期（进入“三二一”模式），并逐步向后工业化社会发展，进入追求生活质量阶段，服务业成为主导部门。可以说，台湾已是一个相对成熟的经济体。按照世界经济发展的普遍经验，发达国家（地区）的经济增长一般为 2% 左右。所以，未来台湾经济发展想要恢复到昔日的快速增长速度的可能性非常小，而比较可能的是，将继续保持低度增长水平。受国际金融危机的冲击和影响，2008 年美国经济增长率为 1.1%，欧元区和日本经济增长率分别为 0.9% 和 -0.6%，台湾为 0.06%。随着金融危机的进一步蔓延，未来世界经济增长速度还将进一步放缓，高度依赖世界经济景气的台湾经济也将于低位徘徊。

从经济结构看，2001 年起，台湾第三产业占 GDP 的比重已达 70% 以上，达到发达国家和地区的发展水平。随着技术创新的发展，未来台湾将不断提高第一、第二产业的科技含量，提升服务业的发展层次，第三产业比重增加的速度将有所放慢，并维持在相对稳定水平。在台湾对海外直接投资中，服务业占了 60% 的比重，而对大陆投资集中于第二产业，第三产业仅占 8.85%。所以，如何吸引台湾服务业到大陆投资，应成为大陆吸引台资的重要战略导向。

三、外贸对台湾经济增长的促进作用

罗伯特逊和纳克斯认为，对外贸易是经济增长的发动机。国际贸易不仅能带来直接的或静态的利益，还能带来间接的或动态的利益。国际贸易在自身迅速扩大的同时，会推动全球经济，尤其是发展中国家和地区经济的增长。皮尔逊委员会声称，自 1950 年以来，在与发展中国家的经济增长有关各个指标中，要数出口活动与经济增长相关程度最高。

本文采用1977－2007年的年度数据，对外贸易各项指标与同期GDP进行相关分析，结果如下：

相关系数	进出口总额（EI）	出口额（EX）	进口额（IM）	净出口额（NX）
GDP	0.949	0.949	0.947	0.691

相关分析和回归分析表明：在对外贸易的各项指标中，进出口总额、进口、出口、净出口均与GDP存在强正相关关系，其中出口与GDP的相关系数最高，为0.949。这表明出口贸易与经济增长尤为密切相关，印证了皮尔逊委员会的判断。外贸对GDP增长的贡献份额见图3。

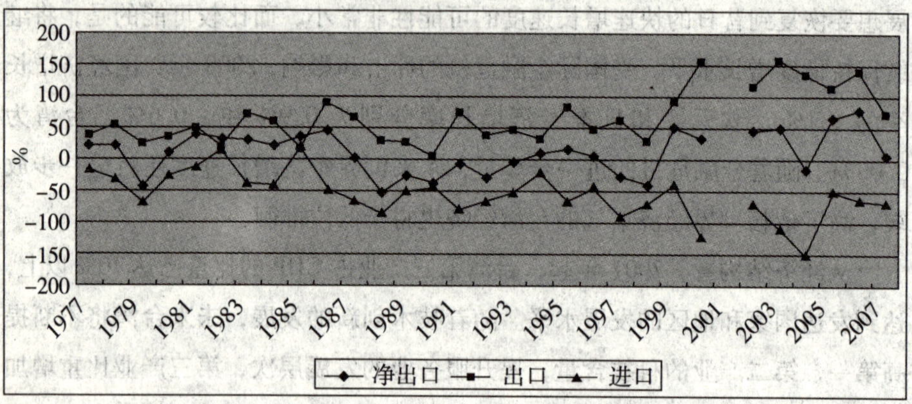

备注：2001年台湾经济为负增长，《Taiwan Statistical Data Book》中当年各需求项目对GDP增长的贡献份额均为空白。

图3　1977－2007年台湾净出口、出口、进口对GDP增长率的贡献份额

台湾经济属海岛型经济体系，对外依赖度甚高，对外贸易的盛衰直接关系到台湾经济的荣枯。1977－2007年期间，净出口、出口和进口对GDP增长的平均贡献份额分别为11.98%，65.69%和－53.71%，进出口占GDP的比重平均为0.85，出口占GDP的比重平均为0.46。从90年代起，出口对GDP增长的贡献呈上升趋势，在2003年一度达到最高点157.78%，可见出口对台湾经济增长的影响非常大。到2006年，台湾进出口占GDP比重为117%，出口占GDP比重为61%，可见台湾经济对外依赖度之高。

50多年来，对外贸易一直是台湾经济发展的动力和生命线。战后台湾对外贸易大致经历了三个发展时期，即起步期（1945－1960）、起飞期（1961

-1986）和转型期（1987-现在）[①] 转型期台湾对外贸易发展呈稳中有升的态势，贸易商品结构不断调整，出口商品从劳力密集型产品主导转变为技术密集型产品主导，进口商品结构从消费品主导向工业原材料和生产设备主导转变。

台湾对外贸易集中程度较高，亚太地区一直是台湾对外贸易的重点，其中美国、日本、大陆是台湾三大贸易伙伴，各约占台湾外贸总额的20%左右，合计约占60%以上。随着台湾贸易重心从美欧地区逐步转向亚太地区，“大陆效应”逐渐取代“美日效应”，成为影响台湾外贸发展的主要因素。在1979-2007年间，随着两岸经贸关系的发展，两岸贸易占台湾对外贸易总值的比重从0.25%上升到27.07%，台湾对大陆出口占台湾出口总值比重从0.13%上升到41.66%；对大陆进口占台湾进口总值比重从0.38%上升到10.8%（见表1）。大陆现已成为台湾贸易顺差的最大来源地，2007年台湾对大陆顺差达775.6亿美元。

四、结　　论

研究结果表明，从人均GDP看，台湾在80年代进入中等收入地区发展阶段，90年代进入发达地区发展阶段，现已成为相对成熟的经济体；从产业结构和就业结构看，台湾从80年代进入工业化后期，90年代逐步向后工业化社会发展，进入追求生活质量阶段，服务业成为主导部门，经济增长的过程就是经济结构转变的过程，经济结构的转变推动了经济发展。外贸是台湾经济增长的发动机，尤其是两岸经贸交流对台湾经济增长有着重要影响。两岸贸易的相互依赖主要表现在台湾对大陆的市场依赖程度。至于台湾经济增长走势，基本判断是在21世纪初开始进入了低速增长时期，未来仍会在低位徘徊。

研究结果的政策启示是：台湾产业结构水平远远高于大陆，大陆进行产业结构优化升级的过程中，应注重吸引台资投资高附加值产业，除高科技产

① 李非：《海峡两岸经济关系通论》，鹭江出版社，2008年版。

业外，尤其要重视对台湾第三产业的吸引，如金融保险、物流、咨询等现代生产服务业；鼓励产品附加值较低的台资企业进行梯度转移，并采用本地化战略，就地采购原材料，利用本地人才等。这些将有利于缩小对台贸易逆差，扩大内需，优化产业结构，促进经济增长。

台湾经济从“奇迹”到“困境”发展过程的重新审视*

——基于东亚新学说的理论视角

邓利娟

作为战后经济发展成功经验的“东亚模式”曾获得发展经济学家的高度重视并是许多发展中国家及地区学习借鉴的榜样，台湾经济的迅速发展也可从中获得较好的理论解释。但自20世纪80年代中后期起台湾经济发展出现很大变化，进入21世纪后更是呈现持续性的增长缓慢甚至衰退的趋势，对此，原有的东亚学说显然已无法发挥效用了。事实上，在1997年亚洲金融危机之后，传统的东亚研究理论陷入了范式危机，代之而起的是逐渐孕育成型的东亚发展新学说。在此背景下，运用新的理论视角，重新审视台湾经济发展的全过程，进而展望其发展前景，无疑具有现实意义与理论价值。

一、发展中的东亚新学说

伴随着战后东亚经济发展变化过程，有关东亚经济研究理论也呈现不断演变与发展的过程。1997年亚洲金融危机爆发后，传统的东亚研究理论陷入了范式危机，东亚发展新学说随之逐渐孕育成型。

（一）东亚研究范式危机的出现

二次世界大战后，东亚地区不仅经济增长速度及其延续的时间均大大超过其他发展中国家及地区，而且社会人文状况也获得明显改善，这一所谓

* 本文原载于《台湾研究集刊》，2009年第2期。

“东亚奇迹”自20世纪80年代便成了发展经济学家高度关注与重点研究的对象，围绕着“东亚模式”问题出现了种种学说，其中，新古典经济学派、发展型国家理论学派以及儒家文化学派是人们所熟悉的三个占主导地位的学说。这些学说从不同角度研究东亚经济，分歧极大，但是他们研究的基础却是基于一项基本的共识，即东亚地区持续高速经济增长是一个经济奇迹，区别仅仅在于对这种经济奇迹形成的原因的解释大不相同。然而自20世纪90年代中期起，东亚研究界的这种传统共识受到了严峻挑战。

1. 克鲁格曼对“东亚奇迹”的否定

1994年底美国教授保罗.克鲁格曼发表了著名的《亚洲奇迹的神话》的文章,① 否认“东亚奇迹”的存在。他认为，东亚地区的经济增长“是由非同寻常的投入增加比如劳动力和资本增加，而不是通过提高经济效率来驱动的”，因此他得出两个结论，一是东亚经济不是什么奇迹，因为“一旦人们考虑到迅速增加的投入在这些国家经济增长中的作用，就会发现几乎没有什么需要人们解释的东西”；二是东亚地区“将不会继续保持近年来的高速增长”，因为投入驱动型的经济增长存在报酬递减规律这样一个自然的限度。克鲁格曼的观点引发了学术界极大的争论，许多学者对其提出了严厉的批评，但无论如何，他所泼出的“这盆冷水”对东亚经济发展具有明显的警戒意义。

2. 东亚金融危机的爆发

就在克鲁格曼从理论上对“东亚奇迹”提出质疑后两年多，震惊世界的东亚金融危机爆发了。1997年7月，发端于泰国的货币危机，在亚洲多个国家及地区迅速蔓延，“亚洲四小”也受到严重冲击，之后货币危机进一步转化为金融危机与经济危机，直到2000年初，遭受沉重打击的东亚各经济体才从这场经济危机中逐渐恢复过来。至此可以说，东亚国家及地区自身经济发展的现实也已在某种程度上对“东亚奇迹”进行了否定。

很显然，从东亚研究的角度而言，亚洲金融危机的爆发意味着学术界原有的研究范式及研究方向等必须重新调整了。东亚经济持续高速经济增长这

---

① 保罗·克鲁格曼：《亚洲奇迹的神话》，发表于美国《外交》1994年第11-12月号，译文见王春法著《国家创新体系与东亚经济增长前景》，中国社会科学出版社，2002年版，第385-400页。

一长期以来的基本共识被打破了，东亚研究的方向也将相应从原来是主要探索东亚奇迹的成因而转变为重新评价“东亚模式”及其与金融危机的关系、东亚经济增长的前景等课题了。而新的理论框架必须既能较合理解释过去东亚经济持续高增长的原因，同时又能对因金融危机所造成的这种增长过程中断，有一个较清楚的理论说明。

（二）发展中的东亚新学说——“演化经济学新框架”①

在20世纪末21世纪初，各种东亚发展新学说应运而生，② 其中贾根良教授提出的“演化经济学新框架”比较全面并较有说服力。贾教授的研究团队在整合研究调节学派与创新体系分析方法这两个演化经济学的重要分支对东亚模式的最新研究的基础上提出这一新框架，对东亚模式的历史作用、新形势下局限性及其变化趋势进行研究。其对东亚模式的重新理解是，金融危机的爆发不能说明东亚模式是无效率和非理性的，相反东亚模式是有特点的创新体系。东亚模式的精髓在于学习与知识创造，出口导向、政府作用与儒家文化作为这个创新体系的有机组成要素在推动学习与知识创造中发挥了重要的作用，从而创造了“东亚奇迹”。但任何时期都不存在不随时代变化而因应变革的发展模式，东亚金融危机的爆发与国际经济环境变迁有直接的联系，同时在相当程度上也是东亚发展模式调整滞后的结果。东亚模式未来创新的重要基础仍然是学习与知识创造，在以信息革命为基础的时代转变之中，东亚地区通过制度与政策创新，使东亚模式的精髓得到创造性的发挥，就能开创东亚模式的新格局。可以看出，这一理论新框架有两个明显的特点，一是将东亚研究与世界体系演变的结构性制约条件结合起来，提供更加深邃的时空视野；二是将原先东亚研究中三种主导学说的合理成分纳入其中，避免相关研究的轻率与简单化。以下就这一新学说相关的重要观点进一步加以说明。

---

① 贾根良等：《东亚模式的新格局——创新、制度多样性与东亚经济的演化》，山西人民出版社，2002年版。

② 参见贾根良、梁正：《东亚模式的新格局——创新、制度多样性与东亚经济的演化》（2002）；王春法：《国家创新体系与东亚经济增长前景》（2002）；沈红芳：《东亚经济发展模式比较研究》（2002）；董正华等：《透视东亚“奇迹”》（1999）；杜方利：《东亚经济的崛起》（1998）等。

1．出口导向：创新体系形成的前提条件及其历史限度

在经济全球化背景下，发展中国家只有通过积极参与国际分工，并通过国家的能动作用，才有可能逐渐追赶发达国家，改变不平等的世界体系。东亚国家及地区正是通过实施出口导向战略加入到国际分工体系中的，而在此过程中所形成的以“模仿型创新”为特征的技术转移机制与“新重商主义”①，在带来“东亚奇迹”的同时，也埋下了东亚危机的种子。

20世纪70年代到90年代，西方发达国家陷入低速增长和新的生产过剩与资本过剩，因而在通过制度创新等来为新的基本创新积蓄力量的同时，加快对外资本输出。东亚地区，特别是亚洲“四小龙”由于开放而直接得益于这种美日的资本和技术的输出，维持着以美日为源头的技术引进、以日本为核心的技术扩散机制，即“美——日——东亚其他国家”的技术、资本品和投资转移机制，这使东亚获得了难得的“产业和技术学习”机会，并促进了经济高速增长和产业结构升级。但是这种以“依附性”与“模仿型创新”为特征的技术转移机制在国际技术环境发生变化时就会失灵而陷入困境。在90年代以前，创新产品大部分集中在重化工业行业、重加工业，其特点就是产品周期长，因而允许模仿国家及地区有较长时间来对新技术进行掌握和发展。但在90年代以后，信息革命全面而深入地展开，信息产业也随之成为主导产业，各种产品的生产周期越来越短。当产品的创新周期短到“模仿——掌握”速度跟不上产品更新速度的时候，产品生产活动就只剩下了自主创新阶段。这时，只有掌握自主创新能力的国家及地区才有资格进入该项产品的生产活动，而其他没有自主创新能力的国家有地区则来不及模仿。美国正是以其自主创新的优势在信息革命时代进入新一轮经济繁荣时期，而日本为首的东亚国家及地区则找不到模仿的方向，经济失去了增长点，这正是90年代中期后，大多数东亚国家都不同程度出现了产业升级不力和产业结构趋同的问题，进而引发金融危机的重要原因。

---

① 部分发展经济学者将东亚“大进大出”的贸易战略称为“新重商主义”，以区别于那种以“鼓励出口，限制进口”为特点的“老重商主义”。

2. “新重商主义”的成效与弊端

战后东亚各国及地区在实施出口导向战略中所形成的“新重商主义”，在取得巨大成效后也积累起不少弊端。为了克服内部市场狭小与有效需求不足的劣势，东亚国家及地区普遍通过各种要素、政策的倾斜，在具有国际分工相对比较优势的产业中，培植起一个相对强大的出口部门，从而形成了与“从东到西”技术传递机制密切关联的逆向的产品输送机制，各种廉价产品源源不断地由东亚流向美国等发达国家，正是在这种兼有“技术”与“市场”的背景下，东亚取得了经济持续高速增长。然而随着原有顺畅的技术传递机制出现“阻塞”，东亚的“动态分工阶梯”被打乱了，在“出口导向”所造成的市场扩张和竞争压力下，每一阶梯都在横向上扩大生产能力，这就造成了“生产过剩”与利润摊薄的后果，逆向的产品输送机制也因此不再通畅了。除此之外，东亚的“新重商主义”还有两个严重的内在缺陷。其一，这种模式过分依赖于外部市场，政府因而失去对宏观经济的“需求调节”能力，宏观经济的稳定只能靠供给能力的调节来保证。当外部需求变动不大时，这种“供给调整”比较有效，而一旦外部需求出现剧烈变动，这种“供给调整”便陷入困境。其二，“新重商主义”在实践中导致一种“重外轻内”的经济格局的出现，即一组相对强大的外向型出口部门和另一组相对薄弱的内部依赖型部门并存的局面，这种割裂式的不平衡发展固然在一定程度有利于集中力量发展出口，但却破坏了经济系统的内在协调性，内部依赖型部门受到人为抑制发展相对滞后，而内部市场规模的压抑便阻碍了经济持续增长的自主能力。

3. 政府在经济发展中的作用及其局限性

东亚模式的一个突出特征就是政府在经济发展中的重要作用。东亚金融危机的爆发，并不能否认这种客观存在的政府的经济作用，但需要重新评价政府究竟起了什么样的作用、起了多大的作用。从东亚历史的发展进程看，政府最重要的功能是推动学习与知识创造。东亚国家及地区的政府，通过构建学习与知识创造的制度演化框架，为大规模的外国技术吸收与扩散奠定了良好的制度基础，使发展中国家及地区的后发优势得以充分利用。然而，从动态的角度来看，政府的作用也会随着经济发展的不同阶段、市场的完善以及国际政治经济环境的变化而发生相应的变化。换言之，政府作用效果受制于一定的宏观环境和条件，政府本身也存在着策略调整的问题，只有这样才能适应经济全球化、信息化的需要。但实际上，由于制度的演进存在着路径依赖，东亚政府并未成功地实现这一政策调整，这也是产生东亚金融危机的重要背景。

此外，政府对经济的干预不是一味地替代市场，是在肯定市场基本作用的前提下进行的，是市场的增进、改良。而且，政府干预也不是万能的，运用不当也会失效。政府干预有效性的前提是：其一，政府代表多数人的利益，因而政府行为比个人行为更能体现社会利益或公共利益；其二，政府更明智，政府在理智上强于个人；其三，政府的运转是高效率、低成本的。当这些前提不能满足时，政府的干预就会失灵，对经济发展的影响就会走向负面。事实上，东亚模式产生危机正是与政府作用失灵有关。首先，政府未必代表多数人利益，由于政府的垄断性，在信息不完全与不对称的情况下，作为代理人的政府官员的寻租行为就不可避免，并容易滋生腐败。而政治腐败将影响经济稳定、国民信心。其次，政府并非是完全理性的，在政府协调过程中也会出现政策失误，在信息不充分时尤为如此。此外，政府的管理体制滞后、运作低效率也会影响政府在经济发展中的正常作用的发挥。

二、台湾“经济奇迹”的重新审视

如果运用东亚新学说重新审视战后以来台湾经济发展及其变化的话，大致可以以东亚金融风暴后的20世纪末21世纪初为分界，将其划分为两大时期，前一时期，大体属于传统“东亚模式”时期，总体经济发展较快及其原因是人们关注的重点，其中，80年代中期以前是人们较有共识的台湾“经济奇迹”阶段，而80年代中期后则进入经济转型阶段。后一时期是台湾经济发展转折时期，或称新一轮转型时期，人们关注的焦点落在经济发展明显放慢甚至衰退的趋势及其原因上。这里首先以新的理论视角重新审视人们较为熟悉的台湾“经济奇迹”阶段。

台湾经济历经20世纪50年代的恢复与发展，在60年代后实现快速增长，并在其后较长时期内保持着高增长态势。60年代，经济增长速度年平均达到10%，70、80年代仍保持较快增长速度，年平均增长率分别为9.4%与8.1%。台湾经济结构也相应由落后的农业社会转变为新兴的工业化地区。与此同时，台湾经济发展还呈现出在经济快速增长的同时物价较为稳定、所得分配相对平均化的明显特征。关于这一时期台湾“经济奇迹”及其原因有大量的研究成果，不过如今重新回顾这段历史则可看出，它在相当程度上验证了“演化经济学新框架”的理论说明，主要表现在以下两方面。

（一）有利的国际环境为台湾经济发展提供有了技术来源与市场支持

二次大战后，世界资本主义经济在1973年石油危机发生前呈现长期稳定和高度增长的局面，这种较为稳定与繁荣的国际经济环境给台湾经济的发展创造了极为有利的条件，首先是新的国际分工模式使台湾能够利用技术转移机制促进经济高速增长。由于新技术革命的巨大影响，在50年代末60年代初前后，资本主义世界产业结构进入调整转轨时期，工业发达国家逐渐放弃劳力密集型的轻纺工业，并将其大量转移至工资低廉的发展中国家及地区，自己则致力于经营资本技术密集型工业。伴随这种国际分工模式的形成，“美国——日本——东亚其他国家”的技术、资本转移机制逐步建立起来，台湾以其拥有丰富廉价的劳力优势吸引大量外国资本与技术，积极发展加工出口工业，同时逐渐形成以技术引进为主的“模仿型技术体系”，以支持经济的快速增长。据台湾“经济部投审会”的统计，1952－1986年，台湾核准的技术合作案件共2427件，从技术引进的产业类别来看，以电子及电器制造业、化学品制造业、机械制造业、基本金属及金属制造业、橡胶制品制造业等为主，与台湾总体产业构成发展趋势一致性十分明显；而就技术引进来源国而言，日本占台湾技术合作对象的首位，约占技术合作总件数的63.78%；

美国则约占21.96%。①由此可见，以美日为源头的技术转移机制对台湾经济的促进作用。其次，世界贸易与经济的繁荣为台湾产品提供了广阔的销售市场。台湾是海岛经济，对外贸易是其生命线。60年代台湾转向实施出口扩张战略后，产品外销市场更是举足轻重。而战后20、30年里国际贸易与经济的持续繁荣、世界市场的迅速扩张为台湾提供了极其有利的环境，特别是美国出于自身政治及经济的目的，还对台湾实行特殊优惠政策，长期为台湾产品输美开放绿灯。在此背景下，台湾对美国的出口占其出口总额的比重由1952年的3.5%不断上升至1984年的48.8%最高点。

总之，十分有利的国际经济环境是战后40年台湾经济得以较快发展的重要原因，不过，外部因素毕竟是事物发展变化的外因，外因必须通过内因起作用，所以，台湾经济能否快速发展，在更大程度上还取决于台湾当局能否有效利用这一有利的国际环境。

（二）台湾当局发挥了促进经济发展的积极作用

回顾20世纪80年代中期以前台湾经济发展的历史过程，尽管台湾当局强力干预经济生活，在相当程度上造成了妨碍市场机制运行，扭曲资源配置的结果，但总体而言台湾当局对经济发展扮演了积极推动者的角色，有关这方面的研究比较多，也是相对较有共识的。概括说来，台湾当局所采取的比较重要的经济政策主要有：（1）60年代初期，在岛内进口替代工业的市场已饱和与国际经济格局出现新变动的背景下，适时选择了外向型的出口导向发展战略。（2）实行循序渐进的产业发展政策，即首先发展农业，在此基础上依序发展轻工业、重化工业及高科技工业，有效地促进了台湾工业化顺利而平稳地实现。（3）在经济发展过程中，重视公共建设的作用。（4）重视人力资源开发，大力发展教育事业等。

然而需要进一步探究的是，战后40年台湾当局对经济发展的干预为什么会较为有效？结合理论与实际进行分析，可以发现主要有3方面的原因。其一，由于生存危机的压力，使得台湾当局“具有强烈的经济建

① 翁成受：《台湾的技术引进》，《台湾研究集刊》，1987年第4期，第62页。

设意识和强大的导向作用”这一东亚模式的典型特征。1949年国民党政权从大陆败退至台湾，面对的是混乱不堪、濒于崩溃的台湾经济，要想在台湾生存下去，恢复发展经济是唯一的出路。同时，在大陆失败的教训，也使台湾当局深刻认识到经济发展的重要性。而恢复发展经济在客观上反映了社会大众的根本利益与迫切愿望。其二，为了达到发展经济的目的，台湾当局比较明智地采取了实用、灵活的政策措施。一方面，根据岛内外经济形势的演变，适时调整经济发展策略；另一方面重视并经常采纳经济学者专家的相关建议，改革不适宜的政策措施。其三，在强权政治体制下，相关的经济政策不论在“立法”、执行及实施方面都相对较少阻力，表现出较高的行政效率。正是在上述背景之下，台湾当局较好地利用了当时有利的国际环境而采取了一些较有成效的经济政策措施，从而促进了台湾经济的迅速发展。①

三、台湾经济转型发展之分析

进入20世纪80年代中期以后，台湾经济进入转型发展的新时期，其标志为，一方面，过去持续高速增长的时代结束了，经济发展进入了中速增长阶段，1991－2000年平均经济增长率下降为6.52%；另一方面，经济结构也发生了明显的调整与转型，自1988年起服务业占GDP的比重超过50%，台湾开始进入所谓后工业化社会。产业结构由传统的劳力密集型产业转向技术密集型产业，以电子信息业为主的高科技产业取代传统的纺织、塑胶等成为经济增长的新支撑点。与此同时，经济体制也在渐进的改革中朝向“自由化、国际化”发展。若以东亚新学说的视角观察这一时期台湾经济的转型发展的话，可以发现，由于内外环境的急剧变化，过去对台湾“经济奇迹”产生重大影响的“市场”、“技术”及“政府作用”等因素均发生了明显改变，而事实上，正是这些因素的变化决定着台湾经济的转型发展。

---

① 邓利娟主编：《21世纪以来的台湾经济：困境与转折》，九州出版社，2004年版，第4－5页。

（一）国际经济格局变动造成台湾海外市场空间的缩小与转换

在20世纪70年代末80年代初第二次石油危机后，世界经济持续不振，美国等发达国家的贸易保护主义日趋加强，台湾出口增长的困难日益增多，特别是台湾对美贸易顺差不断扩大，台湾成为美国施加贸易压力的主要目标之一，台湾在被迫逐步开放岛内市场的同时，新台币大幅升值，台湾许多传统出口产业因此失去国际竞争力。另一方面，进入80年代后越来越多后起的发展中国家及地区，凭借廉价劳力及资源的优势大力发展劳力密集出口工业，加入国际市场竞争，台湾传统的劳力密集型出口产品受到严峻挑战，到90年代这种趋势更加明显。在这种前有强敌阻挡，后有追兵压力的“夹杀困境”下，台湾传统的外贸市场难逃日趋缩小的命运。台湾对美出口的比重从80年代中期的高峰逐年下降到2000年的23.5%。这是台湾经济高增长时代结束的重要原因之一。

不过，幸运的是，自1979年起，中国大陆开始改革开放，国民经济从此驶上蓬勃发展的轨道，同时，大陆宣布“和平统一祖国”的对台方针，海峡两岸关系从长期的紧张对峙走向逐步缓和。随着1987年台湾正式开放部分民众赴大陆探亲，台湾对大陆经贸政策也呈现逐渐松动趋向，两岸经贸往来因此日趋活跃。对于处在转型发展中的台湾经济，两岸经贸关系、尤其是大陆市场成为其新的、日趋重要的影响因素，它在相当程度上促成了台湾在相对不利的国际经济环境下仍可维持较稳定的中等增长速度。2000年台湾对大陆出口额（不含香港市场）上升至261.4亿美元，占台湾出口总额的比重提高到17.6%，[①] 大陆市场追赶美国市场进而将成为台湾最大出口市场的趋势已十分明显。

（二）新的国际经济格局为台湾产业升级提供了技术支撑

尽管80年代中期后台湾经济发展的外部环境不再像60、70年代那么有利了，但国际经济格局的演变也同时为台湾经济的转型升级创造了难得的机遇。其一，日元大幅升值给台湾生产与出口带来新的机会。1985年西方5国

---

① 台湾“经济部”国贸局：《2002年12月份两岸贸易情势分析》2003年3月3日，http//www.trade.gov.tw。

财长会议后，日元急剧升值，日本国内生产成本迅速提高，国际竞争力下降。为此，日本企业在政府的鼓励下，开始新一轮的海外直接投资高潮，包括台湾在内的亚洲成为日本主要投资对象之一。1985－1990年度日本对台湾的直接投资高达20.84亿美元。① 由于新一轮日本的投资，制造业方面集中于电子电器和汽车及零部件产业，服务业方面则以金融、贸易及商业等为主，这就给同样开始面临货币升值压力，产业结构必须由传统的劳力密集产业向资本技术密集型产业调整升级的台湾带来资金与技术方面的有力支持。其二，美国新经济的发展为台湾发展电子信息产业提供了有利的外部技术与市场条件。90年代以来在信息技术革命的带动下，美国以信息产业为核心的高技术产业迅猛发展，美国经济因此在90年代初期走出衰退而进入了近10年的繁荣期。出于产业技术分工的需要，美国国内企业90年代以来更多地将其资源集中于新产品开发和创造、维持和改进产品的市场标准所必需的相关技能，而将具有较高附加值硬件的生产和制造活动转移到已有较好发展基础的东亚地区，甚至将某些部件的设计、制造活动通过合同形式转包给东亚地区的企业，使东亚地区成为美国信息产业的部件、组件乃至整个系统的新供应基地。在此新的国际生产网络中，台湾通过吸收美国的直接投资、技术贸易以及代工制造（OEM）、委托设计制造（ODM）等技术学习渠道，获取并提高了相关生产技术能力。② 整个90年代美国是台湾主要外资来源之一，对台直接投资大体呈不断增加的趋势，10年间共投资67.76亿美元，占外国直接投资总额的23%。③ 与此同时，美国还为台湾电子信息产业等提供了有效的商品吸收市场。

（三）政治转型与台湾当局在经济发展中作用的变化

自20世纪80年代中期台湾取消“戒严法”、开放“党禁”“报禁”以来，台湾政治也进入了转型时期，随着原来威权政治体制的瓦解，政党政治逐渐发展，社会运动蓬勃兴起。这种急剧变化的政治社会环境使台湾当局对

---

① 赵文骝、王勤：《亚太经济新格局》，广西人民出版社，1992年版，第23页。

② 王春法：《国家创新体系与东亚经济增长前景》，中国社会科学出版社，2002年版，第314－324页。

③ 台湾“经济部”：《2000年经济统计年报》，第159页。

经济发展的作用受到很大制约，以前的“具有强烈的经济建设意识和强大的导向作用”的特征逐渐淡化，台湾经济也因此很难再维持以往的快速增长模式了。

首先，动荡的政局使当局不再专心推动经济发展了。随着台湾政治体制由威权政治向多党政治的转换，岛内各种政治利益集团的对立斗争日趋尖锐，在接连不断的大小选举中，各种政治势力的力量此消彼长，国民党长期执政的地位受到挑战而出现动摇。这种局面使得国民党当局不再以发展经济为其巩固政权的主要任务了，而是把政党利益与选举胜利作为首要目标，经济发展与社会稳定则是其次的了。

其次，当局的经济决策效率转趋低落。台湾在社会与政治日趋多元化后，经济政策制定的游戏规则相应改变了，经济决策过程往往变得漫长而艰难，行政效率明显下降。作为“民意机构”的“立法院”，对于各种法案的审议，即使是社会经济发展急需的法案，囿于各党派的利益冲突、各利益集团的牵制，也往往是争论不休，迟迟难以通过。

第三，当局的“公权力”陷于不振。伴随着原来威权政治体制的瓦解，台湾长期累积并被压制的各类社会矛盾不断爆发出来，环保运动、劳工运动等各种社会运动此起彼伏，这一方面使得当局过去以“以成长为优先”经济发展策略面临严峻挑战，另一方面则让当局受困于“公权力”不振的无力感，不少大型投资案件因此无法顺利进行，如台塑的“六轻”案、台电的“核四”案及美商杜邦案等。

尽管80年代中期以来台湾当局对经济的作用备受政治转型的冲击，台湾当局还是顺应内外经济形势的变化采取了一些有利经济发展的政策措施，推动经济的转型发展。主要措施为，(1) 扶植高科技产业发展，推动产业结构升级；(2) 大力推动公共投资，提升内部需求；(3) 推动经济自由化与国际化。

四、21世纪台湾经济新一轮转型的困境

从亚洲金融风暴洗礼后的20世纪末21世纪初起，原来造就台湾经济成

功的诸多因素，在台湾岛内外政治经济形势剧烈变化过程中，继续发生着深刻变化，甚至走向了反面。台湾经济因此结束了大致持续10年的稳定中速增长，而呈现明显转折性的下滑趋势，经济发展陷入了战后以来罕见的困境。2001－2008年台湾经济增长率平均仅3.58%，与此同时经济结构性问题也日益突出与激化。探究台湾经济陷于困境的原因成为人们观察这一时期台湾经济的焦点。

（一）台湾当局在经济发展中的角色发生了根本性的转变

2000年台湾岛内政治发展出现了战后50年首次的“政党轮替”，陈水扁以微弱多数当选为台湾新领导人，主张“台独”的民进党成为执政党。在主客观条件均发生了的巨大变化的背景下，台湾当局在经济发展中的角色发生了转折性的变化。

其一，施政中心是政治斗争而不是经济发展。2000年台湾政治结构剧烈变化的一个结果是，台湾当局对于发展经济的立场态度发生了质的改变。一方面，由于台湾政治生态的骤然改变，即执政长达半个世纪的国民党成为在野党，而民进党“少数政府”成为执政当局，形成所谓“朝小野大”的政治格局，导致台湾政坛各种政治矛盾与斗争空前激烈，“朝、野”之间针对各种政经议题展开无休止的政争，政局极其动荡。在此过程中台湾当局的中心工作无疑是政治斗争与夺取各类选举的胜利，以巩固其执政地位，经济发展与社会稳定只能退居于后，或者为政治与选举服务。另一方面，以意识形态主导施政是民进党当局的典型特征。为施行其政治理念，台湾的经济发展与社会稳定往往成为牺牲品。为了维护民进党的“反核”理念，民进党上台不久便掀起停建“核四”风暴，造成岛内政治经济的剧烈震荡与长远影响。为了坚持“台独”理念，陈水扁当局更是不惜制造两岸关系紧张局势，破坏台湾社会经济发展所必需的和平环境。显然，这个时期的台湾当局一切以政治利益与意识形态为优先，无心也无力真正推动反映社会大众的根本利益的经济发展，8年来尽管相关经济发展规划与方案频繁提出，却大都仅止于纸上谈兵，不见落实成效。

其二，经济政策缺乏理性与明智。陈水扁上台执政以来，受制于政治立场及政党利益，对于经济问题的决策往往失之理性与明智。其典型代表就是不顾世界潮流及台湾经济自身需要，顽固地坚持限制性对大陆经贸政策。20 世纪 90 年代以来世界经济全球化区域化加速发展，中国大陆在东亚乃至在世界经济中的地位越来越重要，顺应时代潮流，融入新的国际分工体系显然是与大陆仅一水之隔的台湾无法回避的历史选择。但是，日益密切的两岸经贸关系不符合“台独”分离政治路线，1996 年李登辉抛出对两岸经贸关系要“戒急用忍”的政策原因即在此。陈水扁上台后，公开化的“台独”立场更是决定了其经济发展的战略思考必然是尽可能地绕过两岸经贸关系这一关键性的问题，以保证台湾经济与大陆的所谓“安全距离”而不过多依赖大陆。因此，尽管有内外环境强大的压力，陈水扁当局也被迫陆续放宽了若干对大陆经贸政策措施，但在本质上 8 年来陈水扁始终是顽固地坚持限制性对大陆经贸政策，从而使其各项经济发展政策规划难有实质成效。

其三，经济管理体制运作效率低。21 世纪以来，台湾当局不仅在制定经济政策时失去了以前所奉行的“务实主义”精神，而且其所谓“政府机制”的运作也有明显障碍，除了受制于所谓“少数政府”的困境，使“立法院”财经议事效率低下的问题更明显加剧外，还突出表现在行政部门经济管理的混乱上。作为首次“政党轮替”上台执政的民进党当局，没有执政经验，又缺乏财经人才，从而形成 8 年来台湾行政部门的财经队伍极其不稳定的局面，从“行政院长”到“经建会”主委、“经济部长”、“财政部长”等财经官员一再走马换将。动荡不安的财经行政部门体系显然无法有效推动与执行相关经济政策，更无力应对骤然衰退的经济局势。

由此可见，21 世纪以来台湾当局已失去了政府干预经济有效性的前提条件，台湾当局在经济发展中扮演的角色已发生根本性的转变，已经从以往的“促进者”变成了“阻碍者”。这是近 8 年来台湾经济陷于困境的最重要原因。

（二）限制性对大陆经贸政策使台湾无法有效充分利用大陆市场

如前所述，自 20 世纪 80 年代中期以来大陆市场对台湾经济的影响日益重要并举足轻重。但是由于台湾当局采取限制性对大陆经贸政策，两岸经贸往来在总体上一直是在“间接、单向、民间”畸形格局下运行。这又在相当大的程度上削弱了台湾经济从两岸经贸关系中所能获得的利益。进入新世纪以来，一方面，世界经济全球化区域化趋势加速，两岸先后加入世界贸易组织，两岸经贸关系正常化的紧迫性日益加强；另一方面，国际经济不景气，台湾经济持续不振，大陆市场对台湾经济的重要性更为突出。但是陈水扁当局却继续阻碍两岸经贸关系的正常化，这就使已经深陷困境的台湾经济备受打击。一是导致台湾经济面临被边缘化的危机。由于两岸迟迟不能直接“三通”，资本货物无法畅通双向流动，形成台湾明显游离于东亚区域经济合作发展潮流的局面，外商在台的营运基地因此纷纷撤离台湾，台湾失去了成为营运总部的机遇，在台的美国商会、欧洲商会人数也日益减少。二是削弱台湾企业在大陆市场的竞争力。两岸经贸往来只能采用间接方式，台商对大陆投资又有种种限制，这不仅使台商徒增成本费用，加大商业风险，影响其竞争力，更重要的是导致许多企业无法在两岸间有效进行产业整合及分工，进而逐渐失去在大陆市场的领先优势。近年来台湾产品占大陆进口市场的比重已呈逐年下降趋势。三是岛内相关产业备受打击，加剧经济困境。两岸经贸关系迟迟无法正常化，严重限制了台湾相关产业如交通港口业、金融业及旅游业等的发展空间。高雄港的地位急剧下降就是个典型例证。

（三）出口导向战略的历史限度使台湾产业结构先天存在脆弱性

长期以来台湾通过实施出口导向战略，从国际分工体系中获取技术来源与市场支持，由此创造了“经济奇迹”，并使随后的经济转型发展也较为顺利。但是出口导向战略的历史限度却使台湾产业结构先天存在着脆弱性。这种脆弱性由于21世纪以来台湾外部技术与市场环境的重大变化而日趋暴露，并从根本上制约了台湾经济的健康发展。

首先看以“模仿型创新”为特征的技术转移机制对台湾产业结构的负面影响。20世纪80年代下半期以来受益于“美—日—东亚其他国家”的技术扩散机制，台湾制造业由劳力密集产业向技术及资本密集产业转型升级，电子信息产业逐步成为台湾产业的主流。但是这种产业结构除了具有明显的单一性特征，即主要集中于电子信息产业外，又呈现极强的对外依赖性，不论是技术来源或是产品出口市场均严重依赖美国与日本。这使台湾的经济增长机制脆弱而无可持续竞争优势，一方面，美、日等国际景气波动对台湾影响极大，另一方面，一旦电子信息产业发展受阻，台湾整体产业便失去支柱力量。2001年以来，美、日经济不景气，特别是电子信息产业需求的大幅萎缩，之所以会对台湾造成特别大打击，台湾产业结构的脆弱性显然是其深层的原因。特别是，在带有明显“依附性”的技术转移机制中，台湾难以获得关键性的生产技术及设备，而台湾自身“重技术、轻研究”的技术创新体系又使其自主创新能力长期薄弱。在此背景下台湾电子信息产业生产方式只能停留在委托加工生产（OEM）与委托设计生产（ODM）的“代工”模式上，而这种生产方式所需技术水平相对较低，其生产的地位也容易被后起的发展中国家所取代。事实上，自20世纪90年代以来，在东亚地区逐渐形成的多层网络型分工体系中，由于大陆及东盟等国家及地区技术水平及生产能力的不断提高，台湾产业的发展所面临的竞争已越来越激烈，21世纪以来这种趋势则更加明显。

其次，“新重商主义”的缺陷也对台湾产业结构造成了深刻的影响。战后40年台湾实施出口导向战略的一个结果是，形成了“重外轻内”的经济格局，一方面是相对强大的外向型出口部门，另一方面则是相对薄弱的内部依赖型部门。在80年代下半期产业结构快速转变的过程中，长期基础较薄弱的服务业在短时间内迅速膨胀，使台湾产业结构出现了服务业比重高、规模大，但发展水平却较低的特征。这种产业结构的弊端在内部需求扩张较顺利的情况下不易显现，20世纪90年代台湾经济尚能维持中速增长的重要原因即在于此。但是新世纪以来台湾内部需求急剧萎缩，服务业水平较低、竞争力较弱的脆弱性便日益凸显出来，尤其是大量传统的附加价值较低类型的服务业备受冲击。由于服务业占台湾产业构成的比重已超过70%，其增长水平对总体经济增长的影响举足轻重。21世纪以来台湾整体服务业每年增长率大致维持3%－4%的低增长水平，对经济增长的贡献所占的比重由2000年的70.4%逐年下降到2007年的51.8%。①

结语：台湾经济前景展望

以东亚新学说理论重新审视跨世纪近60年的台湾经济发展可以看出，作为东亚模式创新体系基本要素的“出口导向”、“政府作用”等始终发挥着重要作用，只是在时空背景发生巨大变化时，由于台湾当局没有进行相应的调整与变革，甚至反向作为，才使得台湾经济发生由“奇迹”到“困境”的演变。

现阶段台湾经济又处于一个新的历史关头，一方面2008年5月台湾发生了所谓“第二次政党轮替”，民进党当局结束8年的任期，马英九代表国民党重新上台执政；另一方面由美国次贷危机所引发的国际金融危机正持续蔓延和深化，包括台湾在内的全球实体经济受到的冲击越来越明显。这种政经环境的巨大变化正在使过去8年造成台湾经济困境的各项因素相应发生改变，一是台湾新当局努力重新扮演经济发展“促进者”的角色，但面临多年积累下来的经济问题与特别恶劣的国际经济环境的严峻挑战；二是两岸关系的改善与两岸经贸交流合作的日益深化将使台湾经济从大陆市场获得更大的利益，不过来自岛内的阻力依然不小，国际金融危机的负面影响也在一定程度上弱化了两岸经贸开放政策的效应；三是，国际金融危机使台湾产业结构的脆弱性更加暴露无遗，推动新一轮的产业转型升级十分紧迫，但又是个长期而艰巨的任务。这些变化因素的综合作用将决定台湾经济发展的前景，总体而言，台湾经济重振的机会明显增加，但所面对的挑战也更大。

---

① 台湾“行政院”主计处：《“国民”所得统计新闻稿——最新主要结果附表》，2008年2月，http//www.dgbasey.gov.tw。

国际金融危机下的台湾经济形势分析*

李 非 吴凤娇

2008年爆发的国际金融危机席卷全球，引发了世界性的经济衰退。作为外向型的台湾经济自然不能幸免，在内需提振乏力、外需市场萎缩的双重压力下，呈现“内外皆冷”的特征，并从低增长轨道步入衰退境地。不仅台湾对外经济循环陷入低迷状态，而且岛内生产和服务业增长停滞，财政状况恶化，民生痛苦指数居高不下，内部需求趋于萎缩。台湾经济衰退的表层因素是国际经济不景气，深层因素则是其自身经济结构的脆弱性和矛盾性。在此背景下，两岸经贸关系的逐步开放和正常化回归有助于纾解台湾经济困境。

一、国际金融危机冲击下的台湾经济表现

在国际金融危机爆发前，台湾经济增长走势是先扬后抑。2008年第1季经济增长率为6.25%，其中民间消费增长率2.01%，固定资本成长率4.42%，出口增长11.83%，延续了2007年稳健成长的力道；第2季经济增长率虽受固定资本成长转负的拖累有所滑落，但因出口强劲仍保持4.56%的水平。由于对国民党重新执政后两岸经贸关系的乐观预期，岛内和国际评估机构对台湾经济增长谨慎乐观，综合各主要预测值介于3.4%与4.78%之间。但景气对策信号于5月转呈黄蓝灯，更于7月转为蓝灯，反映了随着国际金融危机日益蔓延，全球景气趋缓对岛内经济的冲击日益加剧，导致经济

---

* 本文原载于《台湾研究集刊》，2009年第2期。

增长日趋疲乏。与此相对应，岛内和国际经济重要机构在9月后纷纷下修对台湾经济增长的预期，“中华经济研究院”10月17日首先将经济增长预期值由之前估计的4.67%下修至3.82%。而台湾“行政院”主计处更于11月20日大幅修正2008年经济增长预测值为1.87%，并发出了连续三季负成长的衰退警告。但2008年年底出口急剧下挫导致实际经济增长远低于预期。据台湾“行政院”主计处的最新统计，第4季经济增长率为-8.36%，为1961年以来单季最大衰退，合计全年经济增长0.12%，GNP总值4 026亿美元，人均GNP 17 576美元，创下2001年网络泡沫崩溃后的7年来最低，同时预估2009年台湾经济将继续延续衰退走势，前3季经济增长率分别为-6.51%、-6.85%和-2.67%，全年经济增长将衰退2.97%。①

从重要经济指标看，在国际金融危机冲击下的台湾经济发展态势主要表现在以下几个方面：

（一）内需提振乏力，消费和投资意愿下降

虽然马英九上台后将施政轴心重新定位于“拼经济”，并陆续出台了一系列旨在刺激消费、振兴投资的经济方案，但因相关政策的实施仍需时间发酵才能奏效，对内部需求的效果较为有限。按照台湾“行政院主计处”综合统计，2008年岛内内需增长率由上年的2.16%下降至-2.42%，对经济增长的贡献率则由1.83%降至-2.05%。②

在台湾内部需求中，民间消费支出占GDP的比重超过60%，成为决定经济增长的最重要因素之一。由于受景气不断下滑、就业形势日益严峻、股市震荡低迷、物价持续上涨等多重因素的影响，民众消费信心明显不足，消费能力持续下降。第1、2季民间消费增长率分别为2.07%和0.52%，而第3季则由正转负，衰退程度达1.97%，第4季持续衰退1.68%，导致全年民间消费衰退0.29%，为有统计纪录以来的首度全年负成长。③

在投资方面，全年固定资本成长率为-10.78%，比上年下降12.68个

① 台湾“行政院”主计处：《2008年国民所得统计及情势预测》，www.dgbasey.gov.tw。
② 同上。
③ 同上。

百分点。从具体构成看，民间投资成长率为 - 13.47%，比上年下降 16.72 个百分点，主要原因在于企业对未来经济前景预测趋向悲观而延后或缩减资本支出；由于“爱台十二项建设”和地方公共建设的执行率低于预期，“政府”公共投资仅小幅成长 0.34%，比上年增加了 5.62 个百分点；另外，公营事业投资也出现了 2.58% 的衰退，较上年减少了 4 个百分点。由此可见，岛内民间投资增长乏力是整体投资不振的主要因素。① 与内部投资低迷相对应，侨外资本对台投资也呈现衰退之势，全年核准侨外直接投资金额为 82.32 亿美元，较上年减少 46.41%。2009 年 1 月，核准侨外直接投资金额仅为 1.45 亿美元，比上年大幅减少 73%。另外，值得关注的是，投资岛内证券市场的外资从 2008 年 4 月开始，持续出现汇出金额大于汇入金额的情况，且金额逐渐扩大，至 2009 年 1 月净汇出金额高达 147.47 亿美元。外资大幅卖超成为岛内股价指数连创新低的重要原因。②

（二）外需市场萎缩，对外贸易由盛转衰

从外部需求看，由于 2008 年上半年国际油价和原物料价格大飙涨以及全球经济不景气，台湾进出口贸易萎缩趋势逐步显现，贸易出超大幅锐减。根据台湾“财政部”公布的数据显示，上半年对外贸易仍保持快速成长的势头，对外贸易总额为 2 610 亿美元，其中出口总额为 1 345 亿美元，进口总额为 1 265 亿美元，分别比上年成长了 18.1% 和 22.4%。而出口自 9 月转为近 7 年来首次负成长后不断加速下滑，12 月出口额仅为 136.4 亿美元，比上年同期下降 41.9%，创历年来最大降幅；进口成长率也因内部需求低迷，外购设备较少及进口物价下跌而连续三个月负成长，12 月进口额为 117.8 亿美元，比上年同期下降 44.6%，亦创历年来最大降幅。全年对外贸易累计总额为 4 964.8 亿美元，其中出口总额为 2 556.6 亿美元，进口总额为 2 408.2 亿美元，分别比上年增加了 3.64% 和 9.84%；贸易出超为 148.3 亿美元，比上年同期大幅减少了 45.9%。2009 年第 1 季度，对外贸易仍处于萎缩态势，其中出口总额为 405.46 亿美元，进口总额为 320.58 亿美元，分别比上年减

① 台湾“行政院”主计处：《2008 年国民所得统计及情势预测》www.dgbasey.gov.tw。

② 台湾“经济部”：《经济情势分析》，2009 年 2 月。

少了36.6%和47.2%。同时，作为提前指标的外销订单成长率也连续缩减，继10月增率减少5.6%之后，12月继续下跌至-33%，2009年1月更大减为-41.7%，对外贸易前景不容乐观。①

（三）服务业增长停滞，制造业面临严重产能过剩

从台湾产业构成看，2008年服务业占GDP的比重高达73.17%，工业占25.15%（其中制造业占21.85%），是一个以服务业为主干，但制造业仍居举足轻重地位的经济体系。面向内需市场的服务业，由于民间消费增长乏力，股市跌宕起伏，2008年1至4季度的增长率分别为4.35%、3.15%、-1.35%和-2.88%，合计全年小幅成长0.75%，难以发挥主导产业部门支撑经济增长的作用。②

随着国际经济景气趋缓，国际市场需求低迷，工业和制造业生产也同样出现了增长放慢直至衰退的趋势。4个季度工业生产增长率依次为11.19%、8.26%、-0.43%和-20.23%，全年工业生产比上年减少1.95%，其中制造业减少1.76%，电力及燃气业、用水供应业、矿业及土石采掘业和建筑工程业分别下降了1.78%、1.83%、1.96%和9.27%。③ 若从单月生产指数看，工业和制造业从9月开始连续呈下降趋势，10、11和12月连续出现两位数以上的负成长，2009年1月工业和制造业更分别减产43.31%和44.94%，④ 均创下2001年10月以来的新低，预示随着国际市场需求的萎缩，岛内制造业的生产规模锐减，产能过剩问题日益突出。

以近年来岛内重点扶植发展的DRAM产业为例，由于行业整体供过于求，再遭受由金融风暴引发的全球消费紧缩的影响，2008年DRAM产品均价跌幅已达60%。岛内五家主要DRAM厂商相继陷入订单下滑和削价竞争的困境，第4季的产能利用率均不足60%，全年营业亏损超过1 000亿新台币，力晶、茂德两家厂商负债比例已达60%的上限，潜伏严重的财务危机。在液晶面板方面，第4季度台湾面板厂也因产能利用率普降至50%而出现了

① 台湾“经济部”统计处：《经济统计指标——对外贸易》，www.2k3dmz2.moea.gov.tw。
② 台湾“行政院”主计处：《2008年国民所得统计及情势预测》，www.dgbasey.gov.tw。
③ 同上。
④ 台湾“经济部”统计处：《经济统计指标——工商业生产》，www.2k3dmz2.moea.gov.tw。

出货量递减和营收衰退，其中龙头厂友达、奇美光电的亏损共计超过500亿新台币，为有史以来亏损最严重的一季。半导体和面板两大明星产业同时面临困境，加剧岛内投资规模萎缩和产业不景气。

（四）财政状况恶化，“政府”债务明显增加

根据财政总预算，2008年“中央政府”财政总收入为16 192亿新台币（下同），占GDP的12.17%，财政总支出为17 767亿，占GDP的13.36%，预算财政赤字占GDP的1.19%。若加入当年共发行公债4 100亿，“中央政府”累计债务未偿余额至年末已达4.11兆，创历年新高。鉴于“政府”负债持续增加减弱台湾财政的弹性，惠誉信评在2009年1月发布的评等报告中，将台湾长期货币发行评等展望由“稳定”降为“负向”，这是该公司自2001年开始对台湾进行信用评等以来，首度调降展望。惠誉信评预测由于经济衰退、基础建设投资大幅增加和减税等因素，未来两年台湾财政状况将进一步恶化，财政赤字将超过GDP的3%，债务总额占GDP的比重将达47%，超过国际标准公认的警戒线。

（五）失业率和物价的“双升”效应使民生痛苦指数提高

随着全球经济不景气程度加剧，国际市场需求萎缩使岛内的失业率不断攀升。2008年台湾平均失业人数达45万人，失业率为4.14%，受失业波及人口累计近120万人，创近3年来新高。2009年2月岛内平均失业人数已达62.4万人，失业率提高至5.75%，受失业波及人口累计近136.5万人，创6年来同月新高。① 长期失业者中高达56%集中在30岁以下，有近30%的失业者具有大专以上学历，显示这一波失业潮不仅冲击蓝领劳工，年轻一族的高学历者也深受影响。面对严峻的就业形势，马英九当局已于11月1日开始推行为期8个月“加强短期促进就业措施”，另外还将在今后四年内每年平均投入66.7亿拟创造约22万个工作机会。

2008年上半年国际原油和原物料价格飙涨推动台湾进口成本上升，导致全年趸售物价指数年增率为5.22%。与此相对应，消费者物价指数年增率

① 何孟奎：《2月失业率5.75%，多项指标创历年最惨记录》，台湾《经济日报》，2009年3月24日。

3. 52%，其中食物类上涨 8. 55%，商品类（不含食物）上涨 2. 16%，服务类上涨 2. 25%。[①] 受此影响，前 11 个月受雇员工的实质平均薪资负成长 3. 14%，实质经常性薪资负成长 3. 01%，创下 1980 年以来最大的负增长。[②] 由于这轮通货膨胀的性质是国际油价上升传导而成的输入性通货膨胀，所以下半年岛内物价上涨幅度已随国际油价的下跌而放缓。在民间消费日趋乏力的叠加效应下，2009 年初消费者物价指数年增率已回落至 0. 08%。[③]

失业率和物价双重上升直接导致了台湾的民生痛苦指数（失业率加消费者物价指数年增率）从 2008 年 1 月的 6. 74% 直升至 7 月最高的 9. 87%。台湾《远见》杂志于 12 月 22 日公布的民调显示，岛内民众对马英九执政 7 个月以来的满意度仅 30. 3%，不满意度达 58. 4%。同时 47. 4% 的民众表示信任马英九，37. 5% 表示不信任。

（六）股市重挫，汇率趋贬

马英九竞选时曾提出当选后岛内股市要“上万点”，民众对此有强烈期盼，岛内投资人及外资纷纷做多，大量资金涌入股市，股指从 2008 年 3 月的 8 000 点一路飙涨至 5 月的 9 300 点左右。然而，股市荣景“昙花一现”。随着国际金融风暴愈演愈烈，岛内经济日益低迷，外资大幅超卖台股，股价指数从 9 300 点狂跌至 11 月底的 4 089 点，跌幅达 55%，股市市值蒸发 12. 62 兆新台币（下同），众多中小投资者被严重套牢，岛内股民人均损失 143. 2 万。[④] 尽管台湾当局 9 月以来积极采取了一系列救市措施，陆续宣布限制台股跌幅、全面禁止借券及融券放空并动用四大基金和“国安基金”介入股市护盘，同时多次调降重贴现率，但都没有对疲软的股市产生明显的刺激作用，并且造成各类护盘基金累计亏损达 1 027 亿。至 2008 年年底，台湾股市仍在 4 500 点上下波动，股价指数全年重挫 46%。股市的疲软既反映了投资者信心不足，又标志着民间财富大幅缩水。

汇市方面，新台币也呈现先升后贬的走势。2008 年 1 至 3 月，“中央银

---

① 台湾“经济部”统计处：《经济统计指标——物价》，www. 2k3dmz2. moea. gov. tw。
② 台湾“行政院”主计处：《薪资与生产力统计结果》，www. dgbasey. gov. tw。
③ 同上。
④ 卢丽玉：《台股失守 4110 点，市值蒸发 12 兆》，台湾《联合晚报》，2008 年 11 月 21 日。

行”在岛内出口贸易尚属繁荣时，为抵御输入性通货膨胀而实行强势汇率政策，新台币一路上扬，对美元汇率由32.25直升至30。之后，新台币对美元的汇率一直在30～31范围内震荡盘整。直至8月，岛内经济衰退趋势显现，再加上获利外资不断汇出，新台币持续大幅走贬，10月27日对美元汇率一度跌至33.45，其后仅抬升一周即重现震荡下挫，12月新台币对美元汇率大致维持在32.90～33.30的区段波动，2009年初一举突破35元大关，与2008年初相比，贬值幅度达10%以上。由于出口急剧下降，再加上连续5季的经济衰退预测进一步加剧了投资者对未来经济前景的忧虑心理，新台币后市仍然存在一定的贬值空间。但值得注意的是，新台币贬值虽可在一定程度上增强出口商品的竞争力，但却加重了进口商品的成本，并会对内需的扩大和总体经济复苏产生不利的影响。

二、导致台湾经济困境的主要因素

当前，影响台湾经济走向的主要因素可以从内部和外部两个层面进行解读。外部因素即国际经济不景气是直接诱因，而内部因素如产业结构升级不力、财政收支恶化，以及非经济因素如政党纷争导致财经施政效率低下等问题，则是台湾经济衰退的深层次原因。

（一）全球经济衰退引发的外需萎缩是台湾经济重创的直接原因

当前全球经济正面临20世纪30年代以来最严重的金融冲击，经济增长动力减弱，与台湾经济联系紧密的三大发达经济体美国、日本和欧元区都处于不同程度的衰退。2008年上半年受制于国际油价上升、国内金融市场动荡因素，美国经济出现温和衰退趋势，第1季和第2季经济增长率分别为0.9%和2.8%。在“两房”危机、雷曼兄弟申请破产和美林集团遭美国银行收购等一系列不利因素影响下，尽管美国政府通过各种管道向市场挹注资金，并推出金额超7 000亿美元的金融救援计划，第3季和第4季仍出现0.5%和6.2%的负成长，全年经济成长率仅为1.1%，为2001年以来最低。日本受出口萎缩、企业投资成长不足的影响，自第2季开始进入经济衰退的轨道，第4季更出现高达12.7%的经济负成长，创下近35年来最大季度降幅。受美国金融危机的影响，欧元区国家也相继发生严重的金融危机，股市普遍重挫，整体经济步入15年来的首次衰退，在连续三季萎缩的基础上，全年经济增长率不足1%。

高度外向性的海岛型经济特征决定了台湾经济对外需市场的强烈依赖。据“行政院”主计处统计，2000～2007年外需对台湾经济增长的平均贡献比重达54%以上。因此，三大经济体的衰退对台湾经济的打击效应更甚于其他国家和地区。其一，台湾进出口贸易在欧美内需市场低迷、电子产品需求锐减的影响下大幅萎缩，进而引起岛内生产受挫，投资急剧减少，经济增长衰退。12月份台湾对美国、日本和欧洲出口年增率分别下降23.5%、21.9%和29.5%。其二，台湾股市在全球股市普跌的联动效应下加速下泻。上市公司、上柜公司股价75%以上都低于资产净值，企业已无法从股市融通资金。其三，受全球金融海啸的冲击，岛内金融机构因投资美国雷曼兄弟、阿根廷以及冰岛的股债而严重受损。2008年前三季度岛内银行资产报酬率和净值报酬率分别为0.21%和3.3%，远低于国际平均水准。

与发达经济体相比，作为台湾最大贸易伙伴的中国大陆仍然保持了9%的经济增长。但目前台湾对外经济关系仍以“美、日进口—台湾设计—大陆加工—美欧出口”的“四角模式”为主要特征。①大陆台资企业大多采取迂回方式将产品外销到美、欧市场，因此与岛内企业同样出现了出口下降、生产减速的现象，从而直接导致了其从岛内进口的原材料、半成品、零部件以及机械设备等生产资料急剧减少。继2008年9月首次下降14.6%，12月台湾对大陆的出口年增率加速下降57.1%。因此，台湾对外经济关系已面临由“四角模式”向“美、日进口—台湾设计—大陆加工和销售”的新“三角模式”转变的巨大压力，即大陆台资企业应由出口导向型转变为内需导向型。只有这样，台湾经济才能充分分享未来中国大陆经济成长的红利。

---

① 李非：《台湾经济发展通论》，九州出版社，2004年版，第399页。

（二）经济自身结构性问题是台湾经济衰退的根本原因

当前台湾经济之所以衰退与其长期积累的自身结构性问题密切相关。这些结构性问题造成台湾整体经济体质的脆弱性，当内外经济环境发生重大变化时，这种脆弱性便被激化而暴露，从而导致经济陷于严重衰退。

1．现有产业结构对总体经济增长的支撑力呈弱化趋势

台湾产业结构的特征是以服务业为主导，制造业占据重要地位。自20世纪80年代下半期以来快速增长的服务业，进入21世纪后，由于岛内内部需求急剧萎缩、股市长期疲弱不振、金融经营体系不断恶化等原因而出现竞争力下降、增长裹足不前的状况。2002～2007年，整体服务业大致维持3%～4%的低增长水平，对经济增长的贡献逐年下降，直接导致台湾经济由过去的中高速增长转入低速增长。另一方面，制造业因内部产业不平衡发展而出现结构单一、整体产业竞争力不强的缺陷。在台湾产业结构调整和升级中，不仅传统产业，如纺织、汽车升级缓慢，高科技产业内部发展也不平衡。除了以半导体和面板为代表的电子信息产业发展较快外，其他高科技产业，如航天工业、生物技术、医疗保健工业及环境保护工业等都发展缓慢。这种产业结构的脆弱性势必造成台湾经济增长机制缺乏稳定性和可持续性：其一，电子信息产业对外依赖性强，尤其是对美、日的依赖。因研究与发展投入不足，技术自主性不高，台湾电子信息业至今仍无法摆脱OEM和ODM的“代工”模式。这不仅造成了其在核心技术掌控和研发、品牌和销售渠道开拓上“受制于美、日”的局面，而且也无法充分体现高科技产业的高收益优势，对经济增长的贡献受到很大的限制。[①] 其二，“出口导向产品单一化”倾向日益明显。[②] 自1990年初制造业结构发生剧烈变动以来，台湾电子、信息通信产品的出口比重逐步提升，1990年代末期出口比重已达30%。“出口导向产品单一化”使台湾对外贸易容易遭受国际经济景气波动的影响。一旦电子产品的出口因国际经济景气波动的影响受阻，整体对外贸

① 邓利娟：《台湾经济增长速度的新转变》，《厦门大学学报》，2002年第5期。

② 石正方：《台湾经济的四化问题与两岸经济合作》，《台湾研究集刊》，2005年第1期。

易便急剧萎缩，进而使岛内经济受到严重冲击。2001 年台湾经济衰退已经充分验证了这一点。近年来，台湾电子产品、信息通信产品的出口比重仍不断提高，2008 年出口比重已近 45%。这波全球经济衰退之所以使台湾遭受严重打击，“出口导向产品单一化”和产业结构脆弱性显然是深层原因，其经济机理就在于：全球经济低迷造成台湾电子产品出口锐减，电子产业陷入不景气状况，进而波及整体制造业和工业增长停滞，企业投资缩减，生产萧条，导致经济衰退。因此，台湾当局必须改善现有产业结构，一方面放宽对服务业发展的限制，提高生产性服务业的竞争力；另一方面实现制造业产业优势由单一化向多元化转变，否则，经济增长难免陷入“高风险、低稳定”的境地。

2. 长期财政收支恶化制约了“政府”刺激经济的“能效”

近年来，台湾财政赤字持续增高。尤其在 2000 ~ 2007 年民进党执政期间，为因应特殊的政治生态需要，对内推行各种税收优惠减免与增加福利开支，对外实行“金援外交”，增购军备，导致税基削弱，财政状况不断恶化，“政府”债务日益庞大。据“财政部”统计，台湾各级“政府”的负债余额由 1999 年的 2.3 兆新台币（下同）上升至 2007 年的 4.3 兆。另据台湾“立法”部门估算中心估算，如果将隐藏性债务加总，负债额高达 13 兆，每年偿还负债的利息达 1 300 亿。财政拮据严重影响了台湾当局提供公共建设与服务的能力。2001 ~ 2007 年，“政府”资本支出平均每年减少 5.2%，“政府”消费只增加 0.66%，对宏观经济的控制能力也随之减弱。

国民党重新执政后，将经济发展的重心立足于扩大内需，由于民间对未来经济发展信心不足，消费和投资意愿低迷，因此希望借助于加大公共投资来拉动岛内经济整体发展。面对岛内日益低迷的景气，当局提出了一系列耗资巨大的经济刺激方案，主要包括“加强地方建设扩大内需方案”需投入 583 亿；“爱台 12 项建设”需筹措 2.65 兆；“因应景气提振经济方案”投入的补贴和减税金额合计 1 226 亿，“振兴经济新方案”4 年内拟投入 4 829 亿。以上举措是否能奏效暂且不谈，目前台湾当局亟待解决的难题是在已经债台高筑的情况下如何筹措财源，否则声势浩大的经济刺激方案的实际效应将不如预期显著。

（三）财经施政效率在一定程度上仍受政党纷争的掣肘

2008年国民党重新执政后，积极履行其“拼经济”竞选承诺。面对岛内日益严峻的经济形势，台湾当局试图运用减税、降息、促进就业、加大公共投资和松绑两岸经贸限制性政策等多种措施来刺激内需，提振景气。但民进党在政权更替后，屡次制造政治事端，一方面，重拾街头抗争路线，先后组织“8·30呛马游行”和“10·25游行”，利用民众对岛内经济不满的情绪，对马英九当局施政添加压力，并蓄意干扰海协会和海基会的二次协商谈判，企图为两岸交流设置障碍；另一方面，利用在“立法院”的影响力不断杯葛当局提出的各项经济举措。最显著的例子，莫如针对台湾股市跌幅超逾全球平均值，当局提出了证券交易税减半征收半年的构想，但证交税条例修正案在“立法院”已经搁置了数月之久始终无法通过。如此一来，虽然国民党在“立法院”占据绝对优势，但财经施政进程在一定程度上受阻于政党纷争，从而削弱对经济作用力。

三、两岸经贸关系逐步开放和回归正常化有助于纾解台湾经济困境

以往民进党执政当局采取“锁岛”政策，拒不开放两岸直接“三通”和大陆民众赴台旅游，并不断强调两岸经贸开放“威胁台湾安全”，造成岛内外对台湾经济发展产生信心危机，民间消费和投资意愿受挫，岛内经济因无法搭乘大陆高速发展的“经济列车”而处于长期低迷态势。

面对岛内经济的颓势，国民党重新执政后，摒弃了以政治诉求主导两岸经贸关系的错误做法，在大陆不断释放善意的推动下，实行立足于民生的积极、务实和开放的两岸经贸发展政策。2008年6月，海协会和海基会在“九二共识”的基础上，于北京进行了第一次协商谈判，并签署了《海峡两岸包机会谈纪要》和《海峡两岸关于大陆居民赴台旅游协议》。7月4日，两岸周末包机直航和大陆赴台旅游双首发，揭开了两岸经贸交流的新篇章。下半

年，随着国际经济形势恶化，岛内经济日益低迷，台湾当局加快开放两岸经贸交流的步伐，陆续推出调高企业对大陆投资上限至净值60%、放宽海外基金投资大陆比重、允许大陆台商回台上市、开放陆资赴台投资、解除敏感产业登陆限制等举措，大有期望引大陆经济活水来摆脱经济困境之意。11月，“两会”在台湾进行了第二次协商谈判，并签署了《海峡两岸空运协议》、《海峡两岸海运协议》《海峡两岸邮政协议》和《海峡两岸食品安全协议》四项协议，标志着束缚两岸经贸交流的“三通”枷锁得以解除，真正实现了两岸人员、货物和信息的自由流动，初步实现了两岸经济关系的正常化。

开放的两岸经贸政策为台湾带来了多重的实质经济效益。如“陆客赴台”为台湾旅游业带来新的增长点，并带动交通运输业、餐饮业、零售业等相关产业发展，增加岛内就业。据统计，自2008年7月开放大陆居民赴台旅游以来，大陆居民赴台旅游的规模不断扩大，日均赴台人次已由2009年1月初的500人次增加为3月的1 500人次，至2009年3月累计赴台旅游已近15万人次。根据台湾“观光局”所作的消费调查显示，大陆游客在台平均停留7天，平均每人每天消费约6 800元，近15万大陆游客已为台湾旅游业和相关产业带来了102亿元的收益。在显著的直接经济效益之外，“陆客赴台”还增加了旅游业和相关产业的就业岗位，一定程度上缓解了岛内就业压力。又如开通两岸海空客货直航，大幅降低了两岸人员和货物往来的时间和运输成本，以海运为例，直航后不必弯靠香港或日本石垣岛，每航次平均节省航行时间16~27小时，成本节省15%至30%。如以1万吨的集装箱货轮计算，每航次便可节省成本约2万美元。两岸每年可节省海上运输费用达数十亿美元。① 另外，两岸直航还有助于降低台湾农、工产品的出口价格，扩大其在大陆市场的销售；提高台湾企业物流配送效率和市场竞争力；增加台湾海、空港口运能，高雄港有望扮演大陆市场转运中心的角色。据台湾经济研究院调查分析，两岸直航后，每年约可节省310亿元的海、空运运输成本，可使企业总产值每年增加0.02%到0.16%，岛内GDP成长率每年提高0.01%到0.41%。

---

① 苏宁：《两岸大三通全景回放》，《两岸关系》，2009年第2期。

此外，两岸经贸开放还对台湾经济发展产生了间接的积极影响。首先，增强了台湾民众对岛内经济发展的信心，民间投资意愿大增。如鸿海集团迅速启动在高雄的软件园投资，台塑集团也提出了五年内逾5 000亿元的加码投资台湾计划。其次，促使外商重新审视岛内投资环境，把营运总部留驻岛内，有助于台湾实现亚太营运中心目标。据岛内经济主管部门预估，2009年外资在台湾设立区域营运总部的家数可从2008年的615家增至800家。①

四、未来台湾经济走势展望

对于未来台湾经济走势，台湾统计部门、经济主管部门、研究机构以及国际权威评估机构不断将预测值下修。台湾“行政院”主计处认为，2009年虽有振兴经济法案等多项政策的刺激，但仍难以扭转国际利空所带来的出口大幅下降的冲击，预估全年经济增长率为 - 2.97%。而大多数国际权威评估机构和投资银行对2009年台湾经济表现则更趋悲观。IMF、EIU、高盛证券和瑞信证券等多家机构预测，2009年台湾经济衰退幅度将达5%以上。更有甚者，里昂证券认为在全球经济走软的背景下，台湾出口将大幅减少，加上岛内消费疲软和投资减缓，经济衰退程度将达11%，景气指数居亚洲“四小龙”末位。

笔者认为，对未来台湾经济走向的预测，必须在客观审视其经济发展空间的基础上进行。

首先，由美国次贷危机引发的国际金融海啸对实体经济的冲击将日益剧烈，全球消费、信贷及贸易大幅萎缩，未来全球经济发展更趋严峻。据IMF的最新预测，2009年全球经济成长率仅为0.5%，为2002年以来的最低水平。美国、日本和欧元区仍处于经济衰退周期，全年经济成长分别为 - 1.6%，- 2.0%和 - 2.6%。另据联合国近期公布的2009年世界经济情况与前瞻研究报告，2009年全球经济最好的情况是成长1.6%，最坏的则是负成长0.4%。外部经济环境的持续恶化，将使台湾传统的面向发达经济体的

---

① 侯雅燕：《大三通效应：在台总部再添200家》，台湾《工商时报》，2008年11月5日。

出口导向型经济增长机制无以为继。

其次，台湾内部经济环境改善有限，民间消费和固定投资难有起色。虽然“政府”积极实施促进就业方案和工作所得补助方案，调降税赋，发放消费券，但失业攀升、股市及不动产市场低迷等制约民众所得的负面因素将持续存在，民众消费信心不足，消费者信心指数屡创新低。2009 年 2 月，消费者信心指数下降至 48.42%，是 1999 年 1 月以来类似调查的最低水平。台湾主计处预估 2009 年民间消费名义成长停滞，实质成长 0.82%。虽然“经济部”希望通过扶持资源再生产业发展和推动加工出口区招商等措施来提升民间投资，但多数企业由于现有产能过剩延迟或缩减资本支出，民间投资意愿不高，而公共投资将因扩大公共建设的推动大幅增长，主计处预估 2009 年民间投资衰退 28.07%，“政府”固定投资成长 22.14%，合计全年固定投资负成长 17.76%。

最后，两岸经济合作的加强与深化将为台湾经济拓展新的发展空间，添加新的经济增长动能。2008 年两岸经贸关系出现了重大突破。海协会与海基会的两次协商会谈达成了开放大陆赴台旅游和实现两岸直接“三通”的目标，标志着过去对立的两岸关系进入了以经济为轴心的探索合作阶段。在第四届两岸经贸文化论坛上宣读的“九项建议”，涵盖合作应对金融危机、产业合作和建立两岸经济合作机制等内容，指明了两岸将在金融、基建、高科技、油气开采、制造业、服务业、渔农业及航运物流等领域进行发展合作。“九项建议”将推动两岸经贸关系的重心由制造业向服务业领域延伸，有助于台湾服务业拓展大陆市场，解决其长期受限岛内内需市场狭小的发展瓶颈；将深化两岸产业分工与合作，有助于台湾制造业利用大陆市场、技术和劳动力优势资源实现产业结构升级，提高产品附加值与国际竞争力，摆脱其在全球产业分工体系中处于“代工”环节的相对弱势地位；与“九项建议”相呼应的 10 项惠台措施将直接有助于大陆台资企业拓展大陆内需市场和实现营运模式的转型升级，逐步摆脱对美、日的市场依赖，使大陆台资企业能够切实分享大陆经济高速增长的红利而获得长足发展。因此，两岸经济合作为台湾经济发展拓展了新的空间，减弱其因全球经济衰退而受到的负面冲击。

综合以上分析，虽然当前台湾所面临的内外经济环境可能更加严峻，但两岸经济合作的利好效应使台湾经济不致出现较大的衰退，预计2009年经济增长率将在-5%到-2%之间。在大陆经济发展的带动下，台湾经济将逐步走向谷底，缓慢复苏，重新步入低度增长循环周期（3%～5%）的发展轨道。

第二篇　两岸投资、贸易及经济关系研究

台湾企业集团大陆投资现况与策略研究*

石正方

台商赴大陆投资，先后掀起了以轻纺工业为主导（1980 年代中、后期）、以石化工业为主导（1990 年代初、中期）、以高新技术特别是信息技术产业及其相关产业为主导（2000 年下半年开始并延续至今）的“三次热潮”。随着台商投资大陆热潮的不断涌现，大陆台商的产业结构、企业结构、营运模式不断上升到新层次，而且其原来“独资生产、两头在外”的自我扩张模式，逐步转向运用大陆资本市场、成立大陆营运总部、与大陆企业互动发展的新模式，从而使台湾经济愈益融入大陆经济，两岸经济联系更加频密，凸显出相互依赖的经济一体化特征。

在此进程中，台湾企业集团的大陆投资规模不断扩张、经营模式日趋成熟，已成长为台商大陆投资的主导力量。本研究以台商大陆总体投资为背景，在有限资料基础上，展开对台湾企业集团大陆投资的研究，虽不能窥其全貌但求略见一斑。

一、台湾企业集团大陆投资概况

1. 1990 年代中期以后，台湾企业集团开始加快对大陆投资，促使台商大陆投资总量、个案规模迅速扩张，投资日趋大型化、集团化。

1980 年代以来，随着海峡两岸经贸关系的迅猛发展，台商投资大陆的项目、金额均经历了稳步、快速成长的历程（见表 1）。

* 本文原载于《台湾研究集刊》，2006 年第 2 期。

表1　1989年—2004年台湾对祖国大陆投资情况

年度	项目个数		合同台资金额（万美元）		实际使用台资金额（万美元）		平均单项台资（万美元/件）	
	台湾	比重	台湾	比重	台湾	比重	实到台资	合同台资
1989	539	9.33	43169	7.71	15479	4.56	28.72	80.09
1990	1103	15.17	88997	13.49	22240	6.38	20.16	80.69
1991	1735	13.37	138852	11.59	46641	10.68	26.88	80.03
1992	6430	13.19	554335	9.54	105050	9.54	16.34	86.21
1993	10948	13.12	996487	8.94	313859	62.78	28.67	91.02
1994	6247	13.14	539488	6.53	339104	10.04	54.28	86.36
1995	4847	13.1	584907	6.41	316155	8.43	65.23	120.67
1996	3184	12.97	514098	7.02	347484	8.33	109.13	161.46
1997	3014	14.35	281449	5.52	328939	7.27	109.14	93.38
1998	2970	15	298168	5.72	291521	6.41	98.16	100.39
1999	2499	14.77	337444	8.19	259870	6.45	103.99	135.03
2000	3108	13.91	404189	6.48	229628	5.64	73.88	130.05
2001	4214	16.12	691419	9.99	297994	6.36	70.72	164.08
2002	4853	14.2	674084	8.14	397064	7.53	81.82	138.90
2003	4495	10.94	855787	7.44	337724	6.31	75.13	190.39
2004	4002	9.17	930594	6.06	311749	5.14	77.90	232.53

资料来源：商务部外资统计

就单位项目平均投资额来看，实到台资、合同台资在1990年代中期以后都有一个突破性增长，表明台商投资个案大型化趋势。2004年台湾在祖国大陆投资新设立企业4002家，同比下降10.97%；合同金额93.06亿美元，同比增长8.74%，平均个案规模232.59万美元，较前一年增长22.13%。2005年1至9月，大陆共批准台商投资项目2850个，同比下降4.3%；合同台资金额70.1亿美元，同比增长7.4%，平均个案规模245.96万美元，恰好印证了近年来台商投资大型化的趋势。

台商投资大型化是与台商大陆投资热潮的推进相辅相成的，表明了台湾大型企业集团在大陆内地投资业务的快速增长：1990年代初，台商投资大陆主要是劳动密集型制造业，基本上以中小企业为主；而从1990年代中期以后，台商对大陆投资的结构出现了明显变化。一方面，下游的制造业带动了上端的石化业及电力等基础设施投资；另一方面，随着台湾以信息电子产业为代表的高科技产业的崛起及国际产业分工的形成，台湾电子电器业、精密仪器业等技术密集型产业对大陆的投资不断升温，使得以食品饮料业为代表的劳动密集型产业投资比例不断下降，单件的平均投资金额明显增加，一向对大陆投资保持谨慎态度的台湾大中型企业逐步成为主力军①。特别是新世纪以来，为了到大陆市场"卡位"，增强在大陆市场的竞争能力，许多台湾大型企业加快了投资大陆的步伐。台湾的大企业、大财团、上市公司纷纷到大陆投资办厂。据台中华征信所对2005版台湾企业集团海外投资布局研究②，2003年，台湾资产排名前250的企业集团共设立海外分子企业4074家，其中投资大陆1457家，约占其海外投资总家数的36.12%，较之2001、2002年有较大幅度增长（见表-2）。2000年以来，以上市、上柜公司为代表的台湾大中型企业已成为台商投资的主流。到2003年上半年，一共有424家台湾上市公司到大陆投资，占台湾全部上市公司的64%。到2004年第一季止，已有451家上市公司赴大陆投资，占所有上市公司的67%；274家上柜公司赴大陆投资，占所有上柜公司的59%③。至2005年6月底为止，电子产业方面，台湾上市（柜）638家电子公司中，已有455家在中国投资设厂，占整体上市（柜）电子公司的71.3%；传统产业方面，台湾上市（柜）475家传产公司中，已有301家在中国投资设厂，占整体上市（柜）传产公司的63.3%。

① 孙升亮：《台商投资路线图》，http://www.finance.sina.com.cn。
② （台）中华征信所：《2005年版台湾地区企业集团研究》。
③ 同上①。

表2　大陆分子企业与其他海外地区分子企业占全体海外企业家数比率

年度	中国大陆（含港、澳）		其他海外地区	
	家数	百分比	家数	百分比
2001	927	32.92%	1889	67.08%
2002	1219	34.84%	2280	65.16%
2003	1475	36.21%	2599	63.79%

资料来源：（台）中华征信所：《2005年版台湾地区企业集团研究》。

台湾大型企业集团除主要以大陆作为生产基地外（其中有176家集团投资大陆的制造业达832家，占其海外制造业的68.14%），也开始注重集团内部业务的垂直整合，围绕集团核心业务，在大陆（含香港）设立投资公司、量产基地、销售据点、研发中心等，布建完整的产供销一体化的营运链，从而凸显出台商大陆投资集团化特征。

2. 台湾企业集团大陆投资促进了台商大陆投资的“群聚化”，从而奠定了台商大陆投资地域格局的主体框架。

台湾大企业、大财团、上市公司不仅财力雄厚，而且较之中小企业具有长远的战略眼光，正是由于这些企业在大陆布点卡位，建构上下游完整作业体系及周边服务系统，以及发挥龙头企业的“群聚效应”，以“龙头”带“配套”，“配套”引“龙头”，使台商大陆投资在总体规模扩张的同时，趋向大型化、集团化、群聚化，从而建构着台商大陆投资的地域分布格局。

从1980年代到1990年代中期，台资主要分布在广东（主要集中在广州、东莞、深圳，三市台资企业超过10000家）、福建（主要集中在福州、厦门，二市台企总数超过5000家）。尤其是1981～1989年间，大陆共吸纳台资10.57亿美元，其中福建省占38%，广东占28%，二者合占2/3的份额，可谓高度集中；1990年代中、后期，台商投资重心开始向以上海为中心的长三角地区转移，江、浙两省所占份额逐步上升，而福建、广东所占份额逐步下降。据台方统计，1991年至1999年，台商对广东、福建、江苏、浙江等沿海地区的投资共占台官方核准对大陆投资总额的78%。2000年以来，台商投资重点地域最终实现了由珠三角向长三角的转移，长三角吸引的台资总额大幅超过珠三角地区。近几年，广东所占份额已降为25%左右，而江苏和上海的投资已上升到55%左右。仅上海、苏州、昆山、杭州四市的台资企业即已超过12000多家。

近年来，随着祖国大陆区域开发的梯度推进，中、西部市场商机的逐渐显现，台商对大陆投资开始由东南部沿海地区的福建、广东、上海向华北、西北内陆地区的扩张，总体上呈现“重点卡位与全面布局并进”态势：伴随台资加速向长江三角洲地区集结，以及福建、广东内部调整，以京、津、鲁、冀、辽为主体的环渤海地区，以武汉、长沙、南昌为重心的中部地区，以重庆、成都、西安为重心的西部地区，成为台商投资多元化布局的承接地（其中环渤海地区具有能源充足、劳动力低廉、未来国家政策及资金倾斜等优势而最被看好，有“台商明日的希望之都”、“下一个‘长三角’”之誉①。近三年来，仅大连、天津、青岛三市台资企业已猛增至5000多家）。目前，台商投资已遍及全国31个省市区。即使地处边远的西藏、宁夏、青海、西藏等地也有台商涉足。但总体来看，东部沿海地区仍是台商投资的重心地区。2004年，东部地区新设立台湾投资企业3461家，合同外资金额84.11亿美元，实际投入外资金额26.70亿美元。全国吸收台资总量中的比重依次为86.48%、90.38%、85.64%；中部地区新设立台湾投资企业374家，合同外资金额6.97亿美元，实际投入外资金额4亿美元，在全国吸收台资总量中的比重依次为9.35%，7.49%、12.83%；西部地区新设立台湾投资企业167家，1.98亿美元，实际投入外资金额0.48亿美元，台资总量中的比重依次为4.17%、2.13%、1.53%。2004年实际使用台资最多的前四位省、市为江苏、山东、上海、浙江。

上述台商大陆投资地域分布格局的形成，与台湾企业集团投资的地域分布关系紧密。据《2005年版台湾地区企业集团研究》资料显示，目前资产排名TOP100的企业集团在大陆投资设厂约880多家（含香港），分布于上海的最多（100多家），其次是深圳、昆山（50多家），再次是东莞、广州（30多家），北京（20多家），中山、杭州、厦门、南通（10多家）。另据《大陆台商1000

① 《大陆台商1000大》，（台）工商财经数位股份有限公司，2005年版，第101页。

大》统计[①]，顶新、统一、台塑、鸿海、华新丽华、大成长城、宝成、英业达、广达、华硕等十大企业集团入围“台商1000大”的下属公司共124家，其中约34%布局于长三角；19%布局于珠三角；22%布局于环渤海；7%布局于东北地区；3%布局于福建地区。以这些企业集团的龙头企业为核心，吸附上下游配套及周边服务企业所形成的企业集群，是台商投资空间集聚的重要表现形式，从而奠定了台商大陆投资地域分布格局的总体框架。

3. 台湾企业集团大陆投资促进了台商大陆投资产业层次的不断提升，目前以电子电器业为代表的高科技产业占据主导地位。

1990年代中期以前，台商大陆投资以传统的劳动密集型制造业为主，如食品、饮料、塑料制品、橡胶制品、纺织成衣、木竹制品等占了相当大的比例，这些产品大多属于下游加工业，技术层次较低，投资规模不大；1990年代中期以后，随着第二次投资热潮的涌现，台商对大陆的投资由传统的劳动密集型产业逐步向资金密集型、技术密集型转移，石化业、电力基础设施等资金密集型产业及电子电器业、精密仪器业等技术密集型产业对大陆的投资不断升温。2000年以来，高科技产业成为投资主流（科技台商属大投资、大规模族群。“大陆台商制造业一千大”前10大都是科技业，前100大的名单中有67家是科技业[②]）。除电脑及周边设备与零件投资加快外，台湾核心高科技产业半导体厂商突破台湾当局的限制正式到大陆投资，其中台湾宏仁集团董事长王文洋与大陆合作在上海张江科学园区投资16亿美元兴建8英寸芯片厂，开创了台湾半导体产业投资大陆的先河。另外移动电话、数码相机与光电、信息家电等产业开始向大陆转移，软体、网络与电子商务等投资与合作发展迅速。依台湾方面统计，2004年前10个月，电子电器类产业投资额占台商对大陆投资总额的55%，台湾信息硬体产值在大陆的生产比重由上年的33%上升到40%。2002年以后随着大陆加入WTO，服务、贸易与商业等投资领域逐次放宽或开放，台商大陆投资加快由单纯的制造领域向相关的生产服务领域延伸。未来一段时间，以电子电器业为代表的高新技术产业

① 《大陆台商1000大》，（台）工商财经数位股份有限公司，2005年版，第22页。
② 同上。

仍将是台商投资的主力；以金融、保险、医疗、零售业为主的服务业将成为台商抢滩的重点；农业领域的投资正成为新的热点。

具体考察台湾企业集团大陆投资，有以下两方面突出特征：①以制造业（包括 IT 制造业）最为集中。以岛内资产排名前 250 名的企业集团为样本，其中有 176 家集团投资大陆的制造业达 832 家（占海外制造业的 68.14%），设于其他海外地区的制造业则仅 381 家，表示大陆是企业集团最重要的生产基地。②服务业投资逐渐增多。近三年来，新设于大陆的制造业家数已有减少，而配合企业集团大陆市场卡位及垂直整合策略，台湾大型企业集团开始增加其在大陆从事投资、贸易、研发设计、市场营销、批发零售等服务业务的资本投入。表明大陆作为岛内母公司代工厂的角色正在向多元化、高级化转变。落实到具体行业，就岛内资产排名前 100 大企业集团（TOP100）大陆投资来看，制造业大陆投资前五大行业为电脑组件业（约 49 家），光电材料、元件及成品业（约 36 家），电脑制造业（约 38 家），被动电子元件业（约 24 家）、电脑周边设备业（约 22 家）。服务业（投资控股业除外）前五大行业依次是电脑及其周边设备、软体批售业（约 61 家），进出口贸易业（约 40 家），电子零组件批售业（约 39 家），电脑软体服务业（约 26 家）、一般批发零售业（约 15 家）。表明台湾大企业集团内陆投资不论制造业或服务业都偏重信息科技产业，并以垂直整合为主。

4. 台湾企业集团大陆投资加快了台商大陆投资的本土化进程。

近年来，台商在大陆的投资运营中，不仅采购、销售环节，而且在人员、融资及产品研发等方面，都出现了本土化的趋向。台商在大陆投资设厂后，为因应市场激烈竞争的需要，越来越多地采取原料供应本地化的策略，以降低产品生产成本。目前来看，大陆台商生产所需要的半成品、零组件及原材料“就地取材”的趋势日趋明显。虽然台湾仍是大陆台资企业生产所需原料或零组件的主要供应地，但是，台商对岛内原材料或零组件的供应依赖度逐年下降，尤其是高科技企业由当地提供所需原料的比重已超过对台湾的依赖。据岛内学者调查，1980 年代中后期及 1990 年代初期，有 53.6% 的大陆台资企业是由岛内供给原料；有 75.4% 是由岛内供给机器设备的，表明台商赴大陆投资初期，其“资本材”、“中间材”来自岛内。而目前台商当地采购率（原材料、零组件及半成品）已几近5成（详表3）；产品大陆销售的比例，除纺织品及电子产品外，其他行业均在40%以上；台商越来越多地聘用大陆人员，大多数台资企业的中层管理人员已基本实现本地化；台商融资“就地取材”的比例也达到40%以上。产品研发方面的本土化也出现端倪，虽然总体上台商大陆投资的技术仍以岛内母公司提供为主，但在大陆北京、上海、西安、南京、昆山、苏州等地设立研发中心的比例上升很快。

表3　大陆台商生产所需原料、零组件供货来源

年度	原料供货地			零组件、半成品供货地		
	台湾	当地（大陆）	其他国家	台湾	当地（大陆）	其他国家
1992	54.7	32.9	12.3	60.8	23.3	7.6
1997	49.0	38.3	12.7	52.9	39.1	8.0
2004	39.3	47.5	12.9	46.1	46.6	7.3

资料来源：（台）工商财经数位股份有限公司：《大陆台商1000大》，2005年版，第105页。

1990年代以后，大陆台商经营的本土化趋势更加凸显，其中台湾企业集团大陆投资步伐加快及其经营策略深化调整是其中重要原因。仅就台商企业“采购本土化”来看，1990年代中期以前，赴大陆投资的主要是台湾中小企业，随着中小企业大陆投资热的兴起，台湾企业集团也开始跟进大陆投资，从而进一步带动与企业集团有连带关系的卫星企业赴大陆投资，形成以企业集团为核心的“中心——卫星”企业集群模式以及上中下游厂商配套的产业链关系。如福建以东南汽车（隶属台湾裕隆企业集团）为龙头，吸附以冠捷电子、中华映管为代表的高新技术企业，形成70多家上下游企业协作的地域产业供应链；又如明基电脑在大陆投产以来，引进了均强机械、新航发泡、星厚电子等10余家配套企业①。此外，宏泰精密机械、光达光学电子、优技电脑、广泰精密冲压等企业也纷纷进入大陆设厂为明基公司配套，等等。这种企业链关联投资

① 蔡勇志、郑胜利：《对台资企业根治性的探讨》，《港澳台视窗》，2003年第9期，第26－29页。

模式实际上是对岛内产业供应链的“拷贝”，岛内企业的配套生产模式移居大陆之后，无疑大大提升大陆台商原物料的“当地供应率”，如台“经济部”《制造业对外投资实况调查报告》（1997，2000）称：“比较业者在最主要对外投资地区1990年与1991年生产所需原料、零组件与半成品进货来源的增减情形，除由‘台湾提供’者之展望指标呈现负向外，其余均呈现增加之正向展望指数，其中又以‘当地台商企业提供’者最高，‘当地非台商企业提供’者次之。显示业者在海外事业发展趋稳后，对外投资产生的贸易效果逐渐减弱，业者转而朝向更有效率的运用当地资源并致力于当地化发展，倾向直接由投资地供应生产所需要的原料、零组件与半成品。”

此外，诸如通过“市场卡位策略”建构行销通路、通过“垂直整合策略”实现集团核心与外围企业的产供销一体化、通过“外部联盟、策略分工”与大陆本土企业及外资企业结盟以更深融入大陆经济，通过“减少台干”实现人才“在地化”①，等等，都在体现台湾企业集团在台资企业大陆运营“销售本土化”、“人才本土化”、“研发本土化”等进程中所发挥的重要推动作用。

二、台湾企业集团大陆投资营收状况及对大陆经济的影响

1. 产出期的大陆台资企业普遍进入赢利期，大陆分公司是岛内企业集团赢利的重要来源

近年来，台商大陆投资热潮迭起，一方面是大陆市场利基的诱惑，一方面是先行赴大陆投资台商普遍赢利的示范作用。据台湾“经济部”一项针对制造业对外投资的实况调查显示②，2003年岛内赴大陆投资出现盈余的业者，首度破四成，如果再加上获利持平者，则有高达六成以上的企业，在大陆投资处于获利及持平状况，显示赴大陆投资业者渐入佳境。台“经济部”

① 《大陆台商1000大》，（台）工商财经数位股份有限公司，2005年版，第47页。
② 中国网，2004年11月16日。

调查，2003 年赴大陆投资的制造业中，出现盈余的业者高达 44.6 %，持平的业者达 17.76 %，而亏损的业者则为 37.64 %。另有一项调查表明①，广东省现有台资企业已形成行业群体和产业链，进入产出期的台资企业有九成赢利；近两年作为台商投资热点地区的江苏省进入产出期的台资企业也有八成赢利或盈亏持平；福建省是台商在大陆最早进入的投资地区，虽然目前台资进入的增长速度已经趋缓，但台资企业的经营状况同样很好，福建台资企业中只有不到 20% 因经营不善还处于亏损状态；台商投资具有资本密集型和技术密集型特点的上海，当地大约 4000 家正在经营的台商投资企业中有六成赢利，盈亏持平的占 10% 至 20%。广东、福建、江苏、上海等省市台资企业的经营状况，在大陆台资企业中具有代表性。

岛内对"大陆台商 1000 大"调查显示，位列第一名鸿富锦精密工业（深圳，隶属红海集团）2004 年营收 716 亿元（人民币，下同），最后一名（第 1000 名）南通嘉宏塑胶也有 4084 万元的营收；入榜 1000 家企业 2004 年的营收加总则高达 7336 亿元，约等于台湾地区生产毛额（GDP）的四分之一，相当于上海一个城市的生产总值②。在"大陆台商 1000 大"中，隶属各大集团的分子企业阵容庞大。仅就分子企业入围最多的前十大企业集团来看，即共有 124 家分子企业入围，其中顶新集团 27 家，统一集团 21 家，台塑集团 16 家，鸿海集团 16 家，华新丽华集团 15 家，大成长城集团 14 家，宝成集团 5 家，英业达集团、广达集团、华硕集团各 3 家，总营收合计 2464 亿元人民币，相当于 1000 大台资企业总营收的 33.6%，由此可略见企业集团大陆营收之一斑。实际上，由于许多台湾企业集团在大陆的分子公司分散于各省、地区，个体营收规模不是很大，但总体营收规模可观。另就《2005 年版台湾地区企业集团研究》对岛内资产排名前 250 名（TOP250）大集团的海外投资效益来看，4074 家海外投资实业在 2003 年共创造了 4 兆 7379.8 亿元（新台币，下同）的营收，其中来自中国大陆投资的营收贡献即达到 1 兆 7908.83 亿元（约占海外总营收的 37.80%），来自其他海外地区的营收达 2 兆 9471.15 亿元（约占海外

① 《台商投资大陆：挡不住的潮流》，中国网，2005 年 2 月 7 日。

② 《大陆台商 1000 大》，（台）工商财经数位股份有限公司，2005 年版，第 26 页。

总营收的62.20%)，另外，250大集团海外投资的税后纯益高达1940.03亿元，其中来自中国大陆的贡献为703.32亿元（约占海外纯益的36.25%)，显示中国大陆是台湾企业集团海外营收及税后纯益的重要来源。(详表4)

表4　2003年台湾企业集团（TOP250）大陆公司总营收及税后纯益状况

项目	大陆公司		其他海外公司（百万元新台币）		海外总营收（百万元新台币）
	总额	比重	总额	比重	总额
总营收	1790883	37.80	2947115	62.20	4737998
税后纯益	70332	36.25	123671	63.75	194003

资料来源：同表2。

2. 台湾企业集团投资对大陆经济的影响

台湾企业集团赴大陆投资所推动的台商内陆投资不断增加和结构提升，为大陆经济带来了积极效应。首先，对大陆而言，台商投资作为重要的外资来源，弥补了大陆经济起飞所需的资金缺口，为我国台资密集区域经济增长做出了重要贡献。不但改善了大陆产业结构，发展了非国有经济，强化了市场经济力量，促进了大陆外向型经济的发展，而且带来了先进的技术、管理及营销经验，促进了大陆社会价值观念的变化。其次，为投资地创造了大量的就业机会。据研究①，台商投资每增加1亿美元即可以直接创造0.57万人的就业机会，按照商务部统计数字计算，截至2005年底，合同台资902.95亿美元，实际使用台资417.73亿美元，业已创造就业岗位200多万个，另有200多万个潜在就业机会。第三，促进了大陆进出口贸易发展和两岸产业分工合作关系的形成。两岸贸易具有明显的“投资带动”特征，两岸投资规模的扩张推动着两岸贸易快速成长，截至2005年底，两岸贸易总额累计达到4957.95亿美元。目前，祖国大陆是台湾第一大出口市场和最大贸易顺差来源地，台湾是大陆的第二大进口市场。

近年来，两岸产业分工已初步形成垂直分工与水平分工并存的混合分工

① 张传国:《大陆台商投资对东南沿海地区经济效应的实证分析》,《台湾研究集刊》,2003年第4期。

形态。从时序上考察，大陆最初是台湾转移劳力密集产业的主要基地。自1993年起，由于大陆内销市场逐步开放及因应全球高科技产业发展，台湾电子及电器产品制造业投资祖国大陆的步伐加大，大陆开始承接台湾较为成熟的电脑及半导体等产业，主要以台湾资讯硬体产业的加工出口基地角色参与台湾高科技产业的产业分工。从公司营运角度考察①，台商到大陆投资制造业，绝大多数都维持母公司在台湾继续营运，其主要机器设备、原材料及半成品等中间投入，或由母公司负责或直接向台湾地区其他企业采购，因此，伴随着台商在大陆投资不断扩充，不但台湾与大陆之间双边贸易获得快速成长，而且促进两岸产业分工关系更加紧密。目前，两岸产业分工模式已突破了“台湾接单、大陆生产”的垂直分工形态，而开始向水平分工模式发展，呈现出垂直与水平兼具的混合分工特征，表明两岸经济一体化趋势，对于两岸经济发挥互补优势，实现互动发展、合作双赢，具有积极推动效应。

台湾企业集团投资对大陆经济的影响，另一突出的方面在于其对大陆本土企业营运管理的示范效应。台湾企业集团是在激烈的竞争中成长壮大的，多数企业集团既有两岸布局，也有对其他海外地区的布局，不但熟悉国际规范，而且具有独特的企业文化。这些企业集团常常比中小规模的台资企业更具有长远的战略眼光，不但注重对大陆低成本生产要素资源的利用，更加关注与大陆经济发展俱进的市场空间的开发，因此，一般进行“长线”投资，更注意与大陆企业建立合作生产及营销通路，因而对于大陆企业的营运效率的提高和竞争力的提升具有积极的示范效应。

然而，尽管2000年以来，台湾地区企业集团的内陆投资蒸蒸日上，不仅数量规模迅速扩张，而且产业层级、经营策略呈现高级化趋向，但并非尽如人意。其中最大的问题在于这些企业多属独资经营，产业的外向关联度大，但与地方经济关联有限；虽然在原材料、零部件采购、管理人才任用、研发设计、融资等方面都出现了本土化倾向，但并未真正融入当地经济，或融入程度不深。其所具有的“产业链集聚”特征，少与内陆企业配套联系，多是对岛内产

① 高长：《制造业赴大陆投资经营当地化及其对台湾经济之影响》，http：//www.moea.gov.tw/～ebook。

业链条的“拷贝”，不能真正根植于当地经济。虽然岛内大企业已转变其起初的“两岸布局”策略，开始注重其大陆业务的上下游整合配套，将营销、研发等高端活动逐渐扩展到大陆，但大陆子公司主要还是作为岛内母公司代工厂的角色，处于产业链的“低端”层次。这种形势对于增加地方财政收入、解决就业问题具有积极的一面，但对于当地经济可持续发展、提升区域竞争实力、形成自主知识产权、推动产业升级等方面的贡献则极为有限。

总体而言，虽然台商大陆投资已经有 20 多年的发展历程，而且两岸同文同种，较之其他“外商”节省许多“跨文化”交流成本，但相当程度上还属于“外源性”经济。其症结一方面在于大陆产业配套环境不发育，大陆企业特别是中小企业素质较低，难以与台资企业形成分工互补、有机协作关系；另一方面在于大陆引资政策存在误区，更多的关注优惠政策和投资环境的改善，而忽略了对于构建大陆企业与台资企业协作配套关系的诉求，对于培育产业配套环境没有足够重视。因此，以技术创新为核心，加快民营经济的发展，培育吸引台资的有效载体应作为今后努力的方向。吸收台资战略应从注重比较优势向注重竞争优势和技术创新转变，提升大陆台资公司的现有功能，使台商投资真正融入大陆经济，为大陆经济起飞发挥更大的作用。

三、台湾企业集团大陆投资经营策略

考察台湾企业集团大陆投资经营策略，可以发现 2000 年前后存在明显的转变。此前，台商采取的是“两岸布局”策略，即将劳动密集型产业移到大陆，而将知识密集型的产业留在台湾；将加工基地设在大陆，把研发、营销环节留在台湾，采取“台湾接单、大陆生产”的代工模式，主要是考虑到节约成本，利用大陆廉价的生产要素资源。2000 年以后，形势逐渐发生了变化。一方面是大陆经济增长逐步释放出巨大的市场潜力，另一方面是大陆工业化的推进促使产业转型升级加快，工业配套能力提升，加之大陆人力资源开发不断上升到新层次，研发人才越来越优秀，许多台资企业看好大陆市场，纷纷加大投资力度，围绕生产加工基地，建立营销、研发事业，许多公司到大陆建立营销据点和研发中心。其经营策略由过去的“两岸布局”的垂直分工策略转变为上下游整合配套的水平分工策略。虽然台湾仍是台商资金调度中心，但生产、营销、研发等方面将逐渐扩展到大陆。

1. 迂回投资策略

为规避台湾当局对台商投资大陆的限制性政策（如限定台商赴大陆投资上限、特别是对封装测试及其他敏感科技有关的产业的“西进”投资更是提高审查门槛，对获准投资大陆业者母公司在岛内持续投资与技术升级情况和厂商在陆营运及资本增长情况追踪管理，等等。迄今，台湾当局已对300多家公司进行了涉嫌在大陆“非法投资”的调查，处罚了台联电等多家公司），台湾企业集团赴大陆投资一般采取间接、迂回的投资策略，大多经由至少一家海外控股公司进行转投资，甚至有的集团为投资一家大陆工厂，中间竟然透过四、五层投资控股架构进行转投资。

2. 市场卡位策略

“进入中国内销市场即可称霸华人世界。”为因应2005年中国大陆开放内销分销权，台湾大型企业集团开始加速其进入内陆市场的布局。例如鸿海集团透过旗下的广宇科技，在大陆各地转投资设立3C量贩店40多家。“市场卡位”，一方面是掌握流通环节、建设行销通路；另一方面则是“贴近市场的生产、加工、组装”。因此扩充产能、拓展生产线，布建新生产据点也是台湾大企业大陆“市场卡位”策略的重要体现。

3. 垂直整合策略

其一，是围绕集团核心业务建立零组件生产基地、行销据点、研发设计中心等业务，以完善集团系统作业体系。如光宝企业集团自2000年前后，为实现集团制造业内部垂直整合，先后在东莞、广州、深圳、上海、无锡等地设立制造基地17家，从事光电材料、元件及成品业、电脑组件业、电脑周边设备业、被动电子元件业、无线通信机械器材业、其他橡胶制品业等制造业务；为完成集团系统整合设立电脑及其周边设备、软体批售业、电脑系统整合服务业、电脑软体服务业各一家。其二是扩充投资规模、沿产业链上中下游垂直整合。厦门海沧台商投资区的翔鹭石化可谓是个中典范：1995年翔鹭化纤斥资4.75亿从事聚酯涤纶生产，2003年、2004年先后斥资6.5亿、4亿美元向上整合兴建90万公吨的PTA生产线进而横向扩充产能至年产150万公吨，并开始规划产能120万公吨的第二条PTA生产线；2005年5月，又获准通过14.2亿美元年产能80万公吨的PX投资案。预计两年后将完成化纤上中下游的垂直整合链，达到原料自给自足。

4. 外部联盟，策略分工

其一是与当地企业结盟，实现策略分工，互动双赢。如宏碁通过生产全部委外代工强化品牌行销功能，强调借助通路，在各地选择前3大通路厂商合作，负责金流与物流，宏碁则致力于行销与品牌推广。通过当地通路商的密集布点，宏碁得以将业务快速扩展到大陆二、三级城市。其二，由于台商比外商更了解大陆，比大陆更了解世界，许多国际大公司在进入中国大陆时，都会和台商建立联盟关系，战略联盟方式将是今后台商进驻大陆的重要投资策略。

5. 本土化策略

近年来，台商越来越倾向于实施本土化策略以扎根大陆，其本土化策略从最初的采购、生产、人才、管理本土化向市场、营销、研究开发、乃至融资本土化延伸，从而逐步建构起物流配送、协作分工、市场营销、资金融通、人力资源调配等生产、流通、服务网络。如台商将研发基地转移大陆在几年前就已开始，但2000年明显加快，神达、明基、仁宝、大众、华邦、广达等台湾知名科技企业纷纷在大陆筹设研发中心、IC设计中心及软件开发基地，并形成一股趋势与风潮。

6. 多角化经营策略

看好核心业务以外的新商机，如许多以传统制造业为核心业务的企业看好高科技产业等，而实施跨足经营的多角化策略，以拓展公司业务范围，增加营收。如“东元电机”跨足高科技产业，在无锡设厂从事光电材料、元件及成品业。“宝成”跨足印刷电路板业等。

台商对祖国大陆投资与两岸贸易间的动态关系*

——基于向量自回归模型的实证研究

王 华

一、问题的提出与研究假设

台商对祖国大陆投资与两岸进出口贸易是海峡两岸经贸关系发展的核心内容。目前祖国大陆已经成为台湾最重要的投资地和贸易伙伴，台湾对外投资中超过半数投向祖国大陆地区（农业和制造业投资大陆比重甚至超过70%），对祖国大陆的巨额出超也成为台湾经济成长的重要源泉。两岸之间是否因循比较优势来进行产业资本转移和进出口贸易，产业资本转移与进出口贸易之间又具有怎样的相互影响效应，一直是两岸经贸关系研究中的重要课题，也是确保两岸经贸政策协同性与指导政策模式适时转换的关键所在。①

以商品流动为特征的国际贸易与以生产要素流动为特征的国际直接投资是跨国公司国际化经营的两种基本形式。以传统赫克歇尔－俄林贸易模型加以考量，在两国间存在资源禀赋差异的情况下，生产要素跨国流动障碍必然导致贸易的发生，而贸易障碍又会刺激资本的国际流动②。然而现实中国际直接投资与国际贸易的地域与产业分布日益趋同的现象对传统的替代观点提出了挑战。Kojima③ 认为边际产业对外直接投资使投资国与东道国都得以发

---

* 本文原载于《厦门大学学报》（哲社版），2008 年第 1 期。

① 张传国：《中国大陆利用台资政策评价与调控》，鹭江出版社，2007 年版。

② Mundell, R. A. 1957, “International Trade and Factor Mobility”, American Economic Review, p. 47.

③ Kojima, Kiyoshi. 1973, “A Macroeconomics Approach to Foreign Direct Investment”, Hitotsubashi Journal of Economics, p. 14.

挥新的比较优势，此时国际直接投资具有更大的贸易互补性，将推动两国贸易增长。即使国际间的相对要素禀赋和生产技术无明显差异，资本要素流动也会产生额外的货物贸易，如中间产品的出口①；而出口贸易导致出口产业密集投入的生产要素价格上涨，也会吸引国外同类要素的流入②。

作为中国主体与同其单独关税区之间的经贸往来，台商对祖国大陆投资与两岸贸易间的相互关系受到台商投资动机与产业特性的影响。利用祖国大陆低廉的劳动力和土地使用成本，不断发挥企业在全球产业分工体系中的比较优势和在国际市场中的竞争优势，始终是台商投资大陆的首要动机所在。台资企业在大陆通常采用代工生产的经营模式、主要承接产业链条中加工组装环节，根据对于对外直接投资动机的分类③，属于以降低生产成本为目标的生产导向型投资，因而会带动台湾对大陆的机器设备和原料零部件的出口贸易。而以“外向型”经营为特征的大陆台资企业，其产出部分会返销台湾岛内，但更多会直接销往国际市场，对台湾进口贸易的促进作用有限。

近年来，台商投资的产业类型和技术层次逐渐升级，并且显现出产业集聚、规模大型化和经营本土化趋势④，在大陆采购原料半成品、融资与研究开发的比重正在逐渐增加，对大陆市场的开拓也不断深入。这一趋势无疑又会对台湾中间产品和最终产品的出口形成替代。同时资源导向型和追随上游客户型台资企业的大陆投资行为，对台湾自大陆进口贸易则可能形成替代。但随着对外投资经营阶段的发展，大陆生产基地与国际营销网络形成，会带动以支持性服务为基本内容的新贸易增长⑤，这也成为台湾服务贸易出口的重要诱因。反向观之，台湾对大陆出口贸易增长所反映出的大陆强劲的市场需求，进口贸易所体现的大陆同类产业（包括台资企业）的全球竞争优势，

---

① Markusen, J. R. 1983, “Factor Movements and Commodity Trade as Complements”, Journal of International Economics, pp. 3 –4.

② Markusen, J. R. and Svensson, L. E. O. 1985, “Trade in Goods and Factors with International Differences in Technology”, International Economic Review, p. 1.

③ Petri, P. A. 1994, “The Regional Clustering of Foreign Direct Investment and Trade”, Transnational Corporations, p. 3.

④ 张传国：《中国大陆利用台资政策评价与调控》，鹭江出版社，2007年版。

⑤ 刘恩专：《外商直接投资的出口贸易效应分析》，《当代经济科学》，1999年第2期。

也会成为吸引台商投资乃至增资的动力所在。

刘祥熹①以及陈美玲、王凯立和吴家豪②针对台湾地区对外直接投资的研究表明，对外投资对产品出口呈现负向影响。詹明瑛③和张淑贞④针对特定产业研究1991年以后台商对大陆投资与出口贸易之间的关系，同样发现投资对产品出口产生替代现象。而李杨⑤和李隆生⑥的研究则表明，外销比率越高的企业，追随客户而进行对外直接投资的意愿也越高，故出口对台商对外投资有正面影响。李保明和刘震涛⑦以及张传国⑧针对台商大陆投资与两岸贸易间相互关系的实证检验，表明二者之间具有显著的互补关系。

对于台商大陆投资与两岸贸易间相互关系的研究结果的差异，既反映了研究对象在不同产业和不同阶段的特殊性，很大程度上也与研究中所采用的数据和分析方法有关。如指标选取与数据形态的差异——包括时序与截面数据，年度、季度与月度数据，流量、存量与增量数据等各个方面的差异——会对研究结果产生很大影响；传统的结构式经济计量分析方法无法揭示变量之间经由时间推移产生的动态影响，也易于造成对变量解释力的高估；而在对变量交互影响的估计中若不考虑解释变量内生性所产生的估计偏倚，也会影响研究结果的可信性。因此，采用适当的数据和分析方法，对于正确地揭示经济机理至关重要，这也是本文重新检视台商大陆投资与两岸贸易间相互关系的动机所在。

---

① 刘祥熹：《直接外人投资、贸易及其与市场结构、绩效之关联性——台湾地区制造业之个案分析》，（台）《经济研究》，1998年第2期。

② 陈美玲、王凯立、吴家豪：《台湾对外直接投资、出口及汇率动态关联之研究：多变量时间序列模型之应用》，（台）《农业经济半年刊》，2004年第2期。

③ 詹明瑛：《两岸经贸交流之发展与课题》，（台）《台湾经济研究月刊》，1994第12期。

④ 张淑贞：《台湾食品业对大陆投资与贸易间交互关系之研究》，（台）《农业经济半年刊》，2004年第2期。

⑤ 李杨：《技术效率对台湾中小企业海外投资影响之分析》，（台）《亚太社会科技学报》，2003年第2期。

⑥ 李隆生：《1991－2003台商大陆直接投资对台湾经济的影响研究》，《东南学术》，2005报第4期。

⑦ 李保明、刘震涛：《台商投资的贸易效应实证分析》，《经济科学》，2004年第3期。

⑧ 张传国：《台商大陆投资问题研究》，商务印书馆，2007年版。

二、研究方法与指标数据说明

（一）研究方法

鉴于传统的静态分析方法对于揭示台商对祖国大陆投资与两岸贸易之间的关系有相当的局限性，本文采用向量自回归（VAR）建模方法分析二者之间的动态关系。与结构式经济计量模型相比，VAR 模型对系统中的变量不作任何先验性约束，令所有当期变量对所有变量的滞后项进行回归，避免了因经济理论不完善、造成对内生变量和外生变量划分的主观随意性等复杂问题。同时这也可克服对变量交互影响的估计中内生解释变量所造成的联立偏倚。对于研究各变量序列之间的动态关系特征，VAR 方法更有其独特的适用性。

建立如下的 VAR 模型：

$$Y_t = A_1 Y_{t-1} + \cdots + A_p Y_{t-p} + BX_t + \varepsilon_t,\ t = p+1, \cdots T \quad (1)$$

其中 $Y_t = (Y_{1t},\ Y_{2t},\ \cdots\cdots Y_{kt})'$ 是 k 维内生时间序列向量，$X_t = (X_{1t}, X_{2t}, \cdots\cdots X_{dt})'$ 是 d 维外生时间序列向量；p 为模型滞后阶数，根据 AIC 和 SC 最小准则或似然比检验加以确定；T 为观测样本量；$A_1, \ldots, A_p$ 和 B 分别是 $k \times k$ 和 $k \times d$ 维的待估参数矩阵；ε_t 代表 k 维随机扰动向量，且满足 $Cov(\varepsilon_t, \varepsilon_s) = 0\ (t \neq s)$。

通过对该模型的估计，一方面可以检验 k 个内生变量对于彼此的历史变动有无一定的解释能力，另一方面还可给出在一定滞后期中各变量间具体的联合动态影响程度。进一步，利用基于 VAR 模型的脉冲响应函数（IRF）和方差分解，可以测算模型中各方程随机扰动项的冲击（称为新息）对各变量当前和未来取值的动态影响，并比较各方程新息对内生变量波动的相对重要性。

（二）指标选取与数据处理

本文选取了台湾对祖国大陆出口额（*EX*）、进口额（*IM*）、实际投资额（*TWI*）和前期累积投资额（*TWIC*）四个指标。关于台商投资和两岸贸易，有多种来源和口径的统计数据可资利用，考虑到数据资料的准确性、可取得性与连续可比性，本文两岸进出口贸易数据采用了大陆海关总署公布的月度资料，台商投资数据则采用商务部外资司公布的月度资料（对于2004年以前仅有的季度投资数据，依照台湾“经济部投审会”的月度资料予以等比例调整）。考虑到投资与贸易相互作用机理在较长时期内易于发生变化，研究的时间起点界定为两岸先后加入WTO的2001年，终点至2006年年底，旨在探求新的国际分工与国际贸易形势下两岸投资与贸易间的动态关系。采用高频月度数据既可以满足模型估计对样本量的要求，同时也有利于从中发掘被年度综合数据所掩盖的动态行为信息。

由于进出口贸易数据表现出明显的季节性周期变动特征，本文在进行模型分析之前采用X11方法予以季节调整。对于投资数据，研究以当月实际投资额和前期累积投资额分别代表台商对大陆投资的流量和存量水平。之所以作此区分，是考虑到投资流量和存量在与两岸贸易的交互影响中处于不同的地位：当期投资通常尚未产生中间投入需求、也未转化为生产力，对进出口贸易无明显影响，却有可能受到前期贸易水平的影响；而前期累积投资通常才是影响两岸贸易的实际要素。需要指出的是，由于前期累积投资额不会受到当期投资贸易额的影响，因而须作为模型的外生变量处理；同时本文忽略了台资厂商在生产经营过程中的折旧因素，累积额未扣减历史各期中可能的资本折旧。进一步，研究中对所采用变量数据进行了对数化处理，以消除异常数据对模型估计精度的影响，同时也使模型回归参数可被解读为被解释变量相对于解释变量变动的弹性系数。

三、VAR模型估计及其结果分析

（一）变量数据形态检验

本部分主要针对各变量序列的平稳性及其协整关系进行检验。虽然VAR模型分析不以系统变量的协整关系作为必要条件，但协整性所蕴含的变量之间的长期均衡关系，对于本研究的深入分析仍然不无裨益。

由表1对各对数化变量（*LEX*、*LIM*、*LTWI*和*LTWIC*）进行ADF单位根检验的结果可知，*LEX*和*LIM*为一阶单整序列，*LTWI*和*LTWIC*则为平稳序列。

表 1　ADF 单位根检验结果

变量	检验形式（C，T，*k*）	ADF 统计量	伴随概率 p 值	结论
LEX	（C，N，1）	-1.24949^{***}	0.6484	不平稳
△*LEX*	（C，N，0）	-15.23328^{***}	0.0001	平　稳
LIM	（C，T，1）	-2.57705^{***}	0.2919	不平稳
△*LIM*	（C，N，1）	-10.20320^{***}	0.0001	平　稳
LTWI	（C，T，0）	-6.28939^{***}	0.0000	平　稳
LTWIC	（C，N，0）	-5.88545^{***}	0.0000	平　稳

注：△表示序列的一阶差分；检验形式中 C 和 T 分别表示检验方程带有截距项和趋势项（N 则表示没有相应项），滞后期数 *k* 以 SC 值最小准则确定；ADF 统计量的上标 * * * 表示在 0.01 显著性水平上可拒绝非平稳性原假设。

对于同阶单整序列 *LEX* 和 *LIM*，表 2 中 Johansen 协整检验的结果表明，二者之间包含一个协整关系。当然，对于双变量序列的协整检验，利用 E - G 两步法对回归残差进行 ADF 单位根检验亦可给出相同的结果，此处不再列示。

表 2　Johansen 协整检验结果

原假设	特征值	迹统计量（p 值）	最大特征值统计量（p 值）
无协整关系	0.193 544	$16.6936\ (0.0329)^{**}$	$14.842\,35\ (0.0405)^{**}$
最多有一个协整关系	0.026 473	1.8513（0.1736）	1.851 28（0.1736）

注：检验统计量的上标 * * 表示在 0.05 显著性水平上可拒绝原假设。

由于 *LTWI* 和 *LTWIC* 本身是平稳序列，可知 *LEX*、*LIM*、*LTWI* 和 *LTWIC* 四个变量间具有长期均衡关系，具体的均衡关系式可估计如下：

$$LEX_t = 0.27LIM_t + 0.02LTWI_t + {}_1.71LTWIC_t 11.44 \quad (2)$$

（0.065）　　　（0.015）　　　（0.211）　　　（1.769）

其中括号内的数字表示相应回归参数的估计标准误。需要说明的是，本文假设台商投资与两岸贸易间具有双向影响，因此可以得到多个形如式（2）的均衡关系式。而由式（2）可见，台湾对大陆的出口额与进口额、累积台商投资之间保持了较高的正向相关关系。

（二）Granger 因果关系检验

作为对各变量彼此之间短期动态关系进行分析的基础准备，运用 Granger 因果关系检验来确定在 VAR 系统中各变量间的相互影响关系，结果如表 3 所示。

由表 3 的检验结果可知，台湾对大陆出口（*LEX*）对自大陆进口（*LIM*）具有单向的因果关系，隐含了经由台商在大陆投资设厂、代工生产的中间环节，由台湾出口机器设备、零部件，再进口制成品至岛内的产业内贸易的可能性。台湾对大陆进出口贸易（*LEX* 和 *LIM*）对当期台商投资（*LTWI*）都具有单向的因果关系，表明两岸贸易所显现的比较优势及综合福利的提升，或者因两岸贸易障碍造成外部交易成本的上涨，成为刺激台商进一步投资大陆的动机所在；台商前期累计投资（*LTWIC*）对进出口贸易（*LEX* 和 *LIM*）都具有单向的因果关系，证明了台商投资存量对两岸贸易的促进作用。台商前期累计投资（*LTWIC*）与当期投资（*LTWI*）之间则具有双向的因果关系，前者对后者的因果关系表明台商投资的群聚效应不断得以发挥，后者对前者的因果关系则是显而易见的，因为投资流量本身会陆续成为投资存量的一部分。

表 3　Granger 因果检验结果

原假设	样本量	F 统计量	伴随概率 p 值
LIM 不是 *LEX* 的 Granger 原因	69	2.152 26	0.102 68
LEX 不是 *LIM* 的 Granger 原因		4.776 77***	0.004 65
LTWI 不是 *LEX* 的 Granger 原因	69	0.199 50	0.896 34
LEX 不是 *LTWI* 的 Granger 原因		2.319 74*	0.084 01
LTWIC 不是 *LEX* 的 Granger 原因	69	2.738 17*	0.050 89
LEX 不是 *LTWIC* 的 Granger 原因		0.159 93	0.922 88
LTWI 不是 *LIM* 的 Granger 原因	69	0.529 64	0.663 60
LIM 不是 *LTWI* 的 Granger 原因		3.694 07**	0.016 36
LTWIC 不是 *LIM* 的 Granger 原因	69	3.935 41**	0.012 32
LIM 不是 *LTWIC* 的 Granger 原因		1.809 77	0.154 64
LTWIC 不是 *LTWI* 的 Granger 原因	69	3.995 94**	0.011 48
LTWI 不是 *LTWIC* 的 Granger 原因		228.384***	1.9E－33

注：检验滞后期数为3；F统计量的上标＊＊＊、＊＊、＊分别表示在0.01、0.05、0.1显著性水平上可拒绝无Granger因果关系的原假设。

（三）基于VAR模型的脉冲响应分析

基于上述分析，以台商前期累计投资作为外生变量，建立台湾对祖国大陆出口、自祖国大陆进口及当期台商投资的VAR模型。利用似然比检验确定VAR模型的滞后阶数为3；整体检验结果表明模型解释能力较强；对模型残差的JB正态性检验、LM自相关检验及White异方差检验，也表明残差序列基本满足服从联合正态分布且无序列自相关、无异方差的分析要求；模型所有特征多项式的根都落在单位圆内，说明VAR模型的结构满足平稳条件。

鉴于VAR模型的复杂性，对单个参数估计值的解释较为困难，同时意义也不大，本文省略具体的模型估计结果，重点通过基于VAR的脉冲响应函数与方差分解，分析系统中各内生变量的短期变动对全部内生变量所产生的影响，并测算各内生变量对彼此波动的相对贡献率。

VAR系统中的内生变量在长期具有均衡关系，但在短期内由于受到随机干扰的影响而有可能偏离均衡水平。对于一个变量的冲击可以通过VAR系统的动态结构传导给其他所有的内生变量。脉冲响应函数即刻画了对各个方程随机扰动项的一个标准差的冲击（信息）对系统内生变量（*LEX*、*LIM*、*LTWI*）在当前和未来各期取值的动态影响轨迹，可如图1所示。

图1（a）反映了台湾对祖国大陆出口对于自大陆进口、台商投资在当期的一个标准差冲击的动态响应：对于当期进口的一个标准差冲击，出口在未来各期表现为负向变动，并且影响大致可以延续三个季度（9期）的时间，表明在短期内尚难以发挥两岸产业分工与贸易优势互补的作用；对于当期的投资冲击，出口在第2期表现为正向变动，在第3期以后则为负向变动，且于第9期后收敛于0，这在一定程度上可以作为台商投资在短期内带动机器设备和中间产品出口、却对最终产品出口形成替代的证据，但相关影响并不显著。

图1（b）反映了台湾自祖国大陆进口对于对大陆出口、台商投资在当期的一个标准差冲击的动态响应：对于当期的出口冲击，进口的增量在第2

期迅速衰减后，第 3~4 期又有所回升，之后渐次回落至第 15 期收敛于 0，再次验证了台商在大陆代工生产的经营模式，导致由台湾出口机器设备和零部件的增加，并在较长时期（约五个季度）内造成返销台湾岛内的产值增加；对于当期的投资冲击，进口表现延续 3 期的负向变动，表明在短期内台商投资对于台湾自祖国大陆的进口贸易有一定的替代作用，其原因可能在于台商投资旨在获取岛内贫乏而大陆则相对丰富的自然资源和其他工业原材料，或者是中小企业为追随上游大企业而联同外移。

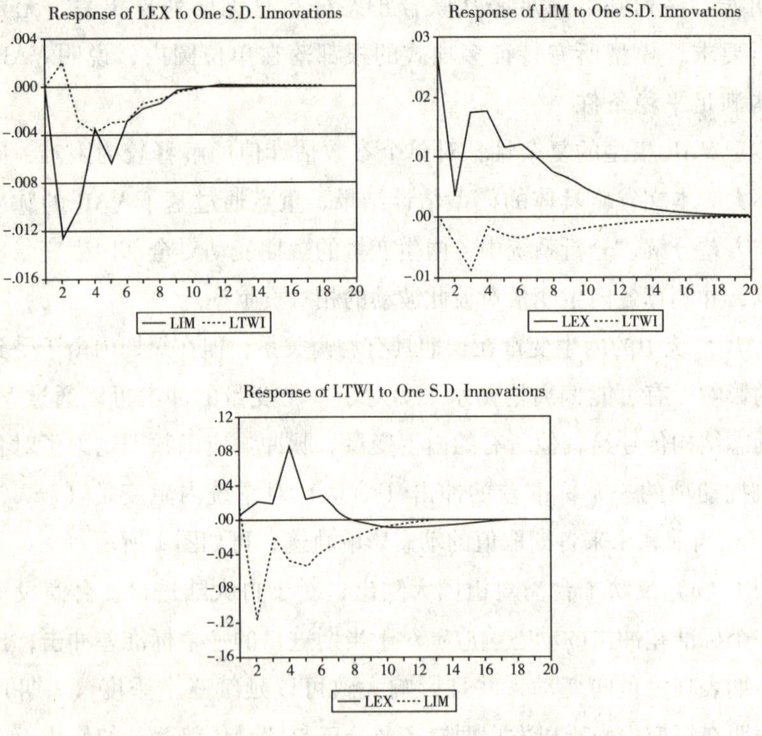

图 1　各变量对一个标准差新息的脉冲响应函数

图1（c）反映了台商投资对于两岸进出口贸易在当期的一个标准差冲击的动态响应：对于当期的出口冲击，台商投资表现为正向变动，且在第 4 期达到最大，之后有所回落，第 7 期之后收敛于 0，由于台商投资大陆的动机之一即在于满足产业供应链的要求从而追随已在大陆投资的下游客户，出口增加本身即表明下游客户需求规模的提升；对于当期的进口冲击，台商投

资的负向变动在第 2 期即达到最大，之后逐渐回落至第 10 期收敛于 0，鉴于图 1（a）表明的进口冲击对出口的负向影响，加之出口冲击导致投资同向变动，因此不难理解进口冲击对投资必然产生负向影响。

（四）基于 VAR 模型的方差分解

方差分解方法是将 VAR 系统中每个内生变量以预测误差方差表示的波动，按其成因分解为与各方程随机扰动项相关联的几个组成部分，通过计算各组成部分所占的百分比，从而分析每一结构冲击对于内生变量变动的相对贡献率，结果可如图 2 所示。VAR 系统中变量的排列顺序对于方差分解结果会产生影响，本文中的变量顺序为 *LEX/LIM/LTWI*。

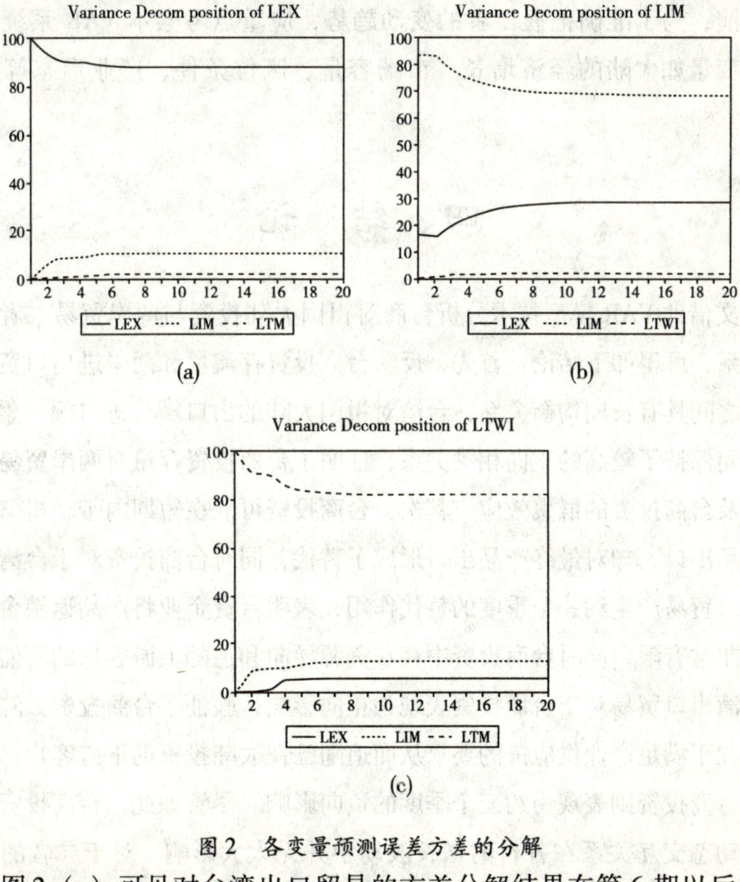

图 2　各变量预测误差方差的分解

由图 2（a）可见对台湾出口贸易的方差分解结果在第 6 期以后趋于稳定，出口变动中 88.7% 都由其自身决定，进口变动的冲击对出口变动的贡献率为9.8%，投资变动冲击的贡献率尚不足1.5%。图2（b）表明对台湾进口贸易的方差分解结果在第9期以后趋于稳定，进口变动中近70%由其自身决定，出口变动冲击的贡献率不足30%，投资变动冲击的贡献率仅略超过2%。图2（c）表明对台商投资的方差分解结果在第6期以后趋于稳定，投资变动中约82%由其自身决定，出口变动冲击和进口变动冲击的贡献率分别为5.4%和12.5%。

上述结果表明，从长期来看台商投资与两岸贸易自我发展、自我扩张的内在强化机制都相当强，彼此之间的动态交互关系对于各自的增长波动并无太大影响。由此可见，台商投资与两岸贸易基本上仍是遵循不同的发展路径向前推演，为了准确把握二者的变动趋势，应重点考察本VAR系统之外其他经济变量如大陆的经济增长、市场容量、区位条件、产业形态等因素的影响。

四、结　论

本文借助VAR模型技术分析台商对祖国大陆投资与两岸贸易二者之间的动态关系，可得如下结论：首先，反映台商投资存流量和两岸进出口贸易的四个变量之间具有长期均衡关系，台湾对祖国大陆的出口额与进口额、累积台商投资之间保持了较高的正向相关关系，证明了台商投资存量对两岸贸易的促进作用以及台商投资的群聚效应。其次，台商投资可能在短期内带动机器设备和中间产品出口、却对最终产品出口形成了替代，同时台商投资对于台湾自祖国大陆进口贸易产生约一个季度的替代作用，表明台资企业将产品返销台湾岛内的比例非常有限，同时台商投资中存在资源导向和追随上游客户的可能性。再次，台湾出口贸易对于台商投资表现为正向影响，验证了台商投资大陆的动机之一即在于满足产业供应链的要求从而追随已在大陆投资的下游客户；进口贸易对于台商投资则表现为约三个季度的负向影响。尽管如此，台商投资与两岸贸易的动态交互关系在各自的增长波动中并无太大影响，对于二者的变动趋势，在系统之外存在发挥支配性作用的其他经济变量。

在厦台资企业对厦门投资环境评价的调查分析*

王　华　石正方

一、问题的提出与文献回顾

投资环境是影响外商直接投资区位选择决策的关键要素，也是一国或地区在培育区域竞争力和招商引资过程中着力建设和改善的目标。厦门市作为中国大陆唯一与台湾毗邻的经济特区，在促进两岸经贸交流中发挥了重要作用。然而在经历了20世纪90年代台商投资的两波热潮之后，包括厦门市在内的整个福建省的台商投资规模，在近十年来已远远落后于珠三角和长三角地区，成为夹在两大地区之间的相对低洼地带。为了能进一步发挥厦门市的对台独特优势，不断提升在两岸产业分工合作体系中的地位和作用，对其投资环境的现状和所存在的问题做深入系统的了解和把握，已成为极其迫切而重要的任务。

投资环境是投资发生地拥有的、影响和决定投资活动预期效益的政治、经济、基础设施、社会、法制等多方面要素的有机整体。国际资本流动浪潮的兴起导致了对于外国投资环境的关注，早在20世纪60年代，美国学者就

* 本文原载于《台湾研究集刊》，2008年第2期。

已提出了评价一国投资环境的冷热比较分析法①、多因素等级评分法②等。而 Dunning（1977）在国际生产折中理论中关于区位优势的论述，则为分析投资环境提供了基础理论框架。③ Dunning 认为区位因素可能通过不同的形式影响企业所有权优势的发挥，从而决定了企业区位投资组合的结构和内容，因此对于跨国公司维持和提升其全球竞争力有至关重要的影响。

基于宏观层面的投资环境研究大体可分为两个方面：一是对于影响国际直接投资流向与规模的投资环境各要素（区位要素）的相对重要性进行甄别判断，包括借助数量分析模型对各国或一国内各子区域间外商直接投资规模的差异成因的研究；④ 二是对于一定地域范围内各子区域的投资环境进行综合评价与排序，通过对各子区域在投资环境上各要素的比较，寻找投资环境的优劣势所在。⑤ 这两方面的研究都要以建立客观评价指标体系作为先决条件，但由于目前对投资环境的概念并无准确界定，因而评价指标体系的完备性通常无法保证；同时宏观层面的研究也难于揭示跨国投资特征（如投资动

① Litvak, Isiah A. and Banting, Peter M. "A Conceptual Framework for International Business Arrangement." in King R. L. eds. Marketing and the New Science of Planning. American Marketing Association, 1968, pp. 460 -497.

② Stobaugh, Robert B. "How to analyse foreign investment climate." Harvard Business Review, 1969, 47, p. 102.

③ Dunning, J. H. Trade, Location of Economic Activity, and the MNE: A Search for an Eclectic Approach. London: Macmillan, 1977.

④ 针对中国的相关研究可参见 Broadman 和 Sun（1997）、Chen（1996）、Cheng 和 Kwan（2000）、Coughlin 和 Segev（2000）、Gong（1995）、Head 和 Dies（1996）、Wang 和 Swain（1997）、Wei、Liu、Parker 和 Vaidya（1999）、Wu 和 Strange（2000），以及鲁明泓：《制度因素与国际直接投资区位分布：一项实证研究》，《经济研究》，1999 年第 7 期；魏巍贤：《外商在中国直接投资的决定因素分析》，《预测》，1997 年第 3 期；许和连、赖明勇、钱晓英：《外商直接投资影响因素的偏最小二乘回归建模分析》，《中国管理科学》，2002 年第 5 期；刘荣添、林峰：《我国东、中、西部外商直接投资区位差异因素的 Panel Data 分析》，《数量经济技术经济研究》，2005 年第 7 期；等等。专门针对台商在中国大陆投资的研究可参见段小梅：《台商投资大陆的产业类型与区位选择的实证分析——以传统产业和高技术产业为例》，《台湾研究集刊》，2006 年第 1 期；张传国：《台商直接投资祖国大陆的空间扩散研究》，《国际贸易问题》，2003 年第 10 期；李非、李继翔：《台商投资中国大陆区位选择的实证研究》，《厦门大学学报》（哲学社会科学版），2004 年第 6 期。

⑤ 参见鲁明泓：《中国不同地区投资环境的评估与比较》，《经济研究》，1994 年第 2 期；鲁明泓：《外国直接投资区域分布与中国投资环境评估》，《经济研究》，1997 年第 12 期；鲁明泓：《中国各地区投资环境评估与比较：1990 -2000》，《管理世界》，2002 年第 11 期；张传国：《台商对祖国大陆直接投资的地域分异与成因分析》，《世界经济》，2003 年第 10 期。

机、投资行业、投资规模、企业经济类型与经营导向）对于区位选择的影响和对投资环境要求的差异。

与上述研究相比，基于对外资企业问卷调查的投资环境研究则显得更为直观明确。通过设计问卷对外资企业进行调查，获取外商对于投资地影响企业经营和获利状况的各类投资环境要素的主观评价。① 虽然被调查者的主观判断会带来一定的不确定性，但问卷调查可以得到更为具体和丰富的第一手信息，因而相较宏观层面的研究会更为深入而系统；同时也可以避免客观综合评价方法因研究区域内无合宜的标杆样本点，导致比较结果所揭示信息的有效性不足等问题。

本文即利用对厦门市台资企业进行调查访谈的资料，探查台商对于厦门市投资环境各类要素的实际认可满意程度，把握厦门在吸引台资过程中的区位优势，从而为明确本市在发展定位中的制约因素、及时制定有效的应对措施并改善投资环境提供有益借鉴。论文共分为四个部分：第二部分对采用的调查方案与数据处理方法进行说明；第三部分为调查数据的分析部分，揭示台资企业对厦门投资环境的评价状况、明确存在的问题；第四部分基于分析结果探讨针对投资环境的改善路径，并提出有关政策建议。

二、调查设计与数据处理

鉴于研究力量所限，本研究没有采用调查研究中惯用的问卷调查方法，而是有选择性地针对在厦投资的 14 家台资企业进行了深度访谈，访谈时间为 2007 年 7 – 8 月。与问卷调查方法相比，深度访谈虽然取得的样本量较小，无法进行严格的统计检验与分析比较，但针对单个样本点所获得的信息更为丰富，对于全局状况的把握同样可提供有价值的资料信息；同时访谈分析的结论也可作为进一步研究的参考基准。

① 参见魏后凯：《外商在华直接投资动机与区位因素分析——对秦皇岛市外商直接投资的实证研究》，《经济研究》，2001 年第 2 期；段小梅：《中国大陆台商投资环境比较分析》，《世界经济研究》，2006 年第 2 期；洪国基、徐艳梅：《台商大陆投资环境分析》，《国际技术经济研究》，2007 年第 3 期。

接受访谈的企业分布于厦门的海沧、杏林、集美三大台商投资区以及湖里和同安两区，覆盖了厦门的大部分地区，且都属于厦门台商较为密集的区域；企业经营领域包括食品、纺织、木器、石化、橡塑胶、机械、电子、医疗和精密器械等行业，涵盖了劳动密集、资本密集和技术密集三大类型的轻重工业；企业的投资规模从100万美元以下到1000万美元以上不等，雇用员工人数亦从数十人到上千人不等。因此可以认为，受访企业的观点对于在厦台资企业具有一定的代表性。同时，受访企业在厦门投资经营时间都较长，仅两家在五年以下，但也超过三年，因此对于厦门环境的评价已较为深入、成熟和稳定。受访台资企业目前仍以在厦门代工生产、外销国际市场为主要经营模式和目标，但一部分企业已经开始将销售目标转向广阔的大陆市场，经营的本地化趋势有所加强。

为了提高访谈的结构化程度，便于对最后结果的归纳分析，参照“台湾区电机电子工业同业公会”历年对台商在大陆地区的投资环境与风险进行调查评估的问卷内容，[①] 访谈事先设计了对厦门投资环境的评价指标体系（具体核心内容见下节的调查结果分析）；请受访企业的负责人士针对其中的各个投资环境评价指标提供自己的观点，根据受访者认可程度（满意水平）的高低界定为“较好”、“一般”、“较差”三个等级，分别赋值3、2、1。将各指标所得到的平均评价值进行比较，即可得到对厦门投资环境优劣势的大致反映。

三、在厦台资企业对厦门市投资环境的评价分析

访谈中对于投资环境划分为自然环境、社会环境、经济环境、行政环境、公共服务环境、基础设施条件、产业经营环境等七大类要素，在每类要素中又提供了具体评价指标。如果将评价均值划分为1－1.5、1.5－2、2－

① 吕鸿德：《自主创新兴商机——2006年中国大陆地区投资环境与风险调查》，（台）商周编辑顾问股份有限公司，2006年版。

2. 5、2. 5 - 3 四个区间，可将评价结果界定为低、较低、中等和较高，从而可对不同投资环境要素及其当中的不同细分指标，进行更为细致的分析和讨论。

1. 自然环境

在自然环境类别当中，受访台资企业对厦门的气候条件和地理位置评价较高，认为较为适合企业发展的条件；而对厦门水资源及矿产资源丰富程度、土地价格合理程度则评价较低。评价结果如图 1 所示：

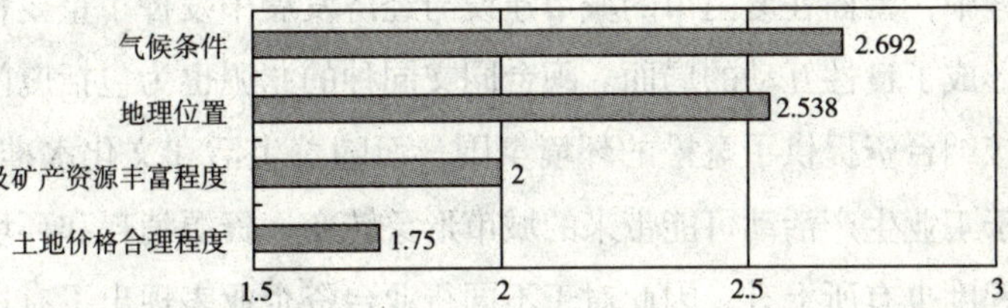

图 1　受访企业对厦门自然环境的评价

台商在投资大陆的区位选择过程中，厦门所展现的地缘相近、血缘相亲、文缘相承的特点无疑具有特殊的吸引力。地理位置邻近，可以有效拉近台商的心理距离，有利于厦门与台湾之间开展深入的人员、文化与经济交流；同时厦门作为大陆商贸物流的中转城市和窗口桥梁的功能也备受台商青睐，在两岸开放“三通”过程中可以争取到先行先试的机会，厦金直航以及厦门港与高雄港之间的试点直航，都突显厦门在吸引台资方面的独特优势。而由于处于同一纬度，厦门与台湾同为亚热带海洋气候条件，台商在厦门投资不仅生活容易适应，适宜在台湾发展的产业同样也易于移植到厦门发展。但另一方面，由于厦门地域范围较小，无广阔的经济腹地，水、矿产等自然资源缺乏，土地供给有限因而价格偏高，难免成为厦门吸引外资乃至经济发展的瓶颈。

2. 社会环境

在社会环境类别当中，受访台资企业对厦门的社会治安状况评价较高；对民风淳朴及政府开明程度、民众对台商在本市投资设厂态度、民众生活素质及文化水准评价中等；对民众的国际观评价较低。评价结果如图 2 所示：

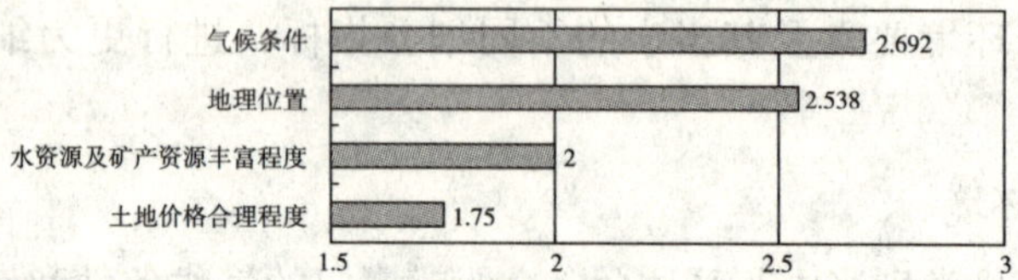

图 2　受访企业对厦门社会环境的评价

厦门是祖国大陆最早对台商开放的地区之一，在经历近二十年来的资本转移与经营过程中，台商在厦门市的城市建设与经济发展中发挥了重要作用，与当地民众也形成了良性互动的局面。闽台同文同种的渊源也为包括厦门市在内的闽南区域接纳台资提供了宽松的环境氛围。而随着生活和文化水准的不断提高，民众对于工业生产活动可能带来的城市形象转变、资源消耗和环境污染等问题的关注程度也有所上升，因此对于不同行业台资企业表现出了有选择性的接受态度。受限于发展的地域宏观环境，厦门市以岛为核心的发展格局也致使民众易于产生闭塞心态，缺乏国际化的考察和思维视野，这在一定程度上会影响其生活方式和消费行为模式的转变速度，从而影响新兴产业的进入。

3．经济环境

在经济环境类别当中，受访台资企业对政府财政税收稳定程度、经济建设程度、民众生活条件及人均收入状况评价较高；对资金汇兑便利程度、利润汇出便利程度、金融措施完善程度、政府改善投资环境的积极程度、资金融通便利程度、金融机构国际化程度等项评价中等。评价结果如图 3 所示：

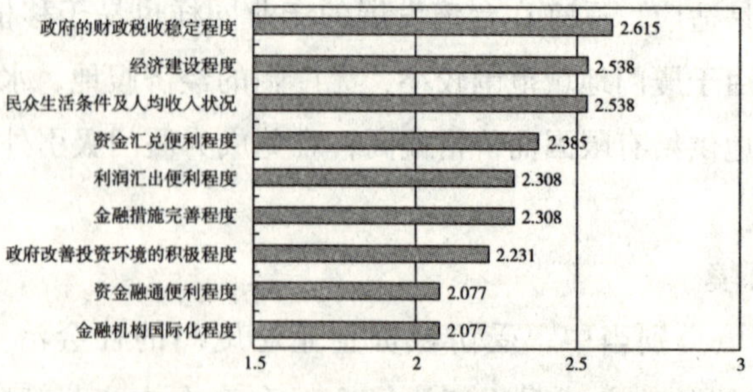

图 3　受访企业对厦门经济环境的评价

随着经济的发展，近年来厦门市财政收入呈现出快速增长的态势，整个“十五”期间，财政总收入的平均增长速度达到 18%。2006 年实现财政总收入 275.17 亿元，财政总收入占 GDP 的比重达 23.7%。高速增长的财政收入反映了厦门经济运行的质量和效益，与之相比，台资企业则长期享受税收优惠政策，切实感受到稳定税赋对培养竞争优势的价值所在。同时，厦门的经济建设程度也为台商所认可。近 25 年地区生产总值、工业总产值年均增长速度分别达到 18.0% 和 24.1%，台商投资区、火炬高技术产业开发区、象屿保税区、厦门港的建设以及每年举办的中国投资贸易洽谈会都引人瞩目。在经济保持快速增长的同时，厦门居民收入和生活水平也同步增长，城镇居民人均可支配收入和农民人均纯收入也从 1981 年的 482 元和 264 元增长到 2006 年的 18513 元和 6868 元；居民生活水平的改善也必然意味着地区市场潜力的提升和市场容量的扩大。①

4. 行政环境

在行政环境类别当中，受访台资企业对于政府对台商友好程度、行政命令与国家法令的一致性评价较高；对于政府政策稳定性和透明度、工商税务机关及海关行政效率、政府对知识产权重视程度、官员操守清廉程度、解决纠纷渠道的完善程度和政策优惠条件评价中等；而对环保法规规定合理程度、政府与执法机构秉公执法态度以及劳工、公安、消防和卫生行政效率评价较低。评价结果如图 4 所示：

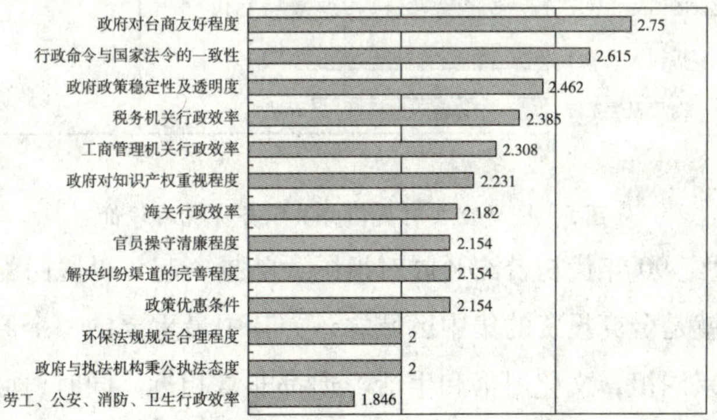

图 4　受访企业对厦门行政环境的评价

① 《厦门经济特区建设二十五年的实践与思考》，http: //www. fj. xinhuanet. com/zb/2006 - 12/13/content_ 8773709. htm。

厦门是祖国大陆14个沿海经济特区中唯一与台湾邻近、以对台工作前沿作为角色定位的城市，在国务院批准设立的台商投资区中四者有其三，政府在引资过程中充分重视对台商开展工作，在对台资企业的招商、咨询、法律服务、技术支持、经营手续办理、劳工招聘等方面都给予大力协助。政府部门的主动和周到服务，对于台商在厦门的入驻和扎根起到了重要作用。而作为经济特区的政策优势，包括地方政策法令的合理性、稳定性和透明性，也为台商所重视。然而具体到台资企业投资经营过程中接触的工商、税务、海关、司法、公安等各行政部门，台商的感受体会却有所不同。受访企业普遍对本市中基层行政人员的工作热忱、效率和态度颇有微词，对有关部门办事的严谨性、合理性和公正性提出了质疑，表达了改进的诉求。

5. 公共服务环境

在公共服务环境类别当中，受访台资企业对厦门的衣食住行便利程度评价较高；对厦门休闲娱乐设施提供条件、城市建设的国际化程度、教育机构提供条件和医疗卫生条件评价中等。评价结果如图5所示：

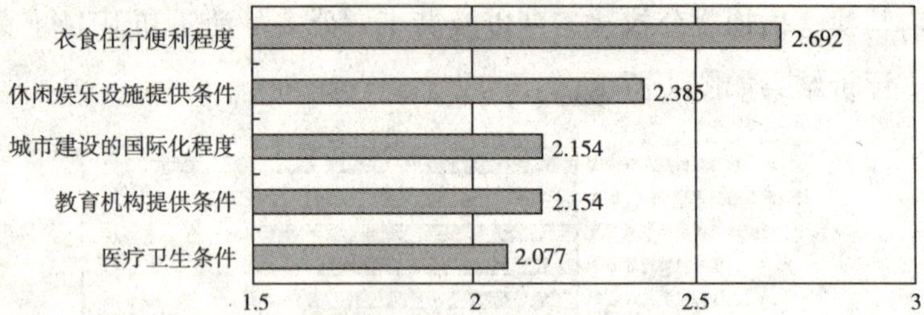

图5 受访企业对厦门公共服务环境的评价

从20世纪90年代初台湾开放对祖国大陆投资起，以厦门为中心的闽东南沿海地区就是台商投资的集中区域之一，其中最重要的一个原因即为该地区与台湾同宗同祖，文化习俗和生活习惯都非常相近。同时，厦门多年来以休闲旅游作为城市的功能定位、致力于不断改善居住环境，更是获得了“全国十佳人居城市”（2001年）、“国际花园城市”（2002年）、“中国人居环境奖”（2003年）、“联合国人居奖”（2004年）、“全国文明城市”（2005年）等一系列荣誉，在各种宜居城市评比中也往往名列前茅。台商在厦门感受到生活各个方面的便利性，自然在情理之中。与基础生活条件提供的相对完善性相比，厦门城市建设的思路和视野则相对狭窄、国际化程度仍然较低，教育、医疗卫生等公共服务条件仍有很大的改进余地和必要性。

6．基础设施条件

在基础设施条件类别当中，受访台资企业对厦门的邮电通讯设施完善程度和交通设施便利程度评价较高；对仓储物流处理能力、电脑资讯、网络建设完善程度、未来总体发展及建设规划完善程度和水电、能源及燃料供应完备程度评价中等；对污水、垃圾处理设备完善程度评价则较低。评价结果如图6所示：

经过二十多年的特区建设，厦门城市基础设施和各种配套已经比较完善，邮电通讯设施完备，基本上形成了海陆空配套的立体交通运输体系；而福厦铁路、龙厦铁路、厦漳大桥，以及厦门湾10万吨级航道二期工程，海沧、嵩屿、东渡港区深水泊位和国际旅游客运码头的建设，将进一步完善港区配套和集疏运体系等配套硬件设施，使厦门成为海峡西岸经济区的交通枢纽和货物集散地。厦金直航则更为台商提供了往来大陆的便利渠道。而在水电能源供应、污水垃圾处理等方面的设施条件还有待进一步改善。

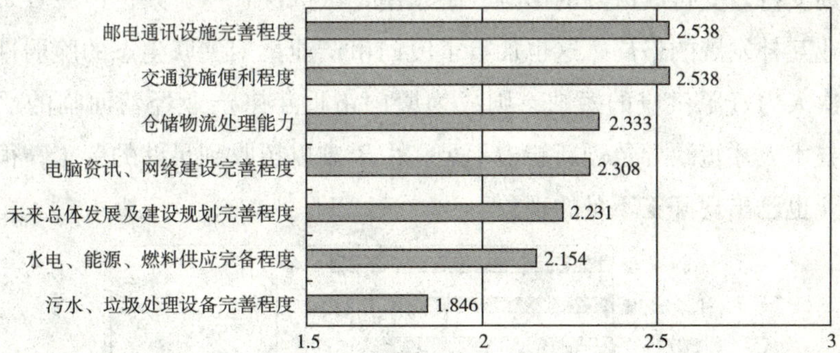

图6　受访企业对厦门基础设施条件的评价

7．产业经营环境

在产业经营环境类别当中，受访台资企业对厦门的外资企业劳资关系的和谐程度、市场未来发展潜力、整体成本与相关设施成本合理程度、同业间公平正当竞争的环境条件等项评价中等；对技术与研发水平、员工工作态度及价值观、原材料或半成品取得的容易程度、上下游产业供应链完整程度、专业人才补充容易程度评价较低；而对基层劳动力供应充裕程度的评价最低。评价结果如图 7 所示：

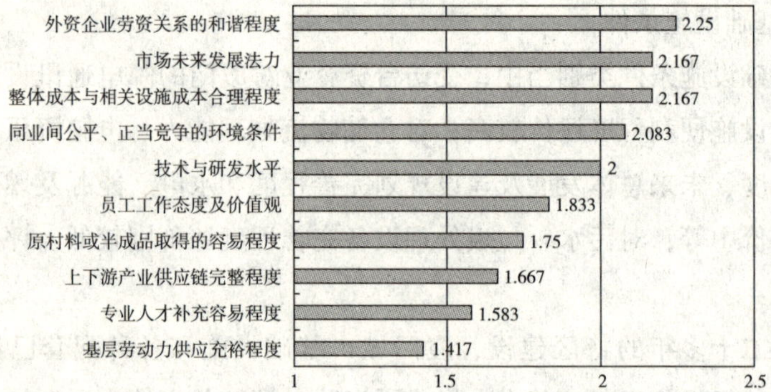

图 7　受访企业对厦门产业经营环境的评价

与其他投资环境要素相比，在产业经营环境方面厦门市可谓乏善可陈。除了总体的市场潜力与同业竞争环境尚可外，产业集聚规模不足，尚未形成完整的产业供应链，在招商引资过程中缺少对产业关联度的充分考量，技术研发水平也较低，导致台资企业在寻求生产原材料供应与资讯服务方面缺乏必要的支持。受行政区隔的影响，闽东南地区的厦、漳、泉三市一直未能形成产业互补发展的格局，这也加重了厦门市产业集聚关联生态的脆弱性。而各层次人力资源供应的短缺，则成为厦门市近年来产业经营面临的严峻问题；技术人才短缺导致创新能力不足，由于难以招收到足够的劳工，很多台资企业也已出现开工不足的现象。

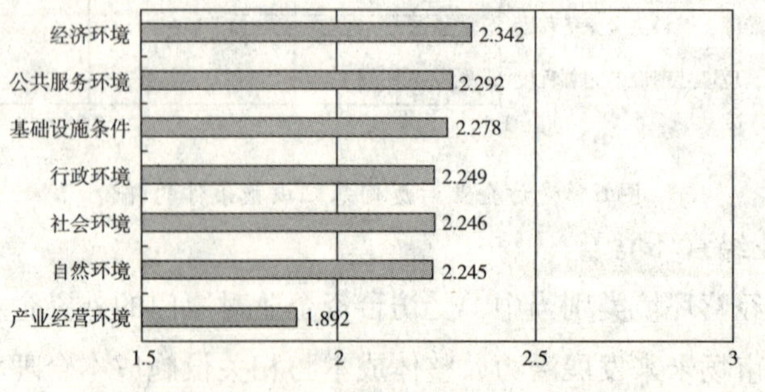

图 8　受访企业对厦门投资环境各要素的综合评价

8. 投资环境各要素的综合比较

将七类投资环境要素下的各评价指标作等权平均，可以对各要素的台商认可程度进行直观排序比较，结果由高到低依次为经济环境、公共服务环境、基础设施条件、行政环境、社会环境、自然环境和产业经营环境，如图8所示：

四、结论与建议

由上述访谈调查资料的分析结果可知，总体上台资企业对厦门市的投资“硬环境”的评价尚可，而对投资“软环境”则评价较低，尤其是台商对于产业经营环境的评价要远低于其他要素。投资“硬环境”偏重于影响投资活动的物质条件，可控性较强，通过财政倾斜加大投入可望在较短时间内得以改善；投资“软环境”则偏重于影响投资活动的无形条件，动态性强而可控性弱，对其加以有效改善的难度较前者为大。从可持续长远发展的角度考虑，软环境恰恰是制约城市发展和对台资吸引力的关键障碍。因此，为了切实改善厦门市的区位投资环境，应遵循“先软后硬”的改善路径。而当前的首要改进之处，正在于政府行政观念、作风和效率的提升，人力资源的开发储备，产业集聚与产业供应链的培育，以及城市国际化程度的提高。

其一，改革政府管理体制，提高行政效率。访谈结果表明，尽管政府非常重视对台工作、重视为台商提供有效服务，然而由传统行政体制沿袭而来的官僚作风仍未能完全消除，行政机关工作者作为公共服务人员应该为市民提供高质量服务的工作意识未能树立。政府部门在具体对外接待工作中如果态度恶劣、效率低下、法令不循、处事不公，势必影响到政府对台工作宏观政策目标的实现效果，影响台商对厦门的观感和投资意愿。政府部门不断端正行政作风、改进工作程序、提高行政公正合理性，深化审批制度改革，大力度开展优质服务建设，已经成为厦门市改善投资软环境的重点内容。

其二，创新人力资源的开发与储备机制。为了有效缓解发展空间有限、劳工短缺导致劳动和资源密集型企业经营受阻的问题，厦门地区全面的产业升级已经迫在眉睫，在此过程中加强高层次人才的培养和吸纳可望发挥关键性的推动作用。对于发展光电、软件、生物等高科技产业，承接台湾相关产业的转移，本地科技资讯、研发和力量必须要有相应提高，由此才能推动台资企业在国际产业价值链中地位的提升与研发经营的本地化，并促进台资企业的知识外溢以及与当地企业的分工合作。为此就需要重新对地方人才工作的目标加以定位，推进人力资源配置、保障与激励机制的全面革新。

其三，厦门在城市产业发展及两岸产业分工合作中应有明确而适宜的定位，即不能发展过分依靠自然资源禀赋的产业，而是突出环保、低能耗、高资源利用率的产业发展特征。近年来厦门土地价格的攀升是台商反映较大的一个问题。由于地域狭小，尤其是厦门岛内的土地开发和利用程度较高，进一步开发的余地已经不大，甚至达到了寸土寸金的地步。高昂的土地价格与台资企业区位选择的土地成本准则相背，很多在厦台企已经开始西进到土地价格远低于厦门的闽西地区投资设厂，重新挖掘比较优势已成厦门吸引和留驻台资的当务之急。进一步，通过拓展培植民营中小企业的生存空间，推进与周边地区的产业分工与合作，对于台商投资所看重的产业集聚的形成和产业供应链的完备都有重要作用。

其四，拓展城市建设思路，全面改善教育、医疗卫生等公共服务条件。厦门在其第十一个“五年规划纲要”中已明确提出不断优化教育资源配置、增强教育资源辐射能力和教育服务社会能力；加强公共卫生体系建设，改善医疗服务条件，提高公共卫生服务的公平性和可及性；不断提升城市文化艺术品位；加快建立全民体育健身服务体系。全方位增强在教育、卫生、文化、体育等方面的公共服务供给能力，不仅可以保障台商在厦门的生活不受影响、免去其后顾之忧，更为两岸在教育、医疗、文化等领域的产业合作、吸引台湾生活服务业投资奠定良好基础。

台商对大陆投资区位选择的影响因素分析*

——基于偏最小二乘回归方法的最新考证

王　华

一、引　言

台商在祖国大陆投资的区域分布具有不均衡性，但随着大陆区域经济发展与投资环境日益改观、两岸产业分工合作格局不断演化，台商也在不断调整对大陆各省市区位因素的评价考量。2008年台湾政党轮替之后，两岸交流更趋活络，预期台商对大陆投资将有更大增长空间。及时洞悉台商投资趋向的变化，把握重要的区位影响因素，对于承接后续台资产业转移、提高台资引进与各地区经济发展阶段特征和产业升级目标的衔接性、实现大陆区域经济均衡增长，具有重要的现实意义。

在国际直接投资过程中，受资地的区位条件对于跨国企业的经营有重大影响，区位选择因而成为对外投资决策的关键内容。围绕对外直接投资区位问题的理论研究，通常将外商的区位选择视为一种追求利润最大化和风险成本最小化的经济理性行为，并假设区位选择是区位特性的函数，因此区位特性（区位因素）及其对外商区位选择的影响成为该领域的重要研究对象。而采用各种经济计量方法，探讨外商直接投资区域差异或区位选择的影响决定因素，则是相关研究中最常遵循的技术路线。

台商投资在投资动机、投资形态等方面具有不同于一般外商投资的特殊

* 本文原载于《台湾研究集刊》，2009年第1期。

性，因此对于台商对大陆投资区位选择问题的研究，成为国际投资研究中的特例与重要补充。张传国借由对大陆台资空间转移的测度，发现台商投资战略由投机型、追求短期资本高回报型转向市场导向型投资，劳动力成本制约加剧，政策优惠和地缘因素的影响减弱。① 段小梅区分传统产业和高技术产业的研究表明，两类台商投资产业的区位偏好不同，前者受当地内销市场和市场化程度影响大，更倾向于劳动力供给充分的地区，后者则倾向于劳动生产率高的地区。② 陈恩、汪书军和罗睿针对制度因素、经济因素和基础因素对台资区位的影响进行研究，结果表明集聚经济和市场因素是影响台商投资的最重要因素。③

此类研究结论的得出，很大程度于取决于解释变量的选择。变量选择如果过少，则所能揭示的信息必然有限，而忽略重要的解释变量也会导致模型估计的偏误；变量选择如果过多，多个解释变量之间难免存在多重共线性，又会使传统的多元线性回归估计结果的精度大受影响。进一步，如果要考虑不同区域或不同时期因经济发展水平不同而造成的影响差异，则模型估计的难度也会成倍增加。同时，现有研究未能解决对各类因素的影响程度进行横向比较的问题，加之外商投资（包括台商投资）区位决策的关键考量因素具有时变特征，相关研究结论的跨时期适用性也无法得以保证。

本文旨在针对2007年台商投资大陆的区位分布，研究其中的主要影响因素及其影响程度，为相关决策研判提供最新证据；并针对上述问题引入综合了多元线性回归分析、主成分分析与典型相关分析的基本功能的偏最小二乘回归方法（PLS），以求尽可能地提高估计精度与研究结论的参照价值。论文共分为四个部分，第二部分提出研究理论假设并据此选取模型变量，第三部分说明实证研究方法并列示建模估计结果，对各区位因素的影响力进行比较分析，第四部分为研究结论。

---

① 张传国：《台商直接投资祖国大陆的空间扩散研究》，《国际贸易问题》，2003年第10期。

② 段小梅：《台商投资大陆的产业类型与区位选择的实证分析——以传统产业和高技术产业为例》，《台湾研究集刊》，2006年第1期。

③ 陈恩、汪书军、罗睿：《台商投资大陆的区位选择分析与实证研究》，《世界经济研究》，2006年第8期。

二、理论假设、变量选择与模型构建

（一）理论假设

根据已有研究成果，本文假定台商对大陆投资的区位选择主要受地区市场规模及其增长潜力、对外开放水平、基础设施完备程度、集聚经济状况、人力资源质量与生产成本等多方面因素的影响。

（1）市场因素。现有实证研究十分强调市场接近性①、市场规模及其增长潜力②对国际投资区位的影响。选择在市场规模较大的地区投资经营，可以接近消费市场，减少运输成本，及时了解市场需求的变化，并获取集聚规模经济效益。而企业为了维持竞争优势、把握市场主动权，也会选择市场潜力较大的区位进行直接投资。一般认为，台商投资大陆的首要动机在于利用大陆低廉的劳动力和土地使用成本，但其对于大陆市场的开拓也在不断深入，因此区域市场规模及其增长潜力应对台商区位选择有正向影响。

（2）对外开放水平。较高的对外开放水平往往意味着较高的经济自由化和市场发育程度，有利于减少外商投资的外部不确定性以及交易成本和信息成本，因而对于外商投资具有较强的吸引力。③ 台资企业主要采用代工生产的经营模式、承接产业链条中加工组装环节，具有明显的“外向型”经营特征，因此对于地区对外开放水平应有较高要求，可以预期地区对外开放水平对台商区位选择有正向影响。

（3）基础设施的完备程度。基础设施构成地区投资环境中的硬件内容，

---

① Friedman, J., Gerlowski, D. A. and Silberman, J. “What Attracts Foreign Multinational Corporations? Evidence from Branch Plant Location in the United States.” Journal of Regional Science, 1992, 32 (4), pp. 403 - 418.

② Culem, C. “The Locational Determinants of Direct Investment among Industrialized Countries.” European Economic Review, 1988, 32, pp. 885 - 904.

③ Buckley, P. J. and Casson, M. C. The Economic Theory of the Multinational Enterprises: Selected Papers. London: Macmillan, 1985. Mariotti, S. and Piscitello, L. “Information Costs and Location of Foreign Direct Investments within the Host Country: Empirical Evidence from Italy.” Journal of International Business Studies, 1995, 4, pp. 815 - 836.

体现为水陆空交通、通讯、能源等方面的供给或服务水平。基础设施会影响外资的流入，① 其完备程度既决定了外资企业的前期建设能否顺利开展、正常运营可否维持，也是影响其外部运输、通讯成本的关键因素；完善的基础设施还可以增强一个地区的集聚经济。而包括地方财政资金和银行流动资金供应在内的资金配套能力，则为地方基础设施的完备奠定了必要的基础②。可以预期，台商投资区位选择同样会受地区基础设施完备程度的影响，二者之间存在正相关关系。

（4）集聚经济。大量相关企业在地域上的集中，使得知识的转移更加方便快捷，提高了供给网络和流通网络的效率，企业由此得以享受规模经济和范围经济带来的好处，节约生产成本并提高自身的技术水平和管理效能；同时也标示地区较好的投资环境与较低的投资风险，因而可促进外商投资。③作为国际代工厂商，为了保证交货的迅速性，台资企业在选择境外投资地点时对于原有生产网络的依赖性较强，因此会出现整个产业链协同外迁的现象。而新的台商投资者的区位选择与已有台资企业的布局应该会有较高的相关性。

（5）人力资源。高质量的人力资源是高水平劳动生产率的前提，也为企业提高自主研发能力和技术水平提供保证；投资地的人力资源供给情况成为外商日益看重的一个因素。与其他外资企业相比，台资企业以中小型居多，鉴于自身力量有限，更擅长于“就地取材”；而充分利用投资地的人力资源，提高研发本地化水平，即是其中非常突出的一个方面。随着台湾高科技产业不断转移大陆，台商对于投资地高层次人力资源的供应必然会有更多的要求。

---

① Mariotti, S. and Piscitello, L. “Information Costs and Location of Foreign Direct Investments within the Host Country: Empirical Evidence from Italy.” Journal of International Business Studies, 1995, 4, p815 -836. Cheng, L. K. and Kwan, Y. K. “What are the Determinants of the Location of Foreign Direct Investment? The Chinese Experience.” Journal of International Economics, 2000, 51, pp. 397 -400.

② 魏后凯、贺灿飞、王新：《中国外商投资区位决策与公共政策》，商务印书馆，2002 年版。

③ Braunerhjelm, P. and Svensson, R. “Host Country Characteristics and Agglomeration in Foreign Direct Investment.” Applied Economics, 1996, 28 (7), pp. 833 -840.

（6）生产成本。经典区位理论将成本最小化作为区位选择的标准。① 对于追求成本最小化而推行全球布局的跨国厂商而言，劳工工资率和税负水平对于企业盈利能力有至关重要的影响，因此必然是其区位决策中的关键考量因素。大陆地区低廉的劳动力成本是吸引台商投资的首要诱因；但在大陆各省市的横向比较中，受其他关联因素的影响，劳动力成本与台商投资区位未必会表现出负相关关系。而从开放梯度与优惠政策的给予方面来看，税负水平对台商投资应有负向影响。

（7）地理位置。除了上述经济层面的区位因素以外，地理位置以及相伴随的社会文化联系，也对外商投资产生巨大影响。如同日韩对中国大陆投资主要集中在中部和北部沿海地区一样，港澳台商投资则主要集中在东南沿海地区②。以地理位置的邻接性为出发点来决定投资区位，不仅可以借由社会文化传统方面的相似性而减少投资经营风险，进行相关产业的移植也更容易成功。另外，与区位有关的政府体制和优惠政策等信息，同样隐含于地理位置当中。

（二）变量选择与模型建构

针对上述理论假设，本文选择表 1 中的 $X_1 \sim X_{12}$ 共 12 个变量来反映大陆各省份的区位特性。其中地区生产总值（X_1）用于衡量市场规模，人均地区生产总值（X_2）表示经济发展水平和市场潜力，非国有企业比重（X_3）反映市场发育程度，三者共同构成一个地区的市场因素；地区对外开放水平则由外贸依存度（X_4）加以反映；基础设施情况由交通运输仓储和邮电业增加值（X_5）、电力消费量（X_6）与资金配套能力（X_7）三个指标加以反映；关于集聚经济状况，本文选取截至 2006 年年底台商对大陆投资总额（X_8）作为代表；每十万人口中高中以上学历人数（X_9）和教育经费（X_{10}）则反映了地区人力资源的质量状况；考虑到劳动生产率的影响，本文以效率工资（X_{11}）作为劳动力成本的代表，并预期对台商投资区位有负向影响；税负水

① Buckley, P. J. "The Limits of Explanation: Testing the Internalization Theory of the Multinational Enterprises." Journal of International Business Studies, 1988, 19 (2), pp. 181 - 193.

② Tuan, Chyan and NG, Linda F. Y. "Manufacturing Evolution under Passive Industrial Policy and Cross - Border Operations in China: the Case of Hong Kong." Journal of Asian Economics, 1995, 6 (1), pp. 71 - 88.

平（X_{12}）则由三资工业企业应交增值税占增加值比重来表示。被解释变量（Y）取2007年台商对大陆各省市的投资总额。

表1 各变量的定义及预期影响

变量	变量解释	预期影响方向
Y	2007年台商对大陆投资总额（千美元）	
X_1	地区生产总值（当年价，亿元）	+
X_2	人均地区生产总值（元）	+
X_3	非国有企业比重（%）：非国有工业企业总产值占全部工业企业总产值比重	+
X_4	外贸依存度（%）：进出口总额占GDP比重	+
X_5	交通运输仓储和邮电业增加值（亿元）	+
X_6	电力消费量（亿千瓦小时）	+
X_7	资金配套能力（亿元）：财政支出与居民储蓄年底余额之和	+
X_8	截至2006年年底台商对大陆投资总额（千美元）	+
X_9	每十万人口中高中以上学历人数（人）：根据2006年全国抽样调查数据估算	+
X_{10}	教育经费（万元）	+
X_{11}	效率工资（元）：城镇单位就业人员平均劳动报酬除以人均GDP	+
X_{12}	税负水平（%）：三资工业企业应交增值税占其增加值比重	+

上述指标中，X_8 和 Y 源自台湾“经济部”投审会2006和2007年《核准华侨及外国人投资、对外投资、对中国大陆投资统计年报》中统计的、大陆除西藏和西北5省区之外25个省份的台商投资额数据，其余指标均源自《中国统计年鉴2007》中相应25个省份的2006年数据。考虑到台商投资决策与实施过程的时滞性，故令解释变量取值较被解释变量滞后一期。

由此可建构线性回归模型如下：

$Y\beta_0 \sum_j^{12} X_j$（1）

其中的 Y 和 $X_1 \sim X_{12}$ 为经对数化处理后的变量，用以消除量纲及异常数据对于模型估计精度的影响。

进一步，为了考察区位地理位置的影响，将 25 个省份分别划入东、中、西部地区，设立虚拟变量 D_1 和 D_2，用以反映不同地区区位因素影响力的差异程度；建构如下的变参数模型：

$Y = \beta_0 + \sum_{j=1}^{12}$（$\beta_{j0} + \beta$ j1D 1 + β j2D_2）$X_j + \varepsilon$（2）

其中对于 D_1，东部地区省份取值 1，其余地区省份取值 0；对于 D_2，中部地区省份取值 1，其余地区省份取值 0。

三、偏最小二乘（PLS）回归建模分析

（一）PLS 回归的基本思路

在模型（2）中，样本量为 25，而待估计的回归参数却有 37 个之多！利用传统的多元线性回归分析方法难以进行合宜的参数估计，而解释变量之间的多重共线性也会对估计精度造成致命影响。本文采用偏最小二乘回归（Partial Least - Squares，PLS）方法来解决这一难题。

PLS 回归建模的基本思路是：首先根据被解释变量 Y 与解释变量集合 X =（X_1，X_2，……X_p）的相关结构提取一个成分 t_1，要求其既应尽可能多地携带 X 中的变异信息，又与 Y 的相关性达到最大；在此基础上分别实施 X 和 Y 对 t_1 的回归，如果回归估计已经达到满意的精度，则算法终止；否则，利用 X 被 t_1 解释后的残差矩阵与 Y 被 t_1 解释后的残差向量进行第二轮的成分提取；如此反复直到达到一个较满意的精度为止。如果最终对 X 共提取了 m 个成分 $t_1 t_2 \cdots\cdots t_m$（有 $m < p$ 且彼此直交），则施行 Y 对 t_1，t_2，……t_m 的回归，再转换表达成关于原变量 X 的回归方程。① 该方法综合了多元线性回归

① 王惠文、吴载斌、孟洁：《偏最小二乘回归的线性与非线性方法》，国防工业出版社，2006 年版。

分析、主成分分析与典型相关分析的基本功能，既可包含原有的全部解释变量，从而最大限度地利用数据信息，又可消除多重共线性问题，保证较高的预测精度。

（二）PLS 成分数目的确定

利用 SAS V9 编程进行 PLS 回归估计（程序略）。PLS 回归分析首先需要利用交叉效度及精度分析确定应提取 PLS 成分的数目 m，结果如表 2 所示。交叉效度表明，Q_3^2 大于临界值 0.0975，Q_4^2 则小于 0.0975，由此可知当提取 3 个 PLS 成分时即可满足精度要求。同时，3 个 PLS 成分提取了解释变量集合 86.2% 的信息，对于被解释变量变异的解释能力也达到了 86.84%。

表 2　PLS 成分的交叉效度及精度分析

t_h	t_1	t_2	t_3	t_4
Q	0.5481	0.4424	0.0996	0.1098
Rd（X，t_h）	0.5997	0.2090	0.0533	–
Rd（X）	0.5997	0.8087	0.8620	–
Rd（Y，t_h）	0.5805	0.2265	0.0613	–
Rd（Y）	0.5805	0.8070	0.8684	–

（三）PLS 回归建模结果

利用被解释变量对三个 PLS 成分的线性回归模型，最终转换得到对原始解释变量的回归模型，其标准化与非标准化回归系数如表 3 所示。标准化回归系数是针对标准化变量进行回归估计所得到的系数，反映了解释变量（以标准差衡量）的单位变化量所引起的被解释变量的变化幅度；其与传统弹性系数的经济意义有共通之处，但在消除原始变量量纲影响的同时，也可消除原始变量分布离散程度（变化可能性）不同所产生的影响，因而使同一模型中不同解释变量的回归系数之间更具横向可比性。下文的分析即主要针对标准化回归系数结果展开。

表3　经由PLS回归系数转换得到的原始模型的回归系数

	标准化回归系数			非标准化回归系数		
	东部地区	中部地区	西部地区	东部地区	中部地区	西部地区
X_1	0.083 (4.943)***	0.076 (4.090)***	0.085 (8.752)***	0.256	0.252	0.257
X_2	0.041 (2.676)***	0.048 (3.383)***	0.053 (9.164)***	0.200	0.203	0.205
X_3	0.172 (7.402)***	0.187 (6.347)***	0.182 (5.522)***	1.656	1.671	1.665
X_4	0.116 (10.28)***	0.113 (7.907)***	0.098 (7.017)***	0.226	0.235	0.208
X_5	0.021 (2.981)***	0.212 (7.271)***	0.090 (9.090)***	−0.769	1.773	0.295
X_6	0.085 (6.224)***	0.075 (4.724)***	0.085 (9.927)***	0.254	0.247	0.254
X_7	0.101 (7.861)***	0.110 (6.590)***	0.105 (10.134)***	0.336	0.335	0.338
X_8	0.234 (6.512)***	0.226 (5.933)***	0.230 (5.160)***	0.270	0.264	0.267
X_9	0.033 (2.323)***	0.048 (3.856)***	0.049 (9.904)***	0.252	0.259	0.259
X_{10}	0.091 (7.110)***	0.097 (6.534)***	0.100 (10.132)***	0.351	0.353	0.354
X_{11}	−0.011 (−1.741)*	−0.005 (−0.457)***	0.022 (−1.817)***	−0.130	0.127	0.134
X_{12}	−0.113 (−5.448)***	−0.072 (−6.504)***	0.073 (−10.582)***	0.637	−0.561	−0.562

注：(1) 括号中数字为 t 检验统计值；(2) *表示 $p<0.1$，**表示 $p<0.05$，***表示 $p<0.01$；(3) 模型整体检验结果来自PLS回归估计。

由表3中结果可知，地区效率工资和税负水平对于台商投资的区位选择有负向影响，其余区位因素对于台商投资则都为正向影响；同时除效率工资的影响显著性较低外（中部地区甚至在10%显著性水平下也无法拒绝无影响假设），其余因素基本都在1%水平下对被解释变量有显著影响，从而印证了前文的所有理论假设。

（四）区位因素影响力的比较分析

在市场因素当中，地区生产总值、人均地区生产总值和非国有企业比重的影响系数分别约为0.08、0.05和0.18，且基本都在1%水平下显著。表明以“外向型”经营为主的台资企业已经开始关注大陆地区的内销市场，并将市场规模及其增长潜力作为区位选择的重要考量因素；当然，（人均）地区生产总值指标中同时也蕴含了基础设施和工业配套程度、劳动生产率等多方面的信息，因而也提高了其对台商投资正向影响的可能性。同时市场因素的影响力表现出由东、中向西逐次递增的趋势，这在一定程度上是由中、西部地区台商投资较为集中的格局造成的，从而意味着在近期内选择西向投资的台商会更为青睐其中的相对发达省份，如湖北、四川、重庆等地。

反映地区对外开放水平的外贸依存度的影响系数，在东、中、西部地区依次为0.116、0.113和0.098，都在1%水平下显著，并且表现出逐次递减的趋势。由于各地区对外开放水平存在“先天”差异——中、西部地区的外贸依存度远低于东部沿海地区，台商如果选择西向投资，则看重的显然不是区域开放程度，而是市场、资源等比较优势，这也与市场因素影响力由东向西逐次递增的格局形成呼应。

在基础设施因素当中，交通运输仓储和邮电业增加值的影响系数，在东、中、西部地区依次为0.021、0.212和0.090，都在1%水平下显著，但地区间差异较大；表明东部地区在30年的对外开放与经济建设中，奠定了较好的交通运输和通讯硬件基础，在台商投资决策中的重要性已经相对下降，而中、西部地区仍应着力改善区域基础设施的完备程度，不断提高对台商的吸引力。而作为工业生产必备条件的电力消费量与资金配套能力，影响系数分别约为0.08和0.1，都在1%水平下显著，且地区间差异不大。

反映集聚经济状况的台商对大陆累计投资额的影响系数约为0.23，三地区间无明显差异，且都在1%水平下显著。大陆地区现有台资企业的区位布局，往往也蕴含了有关区位投资环境不确定性与台商生产网络完备性的信息，加之大陆台商的推荐，新的台商投资者因而倾向于选择靠近已有台资企业密集分布的区域。而台商累计投资额即可表征以往时期的台商区位布局，在各省区区位条件无明显变化的情况下，表明区位因素对台商区位决策的影响力亦较为稳定。

在人力资源因素当中，每十万人口中高中以上学历人数和教育经费的影响系数分别约为0.04和0.95，除东部地区的高中以上学历人数指标外，都在1%水平下显著，并且表现出由东向中、西逐次递增的趋势。表明中、西部地区在引资过程中更应注重本地人力资源的培养以及对于教育和科技研发的投入，着力提高区域劳动生产率和产业技术水平，从而为台资企业管理和研发的本地化营造良好氛围。

在生产成本因素当中，效率工资的影响系数在东、中、西部地区依次为0.011、0.005和0.022，东、西部地区仅在10%水平下显著，中部地区则无显著影响；大陆地区的劳动力成本虽然整体低于发达国家和新兴发展中国家（或地区）的水平，成为台商投资的首要动机，但就大陆地区本身而言，劳动力成本的影响已经退居次要位置，不成为当前台商在区位决策中需要考量的显要因素。税负水平的影响系数依次为0.113、0.072和0.073，都在1%水平下显著，东部地区的影响程度高于中、西部地区；东部地区作为大陆率先对外开放的区域，税收优惠政策一直以来都是吸引外商（包括台商）投资的重要手段，这种影响力至今犹存。

通过将各地区区位因素的影响力进行排序，还可以实现对不同因素的影响程度的比较分析，结果如表4所示。

表4　三大地区各解释变量影响力的排序秩次比较

变量	东部地区排序秩次	中部地区排序秩次	西部地区排序秩次	秩次极差
X_1	8	7	7	1
X_2	9	10	10	1
X_3	2	3	2	1
X_4	3	4	5	2
X_5	11	2	6	9
X_6	7	8	8	1
X_7	5	5	3	2
X_8	1	1	1	0
X_9	10	11	11	1
X_{10}	6	6	4	2
X_{11}	12	12	12	0
X_{12}	4	9	9	5

在东部地区，对于台商投资影响最大的四个指标分别是台商累计投资额、非国有企业比重、外贸依存度和税负水平；在中部地区，影响最大的四个指标分别是台商累计投资额、交通运输仓储和邮电业增加值、非国有企业比重和外贸依存度；在西部地区，影响最大的四个指标分别是台商累计投资额、非国有企业比重、资金配套能力和教育经费。效率工资、每十万人口中高中以上学历人数以及人均地区生产总值的影响力则都较小。同时，反映区域基础设施完备情况的交通运输仓储和邮电业增加值以及税负水平的影响力，在各地区间的秩次差异较大。

上述结果表明，在经济转型时期，大陆各省区的集聚经济与市场发育程度普遍受台商关注。从某种意义上说，台商的区位选择过程具有很强的“自我积累”特性，在各省区区位比较优势决定了最初台商投资的空间布局后，后续进入的台商则以“先驱者”的区位分布情况作为指针不断跟进，从而越发强化这一空间布局，其目标既在于寻求成形的生产网络，也在于尽可能地降低信息成本和投资风险；除非各省区区位条件有较大改观，或者区位比较优势发生逆转，否则业已形成的集聚经济状态很难改变。在这一过程中，台商集聚地的市场化和对外开放经验也不断积累，日益提高的市场发育程度又加剧了台商集聚和空间离散状况。

各省区（主要指东部地区）的软、硬投资环境，包括基础设施和政策优惠等，在完成最初的引导台商投资空间布局的任务之后，其影响力开始不断减弱。当然，在中、西部台商投资规模较为匮乏的区域，相关因素的影响力仍将不断发挥作用。值得注意的是，市场规模和潜力的影响作用尚未有足够体现；而不论是劳动力成本（效率工资）还是劳动力质量（每十万人口中高中以上学历人数），对于台商投资区位选择的影响都很微弱，反映劳动力因素在台商决策中不占主导地位。

四、结　论

台商对大陆投资的区位选择，受地区市场规模及其增长潜力、对外开放水平、基础设施完备程度、集聚经济状况、人力资源质量与生产成本等多方面因素的影响。本文采用偏最小二乘（PLS）回归方法来处理回归参数个数多于样本量、同时解释变量间存在多重共线性的情形，从而尽可能地提高模型估计精度。

PLS 回归建模结果表明，市场规模及其增长潜力、对外开放水平、基础设施完备程度、集聚经济状况与人力资源质量对于台商投资的区位选择有显著的正向影响，效率工资和税负水平对于台商投资有负向影响，但效率工资的影响显著性较低。

从东、中、西部地区区际比较的角度看，市场因素、人力资源因素的影响力表现出由东、中向西逐次递增的趋势，意味着在近期内选择西向投资的台商会更为青睐其中的经济相对发达、劳动生产率和产业技术水平相对较高的省份。对外开放水平的影响力则表现出逐次递减的趋势，台商如果选择西向投资，则看重的显然不是区域开放程度，而是市场、资源等比较优势。东部地区奠定了较好的交通运输和通讯硬件基础，在台商投资决策中的重要性已经相对下降，而在中、西部地区基础设施的影响力则较高。集聚经济状况的影响力在三地区间无明显差异。劳动力成本的影响已经退居次要位置，不成为当前台商在区位决策中需要考量的显要因素。税负水平的影响力，东部地区的影响程度高于中、西部地区。

从区位因素间比较的角度看，在经济转型时期，大陆各省区的集聚经济与市场发育程度最受台商关注。台商的区位选择过程具有“自我积累”特性，初期台商投资的空间布局对于后续进入的台商产生很强的“诱导”作用。各省区（主要指东部地区）的软、硬投资环境，包括基础设施和政策优惠等，在完成最初的引导台商投资空间布局的任务之后，其影响力开始不断减弱。市场规模和潜力的影响作用尚未有足够体现。而劳动力因素对于台商投资区位选择的影响非常微弱，反映该类因素在台商区位决策中不占主导地位。

台湾农产品贸易的特征及其主要影响因素浅析*

赵玉榕

农产品对外贸易的发展曾经为台湾农业的发展带来过一段时期的辉煌。1970 年以来农产品贸易持续逆差。2000 年至今台湾农产品对外贸易呈现出阶段性特征。未来国际经济因素、台湾总体经济的发展、WTO 农业谈判结果、主要贸易伙伴美国和日本农产品的进出口的变化以及两岸农产品贸易的发展趋势是影响台湾农产品对外贸易发展的主要因素。

一、台湾农产品对外贸易的主要特征

台湾经济是以农业起家的，农产品对外贸易在国民经济建设中具有重要的地位，战后，农产品外贸经历了由盛到衰的过程，在 60 年代中期以前，农产品及其加工品居台湾出口贸易的首位，1952 年这两类产品出口 1. 08 亿美元，占出口总值的92. 7%，而工业品出口仅0. 08 亿美元，占7. 3%。农产品及其加工品出口比重大于工业品的格局一直持续到 1965 年。1966 年台湾农产品及其加工品在总出口中的比重首次降到 50% 以下，低于工业品的出口份额，该年农产品出口 2. 56 亿美元，占 47. 8%。自此以后，在以出口加工业为主导的经济体制影响下，农产品的出口量仍然有大幅度的增加，但其在总出口中的比重却持续降低。1984 年台湾提出经济自由化和国际化的政策方针，从某种意义上讲，它是推进台湾经济转型的必要选择，但给农业带来许

* 本文原载于《台湾研究研究》，2005 年第 6 期。

多负面的影响，1990年以来台湾农产品的年出口额在31亿美元至56亿美元之间波动，但比重却逐年减少。尽管农产品出口值的比重随着工商业的兴起、膨胀而减少，但农产品的出口的意义仍不可低估，无论对改善农业结构，提高农业技术水平或调节对外积极关系都是不可缺少的因素，尤其是在经济日益国际化和自由化的今天，农产品的进出口与农业的总体发展有着更为密切的关系。而这一特点在90年代末尤其是陈水扁执政以来表现的尤为突出，这一阶段是台湾加入世贸组织前后关键的时期，台湾农产品贸易呈现出以下几个特点：

（一）进出口贸易额缓慢增长

2000年至2004年农产品进出口贸易总值从108.7亿美元增加到123.2亿美元，增长13.4%，年平均增长2.8%，高于1990年至1999年的1%的平均增长幅度。其中，仅2001年降低了9.1%，2002年和2003年分别增长3.9%和7.0%，2004年在此基础上又增长了12.1%。尽管增长幅度微弱，但这是自1997年以来连续3年负增长的一个转折。再进一步观察农产品进出口额的变化，我们可以发现，这几年农产品进口和出口额的变化与农产品贸易总额的变化曲线无太大差异，2000年至2003年出口减少0.8亿美元，进口增加1.6亿美元，而农产品进出口贸易总额也增加了1.2亿美元。可见虽然从整体来看，农产品进口的增长要大于出口，但农产品进出口的发展比较平衡，没有出现进口与出口之间的大起大落。但在2004年进出口构成发生了比较明显的变化，当年农产品出口35.2亿美元，增长9.3%，进口却达88亿美元，增长了15.9%，农产品进口较前有了比较明显的增长，说明入世的影响开始逐渐显现。

（二）占总进出口的比重逐步降低

台湾农产品对外贸易变化的另一个重要特点，是农产品进出口占商品进出口的比重呈现逐步降低的趋势。根据统计资料观察，1990年以来农产品出口在总出口中的比重在3%至5.5%之间徘徊，农产品进口在总进口中的比重在7%至11%之间变化，且两项指标均呈逐年下降的态势。2004年农产品出口和进口分别为35.2亿美元和88.0亿美元，占总出口和总进口的2.0%

和5.2%，降到了历史的最低点。尽管从长期来看，农产品贸易绝对值有所增加，但由于农业发展速度低于国民经济其他部门，尤其是高新技术产业的迅速发展，使农产品贸易的增长速度远远低于工业制成品部门。

（三）农产品贸易失衡的状况有所加剧

1970年农产品进口首次超过出口，标志着台湾农产品贸易顺差时代的结束。随后，入超额连年持续增长，1997年曾经达到59.4亿美元。2000年至2004年累计入超219.8亿美元，每年平均43.8亿美元，与前一个5年即1995年至1999年的年平均入超47.5亿美元相比，减少了4亿美元。但这并不表示贸易失衡的情况有所改善，近三年农产品的进口增长明显快于出口的增长，引起逆差额有较为明显的变化，增长的速度分别为3.9%、14.6%和16.1%，可见，入世对台湾农业的负面影响正在逐渐的显现。台湾农产品外贸逆差主要来自种植业产品和畜产品。2004年农产品贸易逆差52.8亿美元，其中种植业产品逆差44.5亿美元，畜产品逆差6.3亿美元，水产品和林产品顺差，分别为9.8亿美元和1.5亿美元。在国际农产品市场上，台湾的水产品、林产品、花卉和种苗以及部分畜产品具有一定的竞争优势，而谷物产品及油料、砂糖等其他农产品不具有竞争优势。

（四）进出口产业构成维持出口以渔业和牧业产品为主，进口以种植业产品为主

90年代以来，台湾进口农产品基本是以种植业产品为主，出口则以渔业和畜牧业产品为主。2000年以来，这一构成依旧。种植业产品在进口产品中的比重每年均在55%以上，2003年比重最大，占58.9%。渔、牧业产品在农产品出口中占有70%强的比重，其中2001年以来渔业产品的比重稍大于牧业产品。2003年渔牧业产品出口占74.9%，渔业占40.7%。与出口农产品结构不同，在进口农产品中占有绝对比重的是种植业产品，与90年代相比，其比重还有上升的趋势，2001年曾经达到过59.3%，2003年也还占有58.9%的比重。牧业产品在进口中排第二位，其比重与90年代相比变化不大，4年中在21%至22%之间变动。渔业产品的进口比例在7%左右。2000年至2003年种植业和牧业进口产品比重分别从55.8%和21.1%提高为

58.9%和21.5%；林业和渔业的进口产品比重则分别从15.3%和7.8%降为13.1%和6.5%。

（五）高价值产品是出口产品的主力

鱼类及其制品、皮及皮制品、羽毛、蔬菜及其制品和水果及其制品是台湾出口农产品的支柱产品，2000年至2004年5年间，除2003年外，其余各年出口值居前5位的都被这些产品囊括，约占台湾农产品出口值的70%以上。2004年台湾前五大出口农产品依次为鱼类及其制品13.8亿美元，占39.2%；皮及其制品8.3亿美元，占23.5%；羽毛1.4亿美元，占3.8%；蔬菜及其制品1.1亿美元，占3.2%；羊毛及其他动物毛1亿美元，占2.9%。动物性食品及其制品在出口农产品中的突出地位在90年代初时尚不明显，但从90年代中期这一格局就已开始形成。具有较高的产品品质和附加价值以及国际市场需求旺盛是此类产品出口增加的主要原因。

在进口农产品中，主要是谷类及其制品、油料籽实及粉、皮及其制品、烟叶及其制品、活畜禽以及乳品。这些产品的进口值在5年间都有不同程度的增加。自2002年1月加入世贸组织以来，稻米、鸡肉、东方梨、大蒜及龙眼等原限制进口农产品改为限量进口、关税配额或自由开放进口，相关产品的进口有更为明显的增加，2002年至2004年谷类及其制品进口增长27.1%，其中2002年稻米进口量10万吨，进口值3000万美元，分别是入世前的19倍，和6倍。水果及其制品增长23.6%；活畜禽增长76.9%。入世对农产品进口贸易的影响已初见端倪。

（六）农产品进出口市场的集中程度高，对主要贸易伙伴的贸易出现新的增长

农产品进出口市场的集中程度高是战后台湾农产品贸易的显著特征，这一特征的形成不仅有历史的原因，有农业经济发展过程中农业产业结构改变的因素，也不乏政治和外交上的需要。台湾农产品的出口市场历来集中在日本、香港、美国、越南、泰国、韩国、新加坡、中国大陆、马来西亚和印尼等国家和地区。进口国主要有美国、澳大利亚、印尼、泰国、巴西、马来西亚和日本等。2004年前5大出口市场依次为日本、香港、美国、中国大陆和

越南。前五大进口市场是美国、澳大利亚、日本、马来西亚和泰国。美国、澳大利亚和日本占台湾农产品进口的前3位，约合占47%左右，其中美国产品历年占台湾进口农产品的比重均在33%左右。2004年台湾对大陆的出口增加66.2%，说明大陆成为台湾农产品出口增长最快的主要市场。对泰国和越南的出口分别增长23.9%和23%。对加拿大和美国的出口分别增长6.3%和4.2%。台湾从主要贸易伙伴进口增加较多的国家和地区是巴西、马来西亚、新西兰、中国大陆和印度尼西亚，增幅分别为84.8%、32.7%、28.7%、22.8%和21.0%。农产品进出口市场的过于集中，事实上形成了对少数国家的依赖，给农业发展带来一定的负面影响，为此台湾近年来一直在力图分散市场，实行市场多元化策略，但收效甚微，进出口市场主要依赖于美国和日本的格局依旧。

二、影响台湾农产品对外贸易发展的主要因素

当前国际贸易保护主义盛行对台湾对外贸易发展形成重大的障碍，近年来一些发达国家以环保标准、质量标准、技术标准、卫生标准等多种形式的非关税壁垒对进口实行限制，并滥用反倾销手段保护国内市场，国际上针对台湾出口商品的保障措施越来越多，对台湾对外贸易的发展产生了不良影响。台湾存在外销市场的拓展方面投入的经费不足、外销农产品的品质不够稳定、厂商未能建立起自己的行销系统以及缺乏以外销为导向的稳定供货结构等等问题，也给农产品外销造成一定的困难。未来台湾农产品对外贸易的发展环境有其有利的因素，但制约因素有所增加。

（一）国际经济因素

今年全球的经济景气不佳，美国经常账户巨额赤字、欧元区和日本经济增长缓慢、据德国IFO研究所和国际商会（ICC）最新完成的调查显示，世界经济周期已经转入降温阶段，未来几个月的经济增长将进一步减缓，预计

今年全球经济增速将为3%左右,① 影响世界经济增长的不利因素还在发展。作为台湾第二大出口国，也是第二大出超来源国的美国，今年的整体经济形势不佳。第一季度修正后的经济增长率虽然尚有3.5%，但是，财政和贸易双赤字；5月新增就业人数，只有预期的一半；不断调高的利率影响投资的增长；石油价格升高，对民间消费产生排挤作用。② 所有这些现象对美国下半年的经济增长都将产生不利。《欧盟宪法条约》先后在法国和荷兰公投中遭到否决，在欧盟内部产生一定的信任危机，对欧盟国家经济发展前景产生冲击，并可能进一步“削弱”欧元，使欧洲经济难有起色。欧盟是台湾第三大出口市场和第三大出超来源地，欧洲从经济一体化向政治一体化演变受挫，欧元区短期经济将受到影响不仅对欧洲有影响，对欧盟成员国有影响，难免对台湾的对外贸易产生影响。

（二）台湾整体经济景气因素

受世界经济景气变化的影响，台湾产能外移，今年台湾经济景气“令人忧虑”：从生产面来看，以农、林、渔、牧业为主的初级产业对台湾经济的贡献，长久以来维持零成长；而昔日曾为经济增长主力的制造业，今年第一季的增长率不到2%；原本发展前景看好的服务业，也没有能够填补制造业外移造成的产业空缺，而是受限政治因素而陷于停顿，去年台湾游客人数仅有不到200万。带动台湾经济成长的进出口贸易成长率大幅下滑，预计出口增长率将由2004年的20.7%下降到今年的2.2%，进口增长率由27.9%下降到1.2%，据2004年12月到2005年3月四个月中就有三个月出现贸易逆差来推估，全年的贸易顺差将由2004年的67亿美元减少到今年的35亿美元，创下近23年以来的新低；机械设备进口率估计仅5.3%，比2004年减少48.1个百分点；民间资本形成增长率也将由25.4%降低为15.5%；岛内消费者5月的信心指数（CCI）下滑为73.06点，创近两年来新低。③ 台湾“主计处”日前下修台湾今年全年的经济成长率，从原先预测的4.21%大幅

---

① 新浪网，www.sina.com.cn。

② 台湾《经济日报》，2005年6月9日。

③ 台湾《联合报》，2005年5月30日。

调降到3.63%，降幅高达0.58个百分点，创下近4年来的最大修正幅度。这意味着台湾今年全年的实质生产毛额，将骤减约新台币615.77亿元。岛内人士担忧，台湾经济今年“可能再现衰退噩梦”。① 台湾整体经济景气下滑将影响农产品的出口。

（三）美国因素

美国农业十分依赖于国际市场，它的农产品约有1/5供出口之用，是世界上最大的农产品出口国，凭借着政府的支持和补贴，美国的大量农产品在世界市场倾销，而且倾销幅度（出口价格低于生产成本%）不断增长。即使在世界贸易组织通过“农业协定”10年后的今天，美国仍然以低于生产成本的价格出口粮食。从上个世纪50年代末期起，美国农产品贸易一直保持着顺差。近年，由于国外竞争的加剧，棉花、大豆、小麦的价格随着全球产量趋增有所下滑，美国几乎所有的出口农产品都受到了影响。据美国农业部最近公布的一项预测，2005年财政年度美国农产品出口将为575亿美元，较2004年减少45亿美元；与此同时农产品进口将达到550亿美元的历史新高，美国农业贸易预计将徘徊在顺差和逆差之间，最乐观的估计顺差也只会是自1972年以来的最低水平，约为25亿美元，远远低于2004年的96亿美元。加入世界贸易组织意味着台湾农业已经被置于世界农产品市场的影响之下，然而，世界农产品市场本身又深受美国、欧盟等主要农产品出口大国政策干预的影响。战后以来美国一直是台湾第一大农业进口国，长久以来，美国产品在台湾进口中都占有最大比重，近几年大约都在30%左右。因此，美国的出口将对台湾产生直接的影响。2004年，美国出口到台湾市场的玉米、黄豆、棉花、小麦价值18.7亿美元，占台湾农产品进口的24%。作为美国当然希望能有更多的产品进入台湾市场，早在台湾入世前，台湾入世以来农产品市场开放的速度美国表示不满，对台湾加入反对农产品贸易自由化的“10国集团”，美国“感到遗憾”，2004年台湾实际进口稻米仅比配额14.7万吨少了18吨，美国就在WTO农业委员会提出质询，并指出这短缺的部分必须自动纳入今年的配额。可见，只要有涉及自身利益的情形发生，美国就会给

① 台湾《经济日报》，2005年6月1日。

台湾施加压力，最终达到增加对台湾出口的目的。

（四）日本因素

日本是农产品自给率最低的国家之一，农产品进口量大，目前在世界上仅次于俄罗斯和德国居世界第三位。台湾与日本的农产品贸易关系建立于日据时期。纵观近年来台日农产品贸易的情况，日本一直是台湾最大的农产品出口国，每年台湾对日本的出口额约在10亿美元以上，2003年和2004年台湾对日本出口高于农产品总出口的增长率，分别为12.1亿美元和13.7亿美元，分别比上一年增长12.1%和13.9%，高于农产品出口的增长率，2004年对日本出口占农产品出口总值的39.1%，主要产品是冷冻鱿鱼、活鳗鱼、调制鳗鱼、羽毛及羽绒、木材、木制家具以及蔬菜。近几年台湾农产品向日本出口不断攀升，与以下的各种因素共同作用有关：首先是在2000年至2004年间，新台币对美元汇率相对弱势，对台湾农产品出口有利；其次台湾积极鼓励业者参加在日本举办的各项展览和促销活动，有利于产品在日本消费市场打开知名度；第三，日本允许进口的台湾农产品品种有所增加。相对稳定的日本市场是台湾农业发展的重要保障。但近年日本销往台湾的农产品有增加的趋势。2003年台湾农产品进口总值比2002年增加1.5%，但从日本进口却增加了10%，2003年日本苹果外销3766万美元，其中销往台湾的就有3538万美元，占93.9%。在109个国家和地区中，日本的“贸易开放程度”排在第64位，是发达国家中的最后一位。针对本国农产品竞争力不强的状况，日本除了采取产地应对措施外，为了保护国内的产业而对进口设置壁垒，对中国大陆进口产品频繁采取非关税贸易壁垒“紧急进口限制”措施，因此，虽然当前台湾对日农产品贸易还能保持顺差，但不能保证未来是否台日之间也会产生类似的贸易摩擦，从而影响台湾农产品的生产和出口。

（五）WTO农业谈判因素

WTO“多哈回合”谈判自2002年全面启动以来，农业一直是各国最关切的重点，因发达国家与发展中国家在农业补贴问题上的矛盾无法调和，致使在墨西哥坎昆举行的世贸组织部长级会议不欢而散。“多哈回合”谈判自此陷入停滞。目前新一轮农业谈判正在进行，目标是要大幅度削减乃至消除各种形式的出口补贴，大幅度扩大农产品市场准入，以建立一个市场导向的、公平的世界贸易体系。这一议题无论对发达成员还是对发展中成员来说都十分敏感，谈判各方巨大的利益分歧，预示着未来谈判前景的巨大不确定性。在加入世贸组织的谈判中，台湾在农产品关税水平，关税配额以及市场开放等方面已经作出了承诺，尽管在入世最初的三年，台湾所受影响还不明显，但一旦环境有所变化，从长远看，岛内农业发展将受到一定的冲击。台湾目前正在争取新入会员国的特殊待遇，并希望凭借与日本、挪威粮食净进口小农国家结盟为“10 国集团”的影响力，避免在 WTO 孤军作战，共同争取权益。但值得关注的是，无论谈判的进展和结果如何，台湾都无法阻挡 WTO 走向贸易自由化的脚步。

三、两岸农产品贸易的发展及其影响

自 1987 年 9 月台湾宣布准许 27 项大陆农工原料进入台湾市场以来，随着两岸经贸关系的不断深入和两岸农业交流的日益深化，两岸的农产品进出口贸易逐渐发展起来。随着双方市场日趋开放，两岸农产品贸易快速增加，大陆市场对台湾农产品外销的重要性逐渐提升，成为台湾农产品进出口贸易的重要组成部分。2000 年以前两岸农产品贸易总额基本在 3 亿至 4 亿美元之间，占台湾农产品贸易额的 4% 左右，占大陆农产品贸易额的比重约在 1% 多一点，但绝对值有明显的增加。近几年无论是两岸农产品贸易总额、对大陆贸易占台湾农产品出口值的比重，还是对大陆贸易在台湾农产品贸易伙伴中的排名均呈上升的态势。据台湾的统计，2000 年至 2004 年两岸农产品贸易额从 3.7 亿美元增加到 9.1 亿美元，增长 145.9%，年平均增长 24%。对大陆贸易占台湾农产品进出口值的比重也有明显增加，2000 年台湾出口到大陆的农产品占台湾农产品出口值 1.54%，2004 年已增长到 11.4%，进口比从 4.25% 增加到 5.7%。同期，大陆在台湾农产品进口市场的排名从第 8 名上升为第 4 名，出口市场的排名从第 7 名上升为第 4 名。农产品贸易已经成为两岸经贸合作的重要领域，未来两岸农产品贸易的发展是台湾农产品外贸发展的一个直接的影响因素。

两岸农产品贸易的发展是以产品的互补为基础的。台湾对大陆出口以畜产品为主，从大陆进口以农耕产品居多。台湾出口至大陆的农产品中，畜产品占4508.5万美元，占有67.4%的比重，农耕产品1306.6万美元，占19.5%，林产品742万美元，占11.1%，水产品最少，仅占2%即133.6万美元，皮及其制品、花卉、苗木是台湾向大陆出口的主要农产品。2003年台湾出口到大陆市场前五位的农产品依次为皮革及其制品、木材及其制品、花卉及种苗、种植用种子及果实以及苗木。台湾自大陆进口按大类分，农耕产品占58%，其次是林产品占19.8%，第三是畜产品16.2%，水产品5.9%。具体来看主要以木材及其制品、植物性中药材、皮及其制品为主，2003年台湾从大陆进口排前五位的农产品依次为木材及其制品、皮及其制品、植物性中药材、水果及其制品和蔬菜及其制品。从两岸农产品贸易的产品结构变动可以看出，大陆对台湾出口的农产品主要是加工层次较低的初级农产品，其中植物性中药材历年都占有较大比重；台湾向大陆出口以具有竞争力的花卉及其种苗为主，水产品和热带水果的销量近年增长迅速。

目前两岸都是WTO的成员，两岸农业具有独特的产业优势，产品互补性强，市场需求旺盛，相比之下，两岸农产品贸易的规模仍然太小，农产品贸易在双方贸易中所占的比重更与实际需求相距甚远，台湾当局目前对两岸农产品贸易还有诸多阻挠，至今仍有48%的农产品没有对大陆开放，两岸间的农产品贸易仍然采取间接贸易的方式，这些人为的因素不仅影响了两岸农产品贸易的正常发展，也不符合两岸人民的切身利益。在贸易自由化面前，台湾农业的生存和发展最重要的是要解决降低农产品生产成本，提高农产品附加价值以及开拓市场，以弥补岛内消费不足的问题，而大陆广阔的市场能够为台湾农产品的销售提供广阔的空间，随着大陆扩大进口台湾农产品的政策出台，两岸公平、共赢的发展环境正在逐渐建立起来，我们有理由相信，台湾农业依托自身地理位置和技术优势完全可以为大陆市场提供更多的特色农产品，台湾的农民能够从不断发展的两岸农产品贸易中得到真正的实惠。

两岸经济相互依存性发展态势的定量考察*

唐永红

一、引　言

根据相互依存理论，开放经济条件下的各经济体，一般会因各自特定的经济发展条件与政策，在彼此交流交往中形成一定态势的相互依存性，进而反过来影响到彼此经贸政策与制度性合作的进一步安排。就两岸经济关系发展态势而言，有研究指出，近20多年来两岸经济体在潜在的互补性发展条件基础上，在全球化力量的推动下，不断突破两岸政治关系的约束，不仅在贸易、投资、金融、人员往来等方面都保持着持续发展的势头①，并呈现了一种不对称、不平衡的经贸关系格局②，而且在全球化过程中，随着彼此交流交往的展开，自然形成了垂直与水平交叉并存的、动态演变的多元化分工关系，使得两岸经济结构在原来的互补性基础上形成了一定的竞争性与依存性，展现了功能性一体化的发展态势③。但在两岸经济相互依存性方面，现有研究多属定性层面的分

* 本文原载于《台湾研究集刊》，2004年第1期。

① 参见高长：《两岸经贸关系之探讨》，（台北）天一出版社，1997年版；李非：《海峡两岸经济合作问题研究》，九州出版社，2000年版；张冠华：《两岸经济关系发展及其政经影响》，《台湾研究》，2005年第2期。

② 参见王建民：《两岸经贸关系发展的不对称性分析及思考》，《台湾研究》，2004年第5期；张世宏：《两岸贸易严重失衡原因分析及应对策略之探讨》，《台湾研究》，2004年第4期。

③ 参见李非：《海峡两岸经济合作问题研究》，九州出版社，2000年版；李非：《台湾经济发展通论》，九州出版社，2004年版；潘文卿、李子奈：《台湾对祖国大陆经济的依存研究：一个基于连接模型的分析》，《世界经济》，2000年第12期；童振源：《海峡两岸经济分工与相互依赖》，载李非主编：《21世纪初期海峡两岸经济关系走向与对策》，九州出版社，2002年版，第18－38页；唐永红：《经济全球化、WTO与两岸四地经济一体化》，《台湾研究集刊》，2004年第1期。

析，定量研究多局限于两岸贸易相互依赖度、台湾对大陆投资占台湾对外投资的比重等局部层面的单一性指标方面，且又多停留在对某一年度数据的静态分析；既缺乏对两岸经济相互依存性态势进行全方位与综合性的定量研究，又没有对之进行持续性的长期动态跟踪，因而不能准确把握两岸经济相互依存的程度及其发展态势，也就难以进一步预见这种相互依存性态势对彼此经贸政策与制度性合作可能产生的影响。本文将主要根据近10余年来两岸经贸往来数据，不仅从两岸投资相互依赖度、两岸贸易相互依赖度、两岸经济体的两岸贸易依存度等单一性指标方面，而且从两岸经贸往来对两岸经济体的贡献度这一综合性指标方面，实证考察两岸经济体相互依存的程度及其发展态势，为当前两岸经济关系发展方向定位提供参考。

二、两岸投资相互依存性及其发展态势

各经济体相互依存的一个重要表现就是资本流动形成的投资上的相互依赖状态。一经济体（A）在资本投资方面对另一经济体（B）的依赖程度，在利用资本层面，通常可以用该经济体（A）实际利用另一经济体（B）的资本占该经济体（A）实际利用外资的比重以及占该经济体（A）资本形成总额的比重来表示；而在资本输出（对外投资）层面，则可以用该经济体（A）对另一经济体（B）的资本输出占该经济体（A）总体对外资本输出的比重来衡量。这些指标一定程度上反映了各经济体在资本要素市场上的依赖程度与一体化态势。表1及图1显示了20世纪80年代末以来两岸投资相互依赖程度及其发展态势。

众所周知，主要由于长期以来台湾当局的限制性大陆经贸政策的作用，两岸资本投资往来关系主要表现为一种台商投资大陆的单向资本流动现象。这意味着台湾经济体在利用资本层面对大陆资本没有依赖关系。然而，从台湾对外投资地区分布看，如表1及图1显示的，近15年来（1991-2005），台湾历年核准对祖国大陆投资占台湾核准对境外总投资（含对大陆投资）的比例，基本上保持了增长态势，从1991年的9.5%增至2005年的71%。特

别是自2002年起，这一比例都维持在65%以上的高位水平，这表明台湾对大陆投资已持续超过对其他地区投资总和，大陆已成为台湾资本的绝对的首要投资市场。即便从台湾在这一期间的累计对外投资地区分布看，上述结论也依然成立。从1991年至2005年，台湾累计对大陆投资占同期台湾累计对境外总投资的53.3%。

从祖国大陆实际利用外资方面看，大陆实际利用台资金额占大陆实际利用外商直接投资（FDI）金额的比例，从1989年的4.6%增至1993年的11.4%，达到了历史最高点；此后，这一比例呈现逐渐减小态势，在2005年仅为3.6%。这一比例及其上述变动态势不仅表明大陆在利用外资方面并没有对台资形成明显依赖，而且表明随着大陆外资来源地的多元化以及外资在大陆市场竞争的强化，台资显示了相对较弱的竞争力，而大陆对台资的依赖程度也越来越小。不过，据商务部台港澳司（2006）统计①，2005年大陆实际利用台资21.5亿美元，台资在大陆实际吸收境外投资（603.25亿美元）中排第七位（前六位依次为香港179.5亿美元、英属维尔京群岛90.2亿美元、日本65.3亿美元、韩国51.7亿美元、美国30.6亿美元、新加坡22.0亿美元）。如加上经第三地（维尔京群岛、开曼群岛、萨摩亚等自由港）的台商转投资，2005年大陆实际利用台资约58.5亿美元，在大陆全年吸收境外投资中排第二位，占全年实际利用外资总额的9.7%。而截至2005年底，大陆累计实际使用台资417.6亿美元，在大陆累计吸收境外投资中所占比重为6.7%，排第五位（前四位依次为香港2595.2亿美元、日本533.8亿美元、美国510.9亿美元、英属维尔京群岛459.2亿美元）。如加上经第三地的转投资，大陆累计实际使用台资约598.6亿美元，在大陆吸收境外投资中排第二位，约占大陆使用外商投资总额的9.6%。

从祖国大陆资本形成方面看，大陆实际利用台资金额占大陆资本形成总额的比例，先从1989年的0.1%增至1994年的1.4%，之后逐渐下降至2005年的0.2%。这一变动态势与同期大陆实际利用外资金额占大陆资本形

---

① 参见商务部台港澳司：《2005年1－12月两岸贸易、投资情况》，http：//tga.mofcom.gov.cn/aarticle/d/200601/20060101394665.html。

成总额的比例的变动态势大致相似，后者也先从 1989 年的 2.0% 增至 1994 年的 14.3%，之后逐渐下降至 2005 年的 6.2%。1989 年以来台资与外资占大陆资本形成总额的比例及其上述变动态势表明，大陆经济的发展不仅并没有严重地依赖于台资或外资，而且随着大陆经济的不断发展与国内投资的不断增长，大陆经济的发展对包括台资在内的外资的依赖性自 1994 年以来在不断减小。

综上可见，在台湾当局长期禁止或高度限制大陆资本入台以及大陆改革开放不断深化、经济持续快速发展的背景下，两岸投资关系不仅呈现了单向投资往来格局，而且具有明显的不对称依赖性质：台湾虽然在利用外资与资本形成层面与祖国大陆资本基本上没有关系，但台湾的对外投资却高度集中于大陆市场，并呈现不断上升态势；而大陆在利用外资与资本形成层面对台资的依赖程度不仅较小，而且分别自 1993、1994 年以来在逐渐下降，在对外直接投资方面基本上无缘于台湾市场。

表 1　两岸投资相互依赖度

（单位:%）

年度	大陆实际利用台资占大陆实际利用 FDI 的比重	大陆实际利用台资占大陆资本形成总额的比重	大陆实际利用外资占大陆资本形成总额的比重	台湾核准对大陆投资占台湾核准对外总台资的比重
1989	4.6	0.1	2.0	
1990	6.4	0.2	2.5	
1991	10.7	0.3	3.0	9.5
1992	9.5	0.6	6.0	21.8
1993	11.4	1.2	10.1	65.6
1994	10.0	1.4	14.3	37.3
1995	8.4	1.0	12.3	44.6
1996	8.3	1.0	12.1	36.2
1997	7.3	0.9	12.5	60.0
1998	6.4	0.8	12.0	38.2

续　表

年度	大陆实际利用台资占大陆实际利用 FDI 的比重	大陆实际利用台资占大陆资本形成总额的比重	大陆实际利用外资占大陆资本形成总额的比重	台湾核准对大陆投资占台湾核准对外总台资的比重
1999	6.4	0.7	10.1	27.7
2000	5.6	0.5	9.7	33.9
2001	6.4	0.6	9.8	38.8
2002	7.5	0.7	9.6	66.6
2003	6.3	0.5	7.9	66.0
2004	5.1	0.4	7.3	67.2
2005	3.6	0.2	6.2	71.0
累计	6.7			53.3

资料来源：根据祖国大陆商务部统计的历年大陆实际利用台资数据，国家统计局编订的《中国统计年鉴》（2006 卷）提供的历年大陆实际利用 FDI 数据、资本形成总额数据、人民币对美元年平均汇价（中间价）数据，台湾“经建会”编订的《Taiwan Statistical Data Book 2006》提供的历年台湾核准对大陆投资金额数据、对外投资金额数据计算得出。

图1：两岸投资相互依存性发展态势图

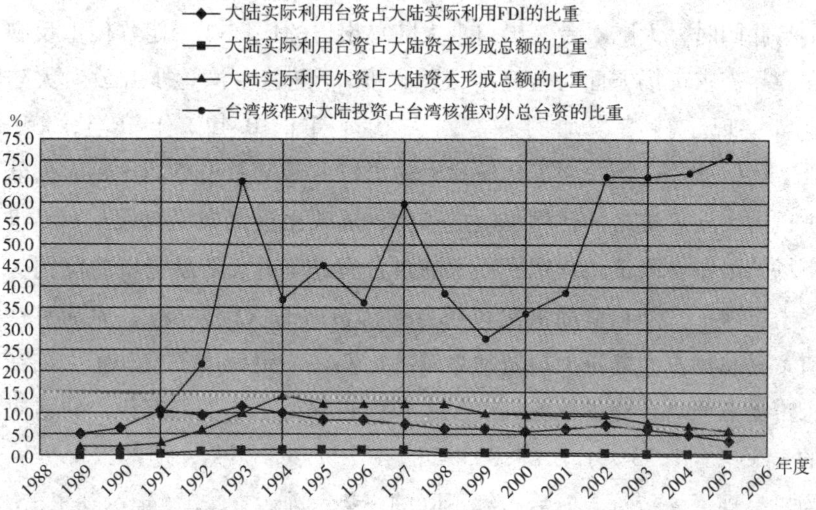

资料来源：根据表 1 数据绘制。

三、两岸贸易相互依存性及其发展态势

经济体的相互依存性还表现为商品国际流动形成的贸易上的相互依赖状态。一经济体（A）在贸易方面对另一经济体（B）的依赖程度，通常可用该经济体（A）对另一经济体（B）的进出口贸易额相应占该经济体（A）的总进出口贸易额的比重来表示。这一指标一定程度上反映了各经济体在商品市场上的依赖程度与一体化态势。表2及图2显示了近20余年来（1984－2005年）两岸贸易相互依存性及其发展态势。

从表2及图2可见，台湾对大陆出口占台湾总出口的比例（一定程度上反映了台湾在商品需求市场方面对大陆的依赖程度）、台湾自大陆进口占台湾总进口的比例（一定程度上反映了台湾在商品供给市场方面对大陆的依赖程度）、台湾对大陆进出口贸易总额占台湾进出口贸易总额的比例（一定程度上反映了台湾在商品供求市场方面对大陆的依赖程度）近20余年来基本上都在持续增加，分别从1984年的1.40%、0.58%、1.06%上升到2005年的27.34%、10.97%、19.33%。这些比例及其变动态势表明，台湾进出口贸易对大陆商品市场供求方面有着较高的且不断增加的依赖性。

与此同时，大陆对台湾出口占大陆总出口的比例（一定程度上反映了大陆在商品需求市场方面对台湾的依赖程度），随着台湾逐步开放对大陆商品的进口呈现了持续增加的态势，从1984年的0.49%上升至2005年的2.81%；但这一比例较之于台湾对大陆出口占台湾总出口的比例、大陆自台湾进口占大陆总进口的比例都明显偏低，反映出台湾当局对大陆商品进入台湾市场的限制性政策的作用。而大陆自台湾进口占大陆总进口的比例（一定程度上反映了大陆在商品供给市场方面对台湾的依赖程度）、大陆对台湾进出口贸易总额占大陆进出口贸易总额的比例（一定程度上反映了大陆在商品供求市场方面对台湾的依赖程度）总体上也保持了增加的态势，分别从1984年的1.55%、1.03%上升到2005年的8.01%、5.34%，但却以1996－1997年为界呈现了先持续上升后持续下降的态势，前者在1997年达到了15.77%的历史高点，后者在1996年达到了8.21%的历史高点。这种变动态势表明，

随着大陆商品市场的不断开放，台湾商品在大陆市场面临越来越强烈的国际竞争，在大陆市场的占有率在下降。

表2　两岸贸易相互依赖度

（单位:%）

	台湾对大陆贸易占台湾外贸之比重			大陆对台湾贸易占大陆外贸之比重		
年度	出口比重	进口比重	进出口比重	出口比重	进口比重	进出口比重
1984	1.40	0.58	1.06	0.49	1.55	1.03
1985	3.21	0.58	2.17	0.42	2.34	1.58
1986	2.04	0.60	1.49	0.47	1.89	1.29
1987	2.28	0.83	1.71	0.73	2.84	2.06
1988	3.70	0.96	2.47	1.01	4.06	2.65
1989	5.03	1.12	3.31	1.12	5.63	3.51
1990	6.54	1.40	4.23	1.23	8.24	4.47
1991	9.84	1.79	6.20	1.57	11.75	6.35
1992	12.95	1.55	7.60	1.32	13.09	7.05
1993	16.47	1.43	9.32	1.20	13.46	7.71
1994	17.22	2.18	10.02	1.54	13.85	7.55
1995	17.40	2.98	10.46	2.08	14.71	8.02
1996	17.87	3.02	10.95	2.03	14.93	8.21
1997	18.39	3.42	11.15	2.14	15.77	8.11
1998	17.94	3.93	11.13	2.24	14.16	7.39
1999	17.52	4.09	11.12	2.32	12.86	7.16
2000	16.87	4.44	10.84	2.49	11.18	6.60
2001	17.86	5.50	12.10	2.22	9.01	5.46
2002	22.56	7.06	15.39	2.44	9.98	6.03
2003	24.52	8.61	17.07	2.50	8.57	5.44
2004	25.83	9.93	18.03	2.81	8.01	5.34
2005	27.34	10.97	19.33	2.62	7.84	5.04

注：经济体 A 对经济体 B 出口比重系指 A 对 B 出口金额占 A 出口总额的比重；其进口比重、进出口比重类推。

资料来源：整理自台湾“行政院大陆委员会”编制的《两岸经济统计月报》第 157 期。

图2：两岸贸易相互依存性发展态势图

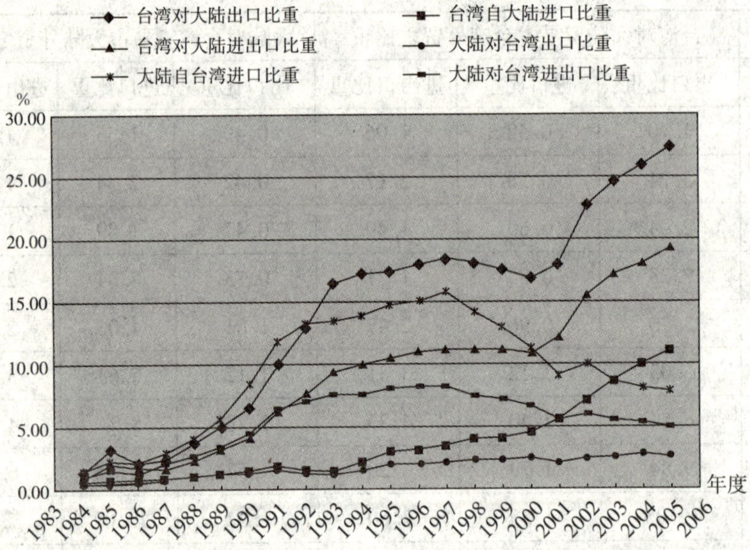

资料来源：根据表 2 数据绘制。

此外，从表 2 及图 2 显然可见，近 20 余年来，两岸贸易相互依赖度虽然总体上呈现了不断增加的态势，但也表现出较大的不对称性，台湾贸易对祖国大陆（商品市场）的依赖，明显高于祖国大陆贸易对台湾（商品市场）的依赖。事实上，两岸贸易的这种相互依存性也体现在两岸各自对外贸易的地区市场分布方面。台湾“行政院陆委会”（2006）编制的《两岸经济统计月报》第 157 期有关统计显示①，2005 年，祖国大陆是台湾最大的贸易伙伴、第一大出口市场、第三大进口来源地和最大贸易顺差来源地；而台湾是祖国大陆的第四大贸易伙伴、第 8 大出口市场、第三大进口来源地和最大贸易逆差来源地。可见，两岸经济体已互为重要贸易伙伴，但彼此间却具有明显的不对称性依赖。

① 参见“行政院陆委会”：《两岸经济统计月报》，第 157 期，http：//210. 34. 17. 189/strait_trade/2005trade/157 – 2005 – 11/index. htm。

四、两岸经济体对两岸贸易的依存性及其发展态势

两岸贸易相互依赖度表明两岸贸易往来关系对两岸经济体各自对外贸易的重要性，显示了两岸经济体在商品市场供求方面的依存性与一体化态势。但由于各经济体的外向型程度（如贸易占国内生产总值的比例，即贸易依存度）不同，两岸贸易相互依赖度不能完全代表两岸经济体对两岸贸易往来关系的依赖程度，更无法真正反映两岸经济体之间的相互依存性大小。因此，有必要进一步采用两岸贸易往来（出口或进口）金额以及进出口差额占各自国内生产总值（GDP）的比例指标，以衡量两岸经济体对两岸贸易往来关系的依存性。笔者把这种比例指标称为"两岸经济体的两岸贸易依存度"。表3及图3显示了1995年来两岸经济体的两岸贸易依存度及其变动态势。

总体上看，两岸经济体对两岸贸易的依存性呈现出三个特征。其一，两岸经济体对对方的出口依存度、进口依存度、贸易依存度都呈现为持续的正增长态势，表明两岸经济体对两岸贸易往来关系的依存性基本上都在不断提高。表3及图3显示，台湾经济的对大陆出口依存度、自大陆进口依存度、对大陆贸易依存度分别从1995年的5.6%、1.2%、6.7%增至2005年的21.6%、4.8%、26.3%。相应地，大陆经济的对台出口依存度、自台进口依存度、对台贸易依存度分别从1995年的0.4%、2.0%、2.5%增至2005年的0.7%、3.3%、4.1%。

其二，表3及图3显示，除了自大陆进口依存度较小（这主要是由于台湾当局长期以来高度限制进口大陆商品所致）之外，台湾经济的对大陆其他各项贸易依存度都较大，并远高于大陆经济的相应的各项对台贸易依存度。而且，台湾经济的对大陆贸易依存度的增长速度，1997年以来明显高于大陆经济的对台贸易依存度的增长速度。

其三，表3及图3显示，台湾经济的对大陆净出口依存度是正值，并从1995年的4.4%增至2005年的16.8%；而大陆经济的对台湾净出口依存度

则是负值，并呈现负增长，从1995年的-1.6%降至2005年的-2.6%，表明两岸贸易（净出口）对台湾经济的即期增长有着不断提升的正面拉动作用，而对大陆经济的即期增长这有着不断提高的负面漏损作用。

上述两岸经济体的两岸贸易依存度及其变动趋势表明，台湾经济体较之于大陆经济体更多地倚重于两岸贸易往来关系。

表3　两岸经济体的两岸贸易依存度

（单位：%）

	台湾经济的对大陆贸易依存度				大陆经济的对台贸易依存度			
年份	出口依存度	进口依存度	贸易依存度	净出口依存度	出口依存度	进口依存度	贸易依存度	净出口依存度
1995	5.6	1.2	6.7	4.4	0.4	2.0	2.5	-1.6
1996	5.6	1.0	6.6	4.6	0.3	1.9	2.2	-1.6
1997	5.5	1.1	6.6	4.3	0.4	1.7	2.1	-1.4
1998	6.0	1.4	7.4	4.6	0.4	1.6	2.0	-1.3
1999	6.5	1.3	7.9	5.2	0.4	1.8	2.2	-1.4
2000	7.9	1.6	9.5	6.4	0.4	2.1	2.5	-1.7
2001	9.4	1.7	11.1	7.7	0.4	2.1	2.4	-1.7
2002	12.9	2.2	15.1	10.7	0.5	2.6	3.1	-2.2
2003	16.5	3.0	19.5	13.5	0.5	3.0	3.6	-2.5
2004	20.1	4.2	24.3	15.9	0.7	3.4	4.1	-2.7
2005	21.6	4.8	26.3	16.8	0.7	3.3	4.1	-2.6

注：台湾经济的对大陆出口依存度、自大陆进口依存度、对大陆贸易依存度、对大陆净出口依存度分别系指台湾对大陆出口、自大陆进口、对大陆贸易、对大陆净出口占台湾GDP的比例；大陆经济的对台出口依存度、自台进口依存度、对台贸易依存度、对台净出口依存度分别系指大陆对台出口、自台进口、对台贸易、对台净出口占大陆GDP的比例。

资料来源：根据祖国大陆海关总署统计的两岸贸易往来数据，国家统计局编订的《中国统计年鉴》（2006卷）提供的历年大陆GDP（人民币）数据、人民币对美元年平均汇价（中间价）数据，台湾“行政院”主计处，http//：www.stat.gov.tw/lp.asp？CtNode=2130&CtUnit=1049&BaseDSD=34. 提供的2006年统计年鉴资料关于历年台湾GDP（美元）数据计算得出。

图3：两岸经济体的两岸贸易依存度变动态势图

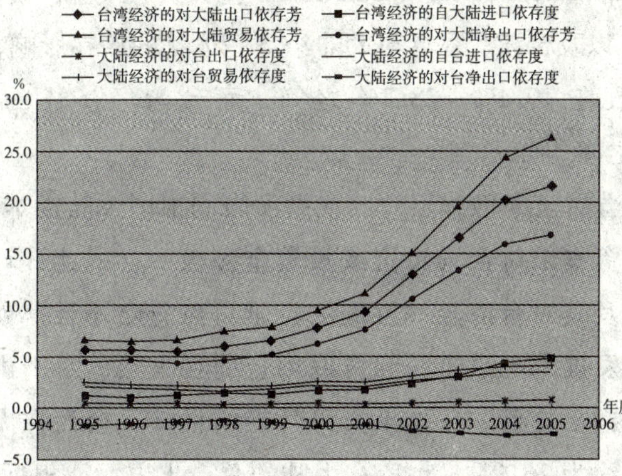

资料来源：根据表3数据绘制。

五、两岸经济发展对两岸经贸往来的依存性及其发展态势

两岸经济体因彼此经贸往来形成了一定的相互依存性。这种依存性最终必然会体现为两岸经贸往来对两岸经济发展的总体影响。因此，有必要进一步从总体上定量分析两岸经贸往来（两岸经济关系）对两岸经济发展的影响程度，以揭示两岸经济体的相互依存性大小。显然，这可以用两岸经济往来所产生的经济贡献占两岸经济体各自的国内生产总值（GDP）的比例来衡量。这一比例可称为“两岸经贸往来对两岸经济体的贡献度”，可用以衡量两岸经济相互依存的程度大小。

这里的计算问题主要是分别估算两岸贸易、两岸投资对两岸经济发展的贡献。就两岸贸易对两岸经济发展的贡献而言，可以用外贸总额与“外贸乘数”（Foreign - trade Multiplier）的乘积指标来计量。所谓“外贸乘数”，是指通过贸易所能获得的经济实质效益或福利。① 王直等学者利用“可计算一

---

① Farmer, R. D. (2000), ‘Costs of Economic Sanction to the Sender’, World Economy, vol. 23, no. 1, pp. 105 - 109.

般均衡”（Computable General Equilibrium）世界贸易模型，模拟祖国大陆与台湾加入WTO以及台湾、香港与大陆经济一体化的潜在影响，估计祖国大陆的外贸乘数在19.4%—28.7%之间，而台湾经济体的外贸乘数在22.3%—32%之间。①

由于台湾当局至今仍然不开放或高度限制祖国大陆资本在岛内投资，计算期内大陆资本未对台湾投资或投资金额极少，因此计算期内大陆资本对台湾投资及其对台湾经济发展的贡献可以忽略不计。就台商投资对祖国大陆经济发展的贡献来说，可以用台商在大陆的总产出与其附加价值率的乘积指标来计量。依据王直等学者的估计，台商在大陆的总产出的附加价值率约为26%②。台商在大陆的总产出方面，根据高长的研究，至1995年底台商对大陆累计投资金额为11606百万美元，而1995年台商在大陆的总产出为336亿美元③。假设台商投资对大陆经济发展的贡献与台商对大陆累计投资金额成正比，就可据此估算台商投资历年对大陆经济发展的贡献。

表4估算了近10年来两岸经贸往来对两岸经济发展的贡献大小，也就是两岸经济体因两岸经济往来形成的相互依存性大小。图4显示了近10年来两岸经贸往来对两岸经济体的贡献度变动态势，也就是两岸经济体相互依存性的发展态势。总体上看，近10年来，两岸经贸往来对两岸经济体的贡献度，或者说两岸经济体对两岸经贸往来的依存性，具有如下几个重要特征。

① Wang, Z.（1997），'The Impact of China and Taiwan Joining the World Trade Organization on U.S. and World Agricultural Trade：A Computable General Equilibrium Analysis'，Technical Bulletin Number 1858，pp. 12－24，Washington，D.C.：The United States Department of Agriculture；Wang，Z. and Schuh，G. E.（2000），'Economic Integration Among Taiwan，Hong Kong and China：A Computable General Equilibrium Analysis'，Pacific Economic Review，vol. 5，no. 2，pp. 243－260.

② Wang，Z.（1997），'The Impact of China and Taiwan Joining the World Trade Organization on U.S. and World Agricultural Trade：A Computable General Equilibrium Analysis'，Technical Bulletin Number 1858，pp. 12－24，Washington，D.C.：The United States Department of Agriculture；Wang，Z. and Schuh，G. E.（2000），'Economic Integration Among Taiwan，Hong Kong and China：A Computable General Equilibrium Analysis'，Pacific Economic Review，vol. 5，no. 2，pp. 243－260.

③ 高长：《两岸经贸关系之探讨》，（台北）天一出版社，1997年版。

一是近10年来两岸经贸往来对两岸经济体的贡献总体上保持着不断增加的态势，两岸经济体对两岸经贸往来的依存性在持续上升。两岸经贸往来（两岸贸易）对台湾经济的贡献度，从1995年的1.50%—2.15%增至2005年的5.87%—8.43%。与此同时，两岸经贸往来（两岸贸易与台商投资）对大陆经济的贡献度，从1995年的1.68%—1.90%增至2005年的2.20%—2.58%。二是两岸经贸往来对台湾经济的贡献的增长速度较快，而且，自2000年以来，两岸经贸往来对台湾经济的贡献超过了对大陆经济的贡献，台湾经济较之于大陆经济对两岸经贸往来的依存性要高并在不断上升，两岸经济相互依存性的不对称特征越来越明显。三是近10年来的两岸贸易对台湾经济的贡献度，也明显地远远高于对大陆经济的贡献度。换言之，台湾经济对两岸贸易的依存性，远远高于大陆经济对两岸贸易的依存性。四是台商投资对大陆经济的贡献度，从1995年的1.20%增至2002年1.72%的高峰后，开始缓慢下滑至2005年的1.41%。这种下滑态势明显影响了两岸经贸往来对大陆经济的贡献度的变动态势，后者自2003年后在两岸贸易贡献度还在增加的过程中也呈现了下滑态势。

图4：两岸经贸往来对两岸经济体的贡献度变动态势图

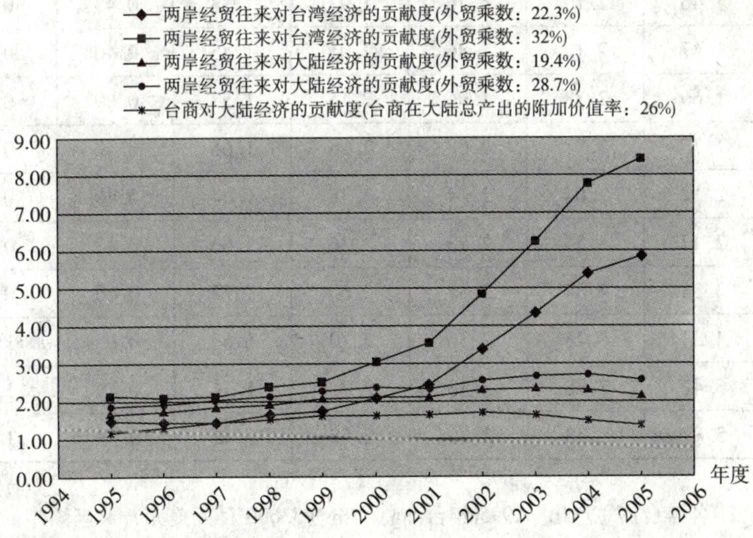

资料来源：根据表4数据绘制。

需要指出的是，众所周知，由于台湾当局长期以来对进口大陆商品、对台商赴大陆投资进行的是严格管制下的逐步有限开放，并至今对大陆资本赴台投资不予开放或高度设限，因此，上述两岸经贸往来及其对两岸经济体的贡献以及两岸经济相互依存性，是在台湾当局有限制的经贸政策环境空间的约束下由市场机制主导形成的，因而远未穷其潜力，未能达到其可能的规模与程度。如果台湾当局全面开放大陆商品的进口、全面开放台商赴大陆投资，特别是开放大陆资本赴台投资，两岸经济关系中的不对称特征会得以改变，两岸经贸往来对两岸经济的贡献以及两岸经济相互依存性有望进一步提高。

表4　两岸经贸往来对两岸经济体的贡献度

（单位:%）

年份	两岸经贸往来对台湾经济的贡献度（外贸乘数:22.3%）	两岸经贸往来对台湾经济的贡献度（外贸乘数:32%）	两岸经贸往来对大陆经济的贡献度（外贸乘数:19.4%）	两岸经贸往来对大陆经济的贡献度（外贸乘数:28.7%）	台商对大陆经济的贡献度（台商在大陆总产出的附加价值率:26%）	两岸贸易对大陆经济的贡献度（外贸乘数:19.4%）	两岸贸易对大陆经济的贡献度（外贸乘数:28.7%）
1995	1.50	2.15	1.68	1.90	1.20	0.48	0.70
1996	1.46	2.10	1.76	1.97	1.33	0.43	0.64
1997	1.47	2.12	1.86	2.05	1.45	0.40	0.60
1998	1.66	2.38	1.96	2.15	1.57	0.39	0.58
1999	1.75	2.51	2.08	2.28	1.66	0.42	0.62
2000	2.12	3.04	2.14	2.38	1.64	0.49	0.73
2001	2.47	3.55	2.13	2.36	1.66	0.47	0.70
2002	3.38	4.84	2.31	2.60	1.72	0.60	0.88
2003	4.34	6.23	2.36	2.70	1.67	0.69	1.02
2004	5.42	7.78	2.33	2.71	1.54	0.79	1.16
2005	5.87	8.43	2.20	2.58	1.41	0.79	1.17

注：1. 各年台商总产出＝1995年台商总产出（33600百万美元）×至该年的台商对大陆累计投资金额/至1995年的台商对大陆累计投资金额（11606百万美元）。2. 各年台商对大陆的经济贡献度＝100×各年台商总产出×台商在大陆总产出的附加价值率

(26%) /该年大陆 GDP。3. 两岸贸易对两岸经济体各自的贡献度 = 100 × 两岸贸易总额 × 两岸经济体各自的外贸乘数/两岸经济体各自的 GDP。4. 两岸经贸往来对两岸经济体的贡献度 = 两岸投资的贡献度 + 两岸贸易的贡献度。5. 所涉计算期中大陆未对台湾投资或投资金额很少，因此本表估算中忽略大陆对台投资及其对台湾经济的贡献。

资料来源：根据祖国大陆海关总署统计的两岸贸易往来数据，商务部统计的大陆实际利用台资数据，国家统计局编订的《中国统计年鉴》（2006 卷）提供的历年大陆 GDP（人民币）数据、人民币对美元年平均汇价（中间价）数据，台湾“行政院主计处”，http//：www. stat. gov. tw/lp. asp? CtNode = 2130&CtUnit = 1049&BaseDSD = 34. 提供的统计年鉴资料关于历年台湾 GDP（美元）数据计算得出。

六、结论与启示

综上可见，近 20 多年来的两岸经济体，在潜在的互补性发展条件基础上，在双方两岸经贸政策与市场力量的双重作用下，在全球化进程与彼此交流交往的深化发展中，在贸易、投资与发展层面形成了一定程度的相互依存性与功能性一体化态势：一方面，除了台湾在对外投资方面对大陆市场形成了过高的依赖、在出口方面对大陆市场有着较高的依赖之外，两岸经济体在其他单一层面与总体层面的相互依存度基本上还处于较低水平；另一方面，两岸经济体的这种相互依存性在动态变化中总体上保存了上升趋势，但呈现出较大程度的不对称性特征：台湾经济体对两岸经贸往来的依赖程度明显高于大陆经济体。

两岸经济体总体层面的上述相互依存水平及其不对称特征的存在，一方面表明两岸经济交流与合作不仅本身未能实现其可能的发展规模，而且远未充分发挥其对两岸经济发展的促进作用，有着进一步提升的空间，另一方面也可能使得台湾当局在两岸经贸往来中具有较高的敏感性与脆弱性。台湾当局不免会担心两岸经济的不对称相互依存可能会带给台湾以较高的经济风险，更会担心由此影响其在两岸政治关系博弈中的力量。这种担心显然会影响到台湾当局对进一步发展两岸经贸交流与合作的态度。但是，鉴于全球化下经济交流与合作是必然的选择、相互依存程度的提升是必然的趋势，更鉴于形成两岸经贸往来与相互依存不对称格局的一个重要原因，就在于众所周知的长期以来台湾当局大陆经贸政策的限制性作用，两岸经贸往来与相互依存性中不对称特征的消减，两岸经济交流与合作的进一步扩展，以及两岸经贸往来对两岸经济发展贡献的进一步提高，显然都有赖于两岸经济关系正常化以及制度性合作与一体化。

闽台经贸交流回顾与展望*

——基于区位优势变迁视角的分析

石正方

1990年代中期以前，闽台经贸在大陆对台经贸中曾一度占据领先地位。1990年代中期开始出现下滑，突出表现在台商赴闽投资势头逐步减弱，尤其是在台商掀起以资本与技术密集型产业为主导的新一轮投资大陆的区域布局中，出现福建被“边缘化”的现象。[①] 近年来，闽台经贸合作虽然有所起色，但较之长三角、珠三角等地区的对台经贸合作，闽台经贸规模较小、层次较低，台商投资产业集聚特征不够显著，[②] 相对于福建对台禀赋优势以及中央政府的政策支持所提供的发展空间而言，存在较大发展落差。322台湾“大选”结果为两岸关系增加了积极因素，更为两岸经贸关系提供了宽松的发展环境，两岸经贸交流将加速向正常化、机制化方向迈进。在此利好形势下，福建作为祖国大陆与台湾地缘关系最为紧密的地区，是否有条件把握机会在对台经贸领域大有作为，值得探讨。

对于闽台经贸滞后发展的原因，以往学者们多从基础设施落后、腹地狭窄、产业基础薄弱、经济规模小等因素制约角度进行分析。本文拟从区位优势及其变迁理论视角，检讨福建的对台经贸合作，并在此基础上展望闽台经贸合作发展前景。

---

* 本文原载于《台湾研究集刊》，2008年第3期。

① 蔡宏波：《福建引进台资与闽台经贸关系发展》，《港澳台视窗》，2006年第8期。

② 郭丽：《闽台经贸合作现状分析》，《发展研究》，2005年第5期。

一、区位优势及其变迁理论探讨

区位和区位优势是区域经济学的核心概念。在传统的区域经济学中，包括作为区域经济学理论渊源的西方经典区位理论在内，通常把区位理解为经济活动的场所，如企业活动的场所就是企业区位，城市经济活动所占据的场所就是城市区位等。这些是把区位等同于位置（location），认为区位不过是经济事务所占据的位置。实际上，区位既是空间位置，也是各种经济性要素的有机结合体。区位既有位，也有区，还有被设计的内涵。① 实际上，区位是一定经济空间场中的区位，作为构成经济空间的细胞，体现了所在位置的要素禀赋的性质和特征，并能够承载经济主体的经济活动。这个意义上讲，区位不仅是属于特定的区域经济空间，而且也代表一定的区域经济空间。因此，区位概念强调三方面内容：区位自身禀赋特征（包括要素禀赋、要素等级以及要素的聚集状态）、区位的外部联系（区位所受到的外部影响及其自身对其他区位的影响）、区位接受外部影响和实施其对外影响的通道。②

区位优势是对区位诸要素经济价值的综合描述，单一要素难以成就区位优势。区位优势是相对而言的概念。其一，区位优势是相对于经济活动主体而言的。不同的经济活动主体有不同的区位偏好，决定了其所关注的区位优势的内涵不同；其二，区位优势是相对于其他区位而言的，是在与其他区位比较和竞争中而检验、显现的；其三，区位优势被用以描述特定经济空间中由于与“特惠地点”的独特地理关系而能够为经济主体带来额外利益的经济属性，通常具体化为由此所反映的市场、供求、（运输）成本等方面的优越性。

区位优势是变迁的。区位优势的相对性，决定了区位优势不是一以贯之、一成不变的，而是随着经济活动主体诉求以及外部竞争环境的变化而变化，这是区位优势变迁的一个方面，可以称之为相对区位优势变迁。区位优势变迁的另一个方面表现在区位优势的内涵和外延是随着区域经济空间运动

---

① 杨吾扬：《区位论原理》，甘肃人民出版社，1989 年版。

② 郝寿义：《区域经济学原理》，上海人民出版社、格致出版社，2007 年版。

而不断演变。这种演变的动因在于区位自身要素禀赋的变迁及其对外联系通道的变化，可以称之为绝对区位优势的变迁或区位的变迁。从传导机制上看，绝对区位优势变迁存在自主性与诱发性的不同。前者主要是区位要素的重组和调整（包括自身素质提升和空间聚集形态的变化），后者则主要是外力作用或外部环境发生变化，如外部资源的流入，通道的改良或衰败等。然而，外因通过内因起作用，无论外部影响如何强大，都要通过区位自身的调整和变化才能最终实现区位的变迁——区位变迁的根本动力在于区位自身。这为我们培育区位优势提供了着力点。

二、区位优势变迁视角下的闽台经贸合作——历史总结

（一）1980年代中后期至1990年代初期区位优势凸显下闽台经贸的初期繁荣

地缘与人文优势是福建得天独厚的对台优势，在闽台经贸发展中也一直发挥着重要作用：由于地缘与人文优势，福建成为祖国大陆最先开展对台贸易的地区，也是台商最早登陆的地区；由于地缘与人文优势，福建作为对台工作的前沿，得以在祖国大陆对台经贸合作的多个领域享有“先试先行”的政策，诸如台商投资区、免税区、闽台农业合作试验区，以及允许厦门经济特区实施“自由港某些政策”、福州与厦门两港区为对台定点直航口岸，“小三通”等等，这些优惠政策对于推进闽台经贸交流发挥了重要作用；由于地缘与人文优势，闽台经贸得以在对台农业、林业、渔业合作、对台旅游合作等领域有所作为，成为两岸经贸交流中独具特色的重要组成部分。

特别是在两岸经贸交流初期，地缘与人文等禀赋优势赋予福建以独特的亲和力，配合中央政府及地方政府的开放政策，使福建的对台区位优势凸显出来，闽台经贸因此获得蓬勃发展的契机。这一时期，闽台贸易和台商对闽

投资在两岸贸易、投资总额中所占权重曾分别高达23.8%（1985年）①、32.1%（1992年）②。由于地理、气候等自然条件的相似性，台商对福建投资呈现以制造业为主体的同时，向农业、林业、渔业、餐饮服务、劳务、旅游合作等多领域扩展，形成多元化、宽领域合作的繁荣局面。

（二）1990年代中期至21世纪初期区位优势变迁下闽台经贸的日渐“边缘化”

1. 台商投资取向变迁下闽台经贸的相对衰落

区位优势是相对于经济活动主体而言的，经济活动主体的区位偏好差异，决定了其所关注的区位优势的内涵差异；区位优势是相对于其他区位而言的，是在与其他区位比较和竞争中而检验、显现的。可以说，两岸经济合作是由贸易往来破题，以台商投资为主线展开的。从这个意义上来看，台商投资经营活动是两岸经贸合作的微观基础，台商投资的区位偏好主导着台商投资热点的地域转移；与此同时，那些能够满足台商投资区位偏好的地区，则成为台商投资的热点区域；而不能迎合台商投资取向的地区则遭受冷遇。在1990年代中期以后涌现的两次台商大陆投资热潮中，在长三角、珠三角地区的强势竞争下，福建相对区位优势下降，致使闽台经贸合作呈现衰退走势而日渐“边缘化”。

迄今，台商大陆投资先后形成三次热潮。第一次是1980年代末期至1990年代初期，以岛内劳动密集型厂商为西进主体。这一时期台商投资大陆主要目的在于利用当地廉价的劳动力、土地等资源进行劳动密集型产品的简单加工，原料与市场“两头在外”。在区位选择上偏好与港澳地缘紧密的地区。当时福建、广东作为改革开放的先行者以及与邻近港台的地缘关系与人缘关系，区位优势突出而率先承接了第一波台商投资，从而成就了闽台经贸的初期繁荣。

1990年代相继出现了以石化产业等资金密集型产业为主体、以电子信息业等高技术产业为主体的第二波、第三波台商投资热潮。这两次热潮中，台

① 高伯文：《改革开放以来闽台经贸关系的发展及其影响》，《中国经济史研究》，2003年第4期。

② 蔡宏波：《福建引进台资与闽台经贸关系发展》，《港澳台视窗》，2006年第8期。

商投资的目标取向、产业结构、企业结构方面都发生了巨大变化，投资区位选择偏好那些产业配套能力强、市场腹地广阔、高级人力资本雄厚的地区。于是，以上海浦东为中心，包括江苏、浙江部分地区在内的长江三角洲地区成为投资热点区位，凭借其综合竞争优势吸引台商投资重心由闽、粤两省迅速北上西移，特别是高科技企业在长三角地区大规模集结，使长江三角洲地区成为以半导体等高新科技产业为主体的台商投资基地，逐步确立了其在大陆台商投资地域分布格局中的核心地位。与此同时，珠江三角洲地区凭借毗邻港澳的区位优势，经济发展势头也不逊色，对台资依然保持较强的竞争力，所吸纳台资的技术层次不断提升，至新世纪前后已经成长为大陆电子零件业的重要加工出口基地。

而这段时期，福建的投资环境虽也有所改善，台商投资规模也出现大型化趋向，投资产业层次也有所提高，[①] 但终因基础设施落后、产业配套能力差、市场规模小等问题导致综合经济实力不强，对台资吸引力下降，造成福建空有地缘人文优势而无力大有作为的尴尬局面。此阶段，不但台商对闽投资占全部大陆投资的份额锐减，由 1991 年的 32.1% 下降到 2001 年的 4.3%，10 年间下降 27.8 个百分点（详见图 1），而且由于后续成长有限，福建的台商投资在质量和结构上也较热点地区逊色。[②]

2. “三通”瓶颈制约下福建对台禀赋优势的削弱

区位优势也常被用以描述特定经济空间中由于与“特惠地点”的独特地理关系而能够为经济主体带来额外利益的经济属性，通常具体化为由此所反映的市场、供求、（运输）成本等方面的优越性。福建由于对台地缘优势，闽台经贸合作本应享有地利之便，然而由于两岸政治僵局特别是台湾当局限制性两岸经贸政策的制约，两岸之间迟迟不能实现“三通”直航，致使闽台之间“最近”的距离反而成为最远的路。

---

① 单玉丽：《台商在大陆投资的区域分布及未来走势》，《台湾研究》，2003 年第 4 期。

② 余文鑫：《闽台投资格局的变迁、趋势与对策》，《福建社会主义学院学报》，2002 年第 4 期。

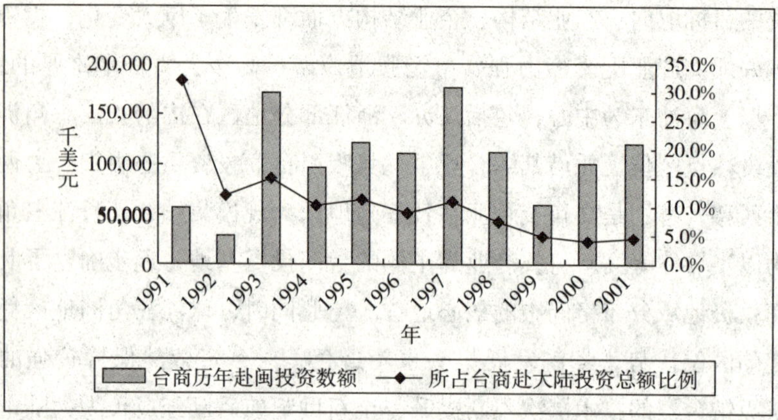

图1 1991－2001年间台商赴闽合同投资

及其占台商赴大陆投资权重

资料来源：根据台湾“投审会”数据整理绘制。

一直以来，两岸贸易绝大部分需经香港、澳门中转（福建、广东等沿海口岸有对台直接小额贸易，但所占比重甚微）。就两岸转运或过境货物来看，大多是台商在大陆投资设厂所需要的小型成套机械设备、企业生产所需的原材料和零部件、台商在大陆所购的农工原料、半成品以及日用消费品，其余为大陆转运至台湾的煤炭、砂石等货品。上述贸易结构显现两岸贸易具有明显的“投资拉动”特征，而两岸贸易的便捷程度直接影响到台商投资的成本及收益，成为影响台商投资布局的重要因素。两岸不能直航不仅使台商多付出数倍的运费成本，而且耗费更多的时间，而其中受损失最大的莫过于闽台之间的贸易往来。根据台湾学者的研究估算（见表1），两岸直航情况下，高雄、台中至厦门、基隆至福州的海运距离均不超过200海里，一艘轮船行驶一趟约10多小时，1个标准集装箱的运费只要300美元左右。但如绕经香港或其他第三地（过境贸易），航程则增至600至1000海里，时间增至3～4天以上，费用每集装箱增至700～900美元；若经第三地港口中转，花费时间更多，所需费用更高，每个集装箱增至1000美元的运费以及7～10天的运输时间。透过这一估算结果可知，两岸不能直航三通，赴闽投资台商所需付出的运输成本较之赴大陆其他地区投资所付运输成本相对更高，从而大大削弱了福建对台经贸的地缘优势，对台商赴闽投资造成一定负面影响，使福建在两岸经贸合作大板块中居于不利地位。

表1　两岸海运成本估算

航线	间接通航							直接通航			
	航程距离（海里）	所需时间（天）		估计运费（美元）				航程距离（海里）	所需时间（天）	运费（美元）	
				20英尺集装箱		40英尺集装箱				20呎货柜	40呎货柜
		弯靠	中转	弯靠	中转	弯靠	中转				
福州至基隆	943	3－4	7－10	840	1020	1580	1850	150	1	280	320
厦门至高雄	632	3－4	7－10	700	880	1310	1580	170	1	300	350

资料来源：台湾"交通部"运输研究所：《未来两岸可能直航之港航问题研究》，http：//www. iot. gov. tw/ct. asp？xItem＝221764&ctNode＝1447。

虽然自1990年代中期以来，两岸逐步摸索出"试点直航"和"准直航"等模式，21世纪初期又出现福建沿海地区局部直接通航（小三通）的局面，但这些都不是真正意义的两岸双向直航。这些创新模式与相关政策优势对福建虽有一定的助益，但并不能从根本上改变"形近实远"的尴尬局面。"三通"不通，使得福建固有的对台地缘优势无法充分发挥而大打折扣。

3. 绝对区位优势不显著下闽台经贸的欲振乏力

承前所述，区位概念强调三方面内容：区位自身禀赋特征（包括要素禀赋、要素等级以及要素的聚集状态）、区位的外部联系（区位所受到的外部影响及其自身对其他区位的影响）、区位接受外部影响和实施其对外影响的通道。这三方面内容从区位自身的禀赋素质面向上概括了区位优势的内涵，可称之为"绝对区位优势"（与"相对区位优势"对应）。

一般而言，构成区位的禀赋要素包括自然条件、自然资源、人力资源、资本、技术、制度等。其中，自然条件、自然资源属于初级要素，人力资源和资本是高一级的要素，而技术、制度则是更高一级的要素。显然，随着经济发展的阶段性演进，不同要素对于区位价值的影响是不同的，现代经济凸显出要素等级和要素聚集的重要性，高等级要素的聚集程度以及聚集结构的合理性对于区位优势的贡献日显重要。因此我们在比较不同区位优势（竞争力）时，往往更关注人力资源、资本、技术、制度等要素质量，以及产业集群、城市集群等结构状态。

区位的外部联系和区位与外部联系的通道密切相关，只是前者着眼于历史发展的积累，后者关注外联通道本身的经济属性，包括其可能为区位带来的经济利益。一个优势区位，往往是一个四通八达的交通枢纽——陆路或水路转运点，这样才能保证区位有广阔的腹地依托和频繁高效的外部联系。

区位优势理论认为，区位优势是对区位诸要素经济价值的综合描述，单一要素难以成就区位优势，正如管理学的“木桶原理”所阐释的道理一样。福建虽然对台地缘、人文优势突出，然而由于其他经济要素质量不高，存在基础设施落后、腹地狭窄、产业基础薄弱、经济规模小等问题，造成综合区位优势不显著。综合来看，主要体现在以下几方面：

（1）交通不便，外联通道不畅，限制了腹地纵深

山高路险、交通不便一直是制约福建进一步吸引包括台资在内的外资，促进经济发展的一大制约因素。近年来，福建交通建设虽取得巨大成绩，但尚未从根本上摆脱交通滞后困境。以铁路为例，福建铁路处于全国铁路网的“末梢”，数量少，等级低，内不成网，外不畅通。全国铁路5次提速，但在福建还难以真正提起来。由于交通的滞后，福建经济的发展，往西未能把江西、湖南纳入纵深腹地；南北两翼与两个三角洲尚未做到全方位的对接。前者致使江西外运货物，虽然运距与厦门最近，却不得不舍近求远，取道上海和广东；后者使福建还无法和“两洲”实现区域经济在同一平台的对接、协作。

福建海岸线绵长，拥有众多良港，海上交通便利，因为两岸至今尚未“三通”，福建海上交通并不能真正发挥作用，此外，海上交通优势的充分发挥需要仰赖于陆地交通系统的完善，如果没有便利的陆地交通作为支撑，福建的各深水良港便没有充足的货源，福建便不能发挥海上交通便利的优势，而只能“望洋兴叹”。

（2）经济总量、产业结构、投资、科技教育水平滞后发展

福建由于经济发展的历史基础较为薄弱，改革开放以来虽然经济飞速发展，然而较之长三角、珠三角地区的部分省市，在经济总量、产业结构、投

资、科技教育等诸要素方面均明显具有滞后发展特征。表2以2002年福建与上海、江苏、浙江、广东在上述各项指标方面的表现加以比较。2002年是福建自1998年以来国民经济运行有明显回升的年份，这一年福建经济扭转了自1998年以来增速逐年趋缓的状况，呈现平稳快速上升的趋势。然而，即使是经济景气较好的年份，福建与其他地区的落差也是相当明显的，无论总量还是人均值都大为逊色。

表2 2002年福建与相邻省市部分区位要素指标比较

		福建	上海	江苏	浙江	广东
常住人口数（万人）		3466	1625	7381	4647	7859
国内生产总值	总额（亿元）	4681.97	5408.76	10636.3	7670.0	11674.4
	人均（万元）	1.35	3.33	1.44	1.65	1.49
三产增加值比重		14.2:46.1:39.7	1.63:47.4:50.9	10.6:52.1:37.3	8.8:51.2:40.0	8.8:50.2:41.0
固定资产投资	总额（亿元）	1230.76	2158.41	3849.2	3458.0	3943.81
	人均（万元）	0.36	1.33	0.52	0.74	0.50
批发零售额	总额（亿元）	1663.1	2035.21	3215.8	2878.0	9047.31
	人均（万元）	0.48	1.25	0.43	0.62	1.15

资料来源：根据中华人民共和国统计局各省统计公报整理。

注：其中上海在校研究生数为当年招收数字。

（3）中心城市规模小，城市间协作不够

与珠江三角洲经济区的深圳及广州、长江三角洲经济区的上海、环渤海经济区的北京、天津、大连等区域经济发展中心城市所起的作用相比，福建现有的福州、厦门、泉州三个中心城市的经济总量明显偏小，辐射能力不足。而且中心城市之间、中心城市与周围城市之间缺少有效的产业互动与协同合作。首先，表现在中心城市重点发展产业或与台对接产业雷同、重复、同构现象严重。例如，电子信息、化工等产业均为福州、厦门、泉州重点发展的产业。由此产生的中心城市间激烈的无序竞争在所难免。其次，中心城市与周围城市没有形成相应的产业配套能力，中心城市的重点产业链难以延伸到周边的城市。

(4) 产业集群不够发育，对台商吸引力不足

1990年代中期以来，投资地集聚经济是否发育已成为台商投资大陆进行区位选择的最重要影响因素之一①。福建工业基础落后，产业配套能力差，从而不利于产业集群的形成。虽然多年以来，政府着力培育电子信息、石油化工、机械装配方面的集聚经济，但是较之电子和IT产业在珠江三角洲和长江三角洲的集聚，存在很大落差，尚处于初级阶段，其扩散和辐射功能更是较弱，影响范围较小，有待进一步的提高。同时，省内各大城市定位尚不十分明显，拟大力支持发展的城市特色产业还不很确定，各大产业在省内城市“遍地开花”的同构现象比较突出。

绝对区位优势取决于区位经济发展的历史积累、要素禀赋及其结构特征、区位的外联通道等诸方面综合影响，而这些是需要假以时日加以改善的。在1990年代中期以后，闽台经贸合作受制于福建的绝对区位优势不显著而欲振乏力。

三、加入WTO以来绝对区位优势提升下闽台经贸的渐入佳境——现状分析

近年来，特别是福建实施海峡西岸经济区发展战略以来，闽台经贸开始呈现良好发展势头。首先从数量规模上看，闽台贸易和台商赴闽投资都有较大幅度的持续增长，自2004年以来，闽台转口贸易总额年均增长接近20%，2007年已高达69亿美元；台商赴闽投资年均增长率接近12%。其次从质量结构上来看，闽台进出口贸易以机电产品为大宗，服装、鞋类、塑料制品、家具等传统劳动密集型的商品出口增长缓慢甚至下降，表明闽台贸易结构加速优化；此期间，台商赴闽投资在个案规模和产业结构层次上也出现了显著提升，并且出现了较为明显的产业集聚和地域集群。2007年，福建积极开展对台招商活动，落实闽台产业对接规划，促成台塑、台玻、友达光电、东元电机等一批台湾知名大企业来闽投资，特别是吸引台湾石化、钢铁、机械等重化工业项目和信息、生物制药、环保等新兴产业及生产性服务业、金融服

① 陈恩等：《台商投资大陆的区位选择分析与实证研究》，《世界经济研究》，2006年第8期。

务业等来闽投资，着力推动一批闽台产业合作重大项目落实。目前，福建四大台商投资区已成为大陆台资企业最为密集区域。厦门海沧的化工产业集群、翔安的光电产业集群，福州福清的电子产业集群，漳州的台资农业产业集群等以台资为骨干的产业集群都在迅速发展壮大，并凸显闽台地缘、文缘特色。在表3中，通过对2001年至2007年中台商对大陆投资较为集中的前五省市的投资额及比重的比较，我们可以清楚地看到2002年以来台商赴闽投资较2001年的低谷时期有了明显的好转提升。

表3　台湾对大陆投资较为集中的前五位省市

单位：千美元，%

	大陆利用台资总额	江苏		上海		浙江		广东		福建	
		金额	比重	金额	比重	金额	比重	金额	比重	金额	比重
2001	2784147	1046346	37.58	376245	13.51	208485	7.49	787970	28.30	120122	4.31
2002	6723058	2223082	33.07	949230	14.12	511553	7.61	1635093	24.32	749942	11.15
2003	7698784	2601103	33.79	1104296	14.34	607721	7.89	2054475	26.69	491778	6.39
2004	6940663	2486757	35.83	1174993	16.93	689461	9.93	1404082	20.23	452831	6.52
2005	6006953	2349104	39.11	1017513	16.94	484800	8.07	1220183	20.31	398326	6.63
2006	7642335	2883297	37.73	1041794	13.63	590997	7.73	1415182	18.52	519939	6.80
2007（1－6）	6237611	2361640	37.86	1172051	18.79	389756	6.25	1150011	18.44	259114	4.15

资料来源：台湾“经济部”统计处

近年来闽台经贸的渐入佳境，首先是得益于海西建设，福建的铁路、公路、空港、海港等交通基础设施建设快速发展，目前业已基本形成北承长三角、南接珠三角、西联内陆腹地、东出台湾海峡的海陆空立体交通网络。其次是福建近年来通过推动中小企业发展、产业园区建设以及主动推进闽台在信息产业、石化产业、机械产业领域的产业对接等途径着力培育产业集群。如厦门电子信息与石化产业集群、泉州市纺织鞋服业、食品工业及石化工业集群、福州在机电工业、电子信息产业、现代农业方面的产业集群已初具规模，从而大大改善了福建的产业配套能力。第三，福建充分利用对台政策优势，通过举办海交会、台交会、投洽会等重大涉台经贸盛会，举办不同主题的经贸论坛和专题研讨等，以及入台举办福建商品展为突破口，带动闽台贸易、投资、旅游、通汇等经贸合作项目的拓展。通过这些交流平台的建立大大拓宽了闽台交流渠道，改善了台商投资环境，使闽台经贸交流出现了诸如对台小额贸易、厦金旅游、“小三通”局部“直航”等亮点。

从区位优势理论视角出发，福建在上述诸方面的进步可以归结为内外因两个方面：区位自身禀赋要素的质量提升、结构优化和对外联系通道的改善。从而通过“自主性变迁”机制达成其绝对区位优势的有效提升。

四、新时期综合区位优势凸显下闽台经贸的大有可为

承前所述，“海西”建设初见成效，特别是高速公路、铁路、港口等基础设施建设蓬勃发展，使福建的腹地纵深得以扩展，另外在产业聚落方面也渐成气候，产业配套能力大为改善，使福建对台绝对区位优势显著提升，为闽台经济合作的深化发展奠定了良好基础。今后一段时期内，两岸经贸关系朝向正常化方向发展，三通直航等政策瓶颈将逐步得以突破，对于福建而言，无疑是在“地利”和“人和”基础上恰逢“天时”——自身禀赋要素优化、对外联系通道的建设以及外部环境（两岸经贸交流环境）的改善——“自主性区位变迁”与“诱发性区位变迁”机制的互动，将进一步促使福建的绝对区位优势提升，加之地缘优势、政策优势潜力的发掘——相对区位优势和绝对区位优势相辅相成，福建的综合区位优势将因而大为凸显，使福建有能力抓住两岸经贸开放的新契机，迎来飞跃发展的大好形势，成为新时期两岸经贸成长最受惠地区。

1. 台商赴闽投资增长空间广阔

今后四年，随着两岸交流大环境的改善和台湾当局限制性政策的解除，台商赴大陆投资将掀起新一波热潮。由于独特的地缘优势、政策优势以及“海西”效应等综合作用，以及福建作为台湾与大陆沿海及内陆地区的“中介地”而获得“过境发展”机会，包括承接珠三角、长三角等地外移台资。与“两三角”形成分工发展、协同发展的局面。福建将会在这波台商投资的

新浪潮中表现亮丽，台商赴闽投资会有显著增长。目前台商赴闽投资在台商大陆投资总额中所占比重将显著提升，预估可由目前7.39%上升到10%—12%。

2. 闽台贸易增长空间巨大

闽台贸易主要由转口贸易、对台小额贸易及“福建对金、马、澎直接贸易”三部分组成。其中，间接贸易占绝对权重（98%以上）；对台小额贸易近年来增长迅速，但所占权重不足2%；“福建对金、马、澎直接贸易”品类及数量规模都非常有限，目前尚仅涉及砂石和民生日用品、农副产品。

源于产业、经济互补性的闽台贸易的快速增长，得益于福建独特的地缘优势和对台政策优势。近年来，福建坚持先行先试，率先零关税进口台湾水果，率先扩大台湾农产品准入种类和范围，率先设立台湾农产品、水产品集散中心，率先恢复对台渔工劳务合作，率先实施台湾居民在大陆申办个体工商户，率先入岛举办商品展等。同时积极促进闽台产业深度对接，承接台湾高新技术产业转移，扩大金融、物流等服务业领域合作。落实更加开放的对台小额贸易政策等，这些措施极大促进了闽台各种形式的贸易往来。毋庸置疑，今后四年中，随着两岸经贸正常化、机制化的推进，特别是小三通全面开放、三通直航逐步达成，闽台经济合作将进入新的发展阶段，闽台贸易将获得快速增长。

除台商赴闽投资拉动的闽台贸易成长外，小额贸易将更加活络，福建对金马澎直接贸易增长空间也很大。目前这一部分贸易量还很微小。小三通全面开放后这一形式会大大改观。如所预期的那样，金马作为两岸货物的中转口岸、双向旅游口岸而获得发展契机，其本身消费市场需求大增，同时作为闽台便捷直接的贸易通道，经由这一直航路线的闽台贸易量将会大大增加，特别是在全面三通实现以前，其发展空间更大，或将部分替代闽台转口贸易。

3. 闽台特色产业合作得以长足发展

得益于相似的自然条件、紧密的地缘关系和诸如“闽台农业合作试验区”、“闽台林业合作试验区”等政策优势，闽台农业、林业、水产业合作蓬勃开展，其产品差异化必将推动闽台农林渔产品贸易的快速增长，成为闽台贸易的特色板块。

4. 受益于闽台人员往来增长，闽台旅游合作发展空间广阔

未来随着“小三通”政策全面开放，“小三通”航线成为独具特色的台海双向往来通道，经由“小三通”往来两岸的台湾居民与经由“小三通”赴台旅游和从事其他领域对台交流的大陆居民都将大幅增长。虽然全面“直航”后，由于其他两岸“航线”的分流作用，这种增长势头会有所回落。但是这种回落是有限回落，“小三通”有其独特的便捷性，不只是成本低，还因为金门机场有通往台湾岛内各县、市的“地方航线”，这是“小三通”受台商欢迎的原因之一。

上述闽台之间人员往来的可预期增长不但为闽台旅游业合作提供广阔发展空间，而且将会进一步彰显福建作为联结台湾与大陆东南沿海经济发达地区、连接珠三角、长三角台商聚集区的“中介地”角色，因此福建能够真正成为沟通两岸的桥梁和纽带，享有地缘优势和“中介”发展的双重机会。

第三篇　两岸产业合作研究

厦台农业交流的可行性与合作领域探讨*

赵玉榕

由于多方面原因，厦台农业交流还相对滞后。如何利用与台湾农业的交流来加快厦门农业现代化的实现，需要进一步研究。

一、厦台农业合作现状及存在问题

据不完全统计，至2003年8月，厦门市台资农企业105家，累计合同利用台资1.31亿美元，实际利用台资1.15亿美元，涉及种植、养殖、农产品加工等行业。其中农产品加工业35家，合同利用台资6437万美元，实际利用台资6263万美元，占全部农业投资的54.5%；种植业企业27家，合同利用台资2092万美元，实际利用台资1992万美元，占17.3%；养殖业22家，合同利用台资1565万美元，实际利用台资1272万美元，占11.1%；水产品加工业4家，合同利用台资1010万美元，实际利用台资316万美元，占8.7%；畜牧业企业8家，合同利用台资695万美元，实际利用台资592万美元，占5.1%；其他9家，合同利用台资1268万美元，实际利用台资980万美元，占8.5%。共从台湾引进农业优良品种287种，先进技术78项。其中有苦瓜、白菜、红薯、毛豆、番茄等十几种农作物推广面积达667公顷以上。台商到厦门发展农业，已经获得了明显的效益。据统计，台商在厦门投资办厂

* 本文原载于《台湾农业探索》，2004年第4期。本文参考文献有，郑金贵：《台湾现代农业科技》，厦门大学出版社，2000年版；黄猷光：《两岸有机（绿色）农业交流合作探讨》，《福建农业科技》，2004年第3期；刘芳：《WTO后两岸农业合作的新发展》，《亚太经济》；2002年2期；曾雄：《大力促进厦台农业互动合作》，《发展研究》，2000年第8期。

(场)，吸纳近2万人就业，约占厦门农业富余人员的1/5，每年可增收1亿多元。

目前厦台农业合作存在的主要问题有：

第一，总量不大。与其他行业相比，农业引进台资农业企业的数量偏少，投资比重偏低，台资农业企业只占全市外商投资企业总数的2.3％，投资总额仅占0.7％；其次，引进的企业以劳动密集型企业为主，绝大多数是一般的种、养、加工企业，高科技、高附加价值的企业少，并以小型企业为主，75.8％的企业投资规模在100万美元以下；第三，品种引进较为单一。引进的种养业品种，主要集中在蔬菜、水产和部分花卉上；第四，综合型、高新技术示范区或城郊型的园林观光休闲农业方面的合作还比较薄弱。

二、拓展厦台农业交流的可行性分析

1. 厦门具有明显的对台优势

厦门是我国最早实行对外开放政策的经济特区之一，又是唯一经中央批准实施自由港某些政策的城市，已经形成了全方位的对外开放格局，具体体现在：开辟了台商投资区、保税区、火炬高技术产业开发区等多层次、多功能开发区域；被开辟为首批海峡两岸客货运直航试点口岸，每天有航班往返于厦门与金门之间，福建居民金门旅游也即将开放，形成了突出的对外开放政策优势。

2. 对外开放在厦门现代农业发展中具有重要地位和作用

当前，厦门正在加快推进海湾型城市建设，农业在国民生产总值中的比重会不断下降，但农业在厦门经济发展中的地位不会因此削弱，随着农业与非农业产业之间联动性的增强，农业将继续受到重视。海湾型城市建设对厦门农业的发展提出了新的要求，要转变农业和农村作为城市附属和服务区域的陈旧观念，按照现代基础产业的要求来发展现代农业，重新确立现代农业城乡一体化、城市辐射农村、农村趋向城市、城乡经济相辅相成共同发展的战略地位。要实现这些转变，加大农业对外开放的力度是必要的。

3. 福建省建设海峡西岸经济区和厦门建设东南沿海中心城市为厦门发展对台农业交流与合作提供了契机

在中国区域经济发展势头强劲的大背景下，福建省于今年初提出建设“海峡西岸经济区”的发展构想，厦门提出要“领先、领跑海峡西岸经济区建设”，在海峡西岸经济区建设中充分发挥枢纽口岸的辐射作用、扩大开放的桥梁作用、体制创新的示范作用、产业集群的带动作用、对台工作的基地作用和统筹发展的表率作用，为厦门发展对台农业交流与合作提供了契机。

4. 入世后与大陆农业开展合作与交流仍然是台湾农业持续发展的选择

入世以来，台湾农产品进口量有显著增加，引起农产品价格下跌。但农业生产和贸易没有明显恶化。其中的原因有国际农产品价格大幅上扬，为台湾农产品的出口创造了有利条件；入世至今台湾尚没有让大陆比照其他 WTO 会员国开放所有台湾承诺的农产品项目进口以及台湾农业产业政策和贸易政策的调整对缓解入世给农业带来的冲击起到了一定的作用。尽管台湾当局对两岸的交流尚有诸多限制，但开展海峡两岸的农业合作，对台湾来说毕竟是利大于弊，在高生产成本和贫乏的自然条件下，选择来大陆投资，可以以最低的交易成本和运输成本换取最大的经济利益，是台湾农业发展的必然选择。

三、厦台未来农业合作的方向和领域探讨

1. 拓展厦台农业合作的基本思路

认真贯彻中央对台工作方针，按照“优势互补，共同发展”、“同等优先，适当放宽”的原则，根据厦门市改革开放和经济发展的需要，用足、用活优惠政策，厦门的对台农业合作应以农业良种、资金、技术、设备引进以及农业科技交流为重点，根据厦门的实际情况，科学地制定规划，从区域和行业选择上定位厦台农业合作的方向。在区域上，重点抓好“一所五场”的对台合作项目，即农科所的闽台农业高新技术园区、第一农场水果及其加工区、第二农场工贸开发区、凤南农场农工贸开发区、白沙仑农场水果和工业

开发区以及大帽山农场果茶、畜禽开发区；建设好“两大区”和镇办工业小区，即同安闽台高优农业示范区和海沧东孚农业综合开发区，以及各区规划并已动工的17个镇办乡镇企业小区。在行业选择上确立引进交流的重点，尽量选择用地少、科技含量高、带有示范作用、贸工农一体化的项目，重点发展蔬菜、畜牧、水果和花卉等支柱产业的良种引进和繁育、农产品加工和相应的旅游观光业。

2. 具体设想与建议

（1）加强厦台都市农业的交流与合作。厦门近几年开发了一些休闲果园、草莓园、观光农园，但都还处在都市农业发展的萌芽期，设施简陋、规模小、投资少、层次低。厦门的城市建设发展较快，都市农业生态旅游的市场具有开发的潜能，因此应该积极地加以规范和引导，把都市农业的发展作为建设农村“宽裕型小康”的重要内容，纳入城市规划与生态环境建设中。台湾的都市农业起步于20世纪70年代末，经过20余年的发展取得了明显的效果，成为发展前景良好的新兴产业之一，在理论和实践方面都积累了丰富的经验，厦门应该充分利用特殊的地缘和人文优势，加强与台湾都市农业的合作，吸引台资进行观光农园、休闲农场等多种主题的都市农业的开发，聘请台湾有关专家来指导或协助进行都市农业的规划，以及采取到台湾研修和培训的方式，汲取台湾的经验，培养休闲农业产业的实用型人才。

（2）抓住台商高优农业、养猪业、食品加工业和仓储营销业向外转移的时机，有针对性地开展招商活动。根据同安区、海沧区、集美区和翔安区四个农业区的特点和现有基础，加强可开发农业资源的调查，争取每年都推出招商引资的项目。利用一年一度的“九·八中国（厦门）投资贸易洽谈会”和“四·一二厦门台商企业产品交易会”开展对台的招商引资工作，争取大资金、大项目，并且每个项目要事先作好可行性研究和项目投资概算，提高招商的命中率。除通过“厦门闽台农业高新技术园区”、“海峡农业科技交流培训中心”等窗口，继续推动民间交流活动外，要注重发展厦门与台湾农村法人财团基金会的密切合作关系，并且加强与台湾闽籍乡亲的交流。

（3）进一步营造和完善投资环境。政府应该从地方税费、土地出让金与使用费、增值税等方面，对台商农业生产项目和企业实施优惠；在融资上给予倾斜；简化台商投资基建项目的审批程序；对重点项目要加大资金扶持力度；农业管理部门在种子种苗引进、植保植检等审批手续方面要提供更加便捷优质的服务，使台资企业引得进、留得住；各级有关部门应抓紧制定两岸农业交流与合作的总体规划，根据厦门市情，把良种的引进与改良、园艺精致设施农业、畜牧水产养殖、食品加工为主的农产品和加工业作为现阶段厦台农业合作重点；尽可能取得台湾农业方面的民间或半官方组织的配合，有计划、有目标地引进合作项目；积极吸引台商和农业社团来厦门从事既能发挥地方资源优势，又对发展农村经济有利的农业项目，诸如种植、养殖、农产品加工、农业科研、推广服务等，尤其对投资规模大，技术含量高，综合能力强，辐射范围广和效果显著的项目，要加大吸引力度；进一步健全、完善有关政策，增加必要资金投入，同时，中国农业银行及其他相应的金融机构也应对引进台湾的某些农业项目，特别是大型项目，提供一定的配套资金。

（4）发展厦门设施农业。厦门地区自然条件原本适宜多种热带、亚热带作物生长，然而由于季风盛行，气候变化大，一些带危害性的恶劣气候往往导致作物产量和品质的不稳定，使一些农产品的生产和价格大起大落，其中以蔬菜、花卉受影响最大。随着生活水平的提高，人们对农产品的品质要求越来越高。设施农业是通过改变自然环境来获得植物最适宜的生长条件，提高资源和资本集约化水平的一种先进生产方式，包含设施栽培、饲养，各类型玻璃温室，塑料大棚，连栋大棚，中、小型塑棚及地膜覆盖，还包括所有进行农业生产的保护设施，具有高投入、高技术含量、高品质、高产量和高效益等特点，是最具活力的现代新农业，也是厦门市农作物生产发展的重要方向。厦门现有塑料大棚面积约60公顷，占全省的44%以上，现虽拥有荷兰达尔森公司现代化玻璃温室，国产普通玻璃温室量少，约仅有3000平方米，尚不成规模，与国内先进省市设施农业相比仍较落后。台湾设施园艺业发达，技术源于欧美、日本，经过不断研究改良，已基本本地化，设施栽培面积达6500公顷。台湾与福建省及厦门地区气候相似，宜种性几乎相同，其设施农业发展经验，值得厦门市借鉴。应充分发挥厦门的对台区位优势，加强闽台、厦台农业交流合作，通过引进其先进设施栽培技术、设备和经营管理方法，促进厦门市设施农业的发展。

(5) 合作发展无公害蔬菜生产。生产无残毒蔬菜是台湾发展“精致农业”目标中的一项重要内容，台湾无公害蔬菜的生产除了培育抗病虫品种及合理的栽培措施、先进的设施栽培外，主要的措施是安全用药和生物技术、防治技术的运用。厦门在发展无公害蔬菜生产方面与台湾合作，可从以下几个方面着手：一是加大引进台湾高产、优质、抗逆性强、抗病毒性强的优良蔬菜品种。二是引进台湾畜牧废弃资源共同处理系统，将畜牧业产生的粪便经粗糠吸附后进行堆肥无害化处理，生产出有机质肥料，不仅能解决生产无公害蔬菜有机肥缺乏的问题，还能减少环境污染。三是与台湾合作开展蔬菜虫害生物防治技术研究，利用生物技术和作物天敌来防治病虫害，有效降低农药对农作物和土地的污染。

(6) 加强厦门与金门的经贸合作。金门自古隶属同安，与厦门仅一水之隔，现在金门菜市场上销售的蔬菜、肉类，大多来自福建，主要是厦门。海峡两岸加入世贸组织后，金门农业将受到很大的挑战，因此，金门有关方面真诚寻求与福建进行农业合作途径。目前厦门与金门已经建立起了良好的沟通渠道，厦金航线经过几年的发展，旅客吞吐量持续创高，至2004年6月底旅客吞吐量累计达172998人次，今年年初，中共福建省委和省人民政府提出了建设海峡西岸经济区的战略构想，决定近期开放福建居民赴金马旅游，这是厦门发展与金门的经贸往来的契机。厦门与金门隔海相望，具有与之发展紧密协作关系的独特优势，最近金门高粱酒已在厦门、福州和泉州设置销售点，随着市场的不断扩展，金门高粱酒的原料高粱的需要量也将急增。以往原料高粱长期以来都是从东北进口，运费贵。厦门应该抓住这一契机，利用金门的资金和农业技术，发展高粱种植，在厦门建立起金门高粱酒的原料基地，给厦门农民提供发展机遇。

(7) 加强对农业管理技术和实用技术的引进工作。农业要发挥特区的“窗口”作用，突出对台优势，努力改善农业招商引资环境，通过创办厦台农业合作园区等形式，多渠道开展对台对外招商工作。由于台湾与大陆体制不同，不能生搬硬套，一方面，要引进先进农业管理技术，学习台湾产销一体化的农业合作模式，健全现有的“经济合作社”，使其逐步成为为农户提供全方位服务、多元化经营的公益性社团法人组织，通过其运作来保障农民权益、提高农民生产技能、促进农业现代化建设、增加生产效益、改善农民生活、发展农村经济。另一方面，要加强农业先进实用技术的引进。在加强农业生产适用技术引进的同时，根据厦门市农业生产的实际需要，重点引进农产品加工保鲜技术，特别是龙眼、蔬菜等农产品的深加工和保鲜技术，解决厦门市大宗农产品产后销售的突出问题，不断提高农产品附加值。此外，还要加强对新品种、无公害农资和动植物疫病防治等技术的引进工作。

（8）积极促进两岸农业科技交流与人员的双向往来，继续办好厦门闽台农业高新技术园区厦门闽台农业高新技术园区，充分利用厦门对台、对外的区位优势，加快高新技术的引进和开发，通过设施农业科技示范区、蔬菜花卉工厂化种苗繁育基地建设，使厦门逐步成为全市、全省乃至全国农业开放、引进、合作交流的窗口、农业高新技术科研基地及其商品化、产业化的摇篮、现代设施农业科技示范点和农业科技培训交流中心。在已成立的海峡两岸农业高新技术开发园区的基础上，建立两岸农业科技交流中心，着重研究、吸收、消化、推广台湾和国外的农业新技术、新品种、新产品和先进管理方法。争取海峡两岸农业方面的科技交流和学术讨论会到厦门来举办；同时有计划地选择一些厦台两地都需要的项目，在厦台两地以召开研讨会、恳谈会的形式加以推进。通过举办两岸农业科技交流与成果展及各种类型的培训班、农业经贸洽谈会以推动农业科技人员的双向往来。同时，厦门还应有计划地多组织一些技术专家赴台访问、考察，汲取更多先进的农业科技和信息，提升厦台农业合作的层次。

台湾渔业的困境与出路*

赵玉榕

渔业在台湾农业中占有重要的位置，但近年来随着生产成本的增加，劳动力和渔业资源的缺乏，发展日见困难，十多年来由于近海资源逐渐衰退，远洋渔业也日益萎缩，加上船员劳动力不足且价格高，台湾渔业发展面临困境，呈现出明显的衰退迹象。大陆对推动两岸渔业合作表现出极大的诚意，两岸在远洋捕捞、投资养殖业企业、休闲渔业和水产品加工企业等方面的合作有着广阔的发展空间。

台湾渔业——生机萎缩

台湾四面环海，海岸线长达一千六百多公里，加上西部沿海为和缓平坦的大陆架，有大陆海流、黑潮等交汇，水产资源丰富，渔业历来占有十分重要的地位。战后，渔业的发展速度要远快于种植业，其在农业产值中的比重80年代以来基本维持在21%至28%之间。90年代末期以来，渔业生产继续保持着比较高的增长率，2000年至2003年四年间，除了2001年增长1.68%外，其余三年的增长率均在7%以上，是农业各业中最好的，目前渔业产值在农业产值中占有25.5%的比重，从业人员有34.6万人。近年，随着台湾沿海和近海渔业资源日渐枯竭、渔业劳动力不足、渔民海上活动空间日益缩小、渔业现代化的发展冲击传统渔业生产结构等问题逐渐明朗化，台湾渔业呈现出明显的衰退迹象，2004年台湾渔业总体减产16.06%，其中除了近海

---

* 本文原载于《两岸关系》，2006年第10期。

渔业增产 2.19% 外，远洋渔业减产 22.78%，沿岸渔业减产 11.69%，海面养殖减产 21.74%，内陆渔场减产 46.32%，内陆养殖减产 9.46%。

一、水土资源缺乏、生产成本高、养殖环境恶化

养殖业是台湾沿海地区主要经济产业之一，在 80 年代进入发展的全盛时期，曾经年产量达 30 万吨以上，产值 300 亿元以上。目前养殖业约占渔业总产量的 29%，产值占 32%。维系着 4 万余养殖户的生计。这几年来，台湾农业生产成本高，水土资源缺乏，自然生态环境被破坏，地层下陷、农地碱化、污染加剧，养殖环境逐渐恶化，加上大宗鱼货容易产生产销失衡等问题，养殖渔业面临发展瓶颈出现颓势，曾经以草虾养殖王国享誉国际的台湾水产养殖业，如今沦为“夕阳产业”。目前，台湾通过采取室内超高密度循环水养殖；逐步缩减陆地淡水养殖池面积，提高咸水养殖比例；减少陆地养殖面积，发展海上网箱养殖；建设水产种苗专业产区；加强休闲养殖渔业经营者职能教育，促进养殖生产与生态、生活的结合等措施来拯救养殖业。

二、资源日渐枯竭沿海和近海渔业亮起红灯

台湾从事沿、近海渔业的渔户数约有 8.5 万户，从业人员约 21.5 万人，经营沿近海渔业的种类非常多，主要有扒网、定置网、流刺网、中小型拖网、围网、火诱网、延绳钓、一支钓、赏鲸和捕捞鱼苗等。沿、近海渔业生产以往都以强调开发、生产为主，在上世纪 80 年代，台湾近海和沿海每年渔获量维持在 35－39 万吨之间，年产值约为 190 亿－200 亿元，渔获量的增加造成了资源的过度利用，使台湾渔业陷入由于捕捞过度造成单位产量下降和渔获种类的小型化、低值化，从而进一步导致资源衰退的恶性循环中。为维护沿近海资源，台湾曾经在 70 年代开始实施限制渔船增加数量，但由于外海渔场缩小加大了近海和沿海的捕捞强度，渔业资源受到过度捕捞的压力并没有因此而缓解，人为过度开发，海洋生态环境遭受污染以及非法滥捕，造成 80 年代中期以来沿、近海渔业年渔获量与年产值逐年递减，90 年代开始产量减少至 30 万吨以下，2005 年沿、近海渔业产量 26 万吨，产值 195 亿元，较十年前减少 28%。

三、外海渔场缩小，远洋渔业遭受重创

远洋渔业历来是台湾渔业的支柱，在80和90年代曾经经历过一段辉煌的时期，1981年至1997年，远洋渔业的产量增加了1.3倍，1997年产量曾经达到75万吨，产值491亿元新台币，占当年渔业总产量和总产值的57.2%和56.2%。目前，虽然其从业人员不过1.8万人，仅占渔业总从业人员的5.1%，但产量和产值却分别占渔业的53.8%和占47.5%，其在渔业中的重要性可见一斑。200海里专属经济区建立之后，公海渔业的管理和限制更趋严格，这一变化，使台湾远洋渔业面临更新的问题和挑战。在2001年至2004年间，台湾人经营的权宜船共18艘进行鲔鱼捕捞，被大西洋鲔鱼保育委员会（ICCAT）判定为属于利用权宜船进行非法洗鱼的行为，将台湾2005年的大西洋大目鲔的配额从原来的16500吨删减为14900吨；在随后的“留洋查看一年”中，台湾被认为仍然有违规超捕及洗鱼之嫌，遭受ICCAT的严厉制裁，2005年11月19日ICCAT决议将2006年台湾在大西洋的大目鲔渔获配额减少2/3，即从14900吨减为4600吨，并通过严苛的附带决议，要求台湾减少160艘延绳钓船；同时中西太平洋渔业委员会也于2005年12月16日决定削减台湾大目鲔配额，每年定为15，000公吨。台湾“农委会”渔业署署长谢大文表示，这一国际渔业史上“史无前例的制裁”，将造成台湾大西洋捕鲔鱼业之“崩盘”，乃至捕捞行业无法估计的损失，直接威胁到渔民的生计和渔业的发展。台湾在三大洋的大目鲔总产值约190亿元，渔获年产值估计达新台币900多亿元，大西洋的大目鲔渔获减少2/3后，大目鲔的总产值将减少1/10，据估计，台湾2006年大目鲔渔捞损失将达19.2亿元新台币，若将连锁效应如其他业者停航的损失和增加失业人口的社会成本一同考虑进去，估计损失将达新台币百亿元以上。

四、渔业劳动力青黄不接

台湾自60年代开始发展外向型经济，渔工来源日渐减少，由于岛内渔业工作的待遇和福利不高，加上工作时间长、环境不佳及危险性高等因素，岛内民众从事渔业工作意愿低落，渔业劳动力需求缺口大。目前持有船员手册的船员计有13.4万人，而实际从事渔捞作业船员的人数却远远低于领有船员手册的人数.

综上所述，台湾渔业正承受着内外在环境严酷的考验，据估计，2006年渔业增长率将为-7.76%，渔业产量及产值较2005年将分别减少15.55%和8.35%，渔业在农业总产值中的比重也将从2005年的27.25%降至25.23%。台湾舆论指出，渔业“辉煌的时代已经过去，曾经纵横四海的台湾渔船，已载不动渔民的失望”。

两岸渔业合作——台湾渔业的出路

为了让“已近黄昏”的台湾渔业“起死回生”，台湾对沿岸渔场进行改造，通过投放人工鱼礁；实施钟苗放流来增加渔业资源；减少渔船总数，缓解渔场压力；通过选定优质水产种苗发展核心养殖产业增加养殖渔业生产区，带动养殖渔业的发展；实施减船措施，引导渔业转型，兴办休闲渔业。但民众对台湾渔业的发展前景依旧忧心忡忡，期待发展两岸渔业合作，为台湾渔业寻求出路。

一、开展渔业交流是两岸渔业发展的共同需要

中国是世界最大的渔业及水产养殖大国，也是世界水产的主要进出口和加工国，水产养殖产量约占世界总产量的70%。中国大陆发展渔业的优势在于有一系列对海洋资源进行保护的措施，每年都有休渔期，有充足的劳动力，但大陆渔业整体效益不高，养殖生产方式粗放，品种单一，水产品加工层次较低，渔业发展与国际先进水平仍有一定的距离，台湾渔业产业发达，渔业技术居世界领先水平，水产品竞争力较强，特别是淡水养殖技术水平和生产设备都领先于大陆，水产养殖渔业在国际上具有较高的知名度，在石斑鱼、吴郭鱼、文蛤的养殖和水产种苗的培育上具有技术优势，也是具有竞争优势的出口产品；金枪鱼、樱花虾和油鱼子也以品质高闻名世界；种苗业在世界上也处于技术领先的位置，目前是亚洲水产种苗主要供应来源。台湾渔业无论是技术还是管理，都处于世界领先地位，但是台湾过去不注意对资源的保护，现在台湾周围海域资源已基本开发完成，而且台湾在劳动力上有缺口，渔业发展基本都是使用外劳，这些都限制了渔业的发展。可见两岸具有很强的互补性。两岸渔业合作将有助于大陆引进台湾先进的生产技术和管理经验，借台商的营销渠道顺利打开海外市场，推动本地渔业的快速发展；台湾渔业也可利用大陆廉价的劳力、丰富的资源和广阔的市场，扩大渔业发展空间。

二、两岸渔业合作的良好环境和合作机会

首先，大陆渔业发展进入转型期为台商投资提供了机遇。大陆渔业经济近年取得了迅速的发展，水产品产量达到4900万吨，渔业的快速发展，使水产品市场出现了供大于求的根本变化，因此当前大陆渔业生产的重点由注重产品数量向注重产品质量转化，以提高产品质量和产业层次为目标，重点发展无公害、绿色产品、水产加工和休闲渔业，同时，近年中国政府为防止过度捕捞和保护海洋生态，鼓励发展水产高效养殖及深加工，对优质种苗繁育、高效养殖设备、精深加工设备等有较大需求，水产品储藏、保鲜、分级、包装、运输、加工等领域都鼓励外商和台商投资经营，为台商投资提供了机遇。

其次，台湾水产品在大陆的市场空间大。随着大陆经济的快速发展，人民消费水平提高，需求结构也呈现出多样化，对优质鱼产品的需求增加，而目前大陆本地水产品从结构上来说，仍然是低档、初级产品多，高档品、精深加工品少，大陆每年需进口近20亿美元水产品来满足市场需求。台湾出口到大陆市场的水产品2005年仅900万美元，在出口至大陆的农产品中仅占2.6%，占台湾水产品出口的比例更小，仅0.006%，在大陆进口水产品总量的比重则更小，充分显示台湾产品在大陆还有很大的市场拓展空间。

第三，大陆为推动两岸经贸交流和促进两岸渔业合作创造良好的环境。渔业合作是两岸农业合作的重要组成部分，多年来大陆对两岸的渔业合作始终持积极的态度，为台商来大陆投资提供优惠和便利，创造良好的环境。为扩大台湾捕捞和养殖的水产品在大陆销售，对台湾部分鲜、冷、冻水产品实行零关税优惠措施和检验检疫便利，台渔船只要参照大陆自捕渔船做法，凭公海自捕鱼许可证、贸易合同、发票等资料向大陆检验检疫部门报检，不需要提供岛内主管部门出具的卫生证书，为台湾水产品从大陆口岸进境开辟了通道；考虑到台湾渔业界方面急迫的需求，长期不间断地跟台湾十多家渔业界行业组织和渔会接触，直至恢复两岸渔工劳务合作，表达了台湾渔业界的共同心声，为推动两岸经贸交流和促进台湾渔业的发展起到了积极作用。大陆沿海地区不仅有优良渔港，广阔的浅海滩涂可利用面积，有些还建立了海洋科技园区，台资渔业投资区，水产加工业、食品业、渔需用品贸易、造船业、运输业及服务业等海洋产业链日臻完善，渔业产业集群链业已形成，具有进一步扩大与台湾在养殖、捕捞、加工、经贸、流通等方面的合作的有利条件。近日国务院批准在福建霞浦设立台湾水产品集散中心，集散中心具备专用码头作业、渔船维修补给、水产品冷藏、交易、加工、行政办公、生活居住等主要功能区及相关配套设施，涉及台湾水产品生产、销售、加工等项目，享有国家惠台政策支持，在税收、土地、金融、通关等方面，还将推出若干重大优惠政策。水产品集散中心的建立，为两岸水产业开辟一个新的合作平台，为对外遭受国际渔业组织强大压力、对内受制于当局的台湾渔业找到一个新的出路。

第四，可供合作的领域广阔。在贸易和投资方面，可以在渔产品进出口、水产养殖投资、渔产品加工投资、水产品保鲜仓储设施、渔业工程投资和开发合作；在渔业技术方面，引进台湾水产名优品种、捕捞技术和养殖技术；在渔业关联产业合作方面，可进行的合作有渔船制造维修、养殖饲料加工以及休闲渔业等；劳务合作领域可从单纯的捕捞业扩大到水产养殖、加工等行业；两岸渔业物流中转业、水产种苗合作研发与繁育、合作发展水产品深加工出口基地以及两岸海洋与渔业科技交流合作平台建设方面也有着广阔的发展空间。

由于台湾当局的阻挠，两岸经贸关系一直处于间接、单向的状态，台湾对两岸的渔业合作还有诸多限制：16 项具有特别技术及高度竞争力的产业项目不允许到大陆投资；鱼苗、虾苗、孵化用鱼卵、鱿鱼等 87 项专门技术及高度竞争项目列为项目审查类；有 59 项渔产品禁止从大陆间接进口，55 项需经过项目审查才允许进口；专门订定水产品质量与卫生检疫较严格的标准，设置限制大陆产品进口的关卡。今年上半年两岸经贸关系持续保持热络，但陈水扁推行“积极管理，有效开放”的所谓“大陆经贸政策新思维新作为”，限制台商来大陆投资，不顾广大台商的要求，继续维持台湾企业在中国大陆投资不得超过其资产净值40%的规定，台湾当局的倒行逆施受到包括台湾工商界人士在内的广大台湾同胞的质疑和反对。当前大陆与台湾的渔业交流已经有了良好的基础，我们期待真正实现两岸渔业领域稳定、有序、健康的合作，希望台湾方面也能够从台湾渔业界的现实利益出发，顺应台湾民意，不要人为地设置任何障碍，并为恢复和促进两岸渔业合作做出努力。

台湾渔业产能与两岸整合*

赵玉榕

渔业是台湾农业的重要组成部分，近年来在生产成本增加，劳动力和渔业资源缺乏等因素的共同影响下，渔业产能减退。开展渔业交流是两岸渔业发展的共同需要，市场需求的预期为拓展台湾渔业在大陆的市场空间创造了条件，大陆对推动两岸渔业合作表现出了极大的诚意，两岸在远洋捕捞、投资养殖业企业、休闲渔业和水产品加工企业等方面的合作有着广阔的发展空间。

一、台湾渔业发展现状

台湾四面环海，海岸线长达一千六百多公里，加上西部沿海为和缓平坦的大陆架，有大陆海流、黑潮等交汇，水产资源丰富，渔业历来占有十分重要的地位。战后，渔业发展迅速，80年代以来，其在农业产值中的比重基本维持在21%至28%之间。90年代末期以来，渔业生产继续保持着比较高的增长率，是台湾农业中仅次于种植业的重要部门，也是台湾农业发展的重要支撑。

（一）近年台湾渔业产能进入低潮期

2001年至2006年六年间，台湾渔业经济的起伏比较明显，前三年渔业生产表现出正增长，2002年和2003年增长率分别达到8.04%和7.07%，后三年渔业生产连年递减，2006年增长率为-14%，创历史新低（详见表1）。

---

* 本文原载于《台湾研究集刊》，2007年第4期。

从渔业生产指标来看，同期渔业年总产量约130万吨左右，产值950亿元（新台币，下同）左右（详见表2），2006年水产品总产量128.4万吨，产值858.8亿元，分别比2001年减少8.7%和7.4%。渔业在农业产值中的比重基本保持在25%左右。从产值构成来看，以远洋渔业为主，其余依次为内陆渔业、近海渔业和沿岸渔业，2006年各类渔业产值构成依次为：远洋渔业46.98%，内陆渔业29.40%，近海渔业13.61%，沿岸渔业5.71%；水产品是台湾出口农产品中的重要组成部分，2001水产品出口值首次超过畜产品成为农产品第一大出口产品，2006渔产品出口值12.25亿美元，占农产品总出口的37.1%。渔业也是农业各类出口产品唯一出口大于进口的产业，年贸易顺差额都在8亿美元上下，2004年曾经达到10亿美元（详见表3）。2006年在台湾前十名出口农产品中，渔产品就占了五项，冷冻鲔鱼、冷冻鲣鱼、活鳗鱼、冷冻吴郭鱼和冷冻鱿鱼分别排名第一、第五、第六、第九和第十。相对于台湾农产品贸易的持续逆差，水产品贸易的重要性可见一斑。

表1　台湾农业生产增加率

单位:%

	1999	2000	2001	2002	2003	2004	2005	2006
农业总增长	2.08	2.20	-1.22	4.10	0.145	-4.23	-5.71	0.80
种植业	6.77	-4.67	-4.33	5.50	-2.64	-4.96	-9.48	9.62
林业	-	-1.35	-17.2	11.56	8.88	-0.17	-	11.37
渔业	15.95	9.33	1.69	8.14	7.07	-7.03	21.79	-
畜牧业	-2.07	5.70	0.31	-1.87	-1.20	-0.12	-2.05	14.00

资料来源:台湾“行政院”农委会《2006年农业统计年报》

近年，水域污染、近海渔业资源衰退、渔业劳动力不足、渔业现代化的发展冲击传统渔业生产结构等问题逐渐明朗化，台湾渔业生产的波动经常发生，近五年渔业产量和产值几乎连年递减，2006年渔业总产量比前一年减少2.3%，产值减少7.7%，如果从更能体现产业实际效益的产值观察，内陆渔捞产值减少幅度最大，为-43.1%，内陆养殖-10%，近海渔业和远洋渔业则分别为-6.8%和-5%。渔业在农业总产值中占有22.72%的比重，比入世前的2000年减少了2.22个百分点。渔业总体产能下降的趋势明显。

表 2 台湾近年渔业生产量值

单位：吨、千元新台币

	2002 年		2003 年		2004 年		2005 年		2006 年	
	产量	产值	产量	产值	产量	产值	产量	产值	产量	产值
总　　计	1406741	92808320	1500428	97649970	1258009	98700494	1312852	92811267	1282279	85658209
远洋渔业	823534	45745524	877663	47201835	677703	46983079	752118	43602060	757896	41419202
近海渔业	185939	12539332	193482	12762399	196820	13397416	200730	12634600	154015	9679224
沿岸渔业	49669	4616573	ˊ63739	5987298	56070	6747529	72779	5295572	54226	5431433
海面养殖	29037	3636404	34701	4366849	28094	3326110	34764	39870526	34411	4063897
内陆渔捞	608	29929	475	29545	255	14960	207	13538	155	7709
内陆养殖	317954	26240557	330368	27302045	299066	28231400	272270	27284971	281575	2455673

资料来源:《台湾渔业年报》(2006 年)

（二）影响台湾渔业产能下降的主要因素

1. 资源不足和环境恶化制约养殖渔业发展

70 年代，随着单性罗非鱼养殖、虾类集约式养殖、深水式遮目鱼养殖以及网箱养殖等养殖管理技术的确立、人工饲料的开发和水产种苗业的迅速发展，台湾养殖渔业迅速扩张，成为台湾沿海地区主要经济产业之一，被称为台湾渔业的后起之秀。在 80 年代发展的全盛时期，年产量曾经达 30 万吨以上，产值 340 亿元新台币以上，在 1982 年至 1989 年的 8 年间，养殖渔业曾经是渔业第一大产业。但在快速成长的同时，也逐渐产生了环境恶化与产销秩序失衡的问题。包括因为养殖面积扩大而增加了地区性排水灌溉的困难；过度使用水资源，引起地层下陷以及沿岸红树林等自然资源被破坏；咸水鱼塭的过度开发导致土壤碱化。这些问题的存在影响了水产养殖业的持续经营，目前产量 30.7 万吨，产值 311.6 亿元新台币，占渔业产值 33.5%，与全盛期的 1988 年相比，产量变动不大，产值减少了 9.6%。

表3　台湾水产品进出口情况

单位：吨、亿美元

年份	进口		出口		顺逆差
	数量	价值	数量	价值	
2001	422120	5.03	522722	11.43	6.43
2002	389673	5.00	593740	12.26	7.26
2003	378683	4.96	585273	13.16	8.20
2004	387378	5.26	577375	15.36	10.10
2005	381968	5.67	650477	15.42	9.75
2006	345430	5.93	637430.	12.25	6.32

资料来源：台湾《农业统计月报》。

2. 过度捕捞导致资源日渐枯竭影响沿海和近海渔业

台湾从事沿、近海渔业的渔户约有8.5万户，从业人员约21.5万人，在上世纪80年代，台湾近海和沿海每年渔获量在35－39万吨之间，年产值约200亿元左右。海洋渔业资源具有属共享资源和完全由市场配置的特性，由这一特性所决定，低效率和越捕越少、越少越捕的恶性循环是必然结果。过度捕捞是世界性的问题，台湾海洋捕捞业的迅速发展也是以渔业资源衰退为代价的。沿、近海渔业生产的发展强调开发、生产为主，机动渔船的数量和总功率增长过快，1989年台湾渔船总数15895艘，比1873年增加40%，其中500吨以上船只增加54倍；1989年船只总数减少了2509艘，但由于高吨位船只不减反增，动力渔船总马力从3335162马力增加到4144726马力。①若将舢板和渔筏一并统计在内，在沿、近海作业的船只共有25，458艘。②近海渔业作业渔场已经延伸到东海、黄海海域，甚至到达北纬32度的海域。捕捞强度过量已经超过渔业资源再生能力，渔业资源受到严重破坏，导致渔获种类的低龄化、小型化和低值化，并且使资源衰退陷入恶性循环之中。为

① 《台湾渔业年报》2006年，www.fa.gov.tw。

② 沈大焜：《推进渔业转型与升级》，台湾《农政与农情》，第177期。

维护沿近海资源，台湾曾经在70年代开始实施限制渔船增加数量，但由于外海渔场缩小加大了近海和沿海的捕捞强度，渔业资源受到过度捕捞的压力并没有因此而缓解，80年代中期以来沿、近海渔业年渔获量与年产值逐年递减，90年代开始产量减少至30万吨以下，2006年沿岸和近海渔业产量合计20.8万吨，产值151亿元，与十年前的1996年相比，产量减少30%，产值减少27.4%。

3. 外海渔场缩小影响远洋渔业的支柱地位

远洋渔业历来是台湾渔业的支柱产业，目前有1600多艘渔船从事远洋渔业，远洋渔场遍布太平洋、大西洋和印度洋，共设立有71个岛外渔业基地，目前，虽然其从业人员不过1.8万人，仅占渔业总从业人员的5.1%，但产量和产值却分别占渔业的59.1%和48.3%，其在渔业中的重要性可见一斑。远洋渔业主要包括鲔渔业、拖网渔业、及鱿渔业（兼营秋刀鱼渔业）等，其中尤以鲔渔业产量最高，平均年产量约50万公吨，占整体远洋渔业总产量约70%。当前海洋渔业资源因过度捕捞逐渐恶化，海洋捕捞强度与海洋渔业资源的矛盾不断加剧，大西洋鲔类资源保育委员会（ICCAT）、美洲热带鲔类委员会（IATTC）、印度洋鲔类委员会（IOTC）及中西太平洋渔业委员会（WCPFC）等区域性的渔业管理组织应运而生。1999年“中西太平洋高度洄游鱼种资源保育管理多国高层会议”（MHLC）决议，呼吁相关国家和地区采取合理措施防止渔捞能力扩张，台湾一方面被迫在2001年至2004年间减少渔船数量，但另一方面又通过由台湾人经营外籍渔船进行鲔鱼捕捞，被大西洋鲔鱼保育委员会（ICCAT）判定为属于利用权宜船进行非法洗鱼的行为，将台湾2005年的大西洋大目鲔的配额从原来的16500吨删减为14900吨；在随后的“留洋查看一年”中，因为台湾仍然存在违规超捕及洗鱼行为，大西洋的大目鲔渔获配额被再减少2/3，并被要求减少160艘延绳钓船；同时中西太平洋渔业委员会也于2005年12月16日决定削减台湾大目鲔配额，每年定为15000公吨。台湾大目鲔渔获量减少，影响台湾远洋渔业的生产出口，2006年台湾冷冻鲔鱼出口值5.47亿美元，比2005年减少近3亿美元，若将连锁效应如其他业者停航的损失和增加失业人口的社会成本一同考虑进去，估计损失将达新台币百亿元以上。当前世界上过度捕捞威胁海洋生物的状况依然严重。联合国粮农组织（FAO）在最近发表的报告中指出，世界渔业资源主要约有600种，其中，金枪鱼、纽芬兰鳕鱼、银鳕鱼等四分之一的渔业资源处于枯竭状态或者过度捕捞状态，这一趋势在过去的15年间并没有得到改善。① 公海渔业的管理和限制将更趋于严格，这是台湾远洋渔业发展必须面对的挑战。

4. 渔业劳动力供给缺口大

台湾自60年代开始发展外向型经济，渔工来源日渐减少，由于岛内渔业工作的待遇和福利不高，加上工作时间长、环境不佳及危险性高等因素，岛内民众从事渔业工作意愿低落，渔业劳动力需求缺口大。目前持有船员手册的船员计有13.4万人，而实际从事渔捞作业船员的人数却远远低于领有船员手册的人数。

二、两岸渔业合作的必要性与可行性分析

（一）开展渔业交流是两岸渔业发展的共同需要

中国大陆是世界最大的渔业及水产养殖大国，也是世界水产的主要进出口和加工国，水产养殖产量约占世界总产量的70%。中国大陆发展渔业的优势在于有一系列对海洋资源进行保护的措施，每年都有休渔期；有充足的劳动力；产业结构进一步优化，近海捕捞产量减少，养殖产品在水产品总产量中的比重提高；优势品种区域布局成效明显，对虾、罗非鱼、鳗鲡、河蟹等养殖品种优势区域形成，带动了我国水产品出口贸易的快速增长；水产品加工能力显着增强，成为世界水产品来料加工贸易的主要基地，在国际市场分工中占据了重要地位。但渔业发展面临着来自资源、环境、市场、科技、体制等诸方面的挑战，这些因素不同程度地制约着渔业的发展。例如，资源环境的刚性约束与渔业可持续发展之间的矛盾日益尖锐，渔业增长方式转变的迫切要求与当前渔业科技发展水平不相适应。适于养殖的优良水产苗种遗传

① 《中国海洋报》（国际海洋版），2007年3月30日。

改良率仅为16%，远低于种植业和畜牧业；“十五”期间，中国大陆的水产品出口总量和总产值都超额完成计划，但是渔民人均收入仅完成计划的97.8%，科技贡献率仅90.91%，水产加工率则更低，仅75%。大陆渔业整体效益不高，养殖生产方式粗放，品种单一，水产品加工层次较低的现状表明渔业发展与国际先进水平仍有一定的距离。

台湾渔业无论是技术还是管理，都处于世界领先地位，但是周围海域资源已基本开发完成，渔业生产成本高，在劳动力上有缺口。可见两岸具有很强的互补性。两岸渔业合作将有助于大陆引进台湾先进的生产技术和管理经验，借台商的营销渠道顺利打开海外市场，推动本地渔业的快速发展；台湾渔业也可利用大陆廉价的劳力、丰富的资源和广阔的市场，扩大渔业发展空间。

（二）台湾渔业发展具有较好的基础

台湾渔业产业发达，渔业技术居世界领先水平，水产品竞争力较强，水产养殖渔业在国际上具有较高的知名度，建立了多样化种苗繁殖和量产技术，在石斑鱼、吴郭鱼、文蛤的养殖和水产种苗的培育上具有技术优势，也是具有竞争优势的出口产品；种苗业在世界上也处于技术领先的位置，是亚洲水产种苗主要供应来源，目前已有超过80种的种苗可进行商业化生产；水产加工业发达，已经形成海上、陆上相连接的冷冻加工链，有效地保证了水产品和加工品的质量。另外，台湾渔业资源和生态环境保护体系正在逐步建立之中，例如，台湾对沿岸渔场进行改造，通过投放人工鱼礁；实施种苗放流来增加渔业资源；调整沿、近海渔业生产结构，淘汰低效率老旧渔船；规划发展海洋养殖，减少陆上鱼塭面积；通过选定优质水产种苗发展核心养殖产业增加养殖渔业生产区，带动养殖渔业的发展；引导渔业转型，兴办休闲渔业。具备有成熟的室内超高密度自动化循环水养殖技术，养殖水体经过滤杀菌后循环利用，在增大养殖密度的同时还可节约用水量，例如生产1公斤鳗鱼可节约用水95%，并可将水环境控制于适合的状态，达到提高产品的存活率和品质的目的，还同时具有稳定水质、节约电和人力成本的功效。这些对中国渔业发展来说有一定的借鉴作用。

(三) 大陆渔业发展进入转型期为台商投资提供了机遇

目前中国大陆渔业在大农业中所占份额不断扩大，已成为农业发展的新亮点和带动农村经济发展的新动力。中国大陆海域和内陆水域面积广阔，有丰富的水生生物资源，渔业在近二十年来高速增长，传统渔业向现代化渔业迈进的步伐很快，水产品产量由1985年的700万吨增加到2005年的5000万吨，年均增长超过220万吨，同期，水产品产值从69亿元增加到7584亿元，年平均增加358亿元。在大陆的一些省份，渔业已经成为农村经济的重要支柱产业，例如，广东、海南、福建、山东、辽宁，渔业产值均达到或者超过了农业产值。在扩大就业空间、增加农民收入方面发挥了重要的作用。目前，正值大陆进入社会主义新农村的建设阶段，《中华人民共和国国民经济和社会发展第十一个五年规划纲要》指出，“积极发展水产业，保护和合理利用渔业资源”；加快渔业经济增长方式转变，实现渔业持续、健康发展是当前的一项重要任务。根据我国的渔业生产科学技术和渔业资源保护管理与发达国家相比还有一定的差距以及水产品市场存在供大于求的现实，大陆的渔业发展进入新的转型期。渔业生产重点将由注重产品数量向注重产品质量的转化，无公害、绿色产品、水产加工和休闲渔业是发展的重点；同时，为防止过度捕捞和保护海洋生态，鼓励发展水产高效养殖及深加工，对优质种苗繁育、高效养殖设备、精深加工设备等有较大需求，水产品储藏、保鲜、分级、包装、运输、加工等领域都鼓励外商和台商投资经营，为台商投资大陆水产品加工和水产养殖提供了机遇。在一些工业化进程比较快的城市，传统农业包括渔业在内逐步让位于城市建设，与城市建设相矛盾的海上养殖业逐渐退出渔业，在这些城市或地区，今后渔业发展的重点将放在种苗业、水产品加工业、休闲渔业以及水产物流业等方面，这将为两岸在水产苗种引进和研发、扩大水产加工与流通以及休闲渔业等领域的交流和合作提供契机。

(四) 市场需求的预期为拓展台湾渔业在大陆的市场空间创造了条件

台湾经济价值较高的虾、蟹类水产品及其商业化的育种、养殖技术和新兴渔业经营方式在中国有着良好的市场前景。首先，随着大陆经济的快速发展和居民生活水平的提高，人民的食品消费正在由“追求数量”向“追求质量”转变。水产品的消费结构也将趋于优质化、多样化，对优质鱼产品的需求增加，目前大陆本地水产品在结构上仍然是低档、初级产品多，高档品、精深加工品少，每年需进口近 20 亿美元水产品来满足市场需求。2005 年有 900 万美元的台湾水产品进入大陆市场，仅占出口至大陆农产品总数的 6.3%，占台湾水产品出口的比例仅 0.6%，①在大陆进口水产品总量中的比重则更小；其次，目前中国的耕地资源和畜牧资源已基本上得到了开发，今后能用于开发的，将主要是海洋和内陆水域资源；垂钓和观赏渔业将成为城镇居民休闲娱乐的重要方式；农村市场的开拓也将拉动常规水产品消费市场。中国大陆潜在的市场容量对台湾有着很强的“磁石”效应。

（五）中国大陆为台商来大陆投资和贸易提供优惠和便利

渔业合作是两岸农业合作的重要组成部分，多年来大陆对两岸的渔业合作始终持积极的态度，为台商来大陆投资和贸易提供优惠和便利。近两年大陆出台了一系列促进两岸农业交流的政策，针对渔业方面的有：对台湾部分水产品实行零关税和检验检疫便利：对台湾籍渔船打捞的部分远洋、近海水产品和在台湾地区养殖的部分水产品进口，实行零关税措施；对来自台湾渔船自捕水产品输往福建、汕头参照大陆自捕渔船做法，凭公海自捕鱼许可证、贸易合同、发票等资料向检验检疫部门报检，不再要求提供台湾主管部门出具的卫生证书；建立“台湾水产品集散中心”，具备专用码头作业、渔船维修补给、水产品冷藏、交易、加工、行政办公、生活居住等主要功能区及相关配套设施，涉及台湾水产品生产、销售、加工等项目，在税收、土地、金融、通关等方面，还将推出若干重大优惠政策；充分发挥大陆现有的出口加工区及保税仓库、出口监管仓库的作用，鼓励和支持台商投资农牧产品、水产品等深加工；对台湾农渔产品进口商提出的“网上支付”申请，海关部门将优先受理、审批并安排相关设备；设立联络人和专线电话，提供台湾农渔产品进口通关涉及相关业务的咨询和答疑；提供台湾鲜活农产品在大陆的运输服务和通行保障，包括可以享受沿线省级人民政府制定的“绿色通道”优先通行；台湾农产品生产商和经销商在大陆注册商标获得《商标法》

① 中国国家统计局，www.stats.gov.cn。

的保护，对侵犯台湾农产品注册商标专用权的，按照《商标法》的有关规定予以处罚等等。这些优惠和便利体现了中国政府对促进两岸经贸交流更为务实的态度。

三、两岸渔业投资贸易合作现状及未来发展取向

经过十余年的发展，两岸渔业界的交流与合作已经朝着多方位、多层次的方向发展，在投资、水产品贸易、良种技术引进、劳务输出等众多方面关系日益密切。

（一）两岸渔业投资贸易合作现状

1. 投资——多领域合作 。大陆日益完善的投资环境，促进台商前来大陆投资渔业的发展，台湾水产业在大陆的投资领域从单一的水产养殖，扩展到涵盖苗种繁育、水产加工、饲料、远洋渔业、休闲渔业等领域，其中水产品精深加工、休闲渔业、优良品种繁育是近几年新增台资的主要投资领域。以福建为例，截至2006年年底，台商在福建创办水产企业422家，合同利用台资5.51亿美元，实际利用台资3.8亿美元。其中投资总额在500万美元的水产品加工项目就有20多个。伴随台资企业的创办和发展，吴郭鱼、美国红鱼、甘脂鱼、吴郭鱼、虱目鱼、九孔鲍、斑节对虾、青石斑、龙胆石斑等优新品种，直接引进到大陆并成功推广养殖；高科技含量的水产技术如良种繁育技术、鱼类和浅海、滩涂养殖技术病害防治技术、生态健康养殖技术、工厂化养殖技术、水产品精深加工技术等提升了我省水产业的整体素质，促进了大陆渔业产业结构的优化和渔业产业化进程。

2. 贸易——“正常贸易”与“民间贸易”并重。海峡两岸水产品贸易往来历史悠久，尤其是近十年，两岸水产品贸易日益密切，进出口贸易量和贸易额均迅速增加。根据台湾进出口统计资料，近十年台湾从大陆进口水产品数量和金额增加了77.9%和52.8%，向大陆出口水产品数量和金额增加了753倍和244倍；2007年1至10月两岸水产品贸易进出口额达81190吨，

9558 万美元，其中从大陆进口 30309 吨，6230.8 万美元，向大陆出口 50881 吨，3327.2 万美元。(见表 4)

两岸水产品贸易的主要形式有间接（转口）贸易、直接贸易和渔民海上“鱼钞交易”，其中以两岸之间在沿岸进行的直接贸易为主，“鱼钞交易”是指大陆和台湾渔民直接在台湾海峡或沿海区域进行的民间水产品交易，其数量较难统计，两岸所进行的水产品贸易统计一般都未将“鱼钞交易”计算在内，但据了解，目前海上“鱼钞交易”已有部分转移到岸上，但此种交易方式的数量和金额仍然不小，例如目前福建宁德三沙 2003 年至 2007 年 8 月对台“鱼钞交易”额累计达 740 多万美元。①

表 4 近十年台湾对大陆水产品贸易统计

单位：吨、千美元

年份	水产品进口				水产品出口			
	总进口		从大陆进口		总出口		向大陆出口	
	数量	价值	数量	价值	数量	价值	数量	价值
1997	476739.2	731291.9	14855.1	29474.5	400305.1	1271095.7	45.0	129.0
1998	299051.4	541754.9	13791.7	25898.4	471430.4	1092014.5	1386.8	2602.2
1999	437255.3	595945.8	13995.0	27266.0	411958.0	1022555.2	235.9	211.3
2000	456214.4	596176.8	13835.7	23881.8	479442.8	1211132.3	1654.5	720.1
2001	424203.3	502683.1	12724.8	18858.6	510736.1	1142736.7	1814.6	1043.0
2002	388803.8	500747.8	14089.5	21793.0	580032.0	1225762.9	2663.2	1337.8
2003	377482.9	496030.3	15647.7	25975.9	570712.5	131599.2	1723.2	1967.4
2004	386560.7	526062.7	19659.5	35120.3	558293.0	1535946.4	2756.1	4193.2
2005	381406.8	567307.5	20237.7	42502.1	625679.3	1542091.6	5133.9	9481.5
2006	344623.1	593331.5	26423.5	45050.1	616250.9	1225311.2	33943.7	31650.3
2007 (1-10)	260263.4	513832.5	30309.3	62307.7	518971.6	966335.7	50881.1	33272.4

资料来源：《台湾渔业年报》(1997-2006)；海关进出口统计资料，台湾“行政院”农业委员会。

两岸水产品贸易的产品结构相对稳定，根据台湾渔业部门统计，大陆对台湾出口主要品种有干贝、鱼翅、鱼卵、虾、蟹、鱿鱼、紫菜、珍珠、海

① 福建新闻网，www.fjcns.com。

带、海蜇、鱼浆等；台湾输往大陆的水产品包括墨鱼、鱿鱼、鱼翅、鲔鱼、鲣鱼、旗鱼、秋刀鱼、鲨鱼、鱼粉、鱼饲料等。按类别分，大陆对台湾出口的水产品，鱼类及其制品占15.3%，甲壳类及其制品占10.7%，饲料用鱼粉占10.1%，软体类及其制品占8.7%，台湾出口到大陆的水产品近90%是鱼类及其制品和软体类及其制品，分别占45.7%和43.5%。2006年大陆对台湾出口的前五位水产品为紫菜和海苔、蟹、海带、鱼卵和虾，其中紫菜海苔、蟹和海带占68.6%，共3090.4万美元；从台湾进口的前五位水产品为鱿鱼、黄鳍鲔、大目鲔、鲣鱼和鱼翅，其中鱿鱼1364.1万美元，占43.18%。①

（二）两岸渔业产业合作的未来发展方向探讨

台商投资大陆的产业基本格局为，首先集中在第二产业中的制造业，其次为服务业，最少的则是农林渔牧业，事实上两岸农业领域存在较强的互补性，但台商投资农业的金额始终不高且投入结构不合理，②农产品贸易往来在两岸贸易中也仅占有很小的比重。根据台湾“经济部”投资审议委员会的统计，1991年至2007年7月，台商投资大陆制造业共17005件，总金额350.56亿美元，占总投资的58.69%，而同期投资农林渔牧业540件，金额2.38亿美元，占总投资金额的比重仅为0.39%；③而与两岸农产品贸易相比较，两岸水产品贸易的发展则更慢，规模也更小，2006年大陆已经成为台湾农产品第三大出口国，出口金额4.3亿美元，占9.92%，第五大农产品进口国，进口金额5.63亿美元，占总进口5.53%，而两岸水产品贸易在台湾水产品进出口额中的比重仅为12.1%和3.5%。由海峡两岸渔业资源、生态环境、科技水平、劳动力资源以及市场条件的方面的差异性所决定，两岸渔业产业和贸易存在互补性和发展潜力。

未来两岸渔业交流与合作可供探讨的方式如下：

1. 引导台商加大对产业领域的投资力度。水产品加工业、水产养殖业、

---

① 《台湾渔业年报》，www.fa.gov.tw。

② 张传国：《中国大陆利用台资政策评价与调控》，鹭江出版社，2007年版。

③ 台湾《两岸经济统计月报》，第176期。

远洋渔业以及渔业关联产业是未来两岸渔业合作的重要领域。

大陆目前水产品精、深加工产业还为数不多，贝类和藻类、海洋药物以及海洋功能食品的加工几乎还是空白，与台湾加工业合作的空间还很大。

水产养殖是海洋经济的支柱产业，是陆地经济增长的新动力。大陆虽具有发展水产养殖业的优越自然条件和规模经济上的优势，但技术含量低，养殖产品加工率低，其发展受到资源、环境、市场、科技等诸方面因素的制约。台湾水产养殖业发展空间受限，但在高经济价值鱼种和行销贸易渠道上具有竞争优势。未来应重点发展品质优良，市场接受度高的鲍鱼、对虾、罗非鱼、石斑鱼、军曹鱼等优势品种养殖；分区域、有针对性的引进具有低生产成本，高经济效益特点的外海网箱养殖、低能耗循环水养殖等关键技术，提升大陆水产养殖业的技术水平，提高其抵御自然风险和市场风险的能力。

大陆与台湾在远洋渔业方面的合作目前还不多。当今远洋渔业已经成为一个国家或地区渔业发展水平的重要标志，大陆和台湾同属世界上为数不多的年产量超过 10 万吨的国家和地区之一，当前台湾远洋渔业发展萎缩，正在谋求出路，是加强两岸远洋渔业合作的有利时机。大陆可借鉴和利用台湾在远洋渔业方面的高新技术，如卫星遥感和地理信息系统等，改造传统的海洋渔捞业；允许台湾到大陆注册远洋渔业企业；准许台湾的渔业船队设立渔业公司；引进台资改造、新建远洋渔船；兴办远洋渔业合资企业等。

在渔业关联产业合作方面，可进行的合作有渔船制造维修、养殖饲料加工以及休闲渔业等。休闲渔业是近年来世界各地在海洋渔业面临资源衰退，渔业效益下降的情况而采取的战略措施。随着祖国大陆工业化和城市化的加快，集生态、生产、生活于一体的休闲渔业是今后渔业发展的重要方向。应该借鉴台湾发展休闲渔业经验，吸引台资在沿海区域发展观光码头、观光渔业等休闲娱乐的渔港经济，减轻海上捕捞压力，促进渔村经济发展。

2. 完善专业化和规模化的对台水产品交易平台。目前两岸水产业民间的交流越来越频繁，台湾进入大陆的鱼苗、水产品等主要是在沿海的台轮停泊点或码头等转运上岸，部分民间的水产品交易还是在台湾海峡以

"鱼钞交易"是方式进行，交易地点分散，设施简陋，不利于两岸水产品交易的持续发展。应继续选择有交通便捷且有较完备的港口资源条件的地方设立海峡两岸水产品集散中心，集散中心应该配备有固定靠泊的专业码头，有冷藏、冷冻、活鱼暂养、油料补给等保障设施，有发达的水产品加工基地和相对稳定的贸易渠道，并引入台湾水产品批发市场拍卖交易、期货交易等交易方式，确保货源充足和交易公平。为充分发挥集散中心的功能，在条件具备的时候，增加台湾水产品免关税的品种，或进行关税和增值税的减免。

3. 建立两岸渔业资源开发、保护和管理合作机制。当前海峡两岸共同依赖的东海、黄海、南海渔业资源，正在遭受过度捕捞的威胁；两岸的渔业作业海域重叠，渔船事故以及人员纠纷难免发生，维系中国海域渔业资源的永续利用，保证渔业可持续发展，维护两岸渔民的合法权益是两岸人民的共同期望。保护和管理渔业资源关键在于应该建立起有效的合作机制，包括对渔业资源进行调查、评估和共同开发；相互提供海难救急支援和渔船补给作业；协调两岸渔事纠纷，建立事故仲裁处理机制；联合进行渔业劳工技术技能培训等。

4. 共同开展渔业科学研究，建立长期的合作机制。目前大陆的台湾水产种苗主要以对虾苗种为主，其他鱼、贝、藻类的苗种培育技术还不过关，数量很少，有待于建立专门的水产种苗繁育研发中心和生产基地，引进台湾渔产名优品种进行试养、繁育和推广，促进水产养殖品种的更新换代；双方的高等院校和海洋科技研究机构联合开展相关课题的学术研究，并通过举办学术研讨会交流研究成果，建立长期的合作机制。

5. 规范对台渔工劳务输出的管理。两岸渔工劳务合作的重新恢复有望使两岸渔工劳务合作朝向制度化方向发展，随着双方协调机制的逐步完善，对台渔业劳务合作领域有望由捕捞业向水产养殖、加工等行业扩展。在对台渔工劳务合作问题上，我们不仅对渔工的合法权益要据理力争，同时也要规范对台渔工劳务输出的管理，包括严格渔工资格审查、进行安全技能培训等，使两岸渔工劳务合作真正成为连接两岸人民感情的纽带。

四、结　语

目前，两岸经贸关系还处在间接、单向的状态，台湾当局对两岸的渔业合作还有限制：16 项具有特别技术及高度竞争力的产业项目尚为被允许到大陆投资；鱼苗、虾苗、孵化用鱼卵、鱿鱼等 87 项专门技术及高度竞争项目列为项目审查类；有 59 项渔产品禁止从大陆间接进口，55 项需经过项目审查才允许进口。目前以及今后一定的时期内，双方都还不会成为对方水产品的主要贸易伙伴，但由渔业产业和贸易客观存在的互补性所决定，两岸渔业产业和贸易的合作势必将带动双方渔业的可持续发展，我们期待两岸渔业领域稳定、有序、健康的合作能够早日实现。

论台湾农业科技创新及其启示*

赵玉榕

战后台湾农业由落后走向先进，由传统走向现代，农业科技的研究和创新在其中起了关键的作用。科技创新是推进农业现代化、提高农业综合效益、增加农民收入的重要支撑。台湾农业科技创新的做法和经验值得我们借鉴。

一、农业科技创新的理论和内涵

一般认为，技术创新的理论是美籍奥地利经济学家约瑟夫·熊彼得所开创的，新近有学者认为，马克思才是技术创新理论积极性的鼻祖，马克思的技术创新理论包括技术创新类型论、主体论、动力论、规模论、演化论、创造性破坏论、技术创新与资本积累论等，相对于熊彼得，马克思的技术创新理论更全面和深刻。

对于农业技术创新的内涵和特征，不同学者有不同的见解。笔者认为，应该从广义的角度来理解农业技术创新的内涵，其不仅指农业技术发明在农业经济活动中的应用，即包括农业新技术的研究和开发、转移和渗透，还应该包括商业化生产与扩散、市场销售，甚至科技人才培养和服务，其应该是一个包含科技、社会和经济在内的复杂系统，能提高社会、经济和生态效益

---

* 本文原载于《海峡科技与产业》，2007 年第 6 期。本文参考文献有，廖安定、魏碧珠：《推动农业经营企业化，建立农业中卫体系之思维》，台湾《农政与农情》，第 174 期；陈昌岑：《促进农业企业研发辅导办法》，台湾《农政与农情》，第 174 期；台湾《农业年报（2005 年）》；傅新红：《试论农业技术创新的内涵和特征》，《山地农业生物学报》，2003 年第 4 期；台湾《科学技术年鉴（2006 年）》。

的技术都应该是农业科技创新的内容。

二、台湾农业科技创新的特点

战后，台湾以“发展农业、建设农村和照顾农民”为施政的主要目标，推动了一系列的农业建设方案，经历了战后恢复，迅速发展，工农、城乡协调发展的过程，综合生产能力不断提高，农业由落后走向先进，由传统走向现代，主要得益于农业科技的研究和创新。21世纪，知识经济与经济全球化进程明显加快，以农业生物技术和信息技术为特征的新的科技革命浪潮正在世界各国全面兴起；而贸易自由化又对农业提高经营效率和竞争能力提出新的要求，农业的发展比任何时候都更加有赖于科技进步和科技知识的应用，技术创新成为提高农业竞争力的核心。在这样的背景下，以“差异性和不可替代性的产品或服务来强化竞争优势”，“以创新研发以及行销服务”作为农业科技发展的重点，台湾制定并实施了新的农业科技发展战略。

台湾农业技术创新具体表现在以下几个方面：

（一）机构创新：具有层次分明的农业科技创新体系

台湾有一套比较完整的科技体系，“国家科学委员会”负责研究和协调科学发展工作，“行政院科技顾问组”是负责制定科技发展策略以及评估情况的最主要的资讯机构。农业科技发展问题通常由科技顾问组研究讨论，提出建议后，由“农委会”制定具体计划，颁布政策，并提供经费。农业科技研究系统具有层次分明、结构合理、力量集中的特点。“国科会”以资助农业基础理论研究为主，“农委会”则侧重资助农业科技应用研究和推广；“中央研究院”主要从事学术及基础研究，大专院校在培养农业科学研究、教育和管理的高级人才的同时也从事农业技术研究；“农委会”所属试验研究机构进行农业应用技术的开发和研究以及推广试验。农业科学的研究机构主要有：“中央研究院”下属的生物农业科学研究所，“经济部”下属的两个研究所（糖业、畜产）；“教育部”下属的各大学院校农业研究所以及“农委会”下属的若干试验所和农业改良场等，其中“农委会”下属的各试验所和农业改良场集中有全台湾的主要农业科技研究力量。为了整合农业研究力量，提升农业研究水准，台湾决定将“农委会”所属的农业试验所、林业试验所、水产试验所、畜产试验所、家畜卫生试验所、农业药物毒物试验所、特有生物研究保育中心、茶业改良场及种苗改良繁殖场等九个试验研究合并成立“国家农业研究院”，“国家农业研究院设置条例（草案）”已经行政院组织改造推动委员会通过，第一阶段的20项法规及措施已经制定完成。“国家农业研究院”将以财团法人化的组织形式运作，政府负责给予必要的经费支持，并具有监督权，主要任务为研发、成果管理和技术转移，组织、人事及经营管理方面将更具“弹性”。

（二）管理创新：科技管理规范

台湾不仅在农业科技研究发展、农业各产业技术发展政策、制度、法规、策略及重大方案、农业科研计划资源分配的咨询等都有相关的机构负责，并且有一套完整、有效的，并且根据科技发展和应用的需要不断改进和创新的科技计划和成果管理办法。

1. 农业科技计划绩效评估制度。为协助确保科技计划经费更有效运用，以提升科技计划执行绩效，以往相关部门较少对下达的科技计划执行过程和研发成果进行追踪和监督，对科研过程疏于管理，影响了科研成果的实际运用。农业科技计划绩效评估制度，对评估、绩效衡量标准以及评审流程进行规范，建立起合理完整且具体可行绩效评估和回馈制度，不仅有助于保证科研成果的实际效益，且也为政策制定以及科研规划提供参考依据。

2. 科技成果管理。在1999年1月颁布的“科学技术基本法”的基础上，“行政院农业委员会”2001年9月发布了“行政院农业委员会科学技术研究发展成果归属及运用办法”对研究成果的管理与运用进行规范，为农业科研成果的管理和运用取得了有效的法律保证。2004年3月上述“运用办法”进行了修正，对农业研发成果管理制度评鉴、产学合作以及研究成果收入分配等方面做了更明确的规定。

3. 研究成果评鉴制度。针对接受“农委会”补助或委托的科技计划执行单位所实行的研发成果管理制度。由“农委会”委托财团法人台湾管理科学学会执行，评鉴项目包含研发成果管理制度、技术移转制度、研发成果之会计及稽核制度与敏感科技安全管制制度等四大项目。

4. 建立标准作业及与世界接轨的质量认证体系。2007 年 1 月颁布了“农产品生产及验证管理法”，对优良农产品认（验）证、有机农产品与农产加工品管理、农产品产销履历管理进行规范，农产品生产及验证管理法施行细则、进口有机农产品管理办法、农产品产销履历管理办法、优良农产品验证管理办法、农产品检查及检验办法、检举违反农产品生产及验证管理法案件奖励办法等 10 个相关子法也在制定之中。健全、法制化的农产品产销履历制度，维护了消费者健康与权益。

5. 强化对知识产权的保护。过去台湾的研究成果大都直接向农民推广，在农业科技成果知识产权保护方面相对薄弱。近几年台湾开始重视科技成果知识产权的保护，成立“农业智慧财产审议委员会”，通过“智审会”的有效运作，不仅农业科技成果知识产权得到了保护，技术转让收入也迅速增长，2002 年至 2006 年累计取得专利 154 件，技术转让 175 件，技转收入 6461 万元（新台币，下同），比 1989 年到 2001 年的计转收入总和还多。

（三）技术创新：加强基础及高新技术研究

台湾重视农业基础和高新技术研究，科研投入维持在较高的水平，根据统计，2004 年台湾农业基础研究科研经费为 6.45 亿元，共 729 个研究课题，涵盖生物多样性、农艺学、园艺学、农械、土壤、植物保护、畜牧兽医、森林及水土保持、渔业等多领域；参加研究人员 1997 人；应用研究与技术发展（含农作物科技、林业科技、渔业科技、畜牧科技、食品科技等）的经费投入为 12.15 亿元。

研究成果丰硕：2005 年和 2006 年台湾农业科技研发成果共 1814 项，其中“农委会”所属研究单位 1293 项，委托财团法人研究机构或大学院校研究 537 项；研究范围广泛，涉及农业政策、生产、生态、加工、信息等领域，其中农业领域有 498 项、农业政策 58 项、农业推广 100 项、防疫检疫 262 项、林业 103 项、林业防灾 2 项、渔业 110 项、牧业 26 项、信息化技术 76 项、生物技术 168 项、生态及生物多样性 195 项、自动化 33 项、食品 101

项、资源3项及环保63项。

由于农业科技研究针对性和实用性强，与市场和生产紧密联系，不仅科研成果丰硕，且研究成果易于为农户所接受，推广效果好，增加了科研部门的直接收益。1999年—2004年，农委会所属16个试验改良场共新育成148个农林牧渔新品种，累计产值963.41亿元；开发新技术370项，累计增加收益467.24亿元；开发新产品73件，直接效益达到81.78亿元；专业资讯、现场指导和品质评鉴等技术服务441项，估计增加收益248.21亿元；专利及技术授权149件，累计技术转让收入1715万元。可量化产值总计为1760.8亿元，同期，农业科技投入为189.96亿元，投入产出比高达1：9.26。

（四）成果实现方式创新：科研与推广互为依托

科技成果转化、示范与推广应用是农业科技转变为现实生产力的关键环节，科研创新是推广的前提，科技推广是科研价值的具体实现。高新农业技术能否转化为生产力，关键至于把高新、适用的农业技术及时送到农民手中。科研和完善的农业科技推广服务体系紧密结合，教育、科研和推广互为依托，教育为科研和推广服务，科研成果通过教育和推广及时转化为生产力。台湾农业技术的推广和普及通过三大体系进行，一是农业改良场，二是大专院校，三是农会等农业合作组织，三大推广体系职能各有所侧重，相互配合。农业改良场是区域性的农业技术研究和推广单位，负责本辖区内的农业技术指导、规划及推广人员的教育培训等工作；中兴大学、屏东科技大学、台湾大学和宜兰大学等院校设置有农业推广委员会或推广中心，并配备有农业推广教授，兼任相关区域农业改良场农业技术咨询委员，定期或不定期召开农业研究教育推广联席会议及农业技术咨询会议，协助解决农业经营及乡村发展相关问题；农会将农业推广、家事辅导和农民教育形成一个有机的整体，将科研和教育单位的技术转移给农户，通过示范、培训班、研讨会等形式，让农民理解新品种和新技术。教育、科研和推广三方面紧密配合的农业科研成果实现方式创新，保证了科研成果及时转化为生产力，取得效益。

（五）经营模式创新：中心卫星体系

在发达国家，不论农业经营规模大小，家庭农场作为农业的基本单位，都是通过社会化服务，实现了小生产与大市场的连接，在市场经济迅速发展，市场竞争十分激烈的情况下，家庭经营通过多种形式联合起来，实现产业化生产，一体化经营，使农业生产呈现专业化、规模化、科学化和商品化趋势，已成为现代农业发展的基本途径。纵观世界各国的农业产业化过程，农业科技进步的推动具有重要的作用。台湾农业现代化的实现在于采用了将传统农业的优势与现代科技相结合的办法，通过加大对农业科技的投入，发展农业科技来带动小规模农业产业化的实现。

21 世纪是全球化、自由化的知识经济时代，台湾农业资源配置不合理，农产品产销失衡的问题依旧突出，有效的企业化经营是提升农业竞争力的必要保证，最近台湾在“新农业运动”提出的“中心卫星体系”就可以看做是经营模式的一个创新。“中心卫星体系”的推动策略包括农业经营企业化、创新研发产业化、农业人才优质化、物流运筹效率化、产销分工专业化、产销履历透通化等六大方面。但其实质在于农业经营企业化，即发挥“群聚规模经济效益”，“以农会、合作社等农民团体或农企业为中心经营体，其外围之农民团体或产销班为卫星农场，运用垂直整合、水平扩张、同业与异业结盟等方式，将小农结合成为大农，以降低经营成本、改进产品质量、稳定产品供需、提高产销效率及精准掌握市场需求，共同塑造竞争优势”。“中心卫星体系”是台湾以往农业经营方式变革的延续，其对农业发展将产生怎样的效益，值得关注。

（六）服务方式创新：信息化

当今时代信息作为一种新的生产要素正在发挥越来越重要的作用。农业信息化就是把现代信息技术应用于农业生产、交换、分配和消费的全过程，其可降低农业生产的投入，增加农产品的数量，提高质量，加速农产品的流通，是提高农业经营效率，实现资源高效配置的手段。台湾农业信息化体系包含了生产调查、市场交易、营销服务、农产贸易、产销分析、经营辅导及农业环境信息等七个方面，以各项利用因特网技术与行动通讯的整合产销信息系统为核心，从农产品的产销数据调查、搜集及信息服务的提供，到辅导农民、产销班、农会及通路业者发展农产品电子商务应用均涵盖其中。

台湾农业的信息化已经达到了一定的水平，电子信息技术已经广泛应用于农业经营的全过程。通过网络提供市场行情、生产与销售资料、农业资材与农产贸易等产销情报信息，例如“市场情报服务查询系统及数据库”、“农产品交易行情系统及数据库”、“农产品贸易查询系统及贸易情报数据库”、“农情报告操作系统”、“农产品物价查报系统”、“农产品生产成本调查系统”、“稻米生产量及面积调查”与“稻米粮价及小包装价格调查系统”等；全台湾344个农渔会全部建立了“农业资讯社群网络”，使农渔会的推广、供销、保险、会务等都实现了电子化；几乎所有的批发市场已经实现了拍卖过程电子化。

（七）科技领域创新：生物技术产业

生物技术是20世纪的新兴科技，其发展已经广泛地被应用在包括农业、食品、医疗等各项领域中。90年代末以来，台湾开始加快生物技术的研究创新及其应用技术的发展。1997年通过“加强生物技术产业推动方案”，生物技术产业产值逐年增长，从1999年的180亿元增加到2004年的343亿元，在“挑战2008：国家发展重点计划”中，生物科技被列为“明星产业”之一。农业是生物技术应用最广泛的领域，从1999年开始施行农业生物技术“国家型”科技计划，花卉及观赏植物、植物保护、水产养殖、动物用疫苗、农产品保鲜利用、农业环境保护以及保健及药用植物等列为重点领域，目前正在施行中的第三期计划（2005－2008年）投入经费28亿元，预计相关产业产值可超过1000亿元。农业生物技术稳定成长，1997年仅生物技术产业的产值就达102亿元台币。为推进农业生物技术的研究及生物技术产业的更深入的发展，2003年设立了“农业生物技术园区”，由屏东县农业生物科技园区（“中央主导型”园区）和彰化县花卉园区、台南县兰花生物科技园区、嘉义县香草药草生物科技园区以及宜兰县海洋生物科技园区（“地方政府主导型”园区）等五个园区构成，总规划面积901公顷，经费投入151亿元新台币。农业生物技术园区兼具研发、产销、加工及运转功能，形成农业科技产业的规模效应，是生物科技产业化的重要举措。截至目前，屏东农业生物科技园区已完成 233 公顷基础工程，51 家厂商获准进驻，总投资额达 26.46 亿元，其中 14 家厂商已于 2007 年 7 月入驻；台南县兰花生物科技园区完成营运服务中心、国际花卉展览中心、兰花公园等 23 公顷公共设施 1 期工程建设，核准 29 家业者进驻，可租用地出租率 100%，10 家进驻业者已投产；彰化县“国家花卉园区”、嘉义县“香草药草生物科技园区”、宜兰县“海洋生物科技园区”各项规划或建设均积极进行。园区营运后，将带动成为卫星农场生产区的周边相关农业生产的发展，增加农民收益。园区共可容纳 120 家企业，预计 2012 年台湾农业生物科技产业年产值可由目前之 40 亿元达到 290 亿元，并增加 1.7 万名就业机会。

“农业转型科技化，科技成果产业化”是当前台湾农业发展的主流方向，农业科技创新能够增加农产品高科技含量和高附加价值，是减少入世给农业带来的冲击，提高农业国际竞争力的根本措施。

三、几点启示

综上所述，台湾建立有门类齐全、分工明确的研究开发体系，规范的管理办法，健全的农业推广服务组织，完善的农业资讯体系，农民具有使用科技成果的积极性，这些因素是台湾农业科技得以发展，并且不断创新的基础和条件。

当前，我国农产品供给结构性剩余，农民增产不增收的状况十分突出，大力推进科技创新，推进农业科技成果产业化，加快农业和农村经济结构调整，是解决目前农业问题的关键。

我国的农业科技发展存在着重研究轻推广，重成果轻应用、科技成果整体水平低、科技投资总体偏少、科研与市场脱节、科研、教育和推广联系松散、科研成果无法转化或不能及时转化以及农业科研高级人才不足等问题。影响了农业科技对农业和农村经济支撑能力的充分发挥。如何尽快建立和完善农业科技创新与转化体系，使农业科技为现代农业和农村经济发展，起到真正的促进作用，是一个值得高度重视并急需解决的问题。

从台湾农业科技创新的经验，我们得出以下几点启示：

1. 构建新型的农业科研体系。为有效避免科研成果与实际需要脱节的现象，大部分农业研究机构（部分提供公共服务的科研机构出除外）应该转为企业，直接面向农民和市场，参与竞争；

2. 建立和健全科研、开发和推广三位一体的体制，促进三者的有机结合，提高科技成果转化率；

3. 增加实用性强的农业技术成果数量，将农业生产急需的，适合我国生产要素发展水平和市场需求变化的技术，作为农业科研的突破方向，尽可能多的提供既经济实用且操作简易的技术，便于科技成果和技术的推广；

4. 建立具有较强国际竞争能力的农业科技人才队伍，农业院校在培养农业技术专业人才的同时，更要注重培养兼具科技和经营管理的复合型人才；

5. 加大农业科技创新的资金投入力度。除了加大政府的投入力度外，要调动民间资金的参与，形成多元化的科技资金投入机制，并且要拨出专项经费专门用于农业技术推广工作；

6. 提高农民素质，采取有效措施，激励农民主动采取新技术，并提高农民获取和接受新技术以及利用信息的能力。

论海峡两岸科技产业的分工与合作*

李 非 熊俊莉

一、引 言

关于两岸产业分工与合作的研究，依其贸易受限、投资单向等特性，一般集中于台湾对大陆直接投资所产生的生产分工与合作方式，以及对区际资源配置及跨区商品、劳务交换的影响等领域。近年来随着两岸产业结构不断调整，科技产业的分工与合作已成为两岸产业分工合作体系中最重要的组成部分，各种探讨两岸科技产业分工方式、合作策略和成效评测等层面的研究有如泉涌，其中部分是基于对外投资理论中早期的产业组织理论（industrial organization theory）、区位理论（location theory）等解释两岸产业分工的形成机制，也有利用产品生命周期理论或价值链（value - chain）与产业附加价值结构的角度来分析台湾科技产业西移大陆的趋势。

大陆地区对两岸科技产业分工合作的研究多集中于产业互补性分析和分工合作趋势评测。韩清海利用分工理论中经典的“比较利益”原理，研究两岸产业分工合作的架构，指出两岸高科技产业分工合作的必然趋势。① 郭国庆等借助国家或地区科技产业发展四步骤（概念科技化、科技商品化、商品产业化、产业国际化）及科技产业价值链（研究、设计开发、物流网络、生产制造、市场营销）的分析模式，考察两岸在科技产业合作方面的机会和可能。②

近年来台湾地区对两岸科技产业竞争与合作关系的研究也不断升温。王

* 本文原载于《海峡科技与产业》，2008 年第 3 期。

① 韩清海：《海峡两岸产业分工合作的架构与趋势》，《台湾研究集刊》，1994 年第 3 期。

② 郭国庆等：《论台湾科技产业发展的缺陷与两岸合作模式》，《中国科技论坛》，2001 年第 6 期。

凤生等以徐作圣高科技产业生命周期四阶段的研究为基础，分析了两岸高科技产业的动态发展历程和差异性，并提出两岸高科技产业发展的三个原则（核心—差异化、速度—相对化、合作—全球化）和三种竞合模式（合作生产模式、良性竞争模式、资源整合模式）。① 陈丽瑛等受台湾“经济部”工业局委托研究，由贸易、投资效益、技术移转、企业营运面等多角度，评估台湾1993年底“产官学”共同研拟的“两岸产业分工政策及12项产业的分工体系”执行成效，认为电子业、通信业等产业应适当调整改变其“投资从严、贸易从宽”的一般性分工原则。②

本文试图在前人研究的基础上，利用区域分工与合作的理论框架，深入分析两岸科技产业的分工形式与分工机制，探讨未来两岸促进分工、加强合作的发展策略。

二、海峡两岸科技产业的分工形式

就产业分工内容而言，物资交换、商品贸易属低层次的分工形式，而区别于贸易所引致的资本、技术和人才等生产要素的直接流动是区域经济分工加深的表现，属高层次的分工形式。随着区域性分工和产业性分工的深化，两岸科技产业分工以前所未有的速度发展，并表现为三种主要形式：以进出口产品为表现形式的贸易分工体系、以台商投资大陆所带动的制造生产分工体系、以技术和人才流动所产生的研发分工体系。

（一）两岸科技产业的贸易分工体系

近年来，尽管台湾当局仍然限制近两成的商品，但总体而言，贸易开放的步伐缓慢而持续地进行着，两岸经贸往来渐趋频繁，科技产业的贸易关系也逐渐深化。台湾“国贸局”进出口贸易统计数据显示，电机设备及零件、光学照相精密仪器与机器机械用具等科技产品的进出口已成为两岸贸易的主力。

首先，可以用产业进出口依存度来测度两岸科技产业贸易联系的紧密程

① 王凤生等：《从高科技产业动态发展模式解析两岸产业竞合策略》，《科技管理学刊》，2003年第8期。

② 陈丽瑛等：《两岸产业分工政策执行成效之评估》，台湾“经济部”工业局委托研究报告，1997年。

度。作者对1997年以来上述三类科技产业的统计结果（表1）显示，两岸间科技产业的贸易关系发展十分迅速。以电机设备及零件类为例，2006年台湾对大陆出口153.9亿美元，进口86.2亿美元，与1997年比较提高了近10倍；进出口依存度也分别上升至17.60%和18.68%。同时，尽管该产业台湾对大陆存在67.7亿美元的顺差，但产业进出口依存度却十分接近，而相比而言，光学照相精密仪器产业随着两岸贸易关系的加深，出现严重失衡的现象，台湾对大陆出口依存度高达54.58%，远大于进口依存度11.85%。

表1　两岸科技产业进出口依存度变化趋势

年份	电机设备及零件		光学照相精密仪器）		核子、机器机械用具	
	进口依存度	出口依存度	进口依存度	出口依存度	进口依存度	出口依存度
1997	3.56	0.77	0.70	0.33	2.03	0.30
1998	4.60	1.37	1.14	0.75	2.14	0.28
1999	5.00	2.57	1.08	0.65	1.83	1.00
2000	5.23	2.57	0.93	0.94	2.61	1.36
2001	6.47	3.40	1.65	3.77	5.18	2.30
2002	7.96	9.13	2.32	11.88	9.26	5.16
2003	9.81	13.47	5.60	43.58	13.70	11.10
2004	11.28	16.18	8.28	58.54	13.77	14.65
2005	14.47	17.79	10.12	57.85	14.84	16.72
2006	17.60	18.68	11.85	54.58	15.27	19.13

注：（1）表中产业进（出）口依存度均指台湾该产业对大陆的进（出）口依存度（%）。（2）进出口数据取自台湾"国贸局"对大陆（未包括香港）贸易统计。

资料来源：作者根据台湾"国贸局"两岸贸易数据整理计算，http：//cweb.trade.gov.tw.

其次，通过计算基于产业的贸易专业化系数（进出口差额占进出口总额的比例），也可以了解两岸在科技产业分工的角色。贸易专业化系数（TSC）的计算公式如下所示：

$$TSC_i = \frac{(X_i - M_i)}{(X_i + M_i)}, \quad -1 \leq TSC_i \leq 1$$

其中，代表不同的产业，代表台湾产业出口到大陆的出口值，代表进口值。当产业台湾对大陆顺差时，为正数，逆差时为负数。当指标值愈接近－1或1时，则表示两岸间该产业的垂直分工程度较高，台湾对大陆的贸易专业化程度较高，即上下游的分工关系程度较高；反之，若趋近于0，则表示该产业的水平分工程度较高，属于产业内贸易形态，即两岸贸易的产品同质性高。作者计算上述三类科技产品的贸易专业化系数绘得图1，可以看出2000年以后随着两岸贸易逐渐开放和产业分工日益深化，台湾对大陆各类科技产业的进出口贸易均由逆差转为顺差，各产业的贸易垂直分工程度不断提升，直到2003年以后相对稳定下来。2006年，光学照相精密仪器的TSC高达0.75，显示两岸该产业高度垂直分工；而电机设备及零件与机器机械用具的TSC就相对较低，分别为0.28和0.21，呈高度水平分工形态。这样的贸易分工形态可能和产品的生命周期有联系，处于产品生命周期成熟阶段的科技产品两岸水平分工的程度相对较高，而萌芽期和成长期的科技产品垂直分工的程度相对较高。

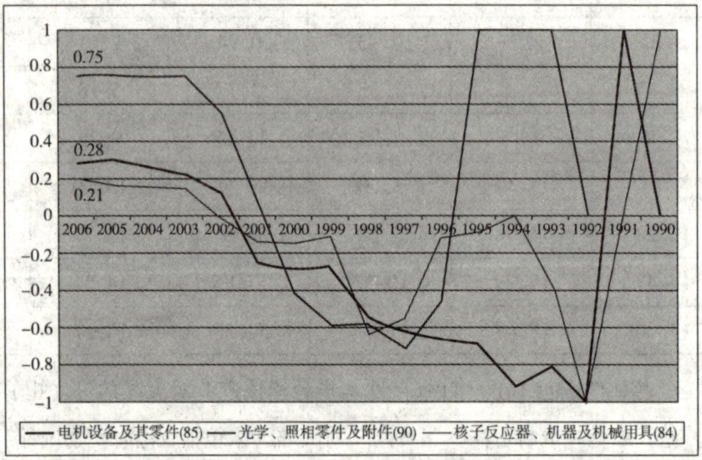

图1 两岸科技产业贸易专业化系数（TSC）变化趋势

资料来源：作者根据台湾“国贸局”两岸贸易数据计算绘制，http：//cweb.trade.gov.tw。

（二）两岸科技产业的制造分工体系

区域产业分工的深化，与区域内国家或地区直接投资的发展密切相关。产品生命周期理论说明，产品的成长过程历经新产品时期、成熟产品时期和标准化产品时期三个阶段。一旦进入标准化产品时期后，该产品便进入海外直接投资阶段，以直接供应当地市场或利用当地廉价生产要素降低生产成本。早期台商投资大陆形成的两岸制造业分工体系，多偏向于将台湾已处于标准化阶段的劳力密集型产业移往大陆生产（加工）。随着两岸经济社会环境的变化，台湾的科技产业加快大陆布局的步伐，逐渐成为台商投资大陆的主力。

表2　台商投资大陆科技产业规模和比重变化趋势

单位：千美元/件；%

年　份		2001	2002	2003	2004	2005	2006
电子零组件业	投资规模	3144.29	5203.46	4058.81	12249.79	13711.39	17218.78
	金额比重	32.53	81.85	85.82	59.34	80.32	63.59
电脑、通信及视听电子产品业	投资规模	3671.67	3453.94	3313.88	6414.15	10156.25	15619.37
	金额比重	66.68	77.88	88.73	89.37	90.83	96.45
机械设备业	投资规模	1738.26	1519.66	1456.11	1714.50	3568.71	4134.08
	金额比重	96.66	99.02	97.54	92.92	93.86	96.40
运输工具业	投资规模	1979.76	2141.65	2031.35	4052.48	4421.56	5641.52
	金额比重	41.00	87.66	96.93	68.62	88.33	84.38
电子机械器材设备业	投资规模	3082.30	1973.93	2055.61	3731.16	4485.65	6330.72
	金额比重	95.98	94.34	94.04	97.41	88.68	92.80
精密器械业	投资规模	4853.38	2105.64	2274.40	3602.64	5611.87	8639.01
	金额比重	87.05	85.13	84.85	84.02	94.45	98.22
化学制品和材料业	投资规模	3781.26	2392.70	2830.75	5327.99	6251.71	11176.63
	金额比重	56.51	80.59	85.16	81.83	90.83	65.82

注：投资规模＝投资金额/投资件数；金额比重＝对大陆投资金额/对外投资总金额。

资料来源：根据台湾“投审会”统计资料“核准华侨及外国人、对外投资、对中国大陆投资统计年报”计算绘制。

如表2统计结果显示，台湾对大陆科技产业投资增长迅速，2006年台湾对大陆高科技产业的投资额，在大陆吸引全部台资中的比重已高达64.47%，而2000年以前该比重仅为44.92%。实际上，台商投资大陆各类科技产业的平均规模不断扩大（表2），也是投资驱动下两岸科技产业分工日益紧密的体现。在台湾科技产业参与全球分工的对外投资活动中，各产业投资大陆的比重均超过60%（表2），其中精密器械业的对外投资高达98.22%集中于大陆。种种迹象表明，尽管目前两岸投资关系仍是单向进行，但台湾科技产业对外投资在大陆的高度集中已经为两岸建立起紧密的分工与合作关系。

（三）两岸科技产业的研发分工体系

研发是科技产业高值化的核心。尽管台湾当局提出所谓“根留台湾”政策导向，意即面对产业的生产和制造端在利益驱动下不断转移到大陆的现实，力图引导企业，尤其是科技产业各厂商将营运总部和研发总部留在台湾，然而，随着两岸经贸关系的加深，台商已经表现出对在大陆设立研发机构的极大兴趣和初步动向，在大陆的布局已经从生产逐渐扩及研发活动。因此，在探讨两岸产业分工时，应超越过去所强调的制造生产分工，而逐渐重视研发创新分工。

两岸的研发资源各具优势。在“累积丰富生产经验与管理技能”、“互动良好的产研（产学）合作关系”、“市场信息”、“科技管理人才”等方面，台湾表现较优；而大陆在“基础研究能力”、“优秀与相对低成本研发人才”等方面较具优势。台湾“经济部”一项委托研究指出，台商在两岸的研发布局，就产品而言，在台湾的研发活动大多比较倾向于外围产品、针对国际市场产品和属于发展阶段产品，在大陆的研发活动可能比较偏向于系统级产品、针对大陆内需市场产品和成熟阶段产品；就研发或技术属性而言，在台湾的研发重心比较偏向于“硬件”、产品开发和制程开发；在大陆的研发则倾向于“软件”、基础研究、制程调整、制程认证与工程支持。① 类似这样的布局相当程度反映出台湾与大陆在研发方面各有其区位优势，两岸正逐渐建立起新的研发分工关系。

---

① 陈信宏、史惠慈、高长等：《台商在大陆从事研发趋势对台湾科技创新之影响及政府因应策略之研究》，台湾“经济部”委托研究报告，2002年12月。

表3　部分台商在大陆设立研发中心的地理分布

设立地点	厂商名称
上海	金宝电子、大霸电子、神达电脑、大宇资讯、盛群、扬智、英业达、智邦、大众、广达、汉康科技
北京	金宝电子、研华科技、宝成集团、威盛、凌阳、英业达、宏基、微星科技、德金科技、鸿海（富士康）、蓝点软件、华茂、蒙恬、智冠科技、冶天
苏州	华硕、明基、华鼎科技、华邦光美电子
南京	明基
昆山	微星科技、统一企业、恩克斯、神达电脑、汉钟精密机械
深圳	鸿海（富士康）、义隆电、蓝点软件
杭州	鸿海（富士康）、丰腾
厦门	士林电机
天津	顶新集团、英业达
珠海	第三波、瑞昱

资料来源：刘孟俊，《1986年以来两岸研发的合作与发展》，《两岸经验20年》，台湾天下远见出版公司，2006年版，第249页。

三、海峡两岸科技产业的分工机制

区域产业分工是在市场与政府干预的综合作用下形成的。近年来，区域分工机制发生了较大变化，出现了有组织的“协议式”的分工机制。除了市场机制的基础性作用外，政府的政策干预机制所产生的效用也愈来愈大。两岸科技产业的分工与合作，就台商投资大陆的动机而言，多是为了寻求市场和追求效率；就两岸政策而言，则大陆多开放性，而台湾多限制性。

（一）两岸科技产业分工的市场机制

工业化地区对外投资的动机一般可分为三种：寻求市场型、寻求资源型与寻求效率型。第一种寻求市场型，通常在企业出口某一地区达到相当规模后，以投资当地生产代替出口，也有不少企业一开始就以市场的需求潜力为考虑前往投资（各跨国企业赴大陆投资的主要动机）；第二种寻求资源型，多数因本地缺乏天然资源或矿产，赴他地投资取得稀缺资源，以降低生产供给成本，也称为供给推动型；第三种寻求效率型，又称为合理化投资，经比较本地与它地的生产成本或技术组合或运输成本等各方面的成本考虑后所作的区际生产分工，充分发挥了产业分工的比较优势。

就台湾科技产业投资大陆的动因分析，多以寻求市场和追求效率为主。机械和运输工具产业的投资多着眼于大陆内销市场，两岸之间多水平分工，产品差异性大；电子零组件业和资讯业是台湾外销导向型产业，投资大陆更多是为了降低生产成本，提高获益率；电机产业赴大陆投资一般是为了配合中心工厂转移大陆的投资策略；通讯产业在大陆的投资更有利用两岸科技人才合作研发，寻求技术突破的动机。如台湾通讯行业的大霸电子自行分析其赴大陆投资的动机有：（1）利用当地便宜劳力开拓外销市场；（2）尽早进入以便占领大陆市场；（3）利用或开发当地资源；（4）有竞争力的同行已前去，不得不跟进。可见，因在大陆投资而形成的两岸生产分工模式，有利于改善台资企业的经营情况，促进台湾产业升级。

表4　台商对外投资和对大陆投资的动机（复选）

单位：%

台商投资动机	全球	大陆地区	资讯电子工业
当地市场发展潜力大	61.25	62.45	60.91
利用当地价廉充沛劳工	53.75	60.48	53.82
配合海外客户要求	35.75	35.99	38.95
随台湾客户赴当地投资	29.09	35.41	25.92
原料供应方便，价格便宜	17.10	18.98	16.01
本业利润率下降	15.96	18.24	13.60
当地土地取得容易	13.92	15.78	10.34
当地政府奖励外商投资	9.06	9.29	7.37

续　表

台商投资动机	全球	大陆地区	资讯电子工业
有效利用公司资本技术	8.64	8.30	7.37
利用当地最惠国待遇及优惠关税	7.38	6.57	6.66
利用当地天然资源	6.96	7.48	4.67
加强与国际企业策略联盟	5.10	3.70	5.52
便利技术及技能取得	3.54	1.64	5.38
降低汇率变动风险	1.14	0.99	1.42

资料来源：台湾“经济部”统计处：《制造业对外投资实况调查报告》，2006 年 10 月。

（二）两岸科技产业分工的政策机制

区域产业分工与合作政策是指区域内各经济体根据本国或本地区社会经济发展特征而制定产业政策，规范区际贸易和劳动力、资本、技术等生产要素流动。自 1979 年两岸经贸关系恢复以来，双方均制定了一系列政策、法规来规范两岸产业分工与合作。随着两岸产业分工日益深化，有关两岸科技产业交流、分工与合作层面的政策在管制与开放中相互博弈。

1. 大陆鼓励两岸科技产业分工的政策机制

大陆吸引外（台）商投资，早期多以区域优惠政策为主，相对较少以产业别的角度规划区域生产分工体系。1988 年 7 月公布的《关于鼓励台湾同胞投资的规定》，主要是从投资方式、经营范围、经营期限和税收减免等方面制定优惠政策鼓励台商投资。1994 年 3 月 5 日通过的《台湾同胞投资保护法》和 1999 年 12 月 5 日通过的《台湾同胞投资保护法实施细则》①，相应增加了继承与转让以及台资企业协会等条文。这样就形成了以《台湾同胞投资保护法》为主，以现行利用外资的法律法规（台资适用）为补充的鼓励台商投资的法律体系。但这些并非以产业政策为导向的两岸经贸法规。

1995 年 6 月，在国务院的批准下，国家计委、经贸委、外经贸部联合发布的《指导外商投资方向暂行规定》和《外商投资产业指导目录》开始有

① 《台湾同胞投资保护法》，中华人民共和国国务院令，1994 年 3 月 5 日；《台湾同胞投资保护法实施细则》，中华人民共和国国务院令，1999 年 12 月 5 日。

规划地规范吸引外资（台资适用）的产业指导原则及目录。几经修订，现行的《外商投资项目核准暂行管理办法》（2004 年 10 月 9 日）和《外商投资产业指导目录》（2005 年 1 月 1 日施行）将外商投资领域分为鼓励类、允许类、限制类和禁止类，另有《外商投资产业指导目录》的主要依据之一《产业结构调整指导目录》（2005 年 12 月 2 日发布）所规定的淘汰类也适用于外商（台商）投资企业。根据《产业结构调整指导目录》，大陆鼓励外商（包括台商）投资现代农业、电子信息、生物工程、新材料和航空航天等高新技术产业，鼓励外商在华设立研发中心。目录中鼓励类的科技产业条目共计 152 项，约占全部条目的 60%。

表 5 大陆《外商投资产业指导目录》科技产业分类统计

单位：条

产业类别	鼓励类	限制类	禁止类
化学原料及化学口制造业	25	7	–
医药制造业	16	6	2
化学纤维制造业	3	3	–
普通机械制造业	7	3	–
专用设备制造业	42	3	–
交通运输设备制造业	17	–	–
电气机械及器材制造业	4	–	–
电子及通信设备制造业	30	1	–
仪器仪表等机械制造业	8	–	–
科技产业合计	152	23	2
全部产业合计	256	77	32

资料来源：作者依据商务部《外商投资产业指导目录》统计绘制，2005 年 1 月 1 日。

2. 台湾管制两岸科技产业分工的政策机制

自 1992 年 9 月 17 日台湾公布《台湾地区与大陆地区人民关系条例》

起，以该条例为准则，一系列规范两岸经贸的政策法规陆续出台，其中有关两岸科技产业分工的可分为贸易与投资两大类。总体而言，台湾“经济部”利用“国贸局”、“工业局”、“投审会”等行政体系审查对大陆投资和贸易，“产官学”共同商定的两岸科技产业分工体系，也秉承了“投资从严，贸易从宽”的大陆经贸政策。

在贸易方面，台湾采取“宽出严进”的政策，配合产业需要逐步开放。目前，根据“台湾地区与大陆地区贸易许可办法”，台湾对大陆进口许可制度虽已由“正面表列”改为“负面表列”，但至2006年2月10日，台湾对大陆开放货品总数为8665项，即仍然对大陆禁止高达2256项农工产品进口，占全部货品总数10921项的20.7%。

表6　台湾对大陆科技产业的贸易限制

单位：项;%

限制自大陆输入				限制对大陆输出			
产品	禁止进口项数	总项数	比重	产品	禁止出口项	总项数	比重
船舶等零件与附件	16	32	50.00	武器零件与附件	26	28	92.86
车辆及其零件与附件	78	181	43.09	炸药等可燃制品	10	22	45.45
医药品	70	172	40.70	有机化学品	201	680	29.56
电机设备及其零件	132	674	19.58	感光或电影用品	23	82	28.05
武器零件与附件	5	28	17.86	医药品	45	172	26.16
光学、照相零件及附件	26	325	8.00	无机化学品	35	310	11.29

注:禁止进口项数仅统计《“中华民国”输出入货品分类表》中“MW0”代号的管制输入大陆物品项数,有条件输入和委托核查输入的大陆货品并未计算在内。

资料来源:根据台湾"国贸局"的《"中华民国"输出入货品分类表》(2006年2月10日)统计绘制。

除了农产品是台湾限制从大陆进口的重点外，工业产品中技术密集型产品也是主要的限制类别（表6)。与此同时，台湾当局也对大陆施行科技产业的出口管制制度。2002年4月30日，台湾"经济部"公告高科技货品管制清单，增列"大陆地区"为"战略性高科技设备及技术输出管制区"，限制23项半导体制造设备输往大陆。目前，大陆地区是台湾"国贸局"公告的战略性高科技货品输出管制地区之一。

在投资方面，根据台湾"经济部"最新修正发布（2006年12月25日）的"在大陆地区从事投资或技术合作审查原则"，规范台湾对大陆地区投资要遵循两个原则：一是投资人对大陆投资累计金额不得超过"主管机关"所定投资金额或比例上限（表7)；二是投资或技术合作的经营项目分为禁止类和一般类，其中制造业禁止类共102项（表8)，大多数禁止项都属于高科技产业（前述台湾"财政部"高科技产业的产品范畴)，准许投资的一般类累计投资金额超过2000万美元需列为专案审查案件，超过1亿美元列为重大投资案件审查。

表7　台资企业对大陆投资金额或比例上限

单位：新台币

类　别	净　值	对大陆投资累计金额或比例上限
(一) 个人及中小企业	-	8000万元
(二) 实收资本额超过8000万元的企业	50亿元以下者	净值之40%或8000万元（较高者)
	50亿元以上100亿元以下者	50亿元部分40%，超过50亿元部分30%
	超过100亿元者	50亿元部分40%，50亿元以上100亿元以下部分30%，超过100亿元部分20%

资料来源：《在大陆地区从事投资或技术合作审查原则》，台湾"经济部"2006年12月25日修正发布。

表 8　台湾对大陆投资禁止类产业别统计

产品类型	禁止类项数	比重
矿物燃料	1	0.98
有机化学品	2	1.96
医药品	12	11.76
杂项化学产品	1	0.98
塑胶及其制品	6	0.98
核子、机械用具	6	5.88
电机设备及零件	9	8.82
航空器及零件	15	14.71
光学照相及零件	1	0.98
合　计	102	100.00

资料来源：台湾“经济部”：《大陆投资负面表列——农业、制造业及服务业等禁止赴大陆投资产品项目》。

无论是贸易政策，还是投资政策，台湾当局有关两岸经贸往来的规定，其宗旨就是要建立台湾高阶、大陆低阶的产业垂直分工体系，尤其表现在晶圆测试封装、LCD 面板等高科技产业的开放投资上，台湾当局甚至提出厂商在大陆的投资或并购必须拥有主控权、扩大全球市占率、产品高低阶区隔等具体的审核原则，严格管控台湾企业对大陆的技术输出和产业转移。

四、海峡两岸科技产业的合作策略

随着两岸经贸交流的深化，两岸科技产业合作从垂直分工至水平分工、从贸易分工至生产分工再至研发分工，都得到迅速发展。然而，近年来以台商投资大陆所表现的两岸产业分工也存在一些问题，正如台湾“经济部”2006 年“制造业对外投资实况调查报告”中所呈现的，在抽样调查的投资大陆台商企业中，57.68% 表示有“市场竞争激烈”的困难，31.06% 表示“资金调度或周转困难”，其他反映较多的还有“劳力成本上升”、“当地行政效率不足”等。要促进两岸科技产业分工合作的深化和区域经济的共同繁荣，必须进一步采取适宜、有效的合作策略，克服现存的障碍和困难。

第一，促进两岸科技资源交流正常化。

科技的发展是连续性和多变性的全球活动，成功地应用科技发展产业，必然要求商品、劳务、资金、信息和服务等跨区域自由流通。然而，两岸科技产业合作遇到的最大障碍就是科技资源受政策限制无法自由流通。现阶段，大陆地区与台湾地区针对两岸科技产业分工与合作的政策规定基本上是背道而驰的，前者多开放而后者多限制。两岸产业政策分歧最直接的影响，就是造成科技资源交流的非正常化，进而影响两岸科技产业合作的正常发展。在贸易上，台湾的限制政策使台湾长期处于顺差地位，而且不平衡持续扩大。科技产业也不例外，132 项电机设备类、26 项光学零件类以及其他各类产品禁止从大陆进口，对台湾当局而言，有效地防止了台商投资大陆生产的科技产品回销台湾，以保证台湾对大陆持续顺差地位（表 9）。在投资上，台商赴大陆投资是基于两岸区位优势的考虑，两岸产业分工是全球分工合作的一环，台湾当局以担忧岛内产业“空洞化”为由，限制企业登陆是舍本逐末的做法。企业登陆是台湾投资环境恶化的现实反映，不仅台商，外商对台湾经济环境也非常失望。2006 年 11 月，台北欧洲商会公布的白皮书指出，2005 年 17 家、2006 年 33 家，2 年合计已有 50 家欧商撤出在台湾的投资，如果台湾投资环境再不加以改善，很可能 2007 年还会有 15 家左右集体撤资。①除了台湾岛内政治混乱等因素外，“三通”仍然不能直通、资金不能直接往来、两岸人民不能自由往来等障碍也是外商撤出台湾的重要原因。可见，在推动两岸科技资源的自由流通方面，尚有不少改进的空间，扩大开放促进两岸科技资源交流正常化是两岸科技产业分工合作深化的迫切任务。

---

① 林祖嘉：《两岸投资环境消长，外资用脚投票》，http: //www. npf. org. tw/PUBLICATION/TE/095/TE - B - 095 - 026. htm。

表9　台湾对大陆贸易顺差的主要科技产品统计

单位：亿美元

年份	电机设备及零件	光学照相精密仪器	核子、机器机械用具
1997	-6.80	-0.35	-2.30
1998	-8.11	-0.41	-2.96
1999	-6.04	-0.47	-0.83
2000	-8.91	-0.47	-1.90
2001	-7.14	0.22	-1.60
2002	11.18	3.96	0.0
2003	30.69	28.54	10.69
2004	51.76	59.23	15.04
2005	56.75	69.87	14.45
2006	67.75	84.06	19.80

资料来源：作者根据台湾“国贸局”两岸贸易数据整理计算，http：//cweb.trade.gov.tw。

第二，推动两岸学术与技术的合作研究。

随着大陆地区的研发资源逐渐被开发，两岸间扩大学术与生产研发合作也是科技产业合作与发展的重要趋势和策略。区域科技产业的合作与发展，不仅以企业为基础，区域内各国或地区的大学或政府研究机构间的合作，也是一个重要的推动力量。两岸的大学或研究机构可邀请对方的研究人员进行特定课题的研究，共同发表论文，或推动“政府”间的合作研究，或直接由企业“委托研究”，研究人员交流和合作研究活动的增加都将促进两岸科技的合作与交流。在经济全球化趋势下，厂商对外投资与技术合作，已不限于传统的单方技术授权和委托生产方式，企业的合作策略，更加倾向于以商品化（Pre - commercial）技术为主，配合其国际市场行销目标，加强研究发展、相互技术授权、技术资讯提供、持股或并购等方式。很多国际型企业，为扩展研究发展资源，也结合投资地区的科技人力与技术能力，建立海外研究发展或人力中心，形成其全球性研究发展网络。就台湾而言，许多基础性的研究，如生物科技、高能物理等，既缺乏大陆丰富的研发人才，也无法负担庞大研究设备所需的资金，完全有需要与大陆合作共同研究。对于大陆，当台商在大陆投资或扩大投资时，常常自动将先进的生产技术和管理经验带来，即实现了技术转让。鼓励台商投资高科技产业，或直接在大陆设立研究与开发机构，将适用的技术转移到大陆是大陆科技产业发展的重要手段。

第三，促使两岸科技人才交流互补。

随着知识经济时代的到来，世界范围内的产业结构调整步伐日益加快，知识创新在社会发展中的作用日显重要，人力资本已成为最重要的战略性资本。作为人力资本的主要载体和主要拥有者，人才将成为决定某一地区和企业竞争力的关键性资源。两岸科技人才表现为一种互补性结构。一方面，大陆近年来经济成长尤其是科技制造业成长快速，许多地方出现制造业产业的“人才荒”，台湾在制造业外移后形成的制造业过剩人才如果能转移到大陆，将有利于解决大陆经济快速发展过程中出现管理阶层人员和专业技术人才断层的问题；另一方面，开放语言沟通无隔阂、文化背景相近的大陆人才到台湾，也可以解决台湾近年来一直存在的产业转型中人才短缺的问题。台湾岛内高科技人才严重不足、人力资源缺口急剧扩大，是未来台湾经济成长的瓶颈。根据台湾“行政院科技人才培训与运用方案”所进行的六项产业科技人才供需调查发现，台湾在重点高科技领域，包括半导体、平面显示器、数位内容等产业所需的科技人才缺口逐年增长，若仅由岛内正规教育系统培养人才，根本无法在短期内补足。此外，两岸还可以定期举办产业技术论坛，进行科技人才交流及信息交换，加强科技研发的深度和广度。

五、结　论

随着两岸区域性分工和产业性分工的深化，科技产业分工表现出三种主要形式：以进出口产业为表现形式的贸易分工体系、以台商投资大陆所带动的制造生产分工体系和以技术和人才流动所产生的研发分工体系。台资企业在大陆投资科技产业是基于寻求市场和寻求效率的动机，尽管得到大陆产业政策的引导和鼓励，却受到台湾方面管制贸易、限制投资等一系列政策的阻碍。目前，两岸在科技产业上合作已具有一定基础，若能进一步采取促进两岸科技资源交流正常化、推动两岸学术与技术的合作研究、促使两岸科技人才交流互补等策略，克服存在的障碍和困难，将有利于两岸科技产业分工合作的深化和区域经济的共同繁荣。

台湾现代服务业发展及大陆引资策略研究*

王　华　陈　茜

一、现代服务业的理论认识与界定

所谓“现代服务业”，顾名思义是相对于传统服务业而言，在工业化比较发达的阶段产生的、主要依托现代科学技术（尤其是信息技术）和现代化管理理念发展起来的、信息和知识相对密集的服务业，既体现为新型的服务模式，也包括由新型经营形态对传统服务业进行改造的服务业。现代服务业发展水平是衡量一个国家经济社会发展现代化程度的重要标志。

与传统服务业相比，现代服务业具有高技术含量、高知识密集度、高增值度等特点。例如传统的银行业、商业与运输业，在采用高科技的计算机网络技术等提高其技术含量之后，就逐渐演变为现代银行业、电子商务与现代物流配送业。专业技术服务业、软件业、教育服务等则都以为消费者提供知识的生产、传播和使用作为主要服务内容，属于知识密集性行业。现代服务业尤其是其中的生产性服务业，为制造业企业提供研发设计、技术与管理资讯、资金融通、品牌行销、物流配送等广泛的上下游服务支持，具有很高的

* 本文原载于《开发研究》，2009 年第 1 期。本文参考文献有，张传国：《台商大陆投资的产业集聚问题》，《台湾研究集刊》，2005 年第 3 期；苏美祥：《加入 WTO 对台湾金融服务业的影响》，《海峡科技与产业》2003 年第 2 期；王惠、殷存毅：《台湾知识密集型服务业在祖国大陆投资的发展现状及趋势》，《 亚太经济》，2004 年第 5 期；贾妍：《现代服务业人才发展战略实例剖析》，《商业时代》，2008 年第 30 期；张树林：《现代服务业集聚效应分析》，《北方经贸》，2006 年第 6 期；代文：《 现代服务业集群的形成和发展研究》，武汉理工大学博士学位论文，2007 年。

产业关联度，因此不仅可以使服务过程本身产生知识的增值，更能通过制造业企业的技术提升与品牌拓展而形成乘数效应、产生更大增值。

现代服务业是一个动态概念，并无明确的行业划分标准；而根据上述有关现代服务业的特征分析，结合台湾地区的行业标准分类，本文将现代服务业的研究范围限定于运输仓储及通信业、金融及保险业、专业科学及技术服务业、教育服务业、医疗保健服务业、文化运动及休闲服务业等行业，既包含生产性服务业，也包含消费性服务业，尤以前者最为重要。生产性服务业为制造业企业的生产过程提供直接或间接的、以人力资本和知识资本为主的中间投入，具有较高的产业关联度，研究台湾现代服务业中相关生产性服务业的发展及对外投资趋势，在当前背景下更具紧迫性和现实意义。消费性服务业对于活络内需经济、促进劳务出口（主要是旅游观光行业）同样具有重要作用。

二、台湾现代服务业发展现状考察：从结构面到政策面

上世纪 80 年代以来，服务业逐渐成为台湾经济的支柱。服务业增加值从 1981 年的新台币（下同）9065 亿元增加到 2007 年的 89448 亿元，实质年均增长率 7.48%，占 GDP 的比重也由 1981 年的 49.99% 上升到 2007 年的 71.06%，占比超过七成；近年来服务业年增长率有所下降，仅维持在 4% 上下，但对于 GDP 增长的贡献率都超过 50%。在吸纳就业方面，2000 年以来服务业就业人数基本都在 550 万人以上，就业比重达 58%，且有年均 1.06% 的增长；劳动生产率超过农业与工业部门。显示台湾已逐步完成工业化过程而进入后工业化阶段。具体来说，对台湾现代服务业的发展现状可以通过内部产业结构、就业结构、对外贸易、政策整合等角度加以分析。

（一）产业结构分析

各类现代服务业的增加值及所占 GDP 比重如表 1 所示，各行业增长率及

对经济增长率的贡献率如表2所示。近年来运输仓储及通信业、金融及保险业、专业科学及技术服务业、教育服务业、医疗保健业[①]占GDP比重较为稳定，分别维持在6%、10%、2.5%、1.8%和3%上下，其中运输仓储及通信业与金融及保险业的比重略有下降，专业科学及技术服务业、医疗保健业的比重则略有上升。与此相比，批发及零售业（18%）、不动产及租赁业（8%以上）、政府服务（10%以上）等传统服务业占有更大比重。2000年–2007年，各类行业的年均增长率分别为4.26%、3.8%、5.2%、3.11%和3.24%，与GDP及服务业增加值的年均增长率3.8%和3.4%相比，几类生产性服务业的增长较快。

表1　台湾现代服务业产出及结构比重

单位：（2001年价）亿元新台币，%

年份	服务业总计		运输、仓储及通信业		金融及保险业		专业、科学及技术服务业		教育服务业		医疗保健及社会福利服务业	
	增加值	比重	增加值	比重	增加值	比重	增加值	比重	增加值	比重	增加值	比重
2000	69502.37	68.93	6218.70	6.32	10069.26	10.04	2227.87	2.20	1701.50	1.63	2746.12	2.66
2001	69557.98	70.53	6361.11	6.45	10118.60	10.26	2288.03	2.32	1794.92	1.82	2840.31	2.88
2002	72055.11	69.98	6710.33	6.39	10711.55	10.45	2321.66	2.27	1838.17	1.83	2987.15	2.94
2003	74497.78	70.38	6975.39	6.22	11259.98	10.56	2354.16	2.25	1895.34	1.85	3042.71	2.94
2004	78431.26	70.79	7497.15	6.30	11792.58	10.52	2538.02	2.34	1946.52	1.82	3137.95	2.91
2005	81196.36	71.29	7810.90	6.15	11970.57	10.43	2597.62	2.35	1994.84	1.83	3215.15	2.98
2006	84200.62	71.54	8123.33	6.03	12116.49	9.98	2835.24	2.51	2056.55	1.84	3313.08	3.05
2007	87847.15	71.06	8325.93	5.93	13075.16	10.04	3176.79	2.70	2109.05	1.80	3433.53	3.01

资料来源：台湾"行政院"主计处，《"国民"所得统计》。

（二）就业结构分析

各类现代服务业的就业人数及所占就业总人数比重如表3所示，其中运输仓储及通信业的就业人数比重近年来超过6%，其后依次是教育服务业（5.5%以上）、金融及保险业（4%上下）、医疗保健服务业（约3.3%）、专业科学技术服务业（3%上下）和文化运动及休闲服务业（1%以上），上述六类行业的就业人数约占到服务业就业总人数的一半。

表2 台湾现代服务业产出增长率及经济增长贡献率

单位:%

年份	服务业总计		运输、仓储及通信业		金融及保险业		专业、科学及技术服务业		教育服务业		医疗保健及社会福利服务业	
	增加值	比重	增加值	比重	增加值	比重	增加值	比重	增加值	比重	增加值	比重
2000	5.89	70.36	11.50	11.61	2.58	4.68	10.66	3.99	7.00	2.08	4.28	2.08
2001	0.08	–	2.29	–	0.49	–	2.70	–	5.49	–	3.43	–
2002	3.59	54.74	5.49	7.54	5.86	12.93	1.47	0.65	2.41	0.86	5.17	3.23
2003	3.39	67.71	3.95	7.43	5.12	15.14	1.40	0.86	3.11	1.71	1.86	1.43
2004	5.28	59.84	7.48	7.97	4.73	8.13	7.81	2.76	2.70	0.81	3.13	1.46
2005	3.53	58.65	4.18	6.73	1.51	3.85	2.35	1.20	2.48	0.96	2.46	1.68
2006	3.70	55.21	4.00	5.73	1.22	2.45	9.15	4.09	3.09	1.02	3.05	1.64
2007	4.33	51.80	2.49	2.88	7.91	13.58	12.05	4.85	2.55	0.75	3.64	1.71

资料来源:同上。

表3 台湾现代服务业就业人数及比重

单位:千人,%

年份	服务业总计		运输、仓储及通信业		金融及保险业		专业、科学及技术服务业		教育服务业		医疗保健服务业		文化运动及休闲服务业	
	增加值	比重	增加值	比重	增加值	比重	增加值	比重	增加值	比重	增加值	比重	人数	比重
2000	5,520	58.16	481	5.07	367	3.87	250	2.63	479	5.05	252	2.66	165	1.74
2001	5,299	56.47	487	5.19	371	3.95	267	2.85	483	5.15	266	2.83	169	1.80
2002	5,413	57.26	477	5.05	378	4.00	285	3.01	487	5.15	279	2.95	184	1.95
2003	5,543	57.90	484	5.06	376	3.93	285	2.98	512	5.35	289	3.02	187	1.95
2004	5,698	58.23	489	5.00	386	3.94	302	3.09	533	5.45	305	3.12	192	1.96
2005	5,733	57.66	611	6.15	406	4.08	258	2.60	556	5.59	323	3.25	116	1.17
2006	5,857	57.93	626	6.19	407	4.03	264	2.61	563	5.57	334	3.30	111	1.10
2007	5,943	58.00	620	6.05	404	3.94	292	2.85	580	5.66	337	3.29	102	1.00

资料来源:台湾“行政院”主计处,人力资源调查提要分析。

进一步,通过计算各行业的就业人口吸纳率,可以衡量各行业在吸纳新增就业人口方面的作用和地位。所谓就业人口吸纳率，是指某行业新增就业人口占新增就业总人口的比重。2002 与 2003 年服务业整体的新增就业人口吸纳率高达 100% 以上，显示在经济总体萧条、制造业失业率上升时期，对于缓解社会就业压力所起到的显著作用；2004 - 2007 年间服务业的吸纳率基本也都在 60% 以上（仅 2005 年略低为 22.4%）。上述六类行业的吸纳率并不稳定，其中运输仓储及通信业在 2005 年的吸纳率高达 78%，其余年份则保持在一位数；金融及保险业在 2002 和 2005 年的吸纳率较高为 9.9% 和 12.8%；专业科学及技术服务业在 2002 和 2007 年的吸纳率较高为 25.4% 和 20.7%；教育与医疗保健服务业在新增就业人口吸纳方面表现较为突出，2001 - 2007 年二者的平均吸纳率分别为 11.3% 和 9.1%，远高于二者的就业比重；而文化休闲服务业则呈现就业人数不断减少的趋势。

（三）对外服务贸易

虽然受制于生产与消费同时发生的特性，服务多无法采取商品所常用的国际贸易形式，但现代服务业的发展要求实现全球布局，因此逐渐衍生出若干种国际服务贸易形式。由于缺乏相关统计信息，目前可用的服务贸易资料只能取自国际收支平衡表中的有关劳务收支部分。虽然没有行业分类信息，但考虑现代服务业相对于传统服务业具有更强的跨境交付可能性，可以将劳务收支简单视同现代服务业的对外贸易加以分析。

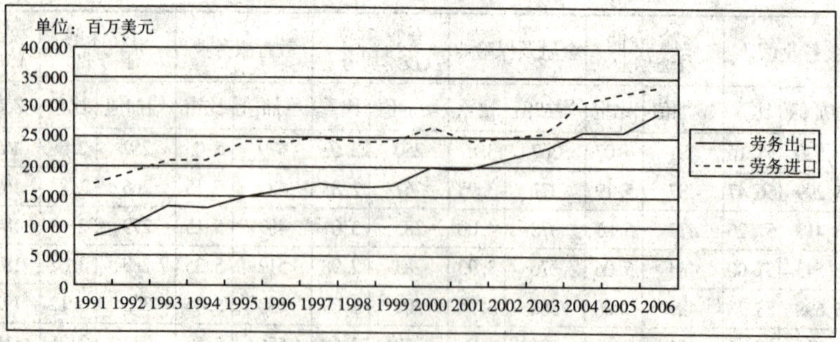

图 1　台湾对外服务贸易

由图 1 可见，1991 年以来台湾劳务进出口额呈不断上升趋势，劳务出口收入额由 1991 年的 84.7 亿美元增加到 2006 年的 292.7 亿美元，年均增长率达 8.62%；劳务进口支出额由 1991 年的 169 亿美元增加到 2006 年的 336.6

亿美元，年均增长率达4.70%。虽然一直处于劳务收支逆差状态，但逆差额则在不断减少，显示现代服务业的对外贸易竞争力在逐渐增强。

（四）政策整合

为了因应现代服务业发展需要及履行加入WTO之后服务业对外开放的承诺，近年来台湾当局有关部门陆续出台了一系列法规条例，用以推进岛内现代服务业发展与国际环境接轨并增强国际竞争力。

岛内金融业在施行混业经营与监管之后，“行政院金融监督管理委员会”相继对银行、保险、证券期货、信托等各业法规予以修订，放宽经营弹性、降低市场准入条件、强化问题金融机构退出机制、给予并购租税优惠；并制订《金融服务法草案》，整合金融各业管理规范。旨在建构金融安全网、强化金融体系健全稳定、促进市场公平竞争、降低金融市场运营风险，吸引国际金融机构来台开发业务，并推动岛内金融机构参与国际金融业务的经营。“财政部”亦通过对相关税法的修订，检讨金融商品业务税制，促进税负合理化，建立与国际接轨的金融租税环境，增强金融业国际竞争力。

在运输、仓储及通信业，“行政院经济建设委员会”、“新闻局”、“国家通讯传播委员会”等部门，针对自由贸易港区设置管理、电信和广播电视通讯传播管理等事项，制订或修订相关法规，推动相关事业发展及新兴科技的引入，保障消费者权益与市场公平有效竞争，促进多元文化均衡发展，提升产业竞争力。

在专业、科学及技术服务业，“金管会”、“内政部”等部门对于《会计师法》、《技师法》、《建筑师法》等法规予以修订，进一步规范专业技术人员的执业资格、提升其专业水准，完善执业方式与制度，保障相关利害人权益，强化国际竞争能力，推动永续经营。

针对教育、医疗保健、文化娱乐等消费性服务行业，教育、卫生、内政相关部门亦籍由对相关法规的修订，建立服务机构弹性调整机制、提升资源整合运用效率，规范从业资格、提升从业人员素质，营造各类机构（如公、私立大学）公平竞争环境，以期提升服务品质、促进各业良好发展。

三、台湾现代服务业发展特点与趋势

第一，专业化程度不断提高，与制造业的产业关联度不断增强。随着台湾产业结构的转型升级，岛内现代服务业的发展渐趋成熟，而包括运输仓储及通信业、金融及保险业、专业科学及技术服务业在内的生产性服务业则是现代服务业的重中之重。面临全球竞争压力升高，以及因应知识经济时代的来临，产业倾向于采取专业分工的经营策略，所需服务向外购发展，亟须外部服务业的支持，以取得更专业、有效率与精致化的服务，与产业内专注于核心竞争力的发展进行分工，进而提升整体竞争力。各类服务活动与功能的区隔却越来越精密，由此推动台湾服务业向专业性、整合性方向发展，并不断创新服务形式、提高服务品质，目前涉及的范围包括仓储、物流、中介、广告和市场研究、信息咨询、法律、会展、税务、审计、房地产业、科学研究与综合技术服务、劳动力培训、工程和产品维修及售后服务等众多形式。作为中间投入型的支援产业，台湾现代服务业与制造业的产业关联度不断增强。

第二，空间集聚现象明显。台湾现代服务业以城市或科学园区为中心的空间集聚现象日益明显。城市区域在相关软硬件设施建设方面相对完善，资金、信息、人才较为聚集，加之信息技术的突飞猛进推动信息传递突破了空间限制，使得城市的许多主要机能如财务控管、生产管理、研发、设计、行销策略等指挥控制中心的功能得以充分发挥。而拥有完善发达的现代服务业设施的城市，利用所掌握的先进创新技术，大力发展信息资讯产业，也易于成为国际化城市以及全球资讯汇聚的中心。台湾现代服务业的集聚以台北都会区为最，台北已成为金融、网络服务、专业咨询、市场中介、教育培训等行业的汇聚中心，各类服务业在此可以充分利用信息畅通、人力资源丰富、行业之间相互支持的优势，从而实现提升经营绩效、进行全球化布局的目标；其次如新竹、台中、台南、高雄等都会区域也都聚集了一定规模的现代服务业企业，但专业化的重心略有不同。

第三，全球化布局逐渐拓展。受台湾制造业代工经营模式的影响，一直以来台湾缺乏自有品牌及行销渠道；其对亚太（包括中国大陆）地区的跨境投资，多为运用当地低廉劳动力与土地，与当地的生产网络关系薄弱，所生产的产品也未必以当地市场销售为主，因此对于因研发生产及开拓投资地消费市场所需的生产性服务并无旺盛需求。台湾代工厂商的国际市场占有率虽高，但却未能同步带动岛内其他相关服务业如行销企划、广告、市场调查、全球通路物流、顾客服务、公关、专利权法律服务等的同步成长。随着台湾制造业几波次的大规模外移，以满足内需为主的台湾服务业市场规模不断萎缩，要求现代服务业提升其国际化水平，跟随制造业步伐而实现全球化布局。截至2006年年底，台湾对海外服务业投资5450项，占对海外投资总项数的47.39%，服务业投资总额292.7亿美元，占对海外投资总额的59.94%；而2000年至今服务业投资总额即达185.54亿美元，占比68.84%。可见服务业投资已经成为台湾对海外投资的主力军。在服务业当中，金融投资及其辅助业对海外投资规模高居榜首，投资金额202亿美元，占海外投资比重41.37%，而运输仓储及通信业与专业科学及技术服务业的投资比重都在4%左右。

四、吸引台湾现代服务业投资的相关策略

吸引台湾现代服务业对祖国大陆投资，既可以促成已在大陆投资的台商制造业企业与其上游的生产性服务业，二者在融资、研发、管理和行销等各个方面形成专业化分工，有效降低制造业企业的交易成本与市场风险，不断提高生产经营效率和产业竞争力；更能通过知识外溢效应的发挥，为当地的服务企业提供在经营、管理及品牌行销等方面学习和模仿的范本，推动本土企业经营的规范化与国际化；同时也为完善大陆各地区的商务服务环境、培育市场消费潜力、增进地方就业等发挥作用。

按照WTO《服务贸易总协定》的分类，服务贸易的开展包括跨境交付、境外消费、商业存在与自然人流动四种方式，而上述积极影响的实现，以服

务提供者在境外设立商业机构、为当地服务消费者提供服务的商业存在方式最为明显。这一点与制造业领域注重吸引外商直接投资、而非单纯从国外进口货物的策略是一致的。而要吸引台资现代服务业将资金、人力等关键生产要素转移到大陆地区发展，又必须明确台资现代服务业在区位选择中的考量因素，并对地方投资环境予以自我诊断和系统完善。

综合而言，台湾现代服务业对祖国大陆投资，既有利于大陆地区产业结构的升级与竞争力的提高，同时又依赖于区域投资环境的改善与产业链的完备，这相当于一个良性循环的闭合回路；而要启动这一良性循环回路，大陆各地区应在管理体制、产业政策与产业环境、制造业（尤其是其中台资成分）发展与集聚、区域合作、人才培养等基础方面寻找切入点，采取一系列相互配合、切实有效的战略措施。

第一，改革政府管理体制，优化区域行政环境。包括政府管理体制在内的区域行政环境是影响台商投资经营的重要乃至首要因素。为了改善区域政策与行政环境，应及时改革管理体制、转变政府职能，逐步放弃政府机构“条块分管”的管理模式，确定统一管理现代服务业的政府协调政策、制度和监管机构，减化行政审批程序，取消不合理的规定，强化对台资服务业项目投资的引导、支持与监管，维护良好的市场竞争秩序；确立服务型政府的工作导向，不断提高工作效率，切实保障地方政策法令的合理性、稳定性和透明性。

第二，推进服务业市场化进程，合理引导台资流向。不断推进各地区服务业的所有制结构调整与市场化进程，同时根据现代服务业中不同行业门类的性质，采取不同的产业政策，引导台资流向各地区重点发展的服务行业。打破现有的行业垄断与所有制垄断，推动服务业市场化进程，对于营造公平的市场竞争环境、吸引台商投资以及提升服务业整体水平具有重要作用。对于服务业中不同性质的行业领域，应采取不同的产业引资政策。鼓励台资流向产业关联度高、知识密集度高的物流、通信、金融保险、商务服务、专业技术服务等生产性服务行业，充分发挥其先进模式的作用以及对于制造业的支持，并有效利用其知识和技术外溢所带来的外部效应；引导本土企业与台商在会展、旅游、教育、医疗等领域的合作，并加强政府指导与协调；防止台资向投机性质较强的领域集中。

第三，进一步培育制造业企业集聚，推动产业升级。生产性服务业作为制造业的上游产业，对于制造业有较高的依赖性。生产性服务业对外投资的重要动力即在于追随台湾岛内制造业客户企业的外移步伐，巩固客户群体并拓展市场份额，从而保持并提升在同行业中的竞争优势。作为“一对多”性质的服务提供商，加之服务产品的可复制性，只有面对较多的客户群体，才能确保服务效率和赢利水平，因此（台资）制造业的集聚程度成为台资服务业流向的重要指针。可以预期，一个地区吸引台资制造业的比重，很大程度上就决定了其未来吸引台资服务业的比重。同时，推动现有制造业企业实现技术升级与产业升级，引导制造业企业向服务领域拓展或转型，也是发展现代服务业的可行思路。

第四，创新人力资源的开发与储备机制。现代服务业属于知识密集型产业，并且在跨境流动中，不能像制造业那样可以把技术、销售、生产环节按照比较优势原则和成本最低原则异地分设，而必须是集技术核心、管理经营、服务内涵为一体的整体引进，同时还要根据消费环境的不同而有所创新，因此对于高素质、专业化服务人才有着大量的需求。较熟练的人力资源的空间聚集是影响现代服务业发展与外商服务业投资的关键所在。因此，目前应重新对地方人才工作的目标加以定位，推进人力资源配置、保障与激励机制的全面革新。根据现代服务业的特点，重视教育培训事业尤其是企业岗位培训事业，力求培养大批能在现代服务业领域胜任一般工作的从业人员，以及培养一批熟悉世贸组织规则的、适应国际竞争需要的高级经营管理人才和专业化技术人才。重视人力资源的保有与引进机制的不断优化创新，规范现代服务业的从业资格认定，努力提高现代服务业从业人员的知识化和智能化水平。

第五，加强区域现代服务业合作。信息技术的发展推动现代服务业的运营突破了空间地域的局限，使现代服务业的运营网络、产业关联及其乘数效应得以在更宽广的区域内发生。大陆各地区在吸引台湾现代服务业投资过程中，应认识到现代服务业的上述低地域依赖特征，重视区域间的合作联动；

不仅要考虑自身的需求与优势，更应对跨区域的生产布局与地域相对优势有系统性的把握，科学研判台资现代服务业未来在大陆地区的网络格局与关联模式，由此尽早制定出与周边区域在现代服务业发展与引资过程中的有效合作战略与实现途径。

第六，建立和完善风险防范机制，确保现代服务业有序发展。外资的基本特征是流动性和逐利性，台资也不例外，由此可能产生一系列的负面影响。例如台资服务业的进入，会加速地方台资企业独立生态系统的形成，进一步降低其根植性以及与本地企业的关联，减少台资企业正向外部性的发挥；通过竞争抢夺当地市场份额，形成对当地服务产业的挤出效应；台资服务业企业与制造业企业通过企业联盟乃至企业购并，在融资、贸易等方面变外部交易为内部交易，绕开政府在相关方面的限制规定，导致政府的调控意图难以实现，不利于市场秩序的维持和掌控；等等。因此必须对台资现代服务业进入所带来的影响和风险以及当地服务业的承受能力加以全面评估和衡量，加强对台资投向的引导和规范；建立和完善对现代服务业的经常调研制度及其信息的检测、预测和发布制度，在此基础上，建立现代服务业利用台外资风险的监控与预警系统，及早化解可能的市场风险与负面社会影响。维护好发展现代服务业的市场竞争秩序，确保现代服务业有序发展

论海峡两岸物流产业的合作发展*

李　非　刘严毅

物流是指物品从供应地向需求地的实体流动过程，通俗地说，就是商品货物、物资等实体的流动过程及商品在运输、装卸、储存等方面的活动过程。传统的物流概念仅是指物质实体在空间和时间上的流动，现代物流是指利用现代科学技术和现代设备在商品的生产、流通、服务过程中所发生的时间变动和空间变化，通过现代储存与现代运输活动，可以创造物质资料的时间和空间价值，最有效地完成资源配置的货物流通服务过程。海峡两岸物流产业的合作发展，不仅是物流产业自身发展的客观规律，也是两岸经济关系从正常化走向制度化的内在要求。

一、海峡两岸物流产业的优势比较

两岸物流产业发展处于不同阶段。台湾现代物流业发展达到较高水平，而大陆地区才刚刚开始起步。从整体上看，台湾地区经济发展水平高于大陆地区，且由于台湾有高科技主导产业作为现代物流发展的技术支撑，加上当局推动物流产业发展的一系列政策法规的支持，台湾物流产业的技术化水平和与国际接轨的物流标准化水平仍优于大陆。但是，台湾岛内市场狭小，内部需求无法支撑物流产业的发展，同时也面临经营成本增长、物流领域的国际地位逐渐下降等问题。

就海峡两岸物流产业优势比较来看，大陆地区物流业在市场资源、人力等方面占有优势，而台湾物流业则在资金、技术、市场管理等现代物流要素

* 本文原载于《台湾研究》，2009 年第 6 期。

方面占据优势。两岸物流产业优势存在差异，且有较强的互补性。大陆物流产业可以借助合作来提升自身的物流管理和技术水平，台湾地区也可以通过合作来进一步拓展物流腹地和继续提升自身的现代物流产业层次，朝着精益物流、国际物流和绿色物流的方向发展。

表1　海峡两岸物流产业发展比较

项目	大陆物流业	台湾物流业
自然资源	土地资源较台湾丰富，土地成本相对较低，海岸线长、港湾多，港口资源优势明显，但港口分布分散。	土地资源缺乏，土地成本高，港口设施完备。
政策支持	没有统一有效的物流监管部门，物流市场进入门槛低，多为地区性而非全局性的物流产业政策支持，物流标准化建设程度低。	有效的产业配套支持政策，综合且全面，物流基础设施建设有明确的规划和功能要求，标准化程度高。
劳动力	劳动力资源充足，物流业劳动力价格较低，且具有高素质劳动力参与。	劳动者素质较高，但劳动力价格较高，高出大陆地区物流业劳动力价格甚多。
物流技术	技术水平和信息化水平相对较低，具有先进技术的应用能力，但是物流能力与风险承受能力较低，有现成网络及物流单项业务操作经验。	物流技术先进，管理经验丰富，能为客户提供一体化服务，具有较完备的现代化物流营销体系和与世界接轨的经营网络及经验。
市场化程度	缺乏发展市场物流的经营和管理经验，市场信息与物流渠道不畅，满足市场需求能力差，物流成本高，但市场广阔，物流需求大，有发展潜力。	发展开放型物流，市场物流经验丰富，但物流内需相对低迷，岛内市场狭小，物流货源急速下降，市场竞争激烈。

海峡两岸物流产业发展的差异性，可吸引两岸物流企业在各个物流层次和领域展开合作。受全球金融危机的影响，两岸经济发展都有所放缓，但大陆拥有广阔的内需市场，市场腹地有限的台湾物流产业进一步融入大陆物流市场、共同开拓国际市场的要求也更加迫切。随着两岸各项交流政策的放宽，加上台湾当局“世界联结”和加强“亚太区域营运中心”建设的政策导向，两岸服务业市场也将进一步开放和整合，金融、培训等先进服务业的

广泛合作，对两岸物流合作来说，也有着积极的推动作用。

二、海峡两岸物流产业合作的发展形势

从 20 世纪 80 年代初起，两岸经贸往来开始逐步恢复，但两岸物流产业合作由于受制于两岸形势的影响和政策的制约，迟迟不能实现直接交流，联系形式主要以海上间接运输为主，空中间接运输为辅。随着两岸经贸交流日益发展，对物流领域深化合作的要求越来越迫切，特别是 2008 年两岸逐步实现直接“三通”后，物流产业合作的政策障碍基本得到消除，两岸物流产业的交流与合作呈现良好的发展势头。

（一）两岸物流形式以海上集装箱运输为主

两岸物流主要属于生产性服务业，与两岸间的生产活动联系紧密。在物流领域中，运输是实现物品时空效用的主要手段，对传统物流或是现代物流来说，都是一个主要的功能要素。大陆与台湾地区仅一水之隔，两岸之间的货物运输主要以海运为主。从 2008 年两岸贸易货品类别来看，台湾向大陆地区出口金额排名前三位的分别是电机设备及其零件、光学照相等仪器及其零附件和塑料及其制品；从大陆地区进口前三位的分别是电机设备及其零件、机械用具及其零件和钢铁。① 其中电机设备及其零件和光学照相等仪器及其零附件货物价值较高，对物流价格相对不敏感；且因为这类产品更新速度快，对物流时间要求相对较高。同时，主要贸易货物的性质也决定了两岸物流是以集装箱运输方式为主。

（二）两岸物流市场需求的发展潜力巨大

从 20 世纪 80 年代两岸经贸交流恢复以来，两岸贸易主要是以间接形式存在，海上运输不能直接往来于两岸港口，而必须通过香港地区或是日本石垣岛等第三地转口运输。随着 90 年代台湾产业开始向大陆大规模转移，两岸经贸关系迅速发展，贸易总额从 1990 年的 40 亿美元上升至 2008 年的

---

① 《经济台湾统计月报》第 192 期。“表 3 台湾对中国大陆出口主要产品”及“表 4 台湾自中国大陆进口主要产品”。

1293亿美元，特别是进入21世纪以后，贸易水平显著提升，物流市场需求迅速增加。

为了避开两岸政策的阻碍，两岸之间的海上通航程序不断简化，运输形式从转口到转运，再从转运到过境，以至“飞单”。台湾当局迫于厂商的压力，也逐步开放相关限制政策，准许外籍和权宜籍货船以过境（即弯靠）的方式直接行驶于两岸，大大减少了两岸间的物流运输时间和成本。① 此后，两岸海上物流运输迅速发展。经过两岸航运界的共同努力，目前双方船公司、联检、船代、装卸等部门配合默契，参与经营的船舶航行安全、顺利，并从初期亏损到保本，再至微利，逐步朝良性循环的轨道发展。至2008年年底，两岸投入“试点直航”的十艘船舶共营运约2万多航次，承运中转集装箱500多万标准箱。

2008年11月，“两会”签署《海峡两岸海运协议》签署后，两岸海运直航迎来了一个全新的发展时代。这对于两岸物流产业合作，尤其是对贸易货物占其业务总量6－7成的台湾航运公司来说，无疑是一大利好消息。海运成本下降，物流公司获利空间增长。此外，开放两岸航运公司互设办事机构及营业性机构，两岸物流厂商将在各个港口积极布局，两岸运输模式发生变化，物流合作态势将转趋积极。

（三）两岸物流市场需求呈区域性分布

从两岸物流市场腹地的空间分布看，台湾与大陆之间的货物贸易主要集中在长三角区域、珠三角区域和海峡西岸经济区。以2006年为例，这三个区域与台湾间运输的货物占到当年两岸运输货物总额的90%，其中，长三角的江苏、上海、浙江和珠三角的广东，共占两岸运输货物总额的85%。长三角和珠三角两个区域所占比例相当高，而海峡西岸经济区所占比例相对较小，并且有下降趋势，如福建省所占比例从2000年的9%下降为2006年的5%。②

---

① 李非：《海峡两岸经济关系通论》，鹭江出版社，2008年版。

② 李艳梅、宗刚：《台海两岸物流合作方式研究》，《北京工业大学学报》（社会科学版），2008年第6期。

台资企业在长三角和珠三角地区的迅速发展和本地化的趋势，进一步促进了当地物流网络化、系统化的发展。例如，长三角地区是全国最早批准试点的三家直通式陆路口岸之一，吸引各类物流企业集约经营。得益于上世纪90年代台商投资向长三角地区转移，苏州物流中心以台商聚集的苏州工业园区为基础，发展现代物流业，率先实现“海关保税物流中心（B型）”（使园区成为内陆型保税港区）、“虚拟空港”（即SZV业务，“苏州虚拟空港”的英文缩写，与上海、南京、杭州和香港等机场合作的陆空联运）、“虚拟海港”（苏州与太仓港“区港联动”，以及衍生的太仓港与上海洋山港“水水中转”模式）等物流服务，使得园区内高新技术产业可以进行“零库存”、低成本的加工生产。目前，苏州物流中心已成为长三角区域性的多功能、多元化物流中心。① 此外，江苏太仓港也逐步发展为内贸枢纽港和江海中转港，2003年集装箱吞吐量仅为4.8万标箱，至2008年增至100多万标箱，大大促进了当地区域物流的发展。②

（四）两岸物流合作出现加速发展趋势

初期两岸物流渠道有限，物流领域合作进展缓慢。随着台湾科技产业向大陆转移，包括物流在内的服务业也开始积极跟进。虽然因前期无法直航的政策限制，两岸物流产业合作优势未能充分发挥，但台湾物流产业的资金和技术仍努力开拓大陆市场。例如，台湾第三方物流巨头——大荣物流有限公司先后在大陆成立12家子公司，进入大陆纯第三方商超物流配送市场；台湾诚品开发物流股份有限公司以咨询顾问的模式，通过零售理念延伸出物流管理的战略，进入内地出版业物流市场等。

2008年12月15日，两岸海运直航、空运直航、直接通邮开始全面启动。根据《海峡两岸海运协议》，双方同意两岸资本并在两岸登记的船舶，经许可得从事两岸间客货直接运输。大陆开放包括48个海港、15个河港在内的63个港口（含港区），台湾开放6个本岛港口和5个“小三通”港口。这宣告了两岸直接“三通”时代的来临，也标志着两岸物流合作的运输障碍

---

① 苏州物流中心网站，www.seall.cn。

② 《因台商企业聚集苏南而兴起的太仓港》，www.js.chinanews.com.cn。

基本解除，两岸物流合作开始走向正常化。

2008 年年底，台湾长荣集团等大中型物流企业在上海建立大陆营运总部，正式扎根大陆物流市场，涉及海运、航空、物流等多项合作领域。大陆各地政府也根据当地的产业优势，建立农产品、小额对台商品等两岸货物运输、仓储、加工等专业物流方案，并在一些发展较好的地区展开第三方物流、甚至是第四方物流等高层次物流合作尝试。例如，2009 年 3 月，宁波四方物流市场开始运营，建立了第四方物流平台信息标准体系，提供信息发布、交易匹配、合同签订、支付结算、信用评价、整体物流等六大解决方案，希望借助当地港口和区域经济的优势，推动两岸物流业发展。

三、海峡两岸物流产业合作的发展方向

通过对两岸物流产业发展特点和合作形势的分析可知，两岸物流产业合作是两岸经贸逐渐深化过程中的必然趋势。随着两岸经贸合作日益紧密，两岸物流企业将按照生产和产业布局以及本地化发展方向而自发形成合理化的区域分布。

从目前两岸物流产业合作的态势来看，主要是以区域海运物流为主，长三角、珠三角、海峡西岸经济区等地区的港口为两岸物流往来和企业供应链上的基础联结点。所以，海峡两岸物流产业合作的正常化，重点是海运物流的紧密合作，关键是两岸港口物流的合作发展。同时，通过两岸物流企业的纵深合作，以物流外包、战略联盟，联运等方式，共同拓展和深化两岸物流市场腹地。

现代物流产业是以提供集成化、系统化、网络化、综合一体化服务为特征，而目前大陆物流产业信息化并不完全，在技术标准和技术化水平上也没有达成一致，需要逐步改进与完善。从长远看，两岸物流产业的合作方向应朝着技术标准一致化和网络化的制度性合作发展。在此过程中，要充分发挥海峡西岸经济区的特殊优势，加强两岸区域物流联结和整合。

（一）开展多种形式的两岸物流产业合作

在商品经济条件下，物流的基本特征是实物的流通，即商品使用价值的流转。现代物流发展是商品市场供求运行的结果。两岸物流产业内在的合作动力和发展源泉也在于两岸市场供求运行主体的利益需求。另一方面，商流是物流的前提，在完善物流的过程中，有必要健全两岸商流市场，促进两岸市场的进一步整合，加深两岸经贸一体化进程。因此，除了加强两岸港口的主要连接点之外，还要求两岸物流企业以商流为前提，展开多形式、多领域的合作。

1．两岸物流产业合作的区域性

大陆生产市场的不平衡区域分布和两岸物流产业优势差异，决定了两岸物流合作的区域分布性和层次差异性。从合作地域来看，主要是从大陆沿海港口城市和台商聚集城市，扩散到其他内陆主要省会城市，从东部到中部再到西部，从大陆四大经济区到周边区域。首先出现合作的地区有着较好的政策环境、经济条件和物流基础设施，可以在较高物流层次水平上，以多种形式开展两岸物流合作，打造区域物流中心；在内陆地区或是经济欠发达地区，可以以共同打造农业或矿业等当地特色产业物流供应链或进行物流基础设施建设等方式，带动这些地区与区域物流中心的联结，共同开发两岸物流腹地。在一些条件较好的地区，除了在运输配送、物流设施建设等传统物流领域进行合作外，已在物流信息技术交流、人才培养、企业合作、产业间联盟以及打造国际供应链等各个层次与不同领域开始合作，合作的形式日益多样化。

2．两岸物流产业合作的多样性

大陆物流产业拥有本土市场信息和设备资源，台湾物流产业有着资金和技术管理方面的优势，可以通过吸引台湾物流企业以投资入股、两岸物流企业共建新公司等形式，来培育和整合这些区域内符合现代物流标准的企业主体，引进和发展一批提供物流科技支持的台湾公司，为市场发展提供助力，来改变大陆物流市场中小物流企业众多但管理水平和信息化不高的现状，从而降低企业物流成本，增强区域物流中心的竞争力。

通过两岸企业物流外包，建立物流企业联盟等多种形式，开展物流产业内合作。特别是港口城市，在借鉴台湾港口物流先进经验的同时，发展两岸物流的多式联运。

通过建立两地民间物流组织、相关学术机构和企业等的定期交流沟通，在物流设施建设、物流管理经验，物流相关电子技术和设备供应等方面展开合作，增加区域物流中心的整体实力。

推动两地物流人才的合作培养。物流业涉及产业领域广，需要物流、电子技术、管理等多学科的背景人才。两地可通过合作建立现代物流人才培训中心、开展现代物流专业与企业实践相结合等形式，为两岸培养一批不仅懂物流基本理论，而且掌握先进物流技术的现代物流人才，作为两岸物流业合作长期发展的智力支持，同时也为两岸区域物流中心增加对周边地区的辐射能力、加强两岸物流产业纵向合作打下基础。

（二）以港口物流为起点，优先开展海运物流合作

海上运输是两岸货物往来的主要形式，客观上要求两岸港口物流的紧密合作。两岸直航后，台湾本岛开放 6 个港口，加上金门料罗、水头、马祖福澳、白沙、澎湖马公等 5 个“小三通”港口，共 11 个港口；大陆先期开放 48 个海港以及 15 个河港，2009 年 5 月又新开放 5 个港口，共 68 个港口。

为了使两岸港口物流合作良性发展，在以港口为结点的物流合作布局中，应站在港口群的角度，对各个港口的物流功能分工和定位有一个统筹的规划，以便展开具体港口间物流业务的水平和垂直分工合作。如表 3 所示，在两岸 6 个港口群中，每个港口群内部都形成一个港口系统，同一个港口系统内的市场腹地相同，但运输市场和港口功能却不一样，而且是相互补充，分工明确。如台湾地区港口群，台中港偏重于大宗散、杂货运输，高雄港偏重于集装箱运输，基隆港则兼有简易加工和转运业务。实际上，大陆地区港口群之间以及各港口群内部的分工合作水平也具有差异性。有些港口间虽然地域相近，但因为业务关系上的竞争而阻碍了港口群总体实力的提升。两岸港口群合作过程中，大陆地区也应该同时加强各个港口群自身以及群际港口之间的合作，形成大陆沿海一线的两岸港口物流群落。

对于两岸不同港口群之间的港口物流往来，功能上的相似会导致相互竞争，但直航之后更多的是机遇。如同是集装箱运输港的长三角地区中心港——上海和台湾地区国际中转港——高雄，都是洲际集装箱中转大港，在对北方的中转集装箱运输方面，上海港具有地理和价格上的优势，但其港口软硬件、干线航班密度、转运效率和服务质量等方面略逊于高雄港。如在发展自身软、硬件的基础上，进一步推动港口物流合作，在口岸管理、船舶运输和信息交流等方面开展合作，则能充分发挥两岸港口群之间的整合效益，提升两岸市场之间的物流往来，还可共同开拓国际市场。

表 2　两岸直航后开放的港口

港口群	港口名称
台湾地区 长三角地区	基隆（含台北）、高雄（含安平）、台中、花莲、麦寮、布袋（先采专案方式办理）上海、宁波、舟山、台州、嘉兴、温州、大丰、台州港大麦屿港区、宁波－舟山港沈家门港区、铜陵港
环渤海地区	丹东、大连、营口、唐山、锦州、秦皇岛、天津、黄骅、威海、烟台、龙口、岚山、日照、青岛、连云港、莱州港、石岛港
海西经济区	福州、松下、宁德、泉州、肖厝、秀屿、漳州、厦门
珠三角地区	汕头、潮州、惠州、蛇口、盐田、赤湾、妈湾、虎门、广州、珠海、茂名、湛江
西南沿海地区	北海、防城、钦州、海口、三亚、洋浦

资料来源：《海峡两岸海运协议》等，国务院台湾事务办公室网站。

在具体港口物流合作方面，首先要在业务往来的基础上，在电子口岸建设、港口管理体制等方面进行沟通，提高港口物流通关流程；大力发展条码技术、数据库技术、电子订货系统（EOS）、电子数据交换（EDI）、快速反应（QR）及有效的客户反馈（ECR）、资源管理系统（ERP）等信息技术，建立覆盖港区生产流通和仓储运输企业的网络平台，使港口具备物流信息港的功能，实现两地企业、客户和有关管理机构的信息充分互联，形成港口与港口、港口与海关、港口与货主、港口与承运商连接的有机整体。

在整合港口自身装卸、仓储和运输等物流环节过程中，依靠港口临港工业和港城经济的不同特点，建设有特色的港口物流设施，实现港区连动；完善两岸港口合作的沟通机制，建立两岸合作港口间统一的港口物流标准体系，整合双方港口物流资源，发展以港口物流为中心的多式联运，打造港口物流的辐射网络。

（三）促进两岸物流产业标准化和网络化建设

两岸现代物流的合作发展方向最终是顺应全球物流发展趋势，实现系统化、网络化和一体化的两岸物流系统，从而降低两岸经贸往来的总成本，提升国际物流市场竞争力，促进两岸经济可持续、健康发展。现代物流技术和管理水平在信息电子化的基础上迅速发展，在当今经济全球化与区域一体化的进程中，物流规模和活动范围也越来越大。随着第三方物流的快速发展与第四方物流的兴起，物流行业分工更加明晰，物流行业内部协作更加紧密。全球物流整体呈现出规范化、规模化与网络化的发展趋势。① 这就要求两岸物流产业合作在起步阶段就要在建立物流电子技术化的基础上，在推动物流标准化和实现物流网络化方面做出努力。

1．打造两岸物流的标准化基础

物流产业在发展过程中的标准化，可以大大加快两岸企业在供应链的运输、仓储、装卸、加工、整理、配送等环节中的物流速度，降低整合成本，使两岸物流产业总体产生规模效应，朝着符合全球物流规范的趋势发展。

从微观角度看，两岸企业间物流合作要在供应链物流分工的基础之上，对企业内部供应链中的各个环节的管理和技术标准进行标准化改造，通过互联网、电子技术等工具，加强企业内部以及两岸各行业内的物流标准化建设。

从中观角度看，各区域内地方政府部门应在规划区域主导产业发展的同时，重视和鼓励对相关物流的标准化设施建设和研究，以产学研共同商讨、会展等形式，促进两岸物流标准化建设发展，向国际接轨。

从宏观角度看，大陆方面应借鉴台湾地区或其他国家和地区的物流监管经验，结合本地实际情况，整合工商、税务、海关、交通等物流产业监管部门的物流监管政策、法规以及行业标准，尽早完善一套符合国际标准的物流软件和硬件标准化体系架构，为两岸现代物流产业合作以至规模化发展提供

---

① 纪红任等：《物流经济学》，机械工业出版社，2007 年版。

政策法规层面上的依据。

2. 以两岸物流的网络化建设为最终目的

物流网络化的建设，是对两岸物流产业更高水平上的要求，包括了国际物流网络、区域物流、城市物流、企业物流等众多子系统的建设。在这一方面，路径主要是通过加强两岸沿海港口、机场等物流节点合作为起点，打造区域物流中心，加强东西部城市间物流联系，进而向周边地区辐射，最终实现两岸物流有层次、有分工的物流网络体系。两岸物流产业网络体系的建设，不仅要加强物流基础设施建设，更关键是如何实现两岸现有物流网络的重组与物流网络资源的共享。这不仅涉及物流产业本身，而且还涉及相应的金融市场物流融资、地方政策和市场环境诸多因素。这是两岸物流产业从功能性合作到制度性整合的发展过程，具有长期性和渐进性的特征。

（四）发挥海西区位优势，推动区域物流整合

虽然从两岸货物贸易量考察，海峡西岸经济区的物流市场腹地相对较小，远不及长三角和珠三角经济区，但以福建省为主体的海峡西岸经济区具有独特的对台区位优势和重要的战略地位。福建省具有与台湾地区地缘近、血缘亲、文缘同、商缘广、法缘久的独特优势，而且享有中央的对台特殊政策，对台交流先行先试。从经济上来看，福建省中小型民营企业发达，与台湾地区有相似之处，便于物流管理经验的承接。两地不仅经贸往来紧密，而且社会文化、人员往来等交流的密切程度都位于全国前列，具有“小三通”、对台小额商品贸易市场等其他地区所没有的合作试点，这些都为福建与台湾地区之间物流合作提供了便利的条件。两地区域物流产业合作的先行先试，一方面可以推动海峡西岸经济区包括物流等产业在内的发展，另一方面能够拓展台湾地区港口的经济腹地，而且两地物流产业合作的经验，还可以推广至大陆其他地区，从而有助于两岸物流产业的深化合作。

1. 推动两地港口物流的功能性整合

海西地区加快引进台资物流企业、先进技术和管理经验，加速两地港口群信息化和规范化技术的整合，使台湾海峡成为两岸海上货运的集散地，将创造两地港口物流合作的双赢局面。

从海峡西岸港口群的情况看，其与台湾地区港口群的地理距离最近，且福建港湾众多，港口资源丰富。近几年来，福建港口群发展十分迅速，2008年福建省港口货物吞吐量为2.7亿吨，集装箱达740万标箱，分别比上年增长14.4%和7.9%。其中厦门港集装箱吞吐量超500万标箱，居全国第5位，有着较好的两岸港口物流合作基础。

但与长三角和珠三角地区相比，福建港口群存在港口信息系统不能共享、各港口之间物流标准化水平较低、各类运输方式间装备标准不一致、物流器具标准不配套、信息技术不能实现自动无缝衔接与处理、物流标准的应用推广难等问题，从而限制了福建港口群的整合和提升，也降低了港口物流效率。受福建内陆地理交通状况的影响，海西区港口腹地深度和广度有限，加上缺少与其他经济区可抗衡的中心大港，海西区港口物流面临着长三角和珠三角地区的竞争压力。

实际上，在2009年2月出台的《福建省沿海港口布局规划（2008－2020年）》中，福建省将沿海港口定位为海峡西岸港口群，要求与台湾各港口共同形成海峡港口群。规划定位福、厦两港为两岸“三通”的重要口岸，要求发展福州港、厦门港为主要港口，泉州港、莆田港、漳州港、宁德港为地区性重要港口，形成海西区集装箱等五个运输系统。其中，福州港作为集装箱支线港，侧重发展内贸和近洋航线，打造东南沿海主要煤炭接卸港，未来定位集装箱干线运输综合港；厦门港侧重于成为集装箱干线港，发展成为海峡西岸的物流中心，主要为腹地外向型经济发展服务，未来发展成多功能综合性港口。海峡西岸港口群若能借助“大三通”后两地港口群之间物流合作机遇整合分工，则有助于海峡西岸港口群实力的整体提升。

另一方面，台湾方面想要打造“亚太营运中心”，离不开与大陆地区的港口物流合作。大陆地区长江以南沿海地区缺乏可供长程船停靠的深水港，香港虽是大陆最主要的外贸进出口货物转运港口，但港口装运能力有限，且地理位置（华南地区除外）、港口费用相对于台湾港口费用较高。因为闽台两地港口定位层次不同，台湾港口群侧重于远洋运输，海西港口群则侧重于内陆与近洋运输，两岸竞争性较小，台湾港口群可以通过发展两地港口物流功能性垂直分工使得其功能得到提升，有助于高雄转型为自由贸易港，推进高雄港洲际货柜中心建设，从而实现两地港口物流合作的双赢。

2. 发挥区域物流角色的分工作用

从打造区域物流合作的层面看，海峡西岸经济区拥有良好的对台政策优势，已有福州保税区、厦门象屿保税区、福州保税物流中心和福州、厦门、泉州出口加工区等优惠政策条件，位于福州和厦门的四个台商投资区发展良好。从现有物流基础设施建设看，海西区正加紧做好福州、厦门、泉州等沿海城市规划，努力建设海峡两岸农产品物流中心、泉州闽台五金机电物流中心、漳州国际粮食物流园区、厦门对外图书交流中心与台湾合作打造的大陆简体图书物流中心、闽台产业界合作投资的专业物流集散中心等基础设施。

闽台均多以中小民营企业为主体，对经营成本都十分敏感，为两地企业在物流合作领域复制台湾经验提供了一个很好的市场对接需求。两地社会文化的相似性，已有的商业和金融服务业合作基础，以及“小三通”积累的丰富短程配送经验，为消费者物流领域的多样性合作打下基础。此外，两地区位相邻的优势，使得包括滚装运输在内的高效便捷的陆海空联运成为可能。

海西区要成为大陆产品销往台湾的中转基地，区域物流定位要与台湾紧密联系，可以引入台资物流集团共同参与开拓海西地区的物流市场，借助两地紧密的产业联系，开展包括物流企业联盟在内的物流企业合作，培育海西区现代化的物流企业主体。海西区可利用“大三通”后两地“一日生活圈”的优势，在综合条件较好的城市建立两岸物流运筹管理中心，两岸物流人才培训基地等，还可借助两地区位相邻、运输联系方式便利等优势，发展有特色的两岸邮包转运中心等项目。

3. 扩大两地物流市场的纵深腹地

海西区要成为大陆产品销往台湾的中转基地，区域物流定位除了要与台湾紧密联系外，还应拓展与内陆地区的相互联系，才能真正成为联结海峡两岸的“物流导体”。从更大地域范围看，海峡西岸经济区通过完善以闽北、闽西高速公路网络建设为重点的福建“三纵四横”高速公路网、建设沿海城际铁路干线和港口支线专线建设等措施，逐步改善以福建港口物流为核心的区域物流系统向内陆地区辐射的能力。从长远看，还应在借助建设高效、便捷的交通运输线基础上，在内陆加工区等生产城市建立相关产业的物流集散设施，加深和完善物流服务能力。这对整合台湾海峡区域物流与长三角、珠三角区域物流之间的内陆联系，增强两岸物流网络向内陆地区的纵深发展，实现两岸物流一体化建设等方面，都有着重要的战略意义。

闽台农民经济合作组织对接途径与模式研究*

赵玉榕

农民经济合作组织，是农村经济体制转型的基本方向，是现代农业发展的必然趋势。福建省农民经济合作组织发展从总体上看尚在起步阶段，对农户的带动作用有限，远不能满足农村建设发展的需要。台湾农民经济合作组织已形成了市场专业化、管理企业化、布局区域化、服务社会化的产销经营格局，有许多成功的做法和经验值得借鉴和学习。当前和平发展成为两岸关系最重要的主题，两岸协商迈上制度化轨道，"海峡西岸经济区"的定位给闽台农业合作提供发展空间和政策保障，在此背景下，探讨闽台农民经济合作组织对接的途径与模式，对于提升福建农民经济合作组织的总体水平，缩小两岸合作组织之间组织化程度、经营理念、经营方式等方面的落差，建构两岸较为理想的合作赢利模式，深化两岸农业合作都具有重要的意义。

一、闽台农民经济合作组织发展及评价

农民经济合作组织是市场经济和现代农业发展到一定阶段的产物，指由从事同类农产品生产或经营的农民、组织和其他人员，自愿组织起来，以某一产业或产品为纽带，在技术、资金、信息、购销、加工、储运等环节，进行互助合作，实行专业化生产或经营，以提高农户进入市场的组织化程度，

* 本文原载于《台湾研究集刊》，2009 年第 4 期。

提高市场竞争能力，增加成员收入为目的的一种产业组织形式。农民经济合作组织是建立在家庭经营基础上的一种协作经营形式，其基本特征为专业、自愿，以农民为主体，讲究民办、民管、民受益，并且承认个人产权，具有既能保持农业家庭经营的效率，又能克服农业家庭经营局限的特点。在经济较发达，市场经济体系比较健全的国家和地区，都有着规模庞大、体系完整、职能明确、直接为农民服务的农民经济合作组织。

（一）福建农民经济合作组织的发展现状

20世纪80年代中后期，伴随着我国市场经济转型的深入，单家独户的传统生产方式影响和制约了农业和农村经济的进一步发展，农民迫切需要一个能够表达和维护自己经济利益的组织。与此同时，随着农村经济体制改革的深入发展，我国农村初步具备了按照真正的合作制原则发展合作经济的环境条件，农民经济合作组织应运而生。我国农民在市场经济条件下开展互助合作还刚刚起步，目前以农民为主体的，由农民自发兴办的农民经济合作组织，虽然与国际上公认的真正的合作经济组织还存在差距，但在一定程度上具备了合作经济组织的本质属性，根据组建的层次、性质和利益联结程度的不同，主要分为以下几种类型：①

其一，农产品行业协会。它属于农业中介组织的范畴，是生产、加工、销售农产品的市场主体为了维护和增进共同利益而在自愿的基础上组建的不以盈利为目的的一种制度安排或行动集团，是联系农民、农业企业、市场和政府的桥梁和纽带。因此，它既不同政府机关，又不同于一般的社会团体，具有民间性、服务性、权威性、准企业性和准政府性等特征。其二，农民专业协会。它是以种植和养殖产品为纽带，由农民自愿组织起来，生产技术服务部门牵头，以开展技术服务为主，实行产加销的广泛协作，起沟通农民与政府之间的桥梁作用的社团组织。其主要特点是强调行业专业技术特性，完全由农民自发、自愿组成，会员必须缴纳会费。其三，农民专业合作社。传统意义上的农民专业合作社，是一种在不改变现有生产方式和生产资料所有

① 翁新汉：《发展农村专业合作经济组织促进新农村经济发展》，《福州党校学报》，2007年第6期。

制关系的前提下，同类农产品的生产者或经营者，为了适应市场的需要，以向农户提供某一环节或一体化服务为宗旨，主要在流通领域按合作社原则组织起来的专业性经济组织。现代农民专业合作社，为了提高农产品市场竞争力，已经不局限于流通领域的合作，生产领域合作的程度已经大大提高。其突出的特点是：社员必须以某种生产要素入股、实行民主决策、资本报酬有限、盈余按社员与合作社之间的交易额大小进行分配、专业合作社从中提取一部分公积金等。

根据福建省农业厅提供的统计数据，截至2007年底，福建省共有各类农民经济合作组织约为1700个，相对比较规范的1419个（其中农民专业合作社612个），成员24.6万户，带动农户数68.2万户，占全省农户总数的9.7%。按创办主体的性质与组建的途径划分，福建农民经济合作组织可划分为专业大户能人带动型、政府职能部门带动型、供销社带动型和龙头企业带动型等四大类。①

1. 专业大户能人带动型。主要由农民专业大户与技术经营能手牵头，围绕当地主导产业和产销两大中心环节，创办农业合作社或建立专业（行业）协会，培训指导农民生产技术，重点为农户提供产前、产中、产后系列服务。这类合作组织在实际运作中主要采取“专业协会+农户”和“农业合作社+农户”以及“股份合作社”等3种形式，是目前福建农民经济合作组织最主要的类型，占有59.2%的比重。

2. 政府职能部门带动型。主要由地方政府、农业或科技有关部门，依托行政力量，在其所辖区域内牵头办起专业协会（或合作社），吸收一些专业大户作为理事。采取的主要形式有：“支部+协会+农户”、“农技部门+协会+农户”。此类模式中，政府领导或部门领导一般都兼任理事长或总经理职位。目前福建农民经济合作组织中有15.8%属于这一类型。

3. 供销社带动型。依托原有供销社在人才、资金、营销技术等方面的优势，以社有资产出资或以技术、管理、人才、信息等无形资产参与，把分散的农户组织起来，组成专业协会或领办或联合兴办农业合作社，采取“基层

① 福建省农业厅：《福建省农民专业合作经济组织发展情况调研报告》，2005年。

供销社+合作社+农户”、“基层供销社+协会+农户”的组织模式。这类合作组织在全省农民经济合作组织中占4.4%。

4. 龙头企业（公司）带动型，这种类型的核心是用合同联结农户，将生产者、加工者、销售者、经营者结成风险共担，利益均沾的共同体。此种类型的组织根据加入的农户类型的不同大致可分为以下几类：分散、独立的农户，与企业（公司）签订合同，采取“公司+农户”方式合作；通过乡、村行政领导部门组织起来的农户，采取“公司+基地+农户”方式；通过各种专业技术协会组织起来的农户，采取的是“公司+协会+农户”的方式；通过专业合作社组织起来的农户采取的是“公司+合作社+农户”的组织形式。这一类型所占的比重最少，仅为3.9%。

福建省农民经济合作组织在推动农业结构调整、推进农业产业化进程、提高农民组织化程度、促进先进科学技术的推广应用、增强农民的质量和品牌意识、提高农产品竞争力以及增加农民收入、保障农民权益、加快城乡建设、增强农业抵御市场和自然双重风险的能力等方面都显示了旺盛的生命力。但从总体上看福建省农民经济合作组织的发展尚在起步阶段，一是覆盖面窄。福建农民经济合作组织数量仅占全国的0.1%，所带动的农户不足全省农户总数的9%；在福建各类经济合作组织中比较规范的约有400多个，在全国较规范的农民经济合作组织数中仅占0.28%。二是发展速度慢。从2002年至2007年数量仅增加100多个，真正成规模、具有较强影响力和竞争力的不多，带动能力相对较弱。三是区域分布和产业不平衡。山区发展速度明显慢于沿海地区；有50.4%集中在种养业，与全国的农民经济合作组织产业分布一致。① 四是组织机构和制度不健全。一些合作组织没有规范的章程，职责不明确，机构设置不合理，管理制度不完善，还有行政干预过多等问题。总之，福建省农民经济合作组织在促进福建农业规模化生产、专业化分工和区域化布局以及商品化发展方面的作用还很有限。

---

① 郭庆海：《我国农民合作经济组织产业分布差异解析》，《农业经济问题》，2007年第4期。

（二）台湾农民经济合作组织的发展及其评价

台湾农民经济合作组织始于1899年成立的台湾农会，目前已经在农村中形成了一个较为庞大、完整的组织体系，分为会、社、班等不同类型，其中“会”包括农会、渔会、农田水利会；“社”为农业合作社；“场”为合作农场；“班”主要是以水果、蔬菜、粮食作物、花卉、畜牧、特种作物、养殖水产和休闲农业等8类产品为主的农业产销班。

台湾农民经济合作组织具有以下特点：

1. 涉及领域广，农民参与面大。台湾农民经济合作组织经过百余年的发展，已经涉及农业生产和农民生活的方方面面。目前，台湾农会的数量已经达300多个，有99%的农户参加了农会；有30%的农户参加合作社（场）；参加农业产销班的人数在2004年鼎盛期达13万人，约占台湾总农户数的46%。①

2. 形式多样，既有综合性也有专业性。台湾农民经济合作组织有农会、渔会、农业合作社、农业产销班以及农业策略联盟等形式，且综合性和专业性兼顾。农会和农业合作社是综合性的组织，农会设有供销部、信用部、保险部和推广部，分别办理相关的业务；合作农场即综合性的农业合作社，其业务项目除农业生产及运销外，还兼营农产品加工、销售、公用事业及其他地方政府交办的各项事宜，也具有综合性。专营性合作社包括农业生产、运销、供给、信用、保险等，专门从事某一种产品生产或某一项业务，具有专业性的组织特征，而名称冠以地名与产品种类的产销班，其专业性则更为突出。综合性的组织为农户提供资金、保险、技术指导等全面的服务，专业性的组织则满足农户生产、运输、销售等具体的服务需要。

3. 以服务为主，盈利为辅。台湾农民合作组织不以盈利为目的，而以服务农民为宗旨。

农会章程规定，农会必须以其利润来服务于农业和农民，每年要将总利润中一定比例的利润用于推广农业新技术以及补贴农业合作社和产销班；各种类型的农业合作社均规定，其盈余的很大比例必须用于合作社成员的培训。

4. 组织机构健全，经营企业化，管理专业化。台湾农民经济合作组织

---

① 徐源清：《农业产销班辅导措施与经营状况分析》，台湾《农政与农情》，第177期。

根据业务和功能的不同设有相应的机构，各类机构分工明确。如农会实行议行分离制，设议事机构和执行机构；农业合作社的社员大会为最高权力机构，设有理事会、监事会；农业产销班设有班长、会计、总务等职务。台湾农民经济合作组织无论大小，基本都遵循严格的规章制度运行，机构的管理人员均经过民主选举产生，或经过考核才能予以聘用；依靠现代的办公设备和手段，按企业化流程运作，保证了其工作效率和服务质量的提高。①

5．具有相关的法律保障和政策引导。台湾农民经济合作组织的建立和发展有《农会法》、《渔会法》、《水利法》、《合作社法》等相关的法律作为保障，并且在不同的发展时期分别制定相关的政策予以指导和扶助，使各类农民合作组织得以较规范地发展，农民的利益得到保障。

台湾农民经济合作组织在农业发展、提供农民生产服务以及农村的现代化建设等方面，在组织分散的农户、使生产经营与社会经济条件的变化相适应、与市场运作相结合等过程中发挥了重要作用。通过产销班、合作社等农民经济合作组织的发展和高效运作，小规模分散经营农户，实行有规模的企业化经营，克服以家庭为单位农业生产经营活动的弊端和缺陷，使“小农变大农”；通过专业化的生产和一定规模的经营，农产品实施离消费者最接近的运销方式，减少中间环节，有效的降低生产成本、运销成本，保证农民获取最佳收益；较好地实现了小生产与大市场的对接，提高农民进入市场组织化程度和专业化的协作程度，将农民联合在同一个利益共同体内，避免农业生产的盲目性、波动性和趋同性，还能有效避免分散经营的低效率和相互竞争，降低农民在市场竞争中的风险，提高农民抵御来自各方面盘剥的能力；通过产前、产中、产后各个环节的纵向联合，使农民分享到加工和销售环节的利润，有效地保证农民收入稳定增加。

越是市场经济发达的国家和地区，各类农民合作组织普及程度越高，生命力越强。建立完善的农民合作组织体系，提高农民在市场中的经营地位和竞争能力，是实现农业产业化的根本保证。台湾农民经济合作组织发展的经

---

① 靳利华：《论台湾农村组织的运行及其对大陆的借鉴意义》，《社会主义研究》，2005 年第 5 期。

验，对大陆发展农业，建设农村也带来许多有益的启示。

二、新形势下拓展闽台农民经济合作组织对接的重要意义与可行性

闽台农业合作是闽台经贸合作的主要组成部分，自上个世纪 80 年代起，经历了试探起步、兴起发展和全面拓展阶段，伴随着在资源要素的整合和优化配置、资本、技术、农业经营方式和营销手段等方面的交流与合作的不断深入，闽台农业合作的模式也随之演进，从最初的资源和技术合作模式逐渐向多领域和多层次发展，形成了农业技术合作、农业资源开发合作、产业化经营合作、农业园区合作和农民专业经济组织合作等几个方面的模式。其中农民经济组织合作模式是闽台农业合作的创新模式，正在以其独特的优势，发挥着重要的作用。

在当前两岸关系发展和福建海西区建设的新形势下，拓展闽台农民经济合作组织对接，具有重要意义和现实的基础。

新形势下拓展闽台农民经济合作组织对接的重要意义在于有助于加快福建农业现代化进程，提升福建农民组织化水平和深化两岸农业交流与合作。当前福建农村经济发展已进入新的历史阶段，在农业现代化进程中，所面对自然条件与背景同台湾农民合作组织产生发展所面对情形有极强的类似性，同样面临经营土地的零碎细化、小农产权结构与农业专业化规模化经营的矛盾；劳动力外移加快，农业机会成本提高，农业收益水平增长缓慢；市场开放，迫切需要提高农民的组织化程度等问题。加强现代要素投入以提高劳动生产率和土地生产力；致力于增加农民收入，谋求民生福祉的改善，是两岸农业发展的主要方向和目的。台湾农民经济合作组织发展历史较之大陆早了很多年，现已形成了市场化专业化、管理企业化、布局区域化、服务社会化的产销经营格局，有许多成功的做法和经验。加强闽台两地农民合作组织的对接，对提升福建农民经济合作组织发展水平具有现实意义，有助于形成构建社会主义农村和谐社会的助力，有效避免农村经济市场化过程中的两极分

化和“市场失灵”，改变我国农村社会的“二元结构”，使农村社会朝着“国家——市场——农村合作组织”的三元结构发展，而且有利于两岸农民在农业生产和经营中整合资源，提高农业科技水平，获得规模效益；而且也有利于维护和增加台商、台农在闽利益，进一步促进两地农业产业发展。

当前两岸关系出现重大转折和进展，而国务院《关于支持福建省加快建设海峡西岸经济区的若干意见》把海西明确定位为“两岸人民交流合作先行先试区域”，福建正在抓住难得的历史机遇有步骤、分阶段地推进海峡西岸经济区的建设，开展对台交流合作。当前福建经济社会发展进入了一个受资源环境多种条件约束的新时期，要使闽台农业合作进一步深化，需要进一步发挥福建农业的资源潜力和对台独特优势，积极探索、深入研究并推出若干对台先行先试的政策举措，继续扮演好先行的角色。在闽台农业合作方面，福建提出“五项先行”的目标，在两岸农业经营管理制度合作上先行探索，是其中重点之一。两岸农民经济组织合作是产业对接的一种延伸，是闽台农业合作的创新模式，是深化闽台农业交流与合作的重要环节，同时也是国家赋予海峡两岸（福建）农业合作实验区的责任。① 当前两地农民合作组织的交流的程度还比较粗浅，对接方式也处于探索阶段，这在一定程度上影响了闽台农业合作的扩大和深化。因此，借鉴台湾的经验，加快福建农村经济组织的创新发展，开展与台湾农民经济合作组织多层次的对接，可缩小两岸农村经济组织的组织化程度差距，形成对台农业组织有吸引力的合作架构，从而为与台湾集约经营的农村合作组织之间进行交流与合作打下坚实的基础。

闽台农业发展的自然环境与背景相似，资源、发展水平与结构具有互补性，闽台农业合作在促进福建农业规模化生产、专业化分工和区域化布局以及商品化发展方面的重要贡献以及两岸关系新形势给闽台经贸合作的发展带来新的契机，为闽台农民经济合作组织的有效对接创造了良好的条件，此外台湾农民产销班经营模式在福建的尝试，展示了良好的示范效应。福建农民产销班是台湾20世纪90年代开始创办的农业合作形式，将大部分农户组织

① 赵玉榕：《建立两岸（福建）农村建设合作示范区探讨》，《台湾研究集刊》，2008年第3期。

起来，有效地克服了小农经营的弊端，形成了较为完整的组织体系和稳定的运行机制，已经成为台湾地区重要的农业经营方式。台湾的农民合作产销班经营模式已在福建许多基层农村试点，成效明显且具有代表性的有漳州长泰锦信青果合作社、万桂香蕉专业合作社、漳州市龙文区育绿农业合作社、福安市松罗乡茶业产销合作社、明溪紫云村茶叶和蔬菜专业合作社、三明林业实验区精致农林产销一体化组织等十多个产销组织，其中漳州长泰锦信青果产销合作社，被农业部列入全国“百家农民专业合作经济组织”试点单位，并被评为全国50家农民专业合作组织先进单位之一。[①] 这种依托台农、台商，借鉴台湾农业产销班经验创办的新型农民合作组织，其制度安排与台湾产销班运作模式相似，即都是由从事同一农产品生产经营的农户组成，采取统一经营规划、统一采购生产资料、统一良种种植、统一生产技术标准、统一农产品分级包装以及统一品牌运销等合作运行机制；实行一人一票民主管理原则，收益分配主要按与农户交易量返还，从而有效地解决农产品产前、产后突出的“统分失衡”，大大降低农户市场风险和交易成本，较好地维护和提高农户经营收入，显示出产销合作组织的优越性。这一有效的尝试，为两地的农民经济组织合作的进一步合作奠定了良好的基础。

三、闽台农民经济合作组织对接的主要途径和模式

（一）闽台农民经济合作组织对接的基本内涵和目标

加强闽台农民经济合作组织对接旨在结合贯彻《农民专业合作社法》，重视学习和引进台湾农民合作组织的制度资源，以农业经济合作组织为载体，有针对性的借鉴台湾农村组织行之有效的发展机制、经营模式和管理经验，开展与台湾中南部农会、农协、产销班等农村经济组织全方位的交流与合作，扶持一批农民合作经济组织开展试点，探索有效的组织运作机制，总

① 张春霞等：《海峡西岸经济区社会主义新农村经济发展研究》，中国农业出版社，2006年，第177页。

结推广好的做法和经验。通过两岸农民经济合作组织的对接，提升福建农民合作经济组织的总体水平，使农民合作组织在维护农民权益、促进农民增收、承接农村经济事务、担保金融贷款、化解市场风险、提高农民素质等方面独有的功能和作用得到更充分的发挥，缩小大陆的农业生产主体和农村经济组织与台湾集约经营的农村合作组织之间组织化程度、经营理念、经营方式等方面的落差，建构较为理想的合作赢利模式，对深化两岸农业合作发挥积极的效应；借助农民经济合作组织对接这一平台，还可密切两岸基层组织和农民的联系和交往，加强两岸农业、农村和农民的更加全面的融合，为实现双方经济和社会的进一步融合奠定基础。

（二）闽台农民经济合作组织对接的可行途径和模式

1. 主要途径

（1）借鉴台湾经验推动福建农民经济合作组织有序发展

台湾农民合作经济组织组织机构健全、运作规范、功能完善，有会、社、场、班等不同类型，如农会、渔会、合作社、合作农场以及产销班等，几乎涵盖了农村、农民、农业发展的所有方面，呈现出较强的专业性或综合性，在引导农民生产、降低农民在市场竞争中的风险、促进规模经济发展、提高农产品营销效率、保护小农利益、增加农民收入发挥了重大的作用。发达的农民合作组织成为台湾实现农业现代化过程中的重要环节。福建应该借鉴台湾的经验，将农民专业合作经济组织定位为经济、教育和社会组织；从实际出发循序渐进，尊重农民的意愿和选择；因地制宜地开展多种形式的专业合作，拓展合作组织的功能；遵循农民为主，政府为辅的原则等经验和做法，抓好农民合作组织的规范发展，提升合作经济组织的总体水平，增强组织辐射能力和经济效益，加速农民合作组织从松散型向紧密型，从本土型向外向型，从种养型向综合型的转变，发挥农民合作组织应有的作用。

（2）注视理念交流，提高合作意识

如前所述，福建在借鉴台湾产销班运作方面，已经有了成功的范例，台农在福建兴办产销班也收到了明显的效果，但推广的速度不尽如人意，其中的原因除了农民的合作意识普遍还比较淡薄，缺乏组织起来的积极性以外，对农业经济合作组织发展理念的了解欠缺也是主要原因之一。要开展两岸农民合作经济组织交流与合作，增加对台湾农业经济合作组织发展理念的了解是必要的前提条件。可采取每年定期或不定期地进行农民合作组织代表之间的互访、考察；邀请台湾专家农民来进行指导、创建农民合作经济组织，对农民进行培训；选派或组织村镇干部、种植大户或经营能手赴台学习台湾的相关制度与经验；两岸的学者针对相关问题开展学术探讨和研究等方式，增强对台湾农民合作经济组织发展理念的了解，提高福建农民的合作意识。

（3）以主导农产品生产和农产品加工企业为依托

从目前看，福建农民自发组建的经济合作组织以畜禽、笋竹、水产品、蔬菜、水果、食用菌、茶叶、花卉、烤烟等骨干农产品居多，以重点特色农产品为依托，进行两岸农民经济合作组织的对接，符合福建农业产业的发展方向，有助于提升骨干农产品整体生产水平和综合效益，推动农业产业化经营由主导产业规模扩张向优势区域集聚的转变。在这一合作方式中，台资农产品加工企业以企业法人的身份参与组建专业合作社，形成“台资企业＋农民合作经济组织＋农户”这一利益关系更为密切的产业化经营模式，既保证农产品加工企业有稳定的、质量有保障的农产品原料资源，保证台资企业的经营效益，又能使分散的农户推行农产品标准化生产，获得稳定的销售渠道，分享到加工和销售环节的利润，有利于理顺农户与台资企业之间的利益关系。

（4）以台湾农业产销班的模式为重点

台湾经过半个世纪探索逐渐形成的农业产销班运作模式是在农村发展经济合作组织中比较典型的模式之一，它是生产同类农产品的农民自愿组织起来的最基层的农民合作组织，其职能主要是农产品的共同运输、销售和生产资料的共同采购。这一合作形式，扩大了营销规模，增强了农民的议价能力，降低了运输、销售、采购的成本，提高了农业的竞争力，增加了经济效益，已经成为台湾农业重要的农业经营方式。目前全台湾共有6253个产销班，参加人数116195人，占台湾农村劳动力的22%；其中水果和蔬菜类的产销班数量和人数最多，约分别占69%和72%。① 福建借鉴台湾经验进行创办产销班的尝试成功，说明产销班是适合福建目前农业发展阶段的可以借鉴的模式。因此，福建应该借产销班成功的运作模式显示出产销合作的优越性和示范效应，将产销班模式作为福建农民经济合作组织发展的主要模式，加大推广创立产销班的力度，并逐步规范和完善农产品市场体系，建立健全市场交易规则和运行机制，为福建农村经济合作组织的发展创造良好的外部环境。

2. 对接模式

一是跨地区合作。在双方从事同类产品生产的农业行业协会或经济组织之间展开跨地区合作，就是按产业类型进行横向整合，把台湾和福建两地生产同样产品的产销班整合起来，例如蔬菜、肉猪、水果和水产品等，成立产业策略联盟，加强资讯、产品标准、产期调节、批量生产的资源整合。由于同类产品生产需要的专业技术、专用生产资料基本相同，产品的市场走向也较一致，不仅容易产生合作的需求，也容易形成服务的规模效益，能有效地降低农户的产、销成本。其形式可以有多种：（1）生产技术合作形式。引进台湾新品种、邀请台湾专家开展农业技术指导讲座、对农民进行新技能、新技术、新方法和新理念方面的培训。（2）组成跨区域的联合社的形式，② 带动专业化生产，降低生产成本和运销成本，创立品牌，依靠台湾农民合作组织的渠道，共同开拓国际市场。类似的合作也可在不同类产品生产的农业行业协会或经济组织之间开展。两岸农民合作经济组织的跨地区合作，是两岸农民在农业生产和经营中整合资源，获得规模效应的有效途径，其不仅能够让大陆的农民合作经济组织借鉴台湾发展农民经济合作组织的经验，同时能够通过组建闽台农民经济合作组织，更直接地让两岸农民充分享受到农民合作组织给两岸农业发展、农民富裕和农村繁荣带来的促进作用。

二是OEM或ODM合作模式。OEM（Original Equipment Manufacture，即

---

① 台湾“行政院”农业委员会农粮署2007年12月发布统计资料，http://www.afa.gov.tw。

② 刘艳、王晓光：《借鉴台湾农民合作组织建设推动合作组织健康有序发展》，《合作经济》，2007年第1期。

原始设备制造商）或 ODM（Original Design Manufactuce，即原始设计制造商）是企业间合作经营的生产方式，分别指“代工生产”方式和“贴牌生产”方式。两地农民经济合作组织之间的交流与合作也可采取类似 OEM 或 ODM 方式进行。这类合作方式可以在闽台农民合作组织之间开展，也可以在福建本地的农产品加工企业与台湾农民组织之间开展。例如，两地生产同类产品的产销班进行对接，产品由福建的产销班进行生产，采取统一收购、包装，统一商标和品牌、统一运输、统一销售的共同运销方式，台湾方面负责提供种苗，并对生产的全过程进行技术指导，制定统一的生产技术标准，进行标准化和规范化的管理，负责提供产品的销售渠道，冠以台湾的品牌进入市场；或者台湾和大陆的农民组织以双方认可的方式进行合作，最终产品以新的品牌名称进入市场。福建本地的农产品加工企业与台湾农民组织之间开展的合作方式可以有：(1) 台湾水果、蔬菜等产销班或合作社在福建设立分社；(2) 台湾合作组织与福建本地农民经济合作组织联合进行原料生产，与农产品加工企业对接，分别进行产品的生产和加工；(3) 福建农民经济合作组织以原料生产者身份参与台湾农民经济合作组织与福建农产品加工企业的合作。

三是台湾农业合作组织设立分社（班）模式。台湾水果、蔬菜、水产、花卉、畜牧等产销班或合作社在福建设立分社，由台湾农民或大陆的农民共同担任产销班的班长或副班长，运用台湾农民组织的运作模式，组建类似联合社的供应链联盟，联合从事农产品生产和运销事业，共同拓展国内外市场。在这个共同体中形成一个相互捆绑的利益约束机制，进而能够产生一种内在的良性循环：无公害生产——品牌农业——市场认可——订单，将联合生产的农产品通过农民组织的平台与市场对接，借助合作组织稳固的农户群体利益关系，保证市场和农户间形成长期、稳定的共同利益或契约关系，建立农产品稳定的行销通路。

（三）对促进闽台农民合作经济组织对接的若干建议

1. 构建促进两地农业合作组织对接的政治环境

两岸关系和平发展是拓展两岸经贸交流的前提条件，拓展互利双赢的两岸交流与合作是实现两岸关系和平发展的主要途径。当前两岸在政治上已建立一定的互信，经济关系也进一步密切，两岸关系的改善和发展，为两岸经济交流与合作创造了较之以往更好的环境与条件，两岸之间有望朝着排除影响两岸经济关系发展的各种制度性障碍，建立起深度整合的经济合作关系方向发展，逐渐构筑起长期稳定的、具有两岸特色的互利双赢的经济合作机制，为两岸农民经济合作组织对接构建良好的政治环境。

2. 建立闽台农业经济合作组织对接机制

（1）建立促进闽台农业经济合作组织对接的政府宏观调控机制及协调机制

政府要把发展闽台农民经济合作组织对接作为推动农业结构调整、提高农业综合效益、增加农民收入的重要途径，切实加强对闽台农民经济合作组织合作的引导，结合实际，认真制定规划，明确对接的目标、方向、重点及优惠政策，闽台农民经济合作组织的对接涉及对台方针政策和相关职能部门的具体操作，需要在省委和省政府的指导下，发挥政府宏观调控和行政部门的职能作用，加强对各部门执行闽台农业合作条例、法规、政策的监管，提升政府指导、协调和服务的职能，建立政府和实际部门的协调机制，协调处理福建农民组织发展以及两岸合作过程中遇到的具体问题，形成闽台农民经济合作组织对接的整体推进合力。

（2）建立促进闽台农民经济合作组织对接的政策机制

中央《关于支持福建省加快建设海峡西岸经济区的若干意见》出台，明确要求海峡西岸经济区“建设两岸经贸合作的紧密区域”，发挥海峡西岸经济区独特的对台优势和工作基础，努力构筑两岸交流合作的前沿平台，将福建定位于两岸人民交流合作先行先试区域，采取更加灵活开放的政策，加强海峡西岸经济区与台湾地区经济的全面对接，推动两岸交流合作向更广范围、更大规模、更高层次迈进。福建应该抓住这一有利时机，积极争取国家赋予对台农业制度性合作与交流的特殊政策支持，促进闽台农民经济合作组织的顺利对接，为福建成为两岸农业合作创新模式的“试验田”创造条件。

（3）建立闽台农民经济合作组织沟通协商机制

区域经济合作原本是市场化的行为，由于两岸关系的特殊性，目前建立闽台农业合作协商机制尚不现实，可以发挥两岸民间组织的作用，进行协商和规划，达成共识、做出安排。与台湾农会等农民组织保持经常性的沟通和交流，确立闽台农业制度性合作的主要形式、具体项目和协调机制；邀请台湾专家教授、产销班班长、合作社经理等农民合作组织的人员系统介绍台湾农民专业合作组织高效管理的理念与运作模式和典型实例，尤其是有针对性地就合作社资金资源合理分配、营销服务体系建设及健全完善财务制度等诸多方面给予有益的启发；以举办闽台农业组织合作论坛、海峡两岸农民经济合作组织恳谈会等方式，就共同关心的议题进行探讨。

3. 创建有利于农民经济合作组织对接的市场环境

两岸农民合作组织的交流与合作不仅取决于自身内部制度的安排，同时也取决于外部制度环境的影响。台湾具有相对完善的农产品市场体系，具有实行市场化运作的农产品批发市场，农产品销售实行的是委托代理和拍卖制，这种制度减少了市场的不确定性和与此相关的交易费用，节约了农民和合作经济组织的交易成本。可见农产品市场体系是否完善，直接影响两岸农民合作组织的交流与合作的效果。应加快福建农产品市场化制度改革与创新，逐步完善农产品市场体系，健全市场机制，农产品批发市场应实行市场化运作，建立健全市场交易规则和运行机制，加强对农产品市场的规范管理，将建立农产品批发拍卖制度作为努力的方向，为两地农民经济合作组织的对接创造规范、高效的市场环境，保证两岸农民合作组织的交流与合作的效果。

4. 建立农民经济合作组织对接试点

闽台农民合作组织的对接目前尚处于探索之中，适宜采取由少至多，循序渐进的步骤，以经济发展水平以及农民合作组织发育的程度为条件，在福建选取几个农业合作组织与台湾有合作意愿的、较为典型的合作组织，建立对接试验点进行不同对接模式的尝试，取得经验后进行推广。

5. 提供促进闽台农民经济合作组织对接的专项扶持资金

设立专项资金，采取以奖代投、专项扶持、分档分级扶持等办法，激励农民经济合作组织的发展，尤其对运作规范、带动力大、作用突出、效果明显的农民经济合作组织以及台商建立的产销班等合作组织在扶持政策上有所倾斜，激发农民办经济合作组织的积极性，扶持台商在福建建立的产销班更好地发挥示范的作用。

第四篇　两岸经济一体化与区域整合

当前两岸制度性经济一体化的经济可行性考察*

唐永红

一、引　言

随着经济全球化与区域一体化以及两岸经济关系的深化发展，两岸制度性经济一体化成为两岸经济体自身发展的必然与要求①。2005 年 4、5 月连、宋大陆行时两岸正式提出了“两岸共同市场”及“两岸自由贸易区”的制度性一体化议题。然而，诚如区域经济一体化理论与实践所表明的，一体化是一个艰难的渐进过程，需要一定的政治、经济与社会条件；仅就经济可行性而言，各种程度与形式的制度性经济一体化，不仅需要各自特定的经济条件，而且都必须其成员方在经济相互依存性、经济市场规模、经济技术发展水平、经贸政策可协调性等方面具备一些基本经济条件，以实现预期的经济效应②。因此，除了两岸政治关系方面的考虑之外，深入探讨当前两岸制度性经济一体化的经济条件与可行性，无疑具有十分重要的现实意义。事实上，近年来，一些学者在倡议“两岸共同市场”或“两岸自由贸易区”中

---

* 本文原载于《台湾研究集刊》，2007 年第 1 期。

① 参见唐永红：《WTO 框架下海峡两岸经济交往及合作方式探讨》，《国际经贸探索》，2005 年第 1 期。

② 罗布森：《国际一体化经济学》（第四版中译本），上海译文出版社，2001 年版；唐永红：《区域一体化理论与两岸经济一体化问题研究》，厦门大学出版社，2006 年版。

已或多或少、或深或浅地论及这一问题①，但未曾见以之为专门研究对象的深度分析。本文拟从区域经济一体化获得预期成效所必需的一般性经济条件方面，全面深入地考察当前两岸制度性经济一体化的经济可行性，进而阐明各种一体化形式在当前的经济可行性。

二、经济相互依存性条件下的经济可行性

理论与实践表明，一般而言，成功的区域经济一体化必须具备一定的经济相互依存性条件。一体化区域各成员方之间在经济上存在比较紧密的专业化分工关系，从而各成员方能成为彼此的主要经贸伙伴，而对区域外经贸伙伴的依赖性较小，以保证一体化的经贸转向效应较小而经贸创造效应较大。

两岸专业化分工方面。包括笔者在内的许多学者研究表明②，近20余年来，两岸经济体在潜在的互补性基础上，在不断深化发展的全球化进程与彼此交流交往过程中，在全球化力量与市场机制以及双方两岸经贸政策的作用下，逐渐自然地形成了垂直与水平交叉并存且动态发展的多元化分工关系。目前，两岸产业合作层次不断提高，分工协作日益深化，已由劳动密集型向资本、技术密集型产业转变，由产业之间分工向产业内部分工推进，形成了“研发、生产、销售”一体化和较为紧密的产业发展链。这种分工关系不仅本身就是全球经济分工与生产链条的一个重要环节，而且使得两岸经济体在原来的互补性基础上形成了竞争性与依存性并存的一体化发展态势。

两岸贸易相互依存性方面。台湾“行政院陆委会”编制的《两岸经济统计月报》第157期有关统计显示，2005年台湾对大陆出口占台湾总出口的

---

① 林媛媛：《构建海峡两岸自由贸易区的可行性分析》，《国际经贸探索》，2003年第6期；庄宗明、张启宇：《建立“两岸共同市场”的可行性及其实施构想》，《东南学术》，2005年第5期。

② 高长：《两岸经贸关系之探讨》，台北：天一出版社，1997年版；李非：《海峡两岸经济合作问题研究》，九州出版社，2000年版；李非：《台湾经济发展通论》，九州出版社，2004年版；潘文卿、李子奈：《台湾对祖国大陆经济的依存研究：一个基于连接模型的分析》，《世界经济》，2000年第12期；童振源：《海峡两岸经济分工与相互依赖》，李非主编：《21世纪初期海峡两岸经济关系走向与对策》，九州出版社；唐永红：《经济全球化、WTO与两岸四地经济一体化》，《台湾研究集刊》，2004年第1期；张传国：《台商大陆投资问题研究》，商务印书馆，2007年版。

比例、台湾自大陆进口占台湾总进口的比例、台湾对大陆进出口贸易总额占台湾进出口贸易总额的比例，分别达到27.34%、10.97%、19.33%；与此同时，2005年大陆对台湾出口占大陆总出口的比例、大陆自台湾进口占大陆总进口的比例、大陆对台湾进出口贸易总额占大陆进出口贸易总额的比例分别为2.81%、8.01%、5.34%。可见，两岸经济体已互为重要贸易伙伴，但彼此间却具有明显的不对称性依赖，台湾贸易对祖国大陆商品市场的依赖，明显高于祖国大陆贸易对台湾商品市场的依赖。事实上，两岸贸易的这种相互依存性也体现在两岸各自对外贸易的地区市场分布方面。2005年，祖国大陆是台湾最大的贸易伙伴、第一大出口市场、第三大进口来源地和最大贸易顺差来源地；而台湾是祖国大陆的第五大贸易伙伴、第八大出口市场、第三大进口来源地和最大贸易逆差来源地。需要指出的是，大陆对台湾出口占大陆总出口的比例较之于台湾对大陆出口占台湾总出口的比例、大陆自台湾进口占大陆总进口的比例都明显偏低，反映出台湾当局对大陆商品进入台湾市场的限制性政策的作用。

两岸投资相互依存性方面。众所周知，主要由于长期以来台湾当局的限制性大陆经贸政策的作用，两岸资本投资往来关系主要表现为一种台商投资大陆的单向资本流动现象。这意味着台湾经济体在利用资本层面对大陆资本没有依赖关系。然而，从台湾对外投资地区分布看，台湾“行政院陆委会”编制的《两岸经济统计月报》第157期有关统计显示，2005年台湾核准对祖国大陆投资占台湾核准对境外总投资（含对大陆投资）的比例高达71%。从祖国大陆实际利用外资方面看，据商务部台港澳司统计，2005年大陆实际利用台资金额（21.5亿美元）占大陆实际利用外商直接投资（FDI）金额的比例为3.6%，台湾是大陆第七大FDI来源地；如加上经第三地（维尔京群岛、开曼群岛、萨摩亚等自由港）的台商转投资，2005年大陆实际利用台资（约58.5亿美元）占全年大陆实际利用外资总额的9.7%，台湾是大陆第二大FDI来源地①。可见，两岸投资关系不仅呈现了单向投资往来格局，而

① 商务部台港澳司：《2005年1－12月两岸贸易、投资情况》，http://tga.mofcom.gov.cn/aarticle/d/200601/20060101394665.html。

且也具有明显的不对称依赖性质：台湾虽然在利用外资层面与大陆资本基本上没有关系，但台湾的对外投资却高度集中于大陆市场；而大陆在利用外资层面对台资的依赖程度较小，在对外直接投资方面基本上无缘于台湾市场。

两岸经济发展对两岸经贸关系的依存性方面①。若以两岸贸易往来金额占各自国内生产总值（GDP）的比例指标，来衡量各经济体对两岸贸易往来关系的依存性；以两岸投资往来金额占各自资本形成总额的比例指标，来衡量各经济体对两岸投资往来关系的依存性，可以进一步揭示两岸经济体发展对两岸经贸关系的依存性。根据有关统计数据计算表明：①两岸经济体对对方的出口依存度、进口依存度、贸易依存度都呈现为持续的正增长态势，表明两岸经济体对两岸贸易往来关系的依存性基本上都在不断提高。台湾经济的对大陆出口依存度、自大陆进口依存度、对大陆贸易依存度分别从1995年的5.6%、1.2%、6.7%增至2004年的21.2%、4.4%、25.7%。相应地，大陆经济的对台出口依存度、自台进口依存度、对台贸易依存度分别从1995年的0.4%、2.1%、2.6%增至2004年的0.8%、3.9%、4.7%②。②除了自大陆进口依存度较小之外，台湾经济的对大陆其他各项贸易依存度都较大，并远高于大陆经济的相应的各项对台贸易依存度。而且，台湾经济的对大陆贸易依存度的增长速度，1997年以来明显高于大陆经济的对台贸易依存度的增长速度。③由于台湾当局长期禁止或高度限制大陆资本入台，台湾在资本形成层面与祖国大陆资本基本上没有关系。而大陆实际利用台资金额占大陆资本形成总额的比例，先从1989年的0.1%增至1994年的1.5%，之后逐渐下降至2004年的0.4%③，表明随着大陆经济的不断发展、外资来源地的多元化、国内投资的不断增长，大陆经济的发展对台资的依赖性自1994

---

① 唐永红：《区域一体化理论与两岸经济一体化问题研究》，厦门大学出版社，2006年版，第55－69页。

② 根据祖国大陆海关总署统计的两岸贸易往来数据，国家统计局编订的《国际统计年鉴》（2004、2000卷）关于1995－2002年大陆GDP（美元）数据，《中国统计年鉴－2005》提供的2003年及2004年大陆GDP（人民币）数据、人民币对美元年平均汇价（中间价）数据，台湾“行政院主计处”提供的统计年鉴资料关于1995－2004年台湾GDP（美元）数据计算得出。

③ 根据祖国大陆商务部统计的历年大陆实际利用台资数据、国家统计局编订的《中国统计年鉴》提供的历年大陆资本形成总额数据、人民币对美元年平均汇价（中间价）数据计算得出。

年以来在不断减小。

综上可见，两岸经济体在贸易、投资与发展层面形成了一定程度的相互依存性与功能性一体化态势。虽然两岸经济关系在发展中呈现出单向、间接的不对称与不平衡状态，两岸经济体相互依存性呈现了不对称特征，但这很大程度上是由于台湾方面的限制性大陆经贸政策作用扭曲的结果，并从反面表明两岸经济体进行制度性合作与一体化的经济必要性与经济可行性。可以预期，随着两岸经济关系正常化，在两岸经济互补性基础上，两岸经济分工与合作必将进一步深化发展，两岸经济的交流与合作水平以及相互依存程度必将进一步提升，彼此交流与相互依存的不对称格局也必将得到改善，相应将进一步降低两岸经济体对其他经济体的依赖程度，从而减小两岸制度性经济一体化的经贸转向效应而提升其经贸创造效应。

三、经济市场规模条件下的经济可行性

理论与实践表明，一般而言，成功的区域经济一体化必须具备一定的经济市场规模条件。一体化区域各成员方必须有着较高的人均收入和较发达的产业体系，从而有着旺盛的最终需求与派生需求以及广阔的国内市场，能够较多地吸纳其他成员方的商品，进而一体化后可以产生较大的经贸创造效应与规模经济效应。从这一方面看，两岸制度性经济一体化在当前和将来可预见的期间内显然有着取得成功所需的市场规模条件。

就大陆经济体而言，首先，祖国大陆有着众所周知的超过 13 亿的庞大人口规模和纵深宽阔的经济腹地；其次，经过近 20 多年的持续快速发展，祖国大陆人均国内生产总值（GDP）自 2002 年起达到了 1000 美元以上的水平，并仍在以年均约 9% 的速度持续快速增长①；再者，祖国大陆还有着不断发展中的庞大且完备的产业结构体系。根据国家统计局有关统计，2005 年祖国大陆第一、第二和第三产业增加值占 GDP 的比重分别为 12.4%、

① 国家统计局：《中国统计年鉴——2005》，http：//www. stats. gov. cn/tjsj/ndsj。

47.3%和40.3%，其中，第二产业中的工业增加值占GDP的比重为41.8%①。所有这些显示大陆经济体具有旺盛的最终需求与派生需求以及广阔的国内市场空间，可为台湾经济体的产品外销、资本输出、技术与产业转移提供广阔的腹地和市场。事实上，当前台湾经济体正处于一个新的转型期：一方面，在产业转移中为避免制造业的外移造成“产业空洞化”，岛内工业亟须摆脱既有的代工生产模式而向更高层次的创新、研发方向升级；另一方面，已占台湾GDP比重七成以上的服务业，要能带动总体经济的持续增长，也须尽快摆脱内需导向为主的特征，拓展外部服务市场②。

就台湾经济体而言，虽然人口规模不到2300万，但早在20世纪80年代就成为了新兴工业化地区和亚洲“四小龙”之一，人均国民生产总值（GNP）自1992年以来（人均GDP自1993年以来）保持在10000美元以上并在总体上保持了持续的增长态势，2005年人均GNP高达15676美元（人均GDP约15273美元）③。台湾经济体不仅有着较高的现实消费能力，可以为大陆物美价廉的产品提供巨大的消费市场，而且也具有比较发达的产业结构体系④，可以为大陆商品与要素提供较大的配置空间。2005年台湾地区农业、工业和服务业增加值占台湾地区生产总值（GDP）的比重分别为1.80%、24.64%、73.56%，其中，工业中的制造业、服务业中批发零售及餐饮业增加值占GDP的比重分别为21.73%、20.38%⑤。

综上可见，两岸经济市场规模从商品与要素的需求层面上为获取一体化的经贸创造效应与规模经济效应提供了可能。

---

① 国家统计局：《中华人民共和国2005年国民经济和社会发展统计公报》，http://www.stats.gov.cn/tjgb/ndtjgb/qgndtjgb/t20060227_402307796.htm。

② 张冠华：《两岸经济关系的转型趋势与影响》，《台湾研究》，2006年第3期。

③ 台湾“经建会”：Taiwan Statistical Data Book 2005；台湾“经济部”主计处统计资料，http://2k3dmz2.moea.gov.tw/GNWEB/Indicator/indicator.aspx?menu=3。

④ 陈恩：《台湾地区经济结构分析——从产业结构角度切入》，经济科学出版社，2003年版；韩清海：《工业发展》，载邓利娟主编：《21世纪以来的台湾经济：困境与转折》，九州出版社，2004年版。

⑤ 台湾“经济部”主计处统计资料，http://2k3dmz2.moea.gov.tw/GNWEB/Indicator/indicator.aspx?menu=3。

四、经济技术发展水平条件下的经济可行性

理论与实践表明，一般而言，成功的区域经济一体化必须具备一定的经济技术发展水平条件。一体化区域中至少部分成员方的经济技术发展水平较高，在贸易商品上具有成本优势，从而能最大限度地降低经贸转向效应，并能保证相对落后的成员方通过区域经贸合作逐步提高技术水平、优化经济结构，从而获得一体化的动态收益。从这一方面看，两岸制度性经济一体化在当前和将来可预见的期间内显然有着取得成功所需的经济技术发展水平条件。

就大陆经济体而言，众所周知，当前，祖国大陆作为“世界制造工厂”在劳动力密集型产品和部分资本技术密集型产品的国际竞争力方面有着一定的成本优势，作为发展中国家具有广阔的市场容量、较为雄厚的工业基础、较高的研发能力。

从对外贸易方面看，有关统计显示①，“十五”期间祖国大陆对外贸易年均增长24.6%，创下改革开放以来外贸发展最快纪录，远高于同期世界贸易和我国经济增长水平；2004年祖国大陆外贸进出口总额超过1万亿美元大关，成为仅次于美国和德国的“世界贸易第三强”，其中出口占世界总出口的6.5%，进口占世界总进口的5.9%；2005年祖国大陆不仅进出口贸易总量达到14221.2亿美元，跻身世界贸易大国前三强，而且进出口商品结构得到进一步优化，工业制成品出口比重提高到93.6%，机电产品和高新技术产品成为出口主导产品，占出口总值的比重分别提高到56%、28.4%，显示对外贸易增长方式在由“数量型”向“效益型”转变。

从利用外资方面看，“十五”期间，外商对华直接投资超过2700亿美元

---

① 除了进、出口在世界贸易中的比重数据是根据国家统计局《中国统计年鉴——2005》。http：//www. stats. gov. cn/tjsj/ndsj/. 提供的有关数据计算得出之外，其他数据转引自《“十五”期间我国的对外开放水平得到全面提高》，http：//www. gov. cn/jrzg/2006－01/16/content_ 160101. htm；《“经典中国”辉煌“十五”：我国对外开放进入新阶段》，http：//www. gov. cn/jrzg/2006－01/17/content_ 160997. htm。

(2005年祖国大陆实际使用外资603亿美元)，祖国大陆吸收外商直接投资名列全球第三，并继续居发展中国家首位；引进外资项目的质量也在不断改善，以IT产业、先进制造业为代表的高科技含量、高附加值项目所占比例大幅增加，外商注资建立研发中心和地区总部的数量不断上升；随着银行、保险、证券、分销等服务业领域的市场准入限制的逐步放开，服务业成为外商投资热点；世界最大的500家跨国公司中，已有450家在华投资。

再从“走出去”方面看，“十五”期间，祖国大陆企业“走出去”步伐加快，全方位、宽领域的“走出去”格局逐渐形成。对外投资、承包工程、劳务合作等对外经济合作业务遍及世界近200个国家和地区，基本形成“亚洲为主，发展非洲，拓展欧美、拉美和南太”的多元化市场格局。对外经济合作拓展到以工业制造、建筑、石油化工、资源开发、交通运输、水利电力、电子通讯、商业服务、农业等为主，并广泛涉及国民经济诸多领域，如环境保护、航空航天、核能和平利用以及医疗卫生、旅游餐饮、咨询服务等。2002年至2005年，我国企业对外直接投资净额（非金融类）累计达179亿美元，年均增长36%，其中，2005年境外并购类投资占同期对外直接投资总额的54.7%，主要集中在电讯、汽车、资源开发等领域；对外承包工程累计完成营业额726亿美元，比“九五”时期增长一倍；对外劳务合作累计完成营业额173亿美元，比“九五”时期增长近五成；2005年末在外各类劳务人员达56万人，比“九五”期末增加12.5万人。

而台湾经济体方面，众所周知，作为新兴工业化地区有着现代化的经济结构，在资金、技术、企业管理水平、市场营销能力、高新技术产业化与市场化以及技术密集型产品方面具有一定的竞争优势。

以对外贸易为例，2004年台湾出口占世界总出口的1.9%，进口占世界总进口的1.8%①；当前，台湾出口产品以工业制成品为主，2004年台湾工业制成品出口占台湾总出口的98.6%（农产品、加工农产品出口分别仅占总出口的0.2%、1.2%），重化工业产品出口、高科技产品出口分别占台湾总

① 根据台湾“经建会”：Taiwan Statistical Data Book 2005提供的台湾进出口数据与祖国大陆国家统计局：《中国统计年鉴——2005》提供的世界进出口数据计算得出。

出口的77.9%、52.1%，工业制成品出口中又以电子产品、基本金属及其制品、信息与通讯产品、机器、纺织品、精密仪器、塑料及其制品、电器产品设备等技术密集型产品为主，而在技术密集型出口产品中高技术密集度产品占54%；当前，台湾进口产品以农、工业原料与资本货物为主，2004年台湾农、工业原料进口占台湾总进口的70.4%，资本货物进口占台湾总进口的21.4%（消费品进口仅占台湾总进口的8.2%）。

再从对外直接投资方面看，当前台湾是一个有着净资本输出的经济体系，2001年台湾对外直接投资占世界对外直接投资总额的1.2%，2004年台湾经济体对外直接投资总额达到10322.685百万美元，吸引外来直接投资3952.788百万美元，全年净资本输出6369.897百万美元①。此外，众所周知，在祖国大陆服务业不发达的同时，台湾在财务、会计、金融、法律、电讯等服务业方面具有较大优势。

台湾经济研究院利用显示性比较利益指标（RCA）对两岸经济体各行业产品的出口竞争力进行了揭示和比较②，其分析结论大致证实了上述判断③。RCA指标计算结果表明，在国际市场上，台湾的纺织业和电子业有着极强的出口竞争力（RCA指标都在2.5以上），渔产、机器设备和其他制造具有较高出口竞争力（RCA指标都在1.0以上）；大陆的成衣、纺织品有着极强的出口竞争力（RCA指标分别为4.79、2.75），稻米、渔产、猪肉产品、电子、其他制造、商品买卖具有较高出口竞争力（RCA指标都在1.0以上）。RCA指标同时表明了两岸之间产品竞争力的相对强弱：台湾在电子、机器设备、化学及橡塑胶、钢铁以及金融服务、保险、商业和其他服务等方面具有

---

① 台湾对外贸易结构数据、对外投资数据转引自Taiwan Statistical Data Book 2005（台湾"经建会"编订）；2001年有关数据是根据上述资料提供的台湾对外直接投资数据与祖国大陆国家统计局网页（http://www.stats.gov.cn/tjsj/qtsj/gjsj/2003/t20041116_402208099.htm）提供的世界对外直接投总额数据计算得出。

② 所谓RCA指数是指以某国或地区某种产品的全球出口市场占有率与该国或该地区总出口占全球出口市场占有率的比值。RCA指数值越大，说明该国或地区该产品越具有比较利益，其国际出口竞争能力愈强。

③ 参见王红霞：《建立中华自由贸易区的可行性及框架安排研究》，中国对外经济贸易大学出版社，2003年版，第209－210页。

明显的优于大陆的竞争力；大陆在农矿产品、其他制造业、商品买卖与水上运输方面较台湾有明显的优势。

综上所述，可以预期，建立在两岸现有经济技术条件基础上的两岸制度性经济一体化，不仅会因贸易转向效应较小而获得较高的静态收益，而且，从长远来看，两岸经济体都可能获得一定的动态收益。祖国大陆可通过两岸经贸合作实现促进技术进步与提升产业结构的目的，台湾经济体可通过两岸分工、贸易与合作实现提升研发能力与促进经济结构转型的目的。

五、经贸政策可协调性条件下的经济可行性

某种程度与形式的经济一体化安排需要成员方之间彼此开放相应的市场，需要成员方之间彼此经贸往来活动具有相应的自由化与便利化程度。理论与实践表明，一般而言，成功的区域经济一体化还需要成员方在经贸政策方面具备一定的可协调性。一体化区域各成员方之间的经济发展水平差距不大，经济与贸易政策乃至文化传统与政治体制也基本相同，从而不仅有利于区域经贸活动往来，而且容易协调成员方之间的经贸政策，不会给任何一方造成较大冲击，进而有助于一体化的启动与深化发展。

就两岸经贸政策的可协调性而言，一方面，海峡两岸当前在经济发展水平上的差距和在经贸政策的差别，虽然对当前两岸经贸政策的可协调性有着一定的影响，但最主要的困难显然是众所周知的两岸在政治关系上的僵持；另一方面，市场经济体制与两岸文化传统的共性又为两岸经贸政策的协调奠定了一个重要基础与可能性，而 WTO 下的两岸经济体在当前及可预见的将来都以积极主动地姿态参与全球化与一体化进程，以及为此已经采取和将进一步采取的经贸自由化措施，特别是在两岸经贸政策上的不断放松与开放，也将为两岸经贸政策的协调提供契机。

从现状上看，众所周知，台湾经济体具有较完善的市场经济体制，对外

经贸体制与政策基本符合 WTO 要求和国际惯例，对外开放领域及程度都有着较高的水平；台湾“经建会”编订的《Taiwan Statistical Data Book 2005》显示，随着贸易自由化的推进，台湾经济体的关税总水平、关税对财政收入的重要性都在逐步下降，2004 年台湾经济体的算术平均关税总水平约为 1.4%，而关税收入仅占台湾经济体税收总收入的 5.7%。

而祖国大陆方面也在加入 WTO 前后的“十五”期间全面履行加入 WTO 承诺，大幅降低关税水平，取消非关税措施，放宽服务业市场准入和外商对华投资限制，修订大批法律法规，使得对外经贸体制与政策基本符合 WTO 要求，对外开放向更高层次更广领域稳步推进。根据有关统计显示①，祖国大陆关税总水平已由加入 WTO 之前的 15.3% 降到 2005 年的 9.9%，承诺的降税义务基本完成，2003 年的关税收入仅占全年税收收入总额的 4.6%。祖国大陆还按照承诺，取消了对 424 个税号的产品实行进口配额和许可证管理；逐步放开了银行、保险、证券、分销等服务业领域的市场准入限制（电信、法律、会计、医疗、教育等服务部门的对外开放也在稳步推进）②；大幅修订了包括《外资法》《外贸法》在内的 2000 多个法律法规，国务院先后取消和调整行政审批项目 1806 项，31 个省（区、市）共取消和调整审批项目 22000 多项，尤其取消了大量内部文件，实行了“阳光政务”，从而逐步形成了符合 WTO 要求的法律法规体系，推动了市场经济法律体系的完善，对政府职能的转变、提高透明度和依法行政也起到了促进作用。此外，“十五”期间，内地与香港、澳门签署了《关于建立更紧密经贸关系的安排》

① 除了 2003 年的关税收入占全年税收收入比重是根据祖国大陆财政部提供的有关数据计算得出之外，http：//www. mof. gov. cn/news/uploadfile/gexiang019. xls。其他数据转引自《“十五”期间我国的对外开放水平得到全面提高》，http：//www. gov. cn/jrzg/2006 – 01/16/content_ 160101. htm；《“经典中国 ”辉煌“十五”：我国对外开放进入新阶段》，http：//www. gov. cn/jrzg/2006 – 01/17/content_ 160997. htm。

② 自加入 WTO 以来到“十五”末，祖国大陆对外资银行开放人民币业务的城市已有 25 个，外资银行在大陆共设立了 226 家营业性机构、249 家代表处；来自 15 个国家和地区的 44 家保险公司在华设立了 100 个营业性机构；从事分销的外资商业企业超过 900 家。祖国大陆还批准外资参股证券公司 3 家、外资参股基金管理公司 20 家。参见《“十五”期间我国的对外开放水平得到全面提高》，http：//www. gov. cn/jrzg/2006 – 01/16/content_ 160101. htm；《“经典中国”辉煌“十五”：我国对外开放进入新阶段》，http：//www. gov. cn/jrzg/2006 – 01/17/content_ 160997. htm。

(CEPA)，对原产港澳地区的商品实行零关税；祖国大陆与文莱、印度尼西亚等东盟6个国家开始实施中国－东盟自由贸易区协定税率。

综上可见，在经济层面上，两岸经贸政策尤其是对外贸易政策已具有一定程度的可协调性。

六、当前各种经济一体化形式的经济可行性

对当前的两岸经济体应采取何种程度与形式的一体化安排？学者们有不同看法，主要有自由贸易区和共同市场两种主张。大陆学者方面，迟福林认为，两岸制度性经济一体化采取自由贸易区模式是比较现实的选择，在两岸四地逐渐建立起一种要素无障碍流动的自由贸易关系，能具体体现“两岸四地”之间一个国家几个关税区的特殊关系和客观现实，并适应两岸加入WTO后两岸四地经贸关系发展的大趋势①。林凌提出建立多种层次的自由贸易区模式，即内地与港澳可以采取区域接壤地自由贸易区，两岸四地也可以采取共同市场式自由贸易区，对某些产业实行新加坡－日本投资协议式自由贸易②。林媛媛认为海峡两岸自由贸易区是可行的模式③。李非、庄宗明和张启宇、黄梅波和郑莹等主张两岸制度性经济一体化采取共同市场模式④。台湾人士方面，众所周知，萧万长主张建立两岸共同市场⑤，而高长主张两岸成立自由贸易区⑥，高孔廉主张模仿欧洲联盟建立两岸经济共同体⑦。

笔者认为，应主要根据两岸经济体当前的基础条件和应对内外环境发展

---

① 迟福林：《中国自由贸易区的构想》，《港口经济》，2002年第6期。

② 林凌：《东亚经济格局的变化与台湾经济的未来》，《改革》，2002年第2期。

③ 林媛媛：《构建海峡两岸自由贸易区的可行性分析》，《国际经贸探索》，2003年第6期；《关于海峡两岸自由贸易区目标模式的研究》，《国际贸易问题》，2003年第8期。

④ 李非：《发展“中华经济区”，迈向“共同市场”》，《投资中国》，2001年第2期；李非：《建立“两岸共同市场”问题研究》，《台湾研究》，2005年第3期；庄宗明、张启宇：《建立“两岸共同市场”的可行性及其实施构想》，《东南学术》，2005第5期；黄梅波、郑莹：《“两岸共同市场”：两岸经济整合的最佳形式》，《开放潮》，2005年第8期。

⑤ 邓利娟：《评萧万长的“两岸共同市场”构想》，《台湾研究集刊》，2001年第3期。

⑥ 高长：《从国际分工前瞻两岸合组FTA》，台湾《联合报》，2003年3月23日。

⑦ 高孔廉：《WTO架构下两岸经贸合作机制展望》，台湾《国政分析》，2004年12月3日。

形势的需要来决定当前两岸制度性经济一体化的适宜程度与形式。区域经济一体化理论与实践表明，从自由贸易区到关税同盟再到共同市场进而经济联盟等各种程度与形式的一体化，相应需要各成员方在经济发展基础层面与经贸政策可协调性层面具备一定的条件。如上所述，当前的两岸经济体已具备进行一定程度与形式的一体化安排所必需的一些基本经济条件，然而，即便从如上所述的经济层面看，并非一体化的各种程度与形式都适宜于当前的两岸经济状态。

其一，如上所述，虽然两岸经济体当前的关税收入在财政收入中的重要性已经相差不多，但两岸经济体当前的关税水平尚有较大的差距，关税工具在当前对两岸经济体的重要性还存在比较明显的差异，特别是两岸经济体各行业当前的对外关税水平尚存在较大差距，因此，为避免共同对外关税与贸易政策对两岸经济体的不对称性冲击影响的出现，关税同盟在当前就不宜作为两岸制度性经济一体化的实践形式。

其二，如上所述，当前两岸经济体不仅在基本制度层面存在较大的差异，而且处于不同的发展阶段水平上，祖国大陆经济体总体上处于工业化的中期阶段，且发展不平衡，部分地区尚处于初期阶段，而台湾经济体已基本完成工业化，并开始迈向后工业化阶段，因此，近期内两岸经济体在财政、货币、收入分配、区域开发等宏观政策层面基本上难以统一，经济联盟及其之上的一体化程度与形式对两岸经济体来说只能是未来的理想目标，而不能作为当前甚至近期的现实选择。

其三，众所周知，当前的经济全球化早已超越货物贸易自由化阶段而进入包括服务贸易自由化、金融全球化、投资自由化、生产要素流动全球化的全方位发展阶段，而作为全球化在全球层面的一种多边组织与实现形式的WTO的管辖范围也因此超越了货物贸易自由化而扩展到了服务贸易自由化、与贸易有关的投资措施及知识产权等领域，因此，当前两岸经济体单纯在两岸货物贸易领域的自由化安排已经不能满足形势发展的需要，有必要同时在两岸货物贸易自由化、两岸服务贸易开放、两岸经贸活动便利化乃至两岸生产要素流动自由化等方面进行适当程度与形式的一体化安排。

七、结 论

综上所述，当前，两岸在经济相互依存性、经济市场规模、经济技术发展水平、经贸政策可协调性等经济层面，已初步具备进行一定程度与形式的经济一体化安排以实现预期经济效应所需的一些基本条件；但是，当前不平衡的两岸经济基础条件决定了两岸制度性经济一体化应循序渐进。为顺应经济全球化与WTO多边贸易自由化发展形势的需要，当前，如果政治条件许可（例如具备两岸经贸关系正常化前提），两岸经济体宜从内容广泛的新型自由贸易区形式着手，进而迈向关税同盟、共同市场、经济与货币联盟等更为高级的一体化形式。

政治关系僵局下两岸制度性经济一体化实现路径探讨*

唐永红

一、引　言

（一）当前两岸制度性经济一体化的客观必要性

研究表明，近20多年来，海峡两岸的经济交流与合作，在经济全球化力量的推动下，不断突破两岸政治关系的约束，在全球化进程中日益加强①。当前，两岸经济体在贸易、投资、分工方面有着较为密切的联系，并在发展上形成了一定的相互依存性；两岸经济体功能性一体化②正在自发形成和深化之中，为制度性一体化构成了一个内在需要及基础条件③④⑤。与此同时，20多年来的两岸经济交流与合作，又是在有限制的经贸政策环境空间的约束下，由市场机制主导进行的，呈现出单向、间接、民间的状态，不仅本身未

---

* 本文原载于《厦门大学学报》，2007年第6期。

① 张冠华：《两岸经济关系发展及其政经影响》，《台湾研究》，2005年第2期。

② 所谓功能性经济一体化是指由经济活动本身的高度密切关系为基础的若干关税区（经济体）经济整体联系性的增强，但并不依赖于协定或组织保证。相对应的制度性经济一体化是指不同关税区（经济体）以一定的协定和组织形式为框架的一体化。功能性一体化代表了一体化的实质性内容，其形成与发展主要来自于各经济体市场机制自发的内在力量与要求，并要求一定程度的制度性一体化予以保障和促进。制度性一体化可谓功能性一体化的阶段性标志，具有一体化的形态性意义，可以为功能性一体化的深化发展提供助力和保障。

③ 唐永红：《经济全球化、WTO与两岸四地经济一体化》，《台湾研究集刊》，2004年第1期。

④ 唐永红：《当前两岸制度性经济一体化的经济可行性考察》，《台湾研究集刊》，2007年第1期。

⑤ 唐永红：《两岸经济相互依存性发展态势的定量考察》，《台湾研究》，2007年第2期。

能实现其可能的发展规模，而且远未充分发挥其对两岸经济发展的促进作用；两岸经济体在基于互补性的交流交往中呈现了竞争性态势，在相互依存性的发展中呈现了不对称性特征，需要制度性的协调与合作①。而另一方面，同为世界贸易组织（WTO）成员的两岸经济体又都面临着如何在WTO约束下进一步增强交流与合作，如何在经济全球化与区域一体化深化发展中进一步谋求各自最大化利益，增强国际竞争力，防止边缘化，并有效应对不确定性与风险的问题②。

因此，变革与创新两岸经济交流与合作方式，进一步破除交流与合作的障碍与壁垒，增强交流与合作，成为当前两岸经济体进一步参与全球化进程和实现再发展的客观要求。一个可以选择的方式就是两岸经济体之间实行某种程度及形式的制度性一体化安排。事实上，作为经济全球化在全球多边层面上的一种组织实现形式和制度保障的WTO，已为当前两岸制度性经济一体化提供了法律依据、空间与平台，两岸经济体可以在遵守WTO有关规定基础上援引“WTO一体化例外”规定实行某种程度与形式的一体化安排，以便超越WTO最惠国待遇原则和关于经贸活动自由化和市场准入的最低水平要求，彼此实行更加自由化与便利化的经贸活动措施，相互提供更大范围或更加优惠的市场准入条件③。而且，两岸制度性经济一体化显然也对密切两岸联系、稳定两岸关系、促进两岸和平与发展有着重大的现实意义。正是在上述背景之下，2005年4、5月连、宋大陆行时两岸正式提出了“两岸共同市场”及“两岸自由贸易区”的制度性一体化议题。

（二）当前两岸制度性经济一体化的困境与约束

尽管两岸制度性经济一体化是两岸经济体自身发展的客观要求，WTO

---

① 唐永红：《经济全球化、WTO与两岸四地经济一体化》，《台湾研究集刊》，2004年第1期；唐永红：《两岸经济相互依存性发展态势的定量考察》，《台湾研究》，2007年第2期；王建民：《两岸经贸关系发展的不对称性分析及思考》，《台湾研究》，2004年第5期。

② 唐永红：《WTO框架下海峡两岸经济交往及合作方式探讨》，《国际经贸探索》，2005年第1期。

③ 唐永红：《WTO框架下海峡两岸经济交往及合作方式探讨》，《国际经贸探索》，2005年第1期；唐永红：《WTO下两岸经济一体化的法律定位、依据与原则》，《台湾研究集刊》，2006年第4期；唐永红、邓利娟：《当前两岸经济合作机制创新的空间与路径》，《台湾研究》，2005年第6期。

在多边层面上也为其提供了法律依据与平台，但是，WTO 下两岸经济制度性合作与一体化依然受制于两岸政治关系。近年来由于台湾当局拒绝承认“一中原则”，坚持“台独”分裂立场，更使得这一约束极为突出。

一是当前两岸经济交流因两岸政治关系僵局而扭曲，还处在高度受限阶段，远未达到制度性一体化所要求的起码状态——全面、直接、双向“三通”，从而构成两岸经济制度性一体化的一个约束。这是因为，一定的经济一体化方式有赖于一定的经济交流方式，某种程度与形式的经济一体化安排需要成员方彼此开放相应的市场，实现双方商品与要素的相应流动，以及彼此经贸往来活动的自由化与便利化。

二是在两岸缺乏基本的政治共识与互信、经济关系问题被高度政治化的背景下，WTO 为两岸经济制度性合作与一体化所提供的良好平台难以得到应有的尊重和应用。台湾当局一方面担心两岸过于紧密的交流交往与经贸关系可能危及其所谓的“政治安全”，且不利于其“台独”目标的实现，因而尽量阻止或拖延两岸经贸关系正常化进程；另一方面则不顾在 WTO 内的两岸关系仅是大陆作为国家主体与台湾地区作为单独关税区主体因同为 WTO 成员方而形成的平等经贸主体之间的关系的事实，极力企图借助 WTO 这一经济平台来显示所谓的两岸“主权对等”，以图将两岸在 WTO 下的平等经贸主体关系上升到国际社会的平等政治主体关系、将两岸关系纳入实质的“两个中国”或“一边一国”框架内。而大陆对任何违反“两岸一中”的做法显然都是不可能同意的。

总之，虽然当前两岸经济体都有着实现制度性一体化的内在动力与外在压力，WTO 也为其提供了法律依据与平台，但是，当前两岸政治关系僵局构成了两岸经济制度性合作与一体化的一个瓶颈，迫切需要寻求突破，需要探索能为两岸同时接受的、既符合 WTO 规范又能超越两岸政治关系约束的两岸经济制度性合作形式，特别是能促进两岸“三通”与制度性一体化进程的新形式与新途径。

（三）“闽台自由贸易区”、“闽台共同市场”等路径设想不可行

事实上，近年来，一些学者在倡议建立“两岸共同市场”或“两岸自由贸易区”中已注意到这一问题，并提出了一些初步的设想和建议。例如，在论及“两岸自由贸易区”、“两岸共同市场”在地理空间层面上的实现路径时，一些学者提出以正在建设中的“海峡西岸经济区”或者“海峡经济区”作为两岸共同市场的先行试验区，先行建立“台湾与闽东南地区自由贸易区”或“闽台共同市场”① 的想法。萧万长 2006 年 4 月在厦门大学主办的“海峡两岸论坛”上也发表了“从海峡西岸经济区到两岸共同市场”的演讲，认为“海峡西岸经济区”可作为两岸共同市场的先行试验区②。

但笔者认为，这些路径设想及建议不可行。这些设想及建议虽然可能对大陆方面有着一定的政治经济意义，特别是对所涉及的地区经济具有较大的实际意义，但是，在政府和规制层面上，海峡西岸经济区建设只是大陆单方面的行为，本质上不属于两岸双边的合作机制范畴；政治层面上，当前的台湾当局出于对等地位的考虑，是不太可能接受以整个台湾地区和大陆的某个省市地区进行磋商建立自由贸易区或共同市场的；法律层面上，以一个经济体（单独关税区）的局部地区（非单独关税区）与另一个经济体（单独关税区）整体结成自由贸易区或共同市场进行制度性一体化安排，不符合 WTO 框架有关规定及要求；经济层面上，即便两岸可以而且两岸当局同意进行此类安排，但对台湾地区经济的实际意义也是有限的，台湾经济需要更大的活动空间；实践层面上，也没有国际先例可言。

综上可见，当前亟须探索两岸制度性经济一体化的实现路径。笔者曾经撰文阐明了 WTO 框架下两岸经济合作机制创新的空间与原则，并指出次区域经济合作应是当前两岸政治关系约束下两岸经济合作机制创新的现实路径。笔者这里进一步提出，在两岸政治经济关系僵局与 WTO 多边贸易体制规则约束下，在“小三通”与“试点直航”等现实基础条件上，以开放性次区域自由经贸区导向全面性的两岸经济一体化，应是当前两岸制度性经济

---

① 林媛媛：《关于海峡两岸自由贸易区目标模式的研究》，《国际贸易问题》，2003 年第 8 期；李非：《建立“两岸共同市场”问题研究》，《台湾研究》，2005 年第 3 期；庄宗明、张启宇：《建立“两岸共同市场”的可行性及其实施构想》，《东南学术》，2005 年第 5 期。

② 余瑛瑞、李凯：《萧万长：海峡西岸经济区可成为两岸共同市场的最佳实验区》，http：//news. sina. com. cn/c/2006 - 04 - 09/09198651570s. shtml。

一体化的一个现实路径。

一、当前两岸制度性经济一体化实现路径：原则、思路与构想

（一）当前两岸制度性经济一体化实现路径应遵循的原则

面临上述困境与约束，为了寻找有效突破口与切入点并提出当前可行的一体化实现路径，首先必须明了当前两岸制度性经济一体化实现路径选择应遵循的基本原则。笔者认为，WTO 下当前两岸制度性经济一体化的实现路径，一方面应遵守 WTO 的有关规范，而另一方面还得基于两岸政治经济关系发展现状及其互动特性，着眼于探索既符合 WTO 规范又能超越两岸政治关系约束的、能为两岸同时接受的制度性合作交流新形式与新途径，促进两岸“三通”与制度性一体化进程。具体而言，当前两岸制度性经济一体化实现路径选择应遵循以下基本原则：

一是循序渐进原则。在和平、发展与合作已成为主题的全球化时代，突破甚至消除政治关系障碍与约束的根本力量当然在于双方经济、社会层面的动力。然而，任何制度性经济交流与合作方式的创新与采纳，都首先依赖于双方当局观念与认识的变化。鉴于进一步发展两岸经贸关系是客观趋势所致，而两岸当局在当前缺乏起码的政治互信基础，难以就“两岸一中”问题达成共识，两岸经济关系及交流方式都尚未正常化，两岸经济体间的全面性的制度性一体化因而在短期内难以实现，笔者认为，当前的两岸制度性经济一体化应以渐进方式进行，即应基于两岸政治经济关系发展的形势、需要与可能，采取灵活简便的方式，自解决紧迫问题着手，从易到难，从简到繁，由民间到官方，由非正式到正式，从松散到紧密，从局部到整体，循序渐进地进行。两岸经济体在渐进的交流与合作中获益的增进与功能性一体化程度的提高，将会有助于两岸政治互信与共识的建立与累积，为两岸全面性的“三通”和制度性经济一体化构筑必要的经济、社会和政治基础与动力。事实上，理论与实践表明，制度性一体化本身就是一个在政府控制下的循序渐

进的外溢过程，具有一定的路径依赖性。

二是政经暂时分离原则。两岸制度性经济一体化本质上是同一主权国家内部不同关税区之间的经济一体化安排，是中国大陆经济体与台湾单独关税区之间的一体化安排，而不是通常意义中的主权国家之间的经济一体化安排。因此，两岸经济一体化的机制与模式安排必须坚持两岸同属一个中国的原则，必须在两岸同属一个中国的国家主权架构下进行，避免陷入“两个中国”或“一边一国”的政治陷阱，防止被“台独”势力滥用而成为台湾取得“独立国体”资格的证据。虑及政治效应与政治筹码作用，实践中，只有在“两岸一中”成为两岸当局的共识的前提下，才能通过恢复两岸平等谈判，启动全面性的两岸制度性经济一体化①。但这不应排除在当前推进两岸经济交流正常化与探索两岸制度性经济一体化实现路径过程中，可以采取有弹性的灵活变通措施。虽然政治关系与经济关系具有相互作用的互动关系，但经济活动有着自身内在规律，并在长期上会对政治关系问题起着决定性作用。鉴于两岸在短期内难以就“两岸一中”问题达成共识，在不致破坏两岸同属一个中国的国家主权架构前提下，当前两岸制度性经济一体化实现路径安排可以采用经济合作和政治合作暂时分离的原则。随着两岸之间经济交流与联系的不断加强，经济一体化程度的不断提高，将为消减两岸之间的政治分歧提供坚实的经济基础与动力。

三是符合 WTO 规则原则。两岸经济体都已是 WTO 成员方，WTO 下两岸经济交流、合作与一体化方式自然应遵守 WTO 的法律原则和有关规定，特别是应严格遵守最惠国待遇原则和国民待遇原则。多年来，台湾当局禁止或限制两岸进行直接的贸易、投资与航运，并对与大陆交往设立种种限制，拒绝给予大陆最惠国待遇和国民待遇，从而造成对大陆公司和居民的歧视，并使两岸经贸交流长期处于局部、间接、单向状态，严重阻碍了两岸经济互补性优势的充分发挥。WTO 下两岸制度性经济一体化的实现与发展过程中，台湾当局更有义务遵守 WTO 规则，调整其大陆经贸政策，按照对 WTO 的承

① 一方面，两岸经济一体化并不必然导致两岸统一；另一方面，两岸经济一体化安排需要两岸当局的协商与谈判。

诺开放市场，给予大陆最惠国待遇和国民待遇。当然，两岸当局都至少应以渐进的方式开放其市场，以适应和满足特定阶段、形式与程度的两岸制度性交流、合作与一体化的需要。

（二）当前两岸制度性经济一体化实现路径的思路与构想

基于上述认识，考虑到现实可行性，笔者认为，当前的两岸制度性经济合作与一体化实现路径安排，可以在遵守 WTO 的法律原则和有关规定基础上，坚持在不致破坏一个中国的国家主权架构下的政经暂时分离原则，在次区域层面上从局部突破开始，以渐进方式进行。即：两岸可以借鉴近年来国际上以“增长三角”（Growth Triangles）为代表的次区域经济合作方式的成功经验，在有条件的局部临近区域率先进行经济合作与一体化安排，以开放性的次区域自由经贸区导向全面性的两岸经济一体化。事实上，当在各经济体之间由于存在较大差异，在整个区域层面建立一体化组织较为困难时，次区域合作方式是一种现实的选择。而且，两岸经济体在渐进的交往与合作中获益的增进与功能性一体化程度的提高，将会有助于两岸政治互信与共识的建立与累积，为两岸全面性的制度性一体化构筑必要的经济、社会和政治基础与动力。

考虑到两岸制度性经济合作与一体化的路径依赖，鉴于厦门、金门、高雄在两岸之间的独特区位、政策优势和既有条件，笔者进而认为，作为其突破口与切入点，一个现实可行的方式就是深入挖掘和发挥两岸现有的“试点直航”和“小三通”的潜力，在具有“试点直航”和“小三通”现实基础条件的两岸次区域层面上先行一步，在遵守 WTO 有关特殊经济区的规范要求的基础上，建立可对接的单边自由经贸区，进而共建开放性的厦－金、厦－高等次区域跨关境自由经贸区。两岸共同在这些局部区域中率先以 WTO 非歧视原则消除经贸活动壁垒，实行商品与要素的自由流动，并率先以开放性方式实现这些小范围的、低协调水平的制度性经济一体化，从而超越 WTO 谈判内容框架和当前两岸政治关系约束，以局部、渐进的方式启动两岸制度性经济一体化进程，为将来更大范围、更高层次的制度性一体化探索经验和奠定基础。

首先，当前大陆方面的厦门经济特区可在现有的发展基础上转型为一个遵循 WTO 无歧视原则的、境内关外的，集国际投资、研发制造、国际贸易、物流分拨、仓储展示、过境转运、国际金融、休闲旅游等多项功能于一身的综合型世界自由经贸区；台湾方面可把金门地区规划建设成为一个自由经贸区，并与目前实施中的高雄等自由贸易港区一起也遵循 WTO 无歧视原则，在特区内给予作为 WTO 成员的大陆方面应有的待遇。如此，两岸各自的经济特区可在 WTO 无歧视原则基础上实现对接，实质性地启动两岸直接、双向“三通”。

进而，两岸可以在“试点直航”和“小三通”现实基础上，共建开放性的多功能综合型厦－金、厦－高等次区域跨关境自由贸易区，整合并充分发挥厦门、金门、高雄等地的海港、空港优势以及其他经济发展资源与条件，使之成为海峡两岸的国际贸易中心、物流分拨中心和以高科技产品为主导的加工制造中心，成为海峡两岸与国际物流链的重要环节，并在两岸特区之间率先实质性地启动两岸制度性经济合作与一体化进程。

在此基础上，进一步建立开放性的厦－金、厦－高等次区域跨关境自由经济区，实现生产要素的自由流动与优化配置，成为国际化的区域性资金流、物流和信息流的汇集区，最终发展成为国际化区域经济中心。

二、建立开放性次区域自由经贸区的意义与作用

显然，上述次区域自由经贸区中所谓的开放性，意指两岸在厦－金、厦－高等自由经贸区中实行的经贸活动自由化与便利化措施，不仅适用于厦、金、高等当地的经济主体，也适用于在这些区域中开展经贸活动的两岸其他地区的经济主体，更以 WTO 无歧视原则适用于在这些区域中开展经贸活动的其他国家或地区的经济主体。之所以强调这种开放性，不仅是为了符合 WTO 的有关规范和要求，而且从进一步参与全球化、促进两岸经济一体化与两岸政治经济关系发展以及这些区域自身再发展角度看，当前，建立开放

性的、无歧视性的、更加自由化与便利化的厦-金、厦-高等次区域跨关境自由经贸区，有着重大的现实意义和作用。

其一，可作为两岸经贸关系再发展的突破口与切入点，以及制度性合作与一体化的一个先行区与试验区。

WTO下的两岸经济体都有着走向全面性的“三通”与制度性一体化的内在动力与外在压力，但严重受制于当前的政治关系僵局而举步维艰，迫切需要探索能够突破两岸政治关系的约束从而促进两岸经贸关系再发展特别是两岸制度性经济合作与一体化进程的新形式与新途径。当前，两岸若能借鉴国际上次区域经济合作的典型形式——“增长三角”，在具有“试点直航”和“小三通”现实基础条件的局部地区之间求同存异，先行一步，共同在这些局部区域中率先以WTO非歧视原则消除经贸活动壁垒，实行商品与要素的自由流动，并率先以自由经贸区对接方式实现这些小范围的、低协调水平的两岸制度性经济合作与一体化，既可顺应两岸功能性经济一体化深化发展趋势与要求，在一定程度上舒缓国际区域经济一体化带来的竞争与边缘化压力，又有助于两岸政治互信与共识的建立与累积，为两岸全面性的“三通”、制度性合作与一体化探索经验，并构筑必要的经济、社会和政治基础与动力。

其二，可形成两岸参与经济全球化进程的一个新平台，进一步发挥经贸自由化与便利化试验田与先行区作用。

在“试点直航”和“小三通”现实基础条件上，建立一个遵循WTO无歧视原则的、境内关外的、多功能综合型的开放性次区域跨关境自由经贸区，可以整合并充分利用厦、金、高等地乃至两岸四地的区位优势与条件，在特区率先实现商品与要素的自由流动与优化配置，形成两岸参与经济全球化进程的一个新起点与新平台，在贸易自由化、金融全球化、投资全球化、生产要素流动全球化等方面进一步率先发展，从而可以顺应全球化深化发展趋势与要求，在更高层次上和更大范围内参与全球化进程，进一步发挥经贸自由化与便利化试验田与先行区作用。此外，厦-金、厦-高自由经贸区还可以作为两岸经济体对WTO承诺的对外开放义务（包括加入WTO时承诺的和今后参与 WTO 多边谈判承诺的义务）的率先试验区，从而可在多边的开放过程中优先推进两岸经贸关系，更好地实现与保障两岸经济利益。

其三，可形成两岸交流与合作的一个重要连接点乃至全面整合的一个先行试验区，更好地发挥厦、金、高等地在两岸交流、合作与整合中的优势和作用。

众所周知，厦、金、高等地在两岸经贸、文化及其他各项交流与合作中具有毗邻的地缘优势、相通的人文优势、经济共荣的区位优势、两岸“三通”的先行政策优势。事实上，近 20 余年来，厦、金、高等地发挥这些独特优势，在促进两岸经贸、文化及其他各项交流与合作中起到了独特作用。显然，当前如能共建开放性厦－金、厦－高等次区域跨关境自由经贸区，促进厦、金、高等地经济、社会一体化，厦、金、高等地的上述独特优势与作用必将得以进一步整合与发挥，而这些次区域跨关境自由经贸区不仅将是两岸交流与合作的一个重要连接点与接口，有利于两岸的各种交流与合作，而且可能发展成为两岸经济、社会、乃至政治全面整合的先行试验区。

其四，可促进海峡西岸经济区内部、大陆各经济区之间乃至海峡经济区与中华经济区内部的分工、合作与协调发展，更好地发挥区域经济的增长极与辐射源作用。

随着大陆改革开放发展的深化，大陆区域经济竞争格局正在形成。随之而来的一个问题是如何协调不同经济区域之间的关系，特别是如何协调它们与港澳台等地区的发展关系。显然，协调定位好作为海峡西岸经济区的区域中心与龙头的厦门、作为长三角区域中心与龙头的上海、作为珠三角区域中心与龙头的深圳、作为世界自由港的香港与澳门以及正在建立亚太营运中心的台湾在发展上的承接与合作关系是关键之一。而开放性厦－金、厦－高等次区域自由经贸区的建立，不仅可以整合厦、金、高等地的港口区位优势以及其他经济发展资源与条件，而且有助于整合两岸四地彼此的经济互补性优势特别是港口区位优势与运输能力，还可以吸引国际经济资源与要素的流入。从而，不仅可以克服厦、金、高等地自身经济发展面临的各种瓶颈的约束，并促使厦、金、高等地成为两岸人员往来、货物中转、经贸交流的重要枢纽，而且有助于促进海峡西岸经济区内部、大陆各经济区之间乃至海峡经济区与中华经济区内部的分工、合作与协调发展，在更大范围、更高层次上发挥区域经济的增长极与辐射源作用。

三、建立开放性次区域自由经贸区的可行性

上述先行在两岸次区域层面建立可对接单边自由经贸区进而迈向开放性跨关境自由经贸区的思路与构想，不仅现实意义突出，而且从自由经贸区一般经济条件、WTO有关规范、两岸关系发展态势等层面看还具有较大的可行性。

（一）自由经贸区一般经济条件上的可行性

从自由经贸区理论与国际实践看①，建立自由经贸区，一般除了要在法律制度、经济政策与管理体制等方面营造适宜开展国际或地区间经济活动的良好软环境条件之外，还在地理区位与基础条件等硬环境方面有着较高的要求，主要包括：有利于开展国际或地区间经济活动与发挥集散功能的优越的地理区位特别是良好的位置接触性与广阔的服务区域②、完善的基础设施特别是优良的港口与便捷的国际国内通道、良好的发展基础与环境等等。实践中，需要运用成本－效益分析法并综合考虑与权衡各种因素，来判定特定地点建立自由经贸区的可行性。

厦门、金门、高雄地处东南亚国家与中国大陆、台湾联系的中心位置，是东北亚和东南亚国际主航线的海上交通要冲，显然具有建立厦－金、厦－高自由经贸区所需的区位与服务区域条件、港口与物流条件。从成本－效益

---

① 邓力平、唐永红：《经济全球化、WTO与中国特殊经济区再发展》，厦门大学出版社，2003年版。

② 所谓位置接触性是指自由经贸区所在位置都是国际航运的必经之路，对国际贸易活动起着桥梁作用。所谓服务区域（Area Served）是指自由经贸区所能服务的区域，既包括自由经贸区背后的内陆地区即所谓腹地（Hinterland），也包括构成自由经贸区主要物流网络的海外区域。自由经贸区与其内陆腹地、海外服务区域在社会、政治、经济等方面的制度与政策差异性被称为服务区域的异质性。一般地，位置接触性越良好、服务区域越广阔、异质性越明显，自由经贸区的经贸创造与扩大效应就越明显。

角度看，以建立开放性厦－金自由经贸区为例。在成本方面，金门与厦门特区不仅远离两岸各自的政治中心，而且又都是海岛地形，因而隔离成本较低①；特殊的海岛地形使金门与厦门特区内的现有企业和人口规模相对比较确定，加之经济以外向型为主且国际竞争力较强，因而关税减免损失②与经贸转向效应③也不会过大。在效益方面，基于其区位优势与港口条件，在两岸当前的关税水平条件下，自由经贸区经贸活动的自由化与便利化必将进一步吸引国际经贸活动的进入，产生较大的经贸创造与扩大效应；特别是鉴于两岸目前在社会政治经济制度与政策上存在较大的差异，在相互关系方面存在较大的对立与分歧，通过自由经贸区对接或共建开放性次区域自由经贸区的形式，不仅在两岸次区域层面上实现了制度性合作与一体化，推进两岸“三通”与经济一体化进程，而且较大程度地便利了两岸经济交流与合作，可以在两岸经贸方面产生较大的创造与扩大效应。

（二）WTO有关特殊经济区规范上的可行性

WTO下两岸经济体的行为措施应遵循WTO的有关规范。从WTO对世界特殊经济区的有关规范看，WTO以“原则中有例外，例外中有原则”的现实主义精神容许其成员方在其特殊经济区实施特殊制度、优惠政策，但条件是不得有违透明度原则和非歧视原则，即这些特殊制度、优惠政策引致的特区的贸易自由化与市场准入水平不得低于其对WTO承诺的约束义务水平（即不得低于在其他地区实施的贸易自由化与市场准入水平），并且必须以透

① 所谓隔离成本是指为防止设立自由经贸区对本国其他地区社会经济冲击而付出的费用和为防止走私而建立与维持隔离设施所付出的费用，其大小取决于自由经贸区的地形和自由经贸区与本国政治经济中心的远离性。

② 所谓关税减免损失是根据机会成本原理按照没有设立自由经贸区条件下的进口额计算减免关税后的财政损失。

③ 所谓经贸转向效应是指由于减免关税使得本地和本国货物与服务的竞争力在自由经贸区内不敌外国货物与服务而被外国替代从而对设区国造成的经济损失。本地、本国货物与服务的国际竞争力越弱，在自由经贸区内的销售额越大，经贸转向效应就越大。

明的方式同时对所有的 WTO 成员提供①。显然，一个开放性的、无歧视性的、更加自由化与便利化的可对接单边自由经贸区或次区域性跨关境自由经贸区符合 WTO 有关要求。

事实上，特殊经济区的存在与发展已有很长的历史了，鉴于其独特的地位和作用，不仅建立和发展特殊经济区已是当今国际性的潮流，而且随着世界经济的发展，特殊经济区的内涵与外延均发生了深刻的变化。特别地，近年来世界特殊经济区出现了由单边的一国内部型向双边或多边的跨国（跨关境）型发展的新趋势，即几个主权国家或单独关税区把各自的彼此相邻的部分领土结成一个一体化的经济区域②。世界上的各种“增长三角”就是这种次区域性的跨国（跨关境）特殊经济区的典型形式。在各国或各地之间由于存在较大差异，在整个区域层面建立经济一体化组织较为困难时，次区域经济合作方式是一种现实的选择。

（三）两岸关系发展态势下的现实可能性

当前制约两岸制度性经济合作的关键性因素是两岸政治关系的僵持，无法进行较高层次的协商合作。局部地区的可对接的单边自由经贸区和次区域性的跨关境自由经贸区在经济运作机制上主要是市场调节性的，一般只需要参与方的地方政府间的低水平低层次的松散性、随机性协调。为顺应两岸功能性经济一体化深化发展趋势与要求，并在一定程度上舒缓两岸全面直接双向“三通”的压力以及国际区域经济一体化发展带来的竞争与边缘化压力，预计台湾当局将以局部渐进方式推进两岸直接双向“三通”以及制度性经济合作，将有可能在其自由贸易港区和离岛地区中率先遵循 WTO 非歧视原则，消除两岸经贸活动壁垒，实行两岸商品与要素的自由流动，从而使得两岸有可能在相邻局部地区间以自由经贸区对接方式率先实现直接双向“三通”以

---

① 邓力平、唐永红：《经济全球化、WTO 与中国特殊经济区再发展》，厦门大学出版社，2003 年版；唐永红：《经济全球化、WTO 与世界特殊经济区发展研究》，载于张汉林主编：《WTO 与中国经济》（第二卷），中国环境科学出版社，2005 年版，第 360 – 366 页；唐永红：《经济全球化、WTO 与中国经济特区再发展》，载于卢继传主编：《中国管理科学研究文献》，中国环境科学出版社，2006 年版，第 152 – 158 页。

② 唐永红：《经济全球化、WTO 与世界特殊经济区发展研究》，载于张汉林主编：《WTO 与中国经济》（第二卷），中国环境科学出版社，2005 年版，第 360 – 366 页。

及制度性经济合作与一体化。这也符合从局部到整体、由量变到质变的发展规律，有利于以渐进方式推进更高层次的制度性合作与一体化。

事实上，台湾目前正在推动以自由贸易港区为代表的经贸特区计划，这为两岸单边自由经贸区的对接和次区域跨关境自由经贸区的形成提供了可能。而且，高雄自由贸易港区经过一段时间筹备后已于2005年初正式营运，目前急需拓展发展空间，台湾当局有可能在对大陆开放方面让其先行一步；而金门作为一个离岛，对台湾的政治重要性及其影响有限，加之金门本身有着良好的港口和基础实施，在金门地区的强烈要求下，台湾当局也有可能将其作为向世界特别是大陆开放的一个前沿与窗口。事实上，2005年6月12日台湾“立法院院长”王金平就提出将金门打造成“一网三区”的“新金门”构想：“两岸客货航线网”、“两岸台商信息交流区”、“金门和平观光特区”、“金厦共荣经济特区”①。金门县长李炷峰也曾多次倡议建立“金厦生活圈”、“金厦一国两制试验区”②。

从大陆方面看，鉴于两岸政治关系的僵持使得两岸无法进行较高层次的协商合作，贾庆林在首届国共两岸经贸论坛开幕式上谈及建立两岸经济合作机制时就指出，“应本着‘双向互惠、共同繁荣，先易后难、逐步推进’的原则进行。当前，可以考虑在互相尊重和保障对方经济利益的前提下，以区域对区域、民间对民间、行业对行业、企业对企业的方式，灵活处理有关事宜，不断深入探索，不断积累经验。”③ 事实上，进一步发展厦门特区，进一步发挥其在改革开放与现代化建设中的带动与示范作用，特别是进一步发挥其对台独特优势和作用，促进两岸的交流、合作、整合与发展，是既定的发展方略。在当前形势下，建立可对接的单边自由经贸区或共建厦-金、厦-高跨关境自由经贸区，可以进一步发挥厦门特区的独特对台优势与试验探

---

① 火山：《王金平倡议金门建“一网三区”打造稳健两岸关系》，http://jczs.sina.com.cn/2005-06-13/1504296633.html。

② 参见金门县长李炷烽2006年11月6日下午在金门县“议会”第二次定期会议中的演说：《21世纪新台湾的出路——金门作为“一国两制试验区”之刍议》。

③ 贾庆林：《进一步推动两岸经贸合作》，http://www.chinataiwan.org/web/webportal/W5267095/Uyyping/A237093.html。

索作用，可以在实现厦门特区自身再发展的同时实现两岸经贸关系的再发展。因此，有可能获得各级政府的大力支持。

再从两岸经济交流方式看，现阶段厦门与高雄有“试点直航”，与金门有“小三通”，这为厦门与金门、高雄等地的交流与交往提供了通道。虽然目前这一通道尚不够及时、便捷、顺畅，并由于台湾方面仅限于开放金马民众、大陆台商及其货物的直接往来而无法完全满足两岸交流交往的需要，但客观上为建立可对接的单边自由经贸区或共建厦－金、厦－高跨关境自由经贸区提供了的初步的直航条件。而且，在客观形势的压力下，未来台湾当局有可能进一步放松对“试点直航”与“小三通”等相关政策的限制，使厦、金、高等地成为两岸货物运输与人员往来的中转地之一，从而有助于上述自由经贸区及两岸次区域经济合作的发展。

四、结　论

两岸制度性经济一体化是两岸经济体自身发展的客观要求，但受到当前两岸政治关系的严重约束，需要寻求突破约束的实现路径。基于现实可行性的考虑，两岸制度性经济一体化可以在遵守 WTO 有关规定基础上，坚持在不致破坏一个中国的国家主权架构下的政经暂时分离原则，在次区域层面上从局部突破开始，以渐进方式进行。即两岸可以在具有“试点直航”和“小三通”现实基础的有条件的局部临近地区，共建更加自由化与便利化的开放性次区域跨关境自由经贸区，在次区域层面率先进行经济合作与一体化安排，以开放性的次区域自由经贸区导向全面性的两岸经济一体化。这既可顺应经济全球化与一体化深化发展的趋势与要求，更是当前两岸制度性经济一体化的一个现实路径。它可以超越当前两岸政治僵局的约束，整合厦、金、高等地乃至两岸四地的区位优势与条件，成为两岸参与经济全球化进程的一个新平台、两岸制度性经济一体化的一个切入点、两岸交流与合作的一个重要连接点乃至全面整合的一个先行试验区；不仅有助于厦、金、高等地在进一步的发展中更好地发挥经贸自由化的试验田与先行区作用，区域经济的增长极与辐射源作用，以及在两岸交流、合作与整合中的优势和作用，而且有助于两岸政治互信与共识的建立与累积，为两岸全面性的“三通”和制度性经济一体化构筑必要的经济、社会和政治基础与动力；不仅有着自由经贸区一般经济条件上的可行性，符合 WTO 对世界特殊经济区的有关规范与要求，而且也具有两岸关系发展态势下的现实可能性与可操作性。

构建两岸人民交流合作先行区 进一步发挥海峡西岸对台优势与作用*

唐永红

海峡西岸与台湾地缘相近、血缘相亲、文缘相承、商缘相连、法缘相循（“五缘”），在对台工作中具有不可替代的独特优势。发挥海峡西岸对台独特优势，加强对台工作，促进两岸关系发展，推动祖国统一大业进程，是中央的一贯要求与期待。中央为此也赋予了许多特殊政策与灵活措施，以支持海峡西岸在改革开放发展与对台工作中先行一步。事实上，自改革开放以来，海峡西岸在祖国大陆改革开放发展进程中发挥先行先试作用的同时，在促进对台工作与两岸关系发展中也发挥了独特优势和作用。近30年来，无论是祖国大陆的改革开放发展进程、台湾政治经济局势，还是两岸关系发展态势、国际政治经济形势都发生了深刻的变化。特别是随着党的十六大与十七大报告提出对台工作与两岸关系新思维与新战略，随着认同“九二共识”、主张两岸交流合作与和平发展的中国国民党在台湾重新执政以及两岸经贸关系正常化与两岸全面直接“三通”的临近，海峡西岸对台优势与作用必将发生较大变化。新形势下如何进一步发挥海峡西岸对台优势与作用，这是一个迫切需要研究与解决的问题。本文在总结海峡西岸过去30年来发挥对台优势与作用所取得的主要成效、基本经验及其所面临的制约因素的基础上，探讨新形势下海峡西岸进一步发挥对台优势与作用的必要性与机遇、思路与举措。

---

* 本文原载于邓利娟、石正方主编：《海峡两岸经济区发展研究》，九州出版社，2005年版。

一、海峡西岸发挥对台优势与作用的主要成效、基本经验与制约因素

（一）海峡西岸发挥对台优势与作用的主要成效

众所周知，海峡西岸在促进对台工作与两岸关系发展中具有如下独特优势：一是有助于海峡西成为祖国大陆改革开放的前沿、对台交流的前沿的毗邻的地缘与经济区位优势。二是为海峡西岸拓展对台直航、扩大两岸经贸交流合作奠定了良好自然基础的海空运输能力与港口优势。三是可以促进台湾同胞对祖国大陆的认同感的源远流长的亲缘、血缘、文缘关系与人文优势。四是有利于做好对台工作、扩大两岸各项交流合作的中央赋予的“特殊政策、灵活措施”与各种特区优势。

近30年来，海峡西岸在发挥上述独特对台优势，拓展两岸交流合作，促进对台工作与两岸关系中起到了一系列独特作用①。其一，在中央赋予的特殊政策与灵活措施的支持下，作为改革开放的前沿，海峡西岸形成了包括经济特区、出口加工区、保税区、保税物流园区、保税港区、高新技术开发区、台商投资区、两岸农业合作试验区、现代林业合作试验区等在内的全方位多层次的对外开放格局，建立了祖国大陆最重要的国际招商口岸和对台贸易口岸，成为了国际资本和台商投资的一个重要聚集地，为两岸交流合作的拓展提供了桥梁和平台。其二，厦高、福高“试点直航”实现了两岸船只直接往来的新突破，厦金、两马、泉金、泉澎“小三通”开辟了两岸人员、货物直接往来新通道，并为两岸全面直接“三通”的开展积累了经验和互信。其三，率先实现了经由“小三通”渠道与台湾离岛地区的双向旅游，从而拓展了两岸民众互动平台。其四，设立了两岸农业（福建）合作试验区、海峡两岸（三明）现代林业合作试验区、漳浦和漳平台湾农民创业园，促进了闽台及两岸农业交流合作及其模式的创新。其五，围绕闽南文化、客家文化对

---

① 唐永红：《厦门经济特区的对台优势和作用：回顾与思考》，《台湾研究集刊》，2007年第3期。

台开展了多方位的文化交流活动，增进了两岸文化同根同源的认同感，对反制“文化台独”起到了独特的积极作用。其六，有效地配合了两岸重大事务商谈，妥善解决了大量敏感的涉台问题，作为对台工作与两岸交流合作试验区、处理涉台事务前沿基地的作用日益凸显，对促进两岸交流和两岸关系稳健发展发挥了积极作用。

总之，近30年来，在中央赋予的特殊政策与灵活措施的支持下，海峡西岸在自身开放型经济形成与发展基础上，发挥其独特“五缘”优势，为缓和两岸关系奠定了基础，为发展两岸关系创造了条件，积累了经验。

（二）海峡西岸发挥对台优势与作用的基本经验

如果说海峡西岸自改革开放以来在促进对台工作与两岸关系发展方面，一定程度上发挥了独特优势，起到了独特作用，那么，回顾这一历程，我们发现，除了海峡西岸敢闯敢试、敢为天下先的勇气和精神这一主观方面的因素之外，以下两个方面对于海峡西岸对台优势与作用的发挥，乃是至关重要的因素。亦可谓之基本经验。

其一，祖国大陆与海峡西岸开放型经济在稳定的社会政治局势下持续快速发展，是决定海峡西岸对台优势与作用得以发挥的根本性因素。30年来，正是祖国大陆与海峡西岸开放型经济在稳定的社会政治局势下持续快速发展，为台湾资本的盈利与经济的发展提供的不容忽视的诱人机会，使两岸“三通”不仅日益必要而且迫切，从而迫使台湾当局不得不不断调整其大陆政策，为1997年开设“试点直航”和2001年启动“小三通”提供了契机；并使得海峡西岸可以发挥其独特优势，建成了祖国大陆最重要的国际招商口岸和对台贸易口岸，成为了国际资本和台商投资的重要聚集地，从而为两岸交流合作的拓展提供了桥梁和平台。正是祖国大陆与海峡西岸开放型经济的持续快速发展所提供的不断增加的两岸同胞交流机会，使得海峡西岸发挥其独特优势开展对台文化交流活动、做好台湾人民工作、反制“文化台独”成为可能，并卓有成效。也正是祖国大陆与海峡西岸开放型经济的持续快速发展所带来的两岸各项交流合作的不断增加及其健康发展的需要，使得处于对台交流前沿的海峡西岸作为对台工作与两岸交流合作试验区、处理涉台事务前沿基地的作用日益凸显。

其二，中央在改革开放与对台工作方面对海峡西岸的定位以及相应赋予的特殊政策与灵活措施，是决定海峡西岸对台优势与作用得以发挥的关键性因素。如上所述，祖国大陆与海峡西岸开放型经济的持续快速发展，是决定海峡西岸对台优势与作用得以发挥的根本性因素。而众所周知，祖国大陆与海峡西岸开放型经济的形成与发展的动力主要就源于体制改革与对外开放。因此，毫无疑问，中央在改革开放与对台工作方面对海峡西岸的定位以及相应赋予的特殊政策与灵活措施，是决定海峡西岸对台优势和作用得以发挥的一个关键性因素。事实上，改革开放以来，中央赋予了福建及厦门特区改革试验权、省级经济管理权、地方立法权和对外资（台资）的特殊优惠政策，并使海峡西岸形成了包括经济特区、出口加工区、保税区、保税物流园区、保税港区、高新技术开发区、台商投资区、两岸农业合作试验区、现代林业合作试验区等在内的全方位多层次的对外开放格局。这些特殊政策与灵活措施促使海峡西岸始终处于祖国大陆改革开放的前沿，在获得持续快速的经济发展的同时，拥有了祖国大陆最重要的对台贸易口岸、台商投资的重要聚集地、对台工作与两岸交流合作试验区、处理涉台事务前沿基地。此外，正是中央赋予厦门港等海峡西岸沿海对台直航试点口岸的权力，使海峡西岸沿海地区得以发挥港口、区位优势，开辟两岸人员、货物往来新通道，并为两岸直航累积经验和互信。也正是中央赋予福建两岸农业合作试验区与免税进口部分台湾农产品的权力，使得福建得以发挥对台优势，在两岸农业合作方面取得了较大成绩。

总之，海峡西岸对台优势与作用的发挥，与祖国大陆及海峡西岸开放型经济的持续快速发展有着高度的正向相关性，是和中央在改革开放与对台工作方面对海峡西岸的定位以及相应赋予的特殊政策与灵活措施紧密相关的。

（三）海峡西岸发挥对台优势与作用的制约因素

虽然海峡西岸近30年来在促进对台工作与两岸关系方面，一定程度上发挥了独特优势，起到了独特作用，但其优势和潜力尚未得到充分发挥，与中央的期望尚有很大差距。事实上，基于上述基本经验判断，当前，在主观及客观方面都存在许多影响和制约海峡西岸对台优势与作用进一步发挥的因素。

其一，两岸政治关系僵局在政策层面的制约和影响。多年来，由于众所周知的因素，两岸政治关系僵局一直存在。尤其是自民进党执政以来，台湾当局基于其“台独”目的，一方面坚持把两岸航线当做“国家间航线”，企图以“三通换两国”；另一方面坚持消极的、有限开放的限制性大陆经贸政策取向，阻碍两岸交流合作。两岸政治经济关系的非正常状态，一方面催生了“试点直航”及“小三通”这种有限的两岸局部地方间的较为直接的交流交往方式，从而凸显了海峡西岸对台地位与先行先试作用，另一方面也严重扭曲了两岸资源与要素的流动与配置，抑制了海峡西岸对台优势的充分发挥，削弱了海峡西岸在两岸交流合作中的应有地位。例如，由于没有直接“三通”，台商大陆投资在区位选择方面就不得不优先考虑那些临近国际贸易、金融、航运、物流中心的地带。这就是为什么临近香港的珠三角成为了台商投资的先行地和密集区，后来，随着上海浦东新区的开放与开发，许多台商投资又选择了长三角的一个重要原因。这也就是在海峡西岸的台商投资在全大陆的台商投资的比重，除了在早年的基于人脉关系的试探性投资时期名列大陆各省市之首外，在之后基本上呈逐步下滑态势的一个重要原因。当然，经济网络不畅与经济腹地狭小也是造成此种现象的另外一个重要因素。

其二，经济网络不畅与经济腹地狭小的弊端日益显现。海峡西岸内部各地区之间以及海峡西岸连接内地各省市的交通、流通、通讯网络与能力虽然一直在改善中，经济总量与市场空间也随着地区经济的发展而不断在扩张中，但相对于作为经济增长极与辐射源乃至经济区的客观需要而言，经济网络不畅与经济腹地狭小的弊端日益显现。经济总量偏小，对外经济网络不畅，加之行政区域的分割，致使海峡西岸经济的腹地与服务区域狭小、市场空间与规模不大，集散能力不强，使得产业集聚能力不足、产业链条延伸受限，削弱了对外资及台资的吸引力，不仅严重制约了作为经济增长极与辐射源的作用，影响到海峡西岸经济发展，而且也影响到海峡西岸在祖国大陆对外与对台经贸交流合作中的地位和作用。

其三，改革开放先行先试的政策优势逐步淡化和丧失。当前，随着祖国大陆渐进式改革开放发展战略的深化实施，市场经济体制在全国范围已经初步确立，全国全方位对外开放格局也已初步形成，全国经济运行格局与区域经济发展格局也在发生变化。以加入世界贸易组织（WTO）为标志，祖国大陆改革开放发展进入了新的历史阶段。原先赋予海峡西岸及厦门特区的部分特殊优惠政策因不符合市场经济要求和 WTO 规则等原因已无存在的必要，部分特殊优惠政策则因在全国范围内推广而事实上不再有其特殊优惠性①。这必然在一定程度上相对削弱海峡西岸及厦门特区较之于国内其他地区的改革开放先行的优势。与此同时，中央又没有赋予海峡西岸及厦门特区新的发展定位与特殊政策。换言之，海峡西岸与厦门特区的发展在新形势下正面临着政策优势丧失和淡化的挑战。此外，为做好对台工作、促进两岸更紧密交流合作，先前大陆按照“适度开放、同等优先”原则对台湾的照顾性做法，也面临 WTO 无歧视原则的约束。这种挑战与约束显然会影响到海峡西岸与厦门特区对台优势和作用的进一步发挥，给海峡西岸与厦门特区尚未完成的部分历史使命的完成带来新的挑战。

综上可见，进一步发挥海峡西岸对台优势与作用，有赖于中央在改革开放与对台工作方面对海峡西岸的新的定位和相应的政策支撑。

二、两岸关系新形势对海峡西岸对台优势与作用的影响

随着认同“九二共识”、主张两岸交流合作和平发展的国民党重新在台湾执政，祖国大陆“反独”压力减弱，台海局势的总体氛围大大改善，这是两岸关系发展的重大历史机遇，两岸交流合作与和平发展将成为两岸关系发

---

① 邓力平、唐永红：《经济全球化、WTO 与中国特殊经济区再发展》，厦门大学出版社，2003 年版，第 157 - 178 页；唐永红：《经济全球化、WTO 与世界特殊经济区发展研究》，载张汉林主编：《WTO 与中国经济》（第二卷），中国环境科学出版社，2005 年版，第 360 - 366 页；唐永红：《经济全球化、WTO 与中国经济特区再发展》，载卢继传主编：《中国管理科学研究文献》，中国环境科学出版社，2006 年版，第 152 - 158 页。

展的趋势与主题。在两岸关系发展的新形势下，海峡西岸对台优势与作用必将发生较大变化，海峡西岸对台优势与作用的发挥必将面临新的机遇与挑战。

（一）两岸关系新形势下海峡西岸面临的机遇与挑战

就机遇而言，其一，新形势下海峡西岸在两岸关系中的地位与角色也必将发生相应改变，有可能从两岸对峙与斗争的前沿转换为两岸交流合作与融合的前沿，成为促进国家和平统一的前沿。海峡西岸的这种地位与角色的转换，意味着长期以来阻碍海峡西岸发展及其对台优势发挥的潜在威胁得以消除，海峡西岸有可能迎来发展的春天。其二，新形势下两岸经贸关系正常化与两岸直接“三通”迎来实现的可能，台湾海峡将从两岸往来的天堑变成两岸往来的通道，成为连接海峡两岸与国际航运的黄金水道，从而促进两岸交流、合作、融合与发展的扩展与深化。这一方面意味着长期以来抑制海峡西岸对台优势与作用发挥的“三通”不通因素将得以解除，另一方面也意味着可以重新定位海峡西岸的对台角色与作用。

新形势下海峡西岸也面临新的挑战。随着两岸经贸关系正常化，台湾与大陆的交流合作面临更宽广的空间与更多的机会，新形势下台湾当局的注意力可能集中于两岸整体性的交流合作。因此，新形势下与台湾虽是近邻并具“五缘”优势，但却处于大陆政治、经济、文化中心之外的海峡西岸可能被置于两岸交流合作的主潮流之外，可能会面临进一步“边缘化”的风险。此外，两岸全面直接“三通”也将相对削弱“小三通”渠道在两岸交流中的地位与作用的重要性。

（二）“三通”新形势对海峡西岸对台优势与作用的影响

基于上述认识，笔者进一步认为，在两岸全面直接“三通”与经贸关系正常化有望实现的新形势下，总体上而言，海峡西岸的对台优势必将得以进一步发挥，对台作用的潜力必将得以进一步开发。就两岸全面直接“三通”对海峡西岸对台地位与作用的影响而言，可以归结为两个效应：一个是替代效应，一个是增长效应①。

---

① 唐永红：《两岸全面直接“三通”对福建对台优势的影响》，《两岸关系》，2008 年第 6 期。

所谓替代效应，就是指由于两岸全面“三通”，大陆其他省市得以获得两岸直接交流的权力与机会，两岸交流将有更多的直接管道，海峡西岸“试点直航”与“小三通”在两岸交流中的地位与作用的重要性将相对下降。但这种基于“分流”而产生的替代效益是有限的，因为：在没有全面直接“三通”的现况下，基于交流的需要与当地的综合性竞争优势，台湾早已与大陆各地展开了广泛的交流与合作，并非高度集中于海峡西岸地区；在人员、贸易、投资往来方面，基本上都是通过第三地间接实现的，也并非高度依赖于海峡西岸的“试点直航”与“小三通”直接管道。事实上，由于政策限制，海峡西岸的“试点直航”与“小三通”的潜力特别是人员、货物往来方面远未得到充分发挥。

所谓增长效应，是指海峡西岸在两岸交流中的地位与作用将随着两岸直接“三通”而得到提升。首先，两岸直接“三通”与经贸关系正常化意味着海峡西岸对台优势发挥的一个制约因素得以消除，对台交流与合作有望迎来蓬勃发展的局面。其次，两岸直接“三通”与经贸关系正常化意味着“试点直航”与“小三通”政策限制被解除，海峡西岸“试点直航”与“小三通”的潜力得以进一步发挥，规模水平必得以进一步提升。此外，两岸直接“三通”与经贸关系正常化意味着海峡西岸与台湾之间将开通更多的直接双向交流管道，双向交流的规模、广度与深度也必将因直接交流管道的增加与经贸政策松绑而得到提升。

总之，随着两岸全面直接“三通”与经贸关系正常化的实现，福建的“试点直航”与“小三通”这一直接交流的管道在两岸交流中的地位与作用的重要性可能会相对下降，但“试点直航”与“小三通”的绝对规模水平必将进一步提升；与此同时，随着海峡西岸经济区发展战略的推进以及经济网络不畅与经济腹地狭小的弊端逐步克服，在制约海峡西岸对台优势发挥的诸因素逐步解除之后，海峡西岸对台作用的潜力必将得以进一步发挥，对台交流与合作必将在更大的规模与更高的层次上得以展开。

三、新形势下进一步发挥海峡西岸对台优势与作用的必要性与可能性

（一）新形势下进一步发挥海峡西岸对台优势与作用的必要性

新形势下，一方面两岸交流合作与和平发展有望成为两岸关系的趋势与主题，但与此同时，台湾分离主义问题、两岸政治关系上的结构性矛盾以及两岸社会的各种差异依然存在，这仍然是两岸和平发展与和平统一的重大挑战，并可能在新形势下更加突显。因此，现阶段必须牢牢把握两岸关系和平发展的主题，以切实可行的实际行动推进两岸社会在政治、经济、文化等各方面的全面交流、合作与融合，为两岸和平统一奠定基础，确保和平发展导向和平统一。

事实上，推进两岸交流、合作与融合，是实现两岸和平统一的一个必然选择与现实路径，在当前有其客观必要性。其一，近30年来的两岸交流合作，是在有限制的政策环境空间的约束下，呈现出单向、间接、民间的状态，不仅本身未能实现其可能的发展规模，而且远未充分发挥其促进两岸关系发展与两岸自身发展的潜力①。其二，两岸近60年的分离发展，使得两岸在政治、经济、社会、文化、教育及法律诸多领域都存在着严重的差异性。其三，台湾分离主义问题、两岸政治关系上的结构性矛盾依然存在。其四，长期以来台湾当局对大陆的负面宣传以及两岸在政治军事上的对立氛围，使岛内民众不了解大陆的真实情况，两岸民众之间的猜忌与误解多，互信与共识少。其五，随着参与全球化进程的深化以及两岸民间交流合作的发展，当前两岸（特别是在经济层面）都有着实现制度性交流、合作与一体化（融合）的内在动力与外在压力，但两岸不同的社会经济发展水平、不同的社会

① 李非：《海峡两岸经济合作问题研究》，九州出版社，2000年版，第105－171页；唐永红：《经济全球化、WTO与两岸四地经济一体化》，《台湾研究集刊》，2004年第1期；王建民：《两岸经贸关系发展的不对称性分析及思考》，《台湾研究》，2004年第5期；唐永红：《两岸经济相互依存性发展态势的定量考察》，《台湾研究》，2007年第2期；唐永红：《两岸经济一体化问题研究》，鹭江出版社，2007年版，第107－152页。

政治制度与社会意识形态以及并不完全相似的社会文化、观念与思维方式，必将对两岸整体层面的制度性交流、合作与一体化的步伐形成相当程度的制约，并使其继续呈现一个循序渐进的过程①。因此，在两岸最终实现和平统一目标之前，两岸需要有一个彼此磨合与相互适应的过程，在这一过程中，需要利用有效的措施化解两岸交流、合作与一体化过程中可能产生的摩擦与矛盾，从而增强两岸的互信与共识，促进两岸在各个层面的制度性交流、合作与一体化发展。换言之，当前有必要探索推进两岸在政治、经济、文化等各方面进行制度性交流、合作与一体化的可行途径，以推进两岸社会的全面融合与和平统一大业进程。显然，这一方面继续需要海峡西岸进一步发挥独特优势，做好先行先试的工作；另一方面也为海峡西岸进一步发挥对台优势与作用提供了更大的空间和机遇。

（二）新形势下进一步发挥海峡西岸对台优势与作用的可能性

新形势下进一步发挥海峡西岸对台优势与作用，不仅依然有其客观必要性，而且还面临新的战略机遇与现实可能。

从祖国大陆的对台方略看。2007 年，党的“十七大”报告关于“推进‘一国两制’实践和祖国和平统一大业”部分明确提出“牢牢把握两岸关系和平发展的主题”，“在一个中国原则的基础上，协商正式结束两岸敌对状态，达成和平协议，构建两岸关系和平发展框架，开创两岸关系和平发展新局面。”“将继续实施和充实惠及广大台湾同胞的政策措施”，“支持海峡西岸和其他台商投资相对集中地区经济发展”，“两岸同胞要加强交往，加强经济文化交流，继续拓展领域、提高层次，推动直接‘三通’，使彼此感情更融洽、合作更深化”。2008 年 4 月，胡锦涛在博鳌“胡萧会”回应萧万长的呼吁时，强调今后将“继续推动两岸经济文化等各领域交流合作、继续推动两岸周末包机和大陆居民赴台旅游的磋商、继续关心台湾同胞福祉并切实维

① 唐永红：《WTO 框架下海峡两岸经济交往及合作方式探讨》，《国际经贸探索》，2005 年第 1 期；唐永红：《WTO 下两岸经济一体化的法律定位、依据与原则》，《台湾研究集刊》，2006 年第 4 期；唐永红：《两岸经济一体化问题研究》，鹭江出版社，2007 年版，第 107－206 页。唐永红：《两岸制度性经济一体化的经济可行性考察》，《台湾研究集刊》，2007 年第 1 期；唐永红：《当前两岸制度性经济一体化实现路径探讨》，《厦门大学学报》（哲学社会科学版），2007 年第 6 期。

护台湾同胞的正当权益、继续促进恢复两岸协商谈判”。2008 年 5 月中共中央总书记胡锦涛在与中国国民党主席吴伯雄会谈时强调，“国共两党和两岸双方应该共同努力，建立互信、搁置争议、求同存异、共创双赢”。这些为海峡西岸进一步发挥对台优势与作用提供了机遇，指明了方向。

从台湾岛内局势与两岸关系态势看。认同“九二共识”、主张两岸交流合作、和平发展的“泛蓝”阵营，继“县市长”、“立法委员”选举大胜后又重新夺回执政权。这表明台湾同胞求和平、安定与发展的意愿日益增强，两岸和平发展已成为现阶段两岸关系发展的趋势和主题。事实上，对面临着连任压力的台湾新当局而言，推动两岸关系和平发展也是其必然的选择：一是因为岛内主流民意要求改善和发展两岸关系；二是因为台湾经济越来越离不开大陆，全面直接“三通”是台湾经济发展的内在要求。台湾岛内局势与两岸关系态势的这种演变为海峡西岸进一步发挥对台优势与作用提供了重要机遇与现实可能。

再从国际经济发展形势与格局看。随着经济全球化与区域一体化趋势的不断发展、祖国大陆改革开放进程的不断深化和经济起飞后的持续快速发展，21 世纪的世界经济重心与国际经济格局正在发生明显的变化。围绕祖国大陆这一新的经济增长点的国际产业分工体系的调整与国际经贸活动的开展，既加快了祖国大陆经济的全球化步伐，又为之提供了史无前例的发展机会。这显然一方面对作为对外开放前沿的海峡西岸加快对外开放与全球化步伐提出了迫切要求，另一方面也为其进一步发展、对台优势与作用的进一步发挥提供了战略契机。

四、新形势下进一步发挥海峡西岸对台优势与作用的思路与构想

综上所述，新形势下进一步发挥海峡西岸对台优势与作用仍有其客观必要性，但既面临难得的战略机遇，又面临诸多因素制约。必须积极应对各种挑战，抓住有利时机，采取切实有效措施，充分发挥海峡西岸的对台优势，

开发其促进对台工作与两岸关系的潜力，推动祖国统一大业进程。

（一）思路、目标与功能

基于上述对海峡西岸发挥对台优势与作用的基本经验、制约因素、必要性与机遇的认识与判断，新形势下进一步发挥海峡西岸对台优势和作用的基本思路应是：随着经济全球化与区域一体化趋势的发展、大陆改革开放发展进程的深化，新形势下海峡西岸对台优势与作用的进一步充分发挥，仍然有赖于海峡西岸开放型经济的进一步发展，特别是有赖于其内各种特殊经济区域发展模式的创新与转型。当前，应立足海峡西岸自身的各种独特优势与条件，特别是其港口、区位和对台优势与条件，与时俱进地创新发展模式，将海峡西岸的发展与祖国大陆改革开放的深化发展、区域经济的协调发展、对台工作的深入开展、两岸关系的和平发展有机结合起来，以便在更好地发挥经贸自由化的试验田与先行区作用、区域经济的增长极与辐射源作用的同时，更好地发挥在两岸交流、合作与整合中的优势和作用，进一步为促进对台工作、两岸关系与国家统一大业做贡献。

遵循上述基本思路，从进一步发挥海峡西岸对台优势与作用，开创两岸关系和平发展新局面，推进国家和平统一需要角度看，新形势下，除了海峡西岸自身可在现有条件、政策及对台优势基础上勇于开拓和创新之外，中央应将改革开放、区域（两岸）合作、国家统一三个目标任务统一起来，整合构建起一个有助于扩大对外开放、推动区域（两岸）合作、促进国家统一的平台。当前可参照20世纪香港、澳门回归前将深圳、珠海特区建成开展对港澳工作先行区的做法，应当在两岸临近的有条件的次区域层面建立一个遵循WTO无歧视原则的开放性的“两岸人民交流合作先行区”，力争在推动两岸关系和平发展、构建两岸共同家园、维系两岸同胞命运共同体中先行先试，有所创新、有所突破。

“两岸人民交流合作先行区”作为改革开放、区域（两岸）合作与对台政策的试验区，通过政治、经济、科技、文化、教育和人员交流等全方位的区域合作与对台政策以及相关改革开放政策的先行先试，努力在政治、经济、文化（社会）等方面建成两岸制度性交流、合作与一体化的试验示范区，成为不同政治、经济、社会制度相互适应相互融合的过渡区以及两岸和平统一的前沿平台与试验区，从而在两岸关系发展中继续起到探索、试验、先行、示范的作用。特别是，通过构建两岸命运共同体的经济利益纽带、精神文化纽带、和谐共处纽带与通道连接纽带，不仅成为两岸实现和平发展的连接点、两岸交流合作的核心区和海峡西岸经济区经济发展的增长极，而且促进两岸交流合作朝着更加开放、更加灵活、更加密切、更加便捷的方向深化发展，加速两岸政治、经济、社会一体化，从而贯彻落实胡锦涛总书记的“以闽连台”战略决策，并起到面向东南亚、连接海峡两岸、带动海峡西岸、辐射华东华南、促进台海和平、服务两岸发展、推进和平统一的作用。

（二）内容框架

“两岸人民交流合作先行区”在功能方面包括构建两岸命运共同体的经济利益纽带、精神文化纽带和谐共处纽带与通道连接纽带；在内容方面原则上可以包括两岸经贸交流合作、两岸文化交流融合、两岸政治交流合作等广泛领域。实践中，可依据祖国大陆的对外开放发展形势、台湾政治经济发展局势与两岸政治经济关系发展态势的演变与需要，在中央统一部署和具体政策规定下，从易到难分阶段实施上述总体目标功能。在空间演进方面，可首先确定在厦门、福州等对台工作基础较好的沿海地区先行先试，累积经验后再扩大到整个福建省及海峡西岸经济区与周边腹地。

从当前扩大对外开放、推动区域（两岸）合作、促进和平发展需要看，在“三通”直航尚未完全实现的现阶段，主要应从经贸、文教交流合作事务入手。首先应在建立两岸直接往来的通道功能方面先行先试，以构筑起“两岸人民交流合作先行区”必要的辅助功能与基础条件；其次，应以构建“两岸经贸交流合作先行区”为中心和重点；此外，还应在两岸社会文化交流融合、两岸政治交流合作与两岸共同家园建构等方面先行先试。

1. 两岸经贸交流合作先行先试，构建两岸命运共同体的经济利益纽带

构建两岸命运共同体的经济利益纽带，旨在通过两岸经贸交流合作融合，使两岸经济形成“你中有我，我中有你”的相互依赖与一体化格局，形成休戚与共的两岸经济共同体，实现两岸社会经济一体化，为两岸和平统一

奠定坚实的经济基础。

现阶段的两岸经贸交流合作先行先试，可在海峡西岸设立“两岸经贸交流合作先行区”，赋予特殊政策与灵活措施，在包括两岸产业合作对接、两岸金融合作试验、两岸旅游合作对接、两岸经贸自由化、两岸经济一体化等内容广泛的领域先行先试。但从当前扩大对外开放、推动区域（两岸）合作的需要看，特别是在改革开放与对台工作方面最具条件与基础的地方，应以构建“两岸经贸自由化先行区”、“两岸经济一体化先行区”为中心和重点，并推进与此配套的其他方面的交流合作事宜与政策试验，从而构建起“两岸经贸交流合作先行区”内的中心（核心）区域，带动其内的外围区域的配套发展，以及其他方面交流合作的先行先试。

具体而言，厦门经济特区应向一个遵循 WTO 无歧视原则的、境内关外的，集国际投资、国际贸易（含对外贸易、转口贸易、加工贸易、对台贸易）、国际金融（含离岸金融、两岸金融）、研发制造、商品加工、仓储展会、物流分拨、过境转运、国际旅游（含两岸旅游）等多项功能于一身的集约化的综合型自由经贸区转型，进而跨关境发展，与台湾的金门地区及自由经贸区结成开放性的次区域跨关境自由经贸区，整合两岸毗邻地区的海港、空港优势以及其他经济发展资源与条件，实现商品与要素率先在两岸次区域层面的自由流动与优化配置，从而成为海峡两岸的国际贸易中心、物流分拨中心和以高科技产品为主导的加工制造中心，成为海峡两岸与国际物流链的重要环节，成为国际化的区域性资金流、物流和信息流的汇集区，最终发展成为国际化区域经济中心。

此外，当前至少还应在建立两岸产业合作的集聚功能、两岸区域性金融合作中心的服务功能等方面先行先试，有所作为。前者包括先行打造产业对接合作聚集基地，开展产业、园区、县市对接，提升产业对接合作的技术含量，促进现代服务业对接合作，密切农业交流合作，深化旅游对接合作，做大经贸交流合作平台。后者包括先行建立人民币新台币清算机制，构建两岸区域性金融服务中心。这些方面本身也是两岸经贸自由化与两岸经济一体化所需的辅助功能与配套措施。

2. 两岸文化交流融合先行先试，构建两岸命运共同体的精神文化纽带

构建两岸命运共同体的精神文化纽带，旨在通过两岸社会文化教育交流合作与融合，在两岸民众中建立起拥有“我群”观念的整合形态（认识论共同体），进而建构起两岸社会文化共同体与对和平统一的认同感，实现两岸社会文化一体化，为两岸和平统一奠定坚实的思想基础。

现阶段的两岸文化交流合作先行先试，应围绕闽南文化、客家文化的认知系统（学术、出版、新闻资讯等领域）、民俗信仰系统（妈祖文化、保生大帝、宗教等领域）、规范系统（教育、伦理、法律等领域）、表现系统（电影、电视、戏剧、音乐等领域），率先与台湾深化双向交流合作。在文化交流融合方面，可基于“五缘”优势，在海峡西岸设立“两岸文化交流融合先行区”，实行更加开放灵活的涉台文化交流合作政策与措施，构建两岸文化交流合作与融合大平台，使之成为反制“文化台独”的重要阵地和两岸文化的重要连接带和融合区，促进两岸社会文化的全面融合。在教育交流合作方面，可在海峡西岸设立“两岸教育交流合作先行区”，应在观念、政策、体制、模式、运行机制等方面先行先试，跨越各种传统地域、隶属关系、意识形态的限制，实现教育“无边界”的交流合作，以强化两岸教育交流合作。

3. 两岸政治交流合作先行先试，构建两岸命运共同体的和谐共处纽带

构建两岸命运共同体的和谐共处纽带，旨在构建“两岸同胞共同的家园”，在两岸之间形成关于和平与安全的共识及其合作机制与组织，探索实践“一国两制”、融解两岸政治关系结构性矛盾的可行路径，实现两岸社会政治一体化，为两岸和平统一奠定坚实的政治基础。

现阶段两岸政治交流合作先行先试，可在海峡西岸有条件的特定区域设立“两岸政治交流合作先行区”。应率先放宽台湾居民入出境限制，简化办证手续，设立台湾同胞往来绿色通道，维护台海航线安全运行，构建和谐安定的台湾海峡；率先赋予台湾同胞“国民待遇”，积极促成两岸台胞共同生活圈、共同经济圈的形成与发展，在台胞的投资、兴业、生活、交流、甚至参政议政的各方面实践中，全方位培养两岸同胞一家人的意识，促进先行区

率先成为“两岸同胞共同家园”。此外，还应继续开展两岸基层政党交流合作与两岸民间组织交流合作，在加强两岸基层党际交流合作与民间组织交流合作并发挥对台作用的同时，为中央部署的两岸基层党际交流合作与两岸民间组织交流合作探索经验，提供示范。

4. 两岸直接“三通”先行先试，构建两岸命运共同体的通道连接纽带

构建两岸命运共同体通道连接纽带，旨在通过建立两岸直接往来的通道功能，为“两岸人民交流合作先行区”及其上述功能的发挥构筑起必要的辅助功能与基础条件。这是在“三通”直航尚未完全实现的现阶段，建立“两岸人民交流合作先行区”的首要任务。

现阶段两岸直接“三通”先行先试，应让先行区与台湾（至少让两岸临近的次区域）在海空直航、人员往来、邮电直通等方面先行先试，并应构建起台海大通道与两岸物流枢纽。特别是，在海空直航方面，应率先让先行区所有有条件的港口都可以与台湾所有有条件的港口直接通航；在人员往来方面，应率先准许所有大陆民众和来大陆交流旅游的境外民众可经由先行区港口往返于两岸。

五、海峡西岸构建两岸人民交流合作先行区的意义与作用

基于海峡西岸对台优势和现有条件，建立“两岸人民交流合作先行区”，是新形势下确保两岸和平稳定发展导向和平统一与进一步发挥海峡西岸对台优势和作用的需要与选择。事实上，上述构建“两岸人民交流合作先行区”的思路与构想有着重大的现实意义和作用。

（一）发挥经贸自由化与便利化试验田与先行区作用

上述思路与构想有助于构建起大陆、海峡西岸及台湾参与经济全球化进程的一个新平台，在贸易自由化、金融全球化、投资全球化、生产要素流动全球化等方面进一步率先发展，从而可以顺应全球化深化发展趋势与要求，积极稳妥地在更高层次上和更大范围内参与全球化进程，发挥经贸自由化与

便利化试验田与先行区作用；也可作为两岸经济体对 WTO 承诺的对外开放义务（包括加入 WTO 时承诺的和今后参与 WTO 多边谈判承诺的义务）的率先试验区，从而可在多边开放过程中优先促进两岸经贸交流与合作的进一步发展，更好地实现与保障两岸经济利益。

（二）发挥台湾海峡区域经济的增长极与辐射源作用

上述思路与构想不仅可以整合台湾海峡东西两岸的海港、空港优势以及其他经济发展资源与条件，吸引国际经济资源与要素的流入，从而在克服台湾海峡东西两岸自身经济发展面临的各种瓶颈约束的同时，使经贸自由化先行区成为两岸人员往来、货物中转、经贸交流的重要枢纽，促进海峡西岸经济区与海峡经济区内部的分工、合作与协调发展，而且有助于整合两岸四地彼此的经济互补性优势特别是港口区位优势与运输能力，在促进海峡经济区深化发展的同时，有利于加强两岸四地中华经济区内部的承接与合作，从而在更大范围、更高层次上发挥区域经济的增长极与辐射源作用。

（三）发挥对台工作前沿平台与两岸全面整合先行试验区作用

上述思路与构想首先可以作为两岸经济制度性交流、合作与一体化的一个先行区与试验区。两岸共同在这些局部区域中率先以 WTO 无歧视原则消除经贸活动壁垒，实行商品与要素的自由流动，并率先以自由经贸区对接方式实现这些小范围的、低协调水平的两岸制度性经济合作与一体化，是基于两岸经济发展现实条件的一个现实选择，可顺应两岸功能性经济一体化深化发展趋势与要求。此外，上述思路与构想还可以促进台湾海峡东西两岸经济、社会一体化，形成两岸交流合作的一个重要连接点与接口，祖国大陆对台工作的一个前沿平台与抓手，乃至两岸经济、社会、政治全面整合的一个先行试验区，为两岸将来更大范围、更高层次的制度性合作、一体化以及两岸和平统一探索经验，并构筑必要的经济、社会和政治基础与动力，更好地发挥海峡西岸在两岸交流、合作与整合中的优势和作用。

四、结　语

近 30 年来，海峡西岸在发挥独特对台优势，拓展两岸交流合作，促进对台工作与两岸关系发展中起到了一系列独特作用。海峡西岸对台优势与作用的发挥，与祖国大陆及海峡西岸开放型经济的持续快速发展有着高度的正向相关性，是和中央在改革开放与对台工作方面对海峡西岸的定位以及相应赋予的特殊政策与灵活措施紧密相关的。两岸直接“三通”与两岸经贸关系正常化将有助于海峡西岸对台优势与作用的充分发挥。新形势下进一步发挥海峡西岸对台优势与作用不仅依然有其客观必要性，而且面临重要机遇与现实可能，但有赖于中央在改革开放与对台工作方面对海峡西岸的新的定位和相应的政策支撑。当前中央应在海峡西岸建立一个遵循 WTO 无歧视原则的开放性的“两岸人民交流合作先行区”，整合构建起一个有助于扩大对外开放、推动区域（两岸）合作、促进国家统一的平台，从而有助于海峡西岸在两岸关系发展中继续起到探索、试验、先行、示范的作用，加速两岸政治、经济、文化（社会）一体化，贯彻落实胡锦涛总书记的“以闽连台”战略决策，并继续发挥经贸自由化与便利化试验田与先行区作用，以及区域经济的增长极与辐射源作用。

关于构建厦金特区问题的探讨*

唐永红

厦门与金门存在地缘经济、地缘文化与地缘政治的关系，在两岸关系中具有不可替代的独特优势与作用。但也正因为处于两岸关系发展前沿，厦金两地自身的发展环境与机会以及在两岸关系中的优势与作用也一定程度地受到两岸关系发展态势的影响。自2008年台湾政党轮替以来，基于“九二共识”的政治基础，两岸关系正迈上和平发展的轨道，两岸全面直接“三通”基本实现，两岸经贸关系正常化也即将实现，两岸经贸活动自由化与便利化以及两岸经济一体化也将提上议事日程。而2009年5月祖国大陆国务院又正式颁布了《关于支持福建省加快建设海峡西岸经济区的若干意见》，明确赋予海峡西岸经济区以“两岸人民交流合作先行先试区域”的战略定位以及相应的先行先试政策。新形势下，厦金两地的发展正面临新的机遇与挑战，在两岸关系中的地位与作用也将发生较大变化，需要重新定位其角色与作用，并寻求新的发展思路与策略，特别是需要寻求有助于促进两岸关系发展的发展路径。本文拟就此做初步探讨，从因应新形势下厦金两地面临的机遇与挑战以求得自身发展，以及进一步发挥厦金两地促进两岸关系发展的优势与作用的角度，提出构建“厦金特区”的构想、内涵与措施，并阐明其功能与作用、可行性与可能性①。

---

* 本文原载于《台湾研究集刊》，2009年第4期。

① 关于构建“厦金特区”的倡议已为包括笔者在内的一些专家学者及政界人士在多个场合从不同的角度提出，但在正式发表或出版的文献中至今未见较系统的论述。

一、构建厦金特区的动因与必要性

在两岸关系正迈上和平发展轨道的新形势下，特别是在两岸全面直接“三通”基本实现，两岸经贸关系正常化正在实现的新形势下，厦金两地自身的发展正面临新的机遇与挑战，在两岸关系中的地位与作用也将发生较大变化，需要并可以重新定位其角色与作用。

（一）两岸关系发展新形势带给厦金两地的机遇与挑战

1. 新形势下厦金两地面临的机遇

其一，新形势下两岸正迈向和平发展的轨道，意味着长期以来阻碍厦金两地发展的潜在威胁（两岸冲突与战争）得以消除，也意味着长期以来制约厦金两地充分发挥促进两岸关系发展的潜在优势与作用的主要因素得以解除，厦金两地在两岸关系中的地位与角色有望发生相应改变，有可能从两岸对峙斗争的前沿转换为两岸交流合作与一体化的前沿。

其二，新形势下“三通”直航得以实现，先前对“小三通”的政策限制也得以解除，台湾海峡正从两岸往来的天堑变成两岸往来的通道，成为连接海峡两岸与国际航运的黄金水道。这不仅意味着“小三通”管道的作用可以进一步发挥，而且意味着长期以来抑制厦金两地发展及其促进两岸关系发展的优势与作用的充分发挥的“三通”不通因素得以解除，也意味着厦金两地的投资环境、经济发展环境得以显著提升。

其三，两岸关系和平发展，“三通”直航以及两岸经贸关系正常化的实现，不仅将显著提升厦金两地的经济发展环境与投资环境，而且使得厦金乃至闽台之间潜在的地缘经济优势、地缘文化优势、地缘政治优势可以充分发挥，有助于厦金乃至闽台各种交流、合作与一体化的扩展与深化，特别是有助于厦金乃至闽台经贸交流、合作与一体化的发展。例如，有助于厦金两地对外招商引资、闽厦金台产业对接与合作、闽厦金台贸易的进一步发展、闽厦金台港口物流合作发展、闽厦金台旅游业合作发展。

2. 新形势下厦金两地面临的挑战

其一，两岸全面“三通”意味着大陆所有对外开放的港口都可以与台湾所有对外开放的港口直接通航①，意味着厦金两地失去了先前独享的“小三通”政策优势，从而将相对削弱“小三通”渠道在两岸交流渠道中的地位与作用的重要性，意味着厦金两地先前期望的两岸交流往来的主要通道地位将难以达成②。但这并不意味着“小三通”管道的人流量、物流量会较先前下降，事实上随着限制性政策的放松与解除以及两岸两地交流的推进，“小三通”管道的人流、物流规模都在显着增长。

其二，随着两岸全面“三通”与两岸经贸关系正常化，台湾与大陆的交流合作面临更宽广的空间与更多的机会，新形势下台湾当局甚至两岸当局的注意力可能集中于两岸整体性的交流合作。因此，新形势下虽具“五缘”优势，但却处于两岸政治、经济、文化中心之外的厦金两地可能被置于两岸交流合作的主潮流之外，可能会面临进一步“边缘化”的风险。

总之，两岸关系新形势下，厦金两地将面临新的机遇与挑战，在两岸关系中的地位与作用将发生较大变化，需要并可以重新定位其角色与作用。

（二）新形势下厦金两地在两岸关系中的角色与作用定位

新形势下，一方面两岸交流合作与和平发展正在成为两岸关系的趋势与主题，特别是两岸经济体有制度性合作与一体化发展的内在动力与外在压力③，但与此同时，两岸政治关系上的结构性矛盾以及两岸在政治、经济、文化（社会）等各个层面的差异依然存在，两岸之间的猜忌与误解多而互信与共识少。这些必将对两岸整体层面的制度性交流、合作与一体化的步伐形成相当程度的制约，并构成两岸和平发展的重大挑战，并可能在新形势下更加突显。

因此，两岸需要有一个彼此磨合与相互适应的过程，在这一过程中，需

① 根据两岸海运协议，台湾方面开放了11个港口；大陆方面开放了63个港口，包括48个海港、15个河港。双方同意视情增加开放港口。根据两岸空运协议，台湾方面开放了8个航点作为客运包机航点，大陆方面开放了21个客运包机航点。

② 唐永红：《福建发挥“三通”综合通道作用的研究》，《发展研究》，2009年第1期。

③ 参见唐永红：《WTO框架下海峡两岸经济交往及合作方式探讨》，《国际经贸探索》，2005年第1期；唐永红：《两岸经济一体化问题研究：区域一体化理论视角》，鹭江出版社，2007年版。

要探索切实可行的途径，利用有效的措施，逐步化解两岸交流、合作与一体化过程中可能产生的摩擦与矛盾，增强两岸的互信与共识，从而促进两岸在政治、经济、文化（社会）等各个方面的制度性交流、合作与一体化发展，推进两岸社会全面融合。一个可行途径与方式，就是在有条件的两岸次区域层面先行先试制度性合作与一体化①，为两岸将来更大范围、更高层次的制度性合作与一体化探索经验，累积互信，并构筑必要的经济、社会和政治基础与动力。

显然，这一方面继续需要厦金两地充分利用地缘政治、地缘经济、地缘文化关系与优势，做好先行先试的工作，以探索经验，累积互信，奠定基础；另一方面也为厦金两地进一步发挥在两岸关系中的作用提供了更大的空间和机遇。

当前，厦金两地当前应积极抓住机遇，主动应对挑战。由于发展受到两岸政治关系、经济资源与市场腹地等因素的高度约束，厦金两地应立足于自身的优势与条件，特别是港口、区位优势与岛屿经济条件以及在两岸间的独有的地缘优势，分别结合大陆、台湾各自参与全球化的需要和发展两岸关系的需要，明确自身发展定位与发展模式。

应分别寻求两岸当局在经济、文化（社会）、政治（安全）层面的特殊政策与灵活措施支持，以经济特区、文化（社会）特区、政治（安全）特区模式，在分别服务于两岸各自参与全球化的需要和发展两岸关系的需要的过程中，求得自身发展。而在这一过程中，为避免完全同构与过度竞争，并实现分工合作与一体化发展的效益，两个单边的特区宜结成跨关境的双边特区，即“厦金特区”。

“厦金特区”作为两岸各自对外开放、两岸相互开放以及两岸合作政策的先行先试区，通过政治、经济、文化（社会）等全方位的区域合作政策以及相关开放政策的先行先试，努力在政治、经济、文化（社会）等方面建成

---

① 参见唐永红：《开放性厦—金自由经济区：两岸经济一体化的一个现实选择》，《台湾研究集刊》，2005年第4期；唐永红：《两岸经济一体化问题研究：区域一体化理论视角》，鹭江出版社，2007年版；唐永红：《两岸制度性经济一体化的经济可行性考察》，《台湾研究集刊》，2007年第1期

两岸制度性交流、合作与一体化的试验示范区，成为不同政治、经济、文化（社会）制度相互适应相互融合的过渡区，从而在两岸关系发展中起到探索、试验、先行、示范的作用。

实践中，通过构建两岸命运共同体的经济利益纽带、精神文化纽带、政治共识纽带，使之不仅成为两岸交流、合作、一体化的试验区与核心区，而且促进两岸交流合作朝着更加开放、更加便捷、更加密切的方向深化发展，加速两岸政治、经济、文化（社会）一体化，并起到面向东南亚、连接海峡两岸、带动海峡西岸、辐射华东华南、促进台海和平、服务两岸发展的作用。

二、厦金特区的内涵与建构

综上可见，“厦金特区”可以作为包括两岸经济一体化、两岸文化（社会）一体化、两岸政治（安全）一体化的两岸一体化先行先试区。相应地，“厦金特区”在内涵及其建构方面可以包括“厦金经济特区”、“厦金文化（社会）特区”、“厦金政治（安全）特区”三个层面。当然，这三个层面意义的“厦金特区”并非截然分离的关系，它们既相互区别，又相互联系。实践中，可以根据两岸关系发展的需要与可能，先易后难，循序渐进，由经济、文化（社会）层面开始，逐步向政治（安全）层面发展，逐步实现厦金经济一体化、文化（社会）一体化、政治（安全）一体化，不断充实、完善、提高“厦金特区”的内涵。

（一）厦金经济特区的内涵与构建

1. 厦金经济特区的内涵

“厦金经济特区”可作为“两岸经贸自由化与一体化先行先试区”，率先形成休戚与共的“经济共同体”，旨在促进两岸经济一体化的实现，构建两岸命运共同体的经济利益纽带。

其一，“两岸经贸自由化先行先试区”。可寻求两岸当局赋予特殊政策与灵活措施，在经贸自由化与便利化方面先行先试，作为大陆、台湾参与经济全球化进程的一个先行先试区。通过厦金经济特区在贸易自由化、金融全球化、投资全球化、生产要素流动全球化等方面率先发展，发挥经贸自由化与便利化试验田与先行区作用，两岸可以顺应全球化深化发展趋势与要求，积极稳妥地在更高层次上和更大范围内参与全球化进程。“厦金经济特区”也可作为两岸经济体对 WTO 承诺的对外开放义务（包括加入 WTO 时承诺的和今后参与 WTO 多边谈判承诺的义务）的先行先试区，从而可在多边开放过程中优先促进两岸经贸交流与合作的进一步发展，更好地实现与保障两岸经济利益。

其二，“两岸经济一体化先行先试区”。可寻求两岸当局赋予特殊政策与灵活措施，在两岸经济制度性合作与一体化方面先行先试，作为两岸经济体进行制度性合作与一体化的一个先行先试区。两岸共同在厦金两地以符合 WTO 无歧视原则的开放性方式率先实行商品与要素的自由流动，并率先以自由经贸区对接方式实现次区域范围的、低协调水平的两岸制度性经济合作与一体化，既可顺应两岸功能性经济一体化深化发展的趋势与要求，也是基于两岸经济发展现实条件的一个现实选择，并可为将来两岸间全面性的制度性经济合作与一体化探索经验，奠定基础。

显然，将“厦金经济特区”打造成为如上所述的参与经济全球化进程先行先试区以及两岸经济制度性合作与一体化的先行先试区，也有助于“海峡经济区”的形成与发展。

2. 厦金经济特区的建构

鉴于厦金两地众所周知的港口、区位条件，厦金两地首先可分别发展成为一个遵循 WTO 无歧视原则的、境内关外的，集国际自由投资、国际自由贸易、国际自由金融（含离岸金融）、出口加工、仓储展示、物流分拨、过境转运、国际旅游等多项功能于一身的综合型自由经贸区。

进而，结成开放性的多功能综合型厦金跨关境自由贸易港区，整合并充分发挥厦金两地的海港、空港优势以及其他经济发展资源与条件，使之成为海峡两岸的国际贸易中心、物流分拨中心和以高科技产品为主导的加工制造中心，成为海峡两岸与国际物流链的重要环节，并率先实质性地启动两岸制度性经济合作与一体化进程。

在此基础上，进一步建立开放性的厦金跨关境自由经济区，实现生产要素的自由流动与优化配置，成为国际化的区域性资金流、物流和信息流的汇集区，最终发展成为国际化区域经济中心。

建构“厦金经济特区”的关键是要寻求两岸当局的特殊政策与灵活措施支持。要让“厦金经济特区”实行经贸活动自由化与便利化政策措施，包括经营活动自由（投资自由、雇工自由、经营自由等）、商品流通自由、货物运输自由、人员进出自由、对外贸易自由、金融活动自由（货币兑换自由、资金流动自由、资金经营自由）等。此外，还要加强厦金两地的基础实施、往来通道（如厦金大桥）与对外通道的建设，以适应自由经贸区发展的需要。

（二）厦金文化（社会）特区的内涵与建构

1. 厦金文化（社会）特区的内涵

“厦金文化（社会）特区”可作为“两岸文化一体化先行先试区”，率先形成相互认同的“文化（社会）共同体”，旨在促进两岸文化（社会）一体化的实现，构建两岸命运共同体的精神文化纽带。

其一，在日常生活层面，可寻求两岸当局赋予特殊政策与灵活措施，建立厦金两地往来便利通道，方便两地居民往来，创造两地居民吃、住、行的便利条件，拓展两地居民的生活空间，打造厦金共同生活区。厦金两地民众，只要持两岸当局认可的有效证件，就可以在厦金共同生活区内自由安排生活，例如探亲访友、休闲旅游、置业购物、求学就业、生活居住等。

其二，在文化（社会）交流层面，可寻求两岸当局赋予特殊政策与灵活措施，围绕闽南文化的认知系统（学术、出版、新闻资讯等领域）、民俗信仰系统（宗教等领域）、规范系统（教育、伦理、法律等领域）、表现系统（电影、电视、戏剧、音乐等领域），深化双向交流合作与融合，在厦金两地民众中率先建立起拥有“我群”观念的整合形态（认识论共同体），进而建构起两地文化（社会）共同体，实现两地文化（社会）一体化。

2. 厦金文化（社会）特区的建构

首先，在软件方面寻求两岸当局进一步简化厦金两地往来的手续审批，实行落地签注或多次签注，实行两地民众往来自由行，并逐步赋予两地民众以“居民待遇”，准许两地民众只要持两岸当局认可的有效证件，可以自由地在两地置业购物、求学就业、生活居住等。

其次，在硬件方面寻求两岸当局支持建立厦金两地往来便利通道与交通圈。在完善现有海上“小三通”通道基础上，积极推进金嶝大桥、厦金大桥的建立，以更加便利于两地民众往来，并克服台风等气候因素对两地民众往来的不利影响。

特别是需要指出的是，为配合“厦金经济特区”、“厦金文化（社会）特区”的建构与发展，进一步提升两地货物、人员往来便捷性，并有效提升厦金两地的生活环境、投资环境、经济发展环境，既应建设构想中的金嶝大桥，也应建设连接厦门本岛、小金门、大金门的厦金大桥，形成厦金两地陆上往来的交通圈。

（三）厦金政治（安全）特区的内涵与建构

1. 厦金政治（安全）特区的内涵

厦金政治（安全）特区可作为“两岸政治一体化先行先试区”，率先形成互信包容的“政治共同体”以及关于和平与安全的共识及其合作机制与组织，探索融解两岸政治关系结构性矛盾的可行路径，旨在促进两岸政治一体化的实现，构建两岸命运共同体的政治共识纽带。

2. 厦金政治（安全）特区的建构

一是建立政治互信机制。厦金两地有关方面达成共识，分别或合作开展对两地政策、制度、法规的宣传，增进两地民众对两地政策、制度、法规的了解，求同存异。

二是建立协商合作机制。协商合作解决两地民众在政治、经济、文化等各项社会生活中遇到的问题，并根据实际情况，协商制订共同遵循的守则，指导各项活动的开展。例如，厦金两地应争取两岸当局授权处置两地交流中的突发性事件，建立海上救援协作机制。又如，厦金两地应争取两岸当局授权，形成共同打击海上违法犯罪活动的管理与防范机制，共同构建和谐安定的厦金海域与台湾海峡。

三是在建立政治互信机制与协商合作机制的基础上，努力创造条件，不断提升政治互信协商机制的层次。建议“海协会”在厦门设立办事处，“海基会”在金门设立办事处，从而可轮流以厦门与金门为基地进行两岸事务协商谈判。

三、厦金特区的功能与作用

基于厦金两地的区位优势和条件，建立“厦金特区”，是新形势下进一步发挥厦金两地在两岸关系中的优势和作用，推进厦金两地的开放和发展的需要与选择。事实上，按照上述思路、构想与举措建立“厦金特区”，不仅可以在两岸经济、文化（社会）、政治（安全）一体化方面，而且可以在经贸自由化与便利化、台湾海峡区域经济发展、厦金两地自身的开放与发展等方面，发挥十分重要的功能和作用。

（一）发挥两岸一体化的前沿平台与先行试验区作用

如前所述，建立“厦金特区”可以促进台湾海峡东西两岸局部地区的经济、文化（社会）、政治一体化，不仅可以形成两岸交流合作的一个重要连接点与接口，而且可以形成两岸经济一体化、文化（社会）一体化、政治（安全）一体化的一个前沿平台与先行试验区，为两岸将来更大范围、更高层次的制度性合作与一体化探索经验，累积互信，并构筑必要的经济、社会和政治基础与动力，更好地发挥厦金两地在两岸交流、合作与一体化中的优势和作用。特别是，“厦金特区”可以作为两岸经济体制度性合作与一体化的一个先行区与试验区。两岸共同在这些局部区域中率先以WTO无歧视原则消除经贸活动壁垒，实行商品与要素的自由流动，并率先以自由经贸区对接方式或跨关境自由经贸区方式，实现这些小范围的、低协调水平的两岸制度性经济合作与一体化，是基于两岸经济发展现实条件的一个现实选择。

（二）发挥经贸自由化与便利化试验田与先行区作用

建立“厦金特区”有助于构建起大陆、台湾参与经济全球化进程的一个新平台，在贸易自由化、金融全球化、投资全球化、生产要素流动全球化等方面进一步率先发展，从而可以顺应全球化深化发展趋势与要求，积极稳妥地在更高层次上和更大范围内参与全球化进程，发挥经贸自由化与便利化试验田与先行区作用；也可作为两岸经济体对 WTO 承诺的对外开放义务（包括加入 WTO 时承诺的和今后参与 WTO 多边谈判承诺的义务）的率先试验区，从而可在多边开放过程中优先促进两岸经贸交流与合作的进一步发展，更好地实现与保障两岸经济利益。

（三）发挥台湾海峡区域经济的增长极与辐射源作用

建立“厦金特区”不仅可以整合闽、厦、金、台等地的海港、空港优势以及其他经济发展资源与条件，吸引国际经济资源与要素的流入，从而在克服闽、厦、金、台等地自身经济发展面临的各种瓶颈约束的同时，使自由经贸区成为两岸人员往来、货物中转、经贸交流的重要枢纽，促进海峡西岸经济区与海峡经济区内部的分工、合作与协调发展，而且有助于整合两岸四地彼此的经济互补性优势特别是港口区位优势与运输能力，在促进海峡经济区深化发展的同时，有利于加强两岸四地中华经济区内部的承接与合作，从而在更大范围、更高层次上发挥区域经济的增长极与辐射源作用。

（四）发挥推进厦金两地自身之开放与发展的作用

众所周知，随着祖国大陆渐进式改革开放发展战略的深化实施，市场经济体制在全国范围已经初步确立，全国全方位对外开放格局也已初步形成。祖国大陆改革开放的深化发展必然在一定程度上相对削弱厦门特区较之于国内其他地区的改革开放先行的优势①。与此同时，中央又没有赋予厦门特区新的发展定位与特殊政策。这一方面意味着厦门在祖国大陆改革开放中先行先试的功能与作用在不断弱化，另一方面也意味着厦门的发展在新形势下正面临着政策优势丧失和淡化的挑战。此外，为做好对台工作、促进两岸更紧密交流合作，先前大陆按照“适度开放、同等优先”原则对台湾的照顾性做法，也面临 WTO 无歧视原则的约束。这种挑战与约束显然会影响到厦门对

① 唐永红：《新形势下厦门对台优势与作用问题研究——兼论两岸交流合作先行区之构建》，《台湾研究集刊》，2008 年第 4 期。

台优势和作用的进一步发挥。因此，新形势下在厦门经济特区的基础上构建“厦金特区”，赋予新的发展定位与特殊政策，必将在进一步发挥厦门对台优势与作用以及作为改革开放试验田与先行区作用的同时，进一步推动厦门的进一步改革开放发展。

就金门而言，长期以来金门作为两岸对峙与斗争的前沿阵地，既不开发也不开放。随着两岸关系步入和平发展的轨道，厦金两地在两岸关系中的地位与角色有望发生相应改变，有可能从两岸对峙与斗争的前沿转换为两岸交流、合作与一体化的前沿。厦金两地的这种地位与角色的转换，意味着长期以来阻碍厦金两地发展的潜在威胁（两岸冲突与战争）得以消除，厦金两地有可能迎来发展的春天。新形势下，把握难得的历史机遇，寻求特殊政策的支撑，构建“厦金特区”，改善经济发展与投资的环境，可以加速金门开放开发的进程。

此外，构建“厦金特区”，实际上是两岸以具体行动向对方及国际社会表明两岸在两岸关系问题上决心走和平发展的道路，从而可以为厦金两地与海峡两岸的发展创造一个可以预期的和平稳定的两岸关系环境，增强海内外商人投资厦金两地与海峡两岸的信心。而为实施这一思路与设想所赋予厦金两地更为开放、更加自由化与便利化的特殊政策，将增强海内外商人投资厦金两地的意愿，吸引国际经济资源与要素的流入，从而可克服厦金两地自身经济发展面临的资源瓶颈与市场约束，并可规避新形势下两岸整体性交流合作的推进可能带来的“边缘化”风险。

四、构建厦金特区的可行性与可能性

上述建设“厦金特区”的思路与构想，不仅现实意义突出，而且具有一定的可行性与可能性。显然，本文第一部分阐述的当前两岸关系发展新形势及其带给厦金两地的机遇，为构建“厦金特区”提供了难得的历史机遇以及一定的现实条件与可能，实际上是从两岸关系和平发展角度论述了当前构建“厦金特区”的可行性与可能性。这里再从厦金地缘优势与条件、两岸当局对厦金两地的期许等角度考察构建“厦金特区”的可行性与可能性，并进一步从自由经贸区一般经济条件、WTO有关规范、世界经济发展形势与格局等层面，考察构建作为“两岸经贸自由化先行区”与“两岸经济一体化先行区”的上述“厦金经济特区”的条件与可行性。

（一）厦金地缘优势与条件上的可行性

厦金两地之间客观存在的地缘经济、地缘文化、地缘政治关系与优势，显然是构建“厦金特区”的地缘基础条件与优势。不仅如此，厦金两地又分别处于大陆与台湾的政治、经济、文化中心之外，各自对大陆与台湾政治重要性及其影响有限，政策试验失败的风险与影响易于控制，因而可以作为两岸各自对外开放政策与发展两岸关系政策的试验场。

厦金两地人民交流往来行之有年，在“小三通”基础上，厦金生活圈初步形成。加之金门与台湾岛内为同一政治体制关系，使得金门既相对大陆比较了解台湾，又相对台湾岛内比较了解大陆，也比较不排斥大陆，可以在两岸关系中发挥桥梁与纽带、缓冲与磨合、试验与示范作用。这为“厦金特区”的构建与运作奠定了较好的地方政治与社会基础。

特别是，近30年来，作为改革开放的前沿，厦门形成了包括经济特区、出口加工区、保税区、保税物流园区、保税港区、高新技术开发区、台商投资区、两岸农业合作试验区等在内的全方位多层次的对外开放格局，成为了祖国大陆最重要的一个国际招商口岸和对台贸易口岸、国际资本和台商投资的一个重要聚集地；作为两岸交流合作的前沿平台与处理涉台事务前沿基地，厦门在处理对台事务与两岸交流合作事务方面也积累了丰富经验。这些基础与经验不仅为两岸交流合作的拓展提供了桥梁和平台，而且显然也有助于“厦金特区”的构建与运作。

（二）大陆期许厦门发挥对台优势与作用下的可能性

厦台之间的地缘经济、地缘文化、地缘政治关系与优势，是厦门最大的也是不可替代的优势。厦门特区因台而设。发挥对台优势与作用，推动两岸关系和平发展，是中央赋予厦门特区的神圣使命，也是中央的一贯期待与要求。

胡锦涛总书记2006年初视察厦门时特别强调指出："厦门是我国最早建立的四个经济特区之一，完全有条件在对外开放中取得更大成绩、发挥更大作用"；并要求厦门特区"推进两岸经济技术合作取得新进展；促进两岸直接通航出现新局面；把寄希望于台湾人民的方针落到实处；推动两岸共同弘扬中华文化的优秀传统。"温家宝总理2009年5月在视察福建、厦门时，特别强调，"要围绕促进科学发展和扩大两岸交流合作的需要，充分发挥厦门经济特区的带头和示范作用，先行试验一些重大的改革措施。"2009年5月国务院正式颁布了《关于支持福建省加快建设海峡西岸经济区的若干意见》，并明确赋予海峡西岸经济区以"两岸人民交流合作先行先试区域"的战略定位以及相应的先行先试政策。2009年7月底出台的《福建省贯彻落实〈国务院关于支持福建省加快建设海峡西岸经济区的若干意见〉的实施意见》再次明确要求"发挥厦门经济特区在对台方面的先行先试作用"。

祖国大陆对厦门的期许为新形势下进一步发挥厦门对台优势与作用指明了方向。"厦金特区"的上述内涵、功能与作用表明，构建"厦金特区"正是厦门实践祖国大陆对台方略的一个重要举措，因而有可能获得中央的积极支持。

（三）台湾当局期许金门在两岸关系中发挥特殊角色的可能性

金门作为一个离岛，对台湾的政治重要性及其影响有限，加之金门本身有着良好的港口和区位优势，在金门地区的强烈要求下，台湾当局也有可能将其作为向世界特别是大陆开放的一个前沿与窗口。事实上，2005年6月12日台湾"立法院院长"王金平就提出将金门打造成"一网三区"的"新金门"构想："两岸客货航线网"、"两岸台商信息交流区"、"金门和平观光特区"、"金厦共荣经济特区"①。金门县长李炷峰也曾多次倡议建立"金厦生活圈"、"金厦一国两制试验区"②。2008年8月24日，台湾地区领导人马

① 火山：《王金平倡议金门建"一网三区"打造稳健两岸关系》。http：//jczs. sina. com. cn/2005－06－13/1504296633. html。

② 参见金门县长李炷烽2006年11月6日下午在金门县"议会"第二次定期会议中的演说：《21世纪新台湾的出路——金门作为"一国两制试验区"之刍议》，http：//huaxia. com/zt/sw/07－045/587491. html。

英九以“从杀戮战场到和平广场”为题发表金门炮战五十周年的讲话，更为上述“厦金特区”构想的实现提供了想象的空间①。

此外，如前所述，构建“厦金特区”，实际上是两岸以具体行动向对方及国际社会表明两岸在两岸关系问题上决心走和平发展的道路，从而可以为厦金两地与海峡两岸的发展创造一个可以预期的和平稳定的两岸关系环境，增强海内外商人投资厦金两地与海峡两岸的信心。因此，有理由预期台湾当局将不得不理性地考虑这一问题。

（四）自由经贸区一般经济条件上的可行性

从自由经贸区理论与国际实践看，建立自由经贸区，一般除了要在法律制度、经济政策与管理体制等方面营造适宜开展国际或地区间经济活动的良好软环境条件之外，还在地理区位与基础条件等硬环境方面有着较高的要求，主要包括：有利于开展国际或地区间经济活动与发挥集散功能的优越的地理区位特别是良好的位置接触性与广阔的服务区域②、完善的基础设施特别是优良的港口与便捷的国际国内通道、良好的发展基础与环境等等。实践中，需要运用成本－效益分析法并综合考虑与权衡各种因素，来判定特定地点建立自由经贸区的可行性。

厦门、金门地处东南亚国家与中国大陆、台湾联系的中心位置，是东北亚和东南亚国际主航线的海上交通要冲，显然具有建立厦金自由经贸区所需的区位与服务区域条件、港口与物流条件③。从建立开放性厦金自由经贸区的成本－效益角度看。在成本方面，金门与厦门特区不仅远离两岸各自的政

---

① 马英九就金门炮战50周年讲话，http：//news.sina.com.cn/c/2008－08－24/160214350524s.shtml。

② 所谓位置接触性是指自由经贸区所在位置都是国际航运的必经之路，对国际贸易活动起着桥梁作用。所谓服务区域（Area Served）是指自由经贸区所能服务的区域，既包括自由经贸区背后的内陆地区即所谓腹地（Hinterland），也包括构成自由经贸区主要物流网络的海外区域。自由经贸区与其内陆腹地、海外服务区域在社会、政治、经济等方面的制度与政策差异性被称为服务区域的异质性。一般地，位置接触性越良好、服务区域越广阔、异质性越明显，自由经贸区的经贸创造与扩大效应就越明显。

③ 唐永红、邓利娟：《当前两岸经济合作机制创新的空间与路径》，《台湾研究》，2005年第1期。

治中心，而且又都是海岛地形，因而隔离成本较低①；特殊的海岛地形使金门与厦门特区内的现有企业和人口规模相对比较确定，加之经济以外向型为主且国际竞争力较强，因而关税减免损失②与经贸转向效应③也不会过大。在效益方面，基于其区位优势与港口条件，在两岸当前的经贸壁垒水平条件下，自由经贸区经贸活动的自由化与便利化必将进一步吸引国际经贸活动的进入，产生较大的经贸创造与扩大效应；特别是鉴于两岸目前在社会政治经济制度与政策上存在较大的差异，在相互关系方面存在较大的对立与分歧，通过自由经贸区对接或共建开放性次区域自由经贸区的形式，不仅在两岸次区域层面上实现了制度性合作与一体化，推进两岸经济一体化进程，而且较大程度地便利了两岸经济交流与合作，可以在两岸经贸方面产生较大的创造与扩大效应。

（五）WTO 有关特殊经济区规范上的可行性

WTO 下两岸经济体的行为措施应遵循 WTO 的有关规范。从 WTO 对世界特殊经济区的有关规范看，WTO 以“原则中有例外，例外中有原则”的现实主义精神容许其成员方在其特殊经济区实施特殊制度、优惠政策，但条件是不得有违透明度原则和非歧视原则，即这些特殊制度、优惠政策引致的特区的贸易自由化与市场准入水平不得低于其对 WTO 承诺的约束义务水平（即不得低于在其他地区实施的贸易自由化与市场准入水平），并且必须以透明的方式同时对所有的 WTO 成员提供。④ 显然，在厦金两地建立一个开放

---

① 所谓隔离成本是指为防止设立自由经贸区对本国其他地区社会经济冲击而付出的费用和为防止走私而建立与维持隔离设施所付出的费用，其大小取决于自由经贸区的地形和自由经贸区与本国政治经济中心的远离性。

② 所谓关税减免损失是根据机会成本原理按照没有设立自由经贸区条件下的进口额计算减免关税后的财政损失。

③ 所谓经贸转向效应是指由于减免关税使得本地和本国货物与服务的竞争力在自由经贸区内不敌外国货物与服务而被外国替代从而对设区国造成的经济损失。本地、本国货物与服务的国际竞争力越弱，在自由经贸区内的销售额越大，经贸转向效应就越大。

④ 参见邓力平、唐永红著：《经济全球化、WTO 与中国特殊经济区再发展》，厦门大学出版社，2003 年版；唐永红：《经济全球化、WTO 与世界特殊经济区发展研究》，载于张汉林主编《WTO 与中国经济》（第二卷），中国环境科学出版社，2005 年版，第 360 - 366 页；唐永红：《经济全球化、WTO 与世界特殊经济区发展》，载于卢继传主编《中国管理科学研究文献》，中国环境科学出版社，2006 年版，第 152 - 158 页。

性的、无歧视性的、更加自由化与便利化的可对接单边自由经贸区或次区域性双边自由经贸区符合 WTO 有关要求。

事实上，特殊经济区的存在与发展已有很长的历史了，鉴于其独特的地位和作用，不仅建立和发展特殊经济区已是当今国际性的潮流，而且随着世界经济的发展，特殊经济区的内涵与外延均发生了深刻的变化①。特别地，近年来世界特殊经济区出现了由单边的一国内部型向双边或多边的跨国（跨关境）型发展的新趋势，即几个主权国家或单独关税区把各自的彼此相邻的部分领土结成一个一体化的经济区域。世界上的各种“增长三角”就是这种次区域性的跨国（跨关境）特殊经济区的典型形式。在各国或各地之间由于存在较大差异，在整个区域层面建立经济一体化组织较为困难时，次区域经济合作方式是一种现实的选择。

（六）世界经济发展形势与格局下的可行性

随着经济全球化与区域一体化趋势的不断发展、祖国大陆改革开放进程的不断深化和经济起飞后的持续快速发展，21 世纪的世界经济重心与格局正在发生明显的变化。围绕祖国大陆这一新的经济增长点的国际产业分工体系的调整与国际经贸活动的开展，既加快了祖国大陆经济的全球化步伐，又为之提供了史无前例的发展机会。这显然一方面对作为对外开放前沿的厦门经济特区加快对外开放与全球化步伐提出了迫切要求，另一方面也为构建与发展作为“两岸经贸自由化先行区”与“两岸经济一体化先行区”的“厦金经济特区”提供了战略契机。

四、结　语

在两岸关系和平发展的新形势下，特别是在两岸全面直接“三通”基本

---

① 参见邓力平、唐永红著：《经济全球化、WTO 与中国特殊经济区再发展》，厦门大学出版社，2003 年版；唐永红：《经济全球化、WTO 与世界特殊经济区发展研究》，载于张汉林主编《WTO 与中国经济》（第二卷），中国环境科学出版社，2005 年版，第 360 – 366 页；唐永红：《经济全球化、WTO 与世界特殊经济区发展》，载于卢继传主编《中国管理科学研究文献》，中国环境科学出版社，2006 年版，第 152 – 158 页。

实现、两岸经贸关系正常化正在实现的新形势下，厦金两地发展正面临新的机遇与挑战，在两岸关系中的地位与作用也将发生较大变化，需要并可以重新定位厦金两地的角色与作用。厦金两地应分别寻求两岸当局在经济、文化（社会）、政治（安全）层面的特殊政策支持，以厦金经济特区、文化（社会）特区、政治（安全）特区模式，在分别服务于两岸各自参与全球化的需要和发展两岸关系的需要的过程中，求得自身发展。

循此思路与设想，可以整合厦金两地乃至海峡两岸的海港、空港优势以及其他经济发展资源与条件，可以构建起大陆、台湾参与经济全球化进程的一个新平台，形成两岸经济、文化（社会）、政治（安全）一体化的一个先行先试区，为两岸将来更大范围、更高层次的制度性合作与一体化探索经验，累积互信，并构筑必要的经济、社会和政治基础与动力，更好地发挥厦金两地在两岸交流、合作与一体化中的优势和作用。

此外，实施这一思路与设想，构建“厦金特区”，实际上是两岸以具体行动向对方及国际社会表明两岸在两岸关系问题上决心走和平发展的道路，从而可以为厦金两地与海峡两岸的发展创造一个可以预期的和平稳定的两岸关系环境，增强海内外商人投资厦金两地与海峡两岸的信心。而为实施这一思路与设想所赋予厦金两地更为开放、更加自由化与便利化的特殊政策，将增强海内外商人投资厦金两地的意愿，吸引国际经济资源与要素的流入，从而可克服厦金两地自身经济发展面临的资源瓶颈与市场约束，并可规避新形势下两岸整体性交流合作的推进可能带来的“边缘化”风险。

构建“厦金特区”显然具有地缘、区位条件与基础。构建作为“两岸经贸自由化先行区”与“两岸经济一体化先行区”的“厦金经济特区”，也具有自由经贸区建立与发展所需的一般经济条件与国际经济环境，并符合WTO有关规范。鉴于构建“厦金特区”对两岸关系发展与厦金两地自身发展有着正面的意义与积极的作用，在交流合作与和平发展正成为两岸关系发展的趋势与主题的背景下，特别是在厦金两地的积极推动下，构建“厦金特区”应有其实现的可能性。

厦泉漳城市联盟发展的意义及取向探析*

石正方

一、对台优势是海峡西岸经济区建设的重要依托

2004年初福建省提出了建设“海峡西岸经济区”的战略目标，拟将“东临台湾、西邻赣湘、北承长江三角洲、南接珠江三角洲”的福建及其周边地区建设成为“地域分工明显、经济联系紧密、中心城市支撑、市场体系统一、要素流动集聚，具有自身特点和独特优势的地域经济综合体”①，从而做大做强海峡西岸地带经济，“使之成为长三角、珠三角两大增长极之后推动中国经济的第二级别的增长极，摆脱夹在两大经济带中被边缘化的命运”。

显然，“海峡西岸”是与“海峡东岸”相对应的概念。建设海峡西岸经济区，一方面是从全国区域经济发展大趋势着眼，积极参与区域经济合作和竞争，构建福建及其周边地区所处海峡西岸与珠三角、长三角区域的联动发展格局；另一方面则是充分考虑了海峡东岸因素，包括利用福建“近台快攻”② 优势，打响“海峡牌”，大力提升本体经济竞争力，以及促进海峡西岸经济区从依托大陆发展到立足“环海峡经济区”，对台湾形成辐射力、集聚力，为将来与海峡东岸共同构建“环海峡经济区”创造条件。总之，海峡西岸经济区建设旨在通过“承‘珠’接‘长’、连接中部”，寻求经济区战

---

* 本文原载于《台湾研究集刊》，2005年第3期。

① 《福建确立海峡西岸经济区新定位获得高度评价》，http://www.fjzb.cei.gov.cn。

② 李非：《“近台快攻”——福建对台招商引资的对策建议》，《开放潮》，2001年第5期，第42-43页。

略崛起，站在全国区域经济布局和经济全球化的高度来推动福建的发展，使福建拥有一个更为广阔的发展空间和腹地，进一步打造和提升海峡西岸的经济活力，为海峡两岸经贸合作乃至祖国统一大业奠定更加坚实的基础。从这一角度分析，“海峡西岸经济区”建设的关键在于进一步发挥对台优势，深化闽台经济合作。

从地缘的临近性来看，闽、台一水之隔，按照区域经济的“墨渍”扩散原理，福建在两岸经济整合中享有“近邻”优势，处于首当其冲的重要地位。也正是由于这种地缘关系的无可替代性，福建享有特殊的对台政策优势，闽台经济整合在两岸经济合作进程中充当试验田、示范区的角色——凭借政策优势与地缘优势的结合，福建成为最先开始对台贸易的地区、最早的台商登陆地区。从这一角度出发，闽台经贸交流是两岸经济关系的“生长层”，而诸如“台商投资区”、闽台农业合作试验区、“定点直航”，包括台湾当局设立的“境外航运中心”则是两岸经济关系发展进程中不同阶段的重要生长点。

从经济的互补性角度来看，福建经济与长三角、广东存在产业结构的雷同现象，互补性不是很强，而闽台经济却存在很强的互补性和广阔的合作空间。台湾资金雄厚，科技产业基础好，营销及管理经验丰富，但市场狭小、资源有限、劳动力成本高；福建资源相对丰富，劳动力充足，市场广阔，但资金、技术与管理经验相对缺乏。台湾产业结构正由劳动密集型转向资本、技术密集型为主，因而迫切需要将一些失去比较优势的产业转移到其他地区，福建具备接纳台湾产业的条件。与此同时，福建生产的劳动密集型产品和农产品在台湾也很有市场。

从发展的现实基础来看，目前，台湾已成为福建最大的货物来源地和仅次于日本、美国的第三大贸易伙伴。截至2004年底，全省对台贸易总额累计高达349.7亿美元，目前闽台经贸依存度已超过25%；福建对台贸易层次逐渐提升，已实现由粗加工制成品向精加工制成品的转变；货物贸易之外的服务贸易成长迅速，福建沿海设立了35个台轮停泊点，17个台胞接待站。截至2003年年底，已接待台轮16万多艘次，台胞64万多人次；2004年，福建还全面增加厦门和金门、马尾和马祖之间的客运航班，实现了每天都有8个固定航班往返，福建沿海主要港口全部实现了与金门、马祖的货物直航。截止2004年底，全省批准台资项目累计达8082个，合同台资138.7亿美元，实际到资103.5亿美元，利用台资总额居大陆各省（区、市）第三位。目前福建台商投资已从初期的劳动密集型产业向技术、资金密集型产业发展，出现了行业整体性转移、上中下游产业配套发展趋势，以台资为主参与投资发展的电子、石化、机械等行业，已成为福建的主导产业。目前，闽台农业合作已有良好的基础。据统计，福建省已累计引进台资农业企业1600多家，合同利用台资19亿美元，实际到资11.5亿美元，占大陆农业台资的百分之三十左右，居首位；同时，农业合作的集群化初具规模，形成一批农业台商相对集中的园区、示范区、实验区，尤其是漳州和福州两个国家级海峡两岸农业实验区设立以来，已充分显示出合作的优势。2004年，福建启动福建居民赴金门、妈祖地区旅游，加强了两岸民众的双向旅游交流，截至2004年，台胞赴闽旅游达到600多万人次。此外，闽台两地的金融合作、物流业合作也在酝酿有所突破。

综上，从地缘临近性、经济互补性和现实发展基础来看，对台优势是以福建为主体的海峡西岸经济区的独特优势，闽台经济合作是海峡西岸经济区建设的重要依托。

二、区域经济集群发展是深化闽台经济合作的重要平台

虽然经过20多年来的发展，闽台经济合作已取得了累累硕果，迄今福建仍是台商大陆投资四大热点区域中的“小热点”①，然而，在长三角、珠三角、环渤海等“大”热点、新热点区域的强力竞争下，其对台商投资的吸引力呈现明显的衰退趋势。福建具有对台“地缘、血缘、文缘、法缘、商缘”等“五缘”优势，但却无法充分发挥，笔者认为，主要原因在于福建

① 《台商大陆投资兴业形成四大热点区域》，http://www.xinhua.net。

缺乏区域经济集群发展优势。

所谓区域经济集群（clusters of local economy），是指在地理位置上临近，在经济组织形态、专业化技术信息、经济制度和社会文化方面紧密联系的相对独立的特定区域的经济系统的集合。这种经济系统的区位基础是指相对完整的行政区划，经济基础是既相互协同又相互竞争的产业集群和市场集群，其最大的特征就是产生了集群经济效益。区域经济集群不同于产业集群、企业集群，其行为主体是区域，是对一定区域内所有导致区域经济发展的各种因素的综合，既包括区域内产业的集群式网络组织，也包括区域内的技术创新和制度变迁，还涵盖了传统区域经济学所强调的区域禀赋；区域经济集群对于集群形态的研究，覆盖的范围是整个区域内以集群为特征的经济综合体，它可以是区域内各类产业的集群方式组合，如各种类型的产业区；也可以是区域内各地区或城市的集群方式组合，如以中心城市和卫星城镇在区域内的组合；还可以是既有产业集群又有城市集群的综合交错的集群方式组合，如以产业为纽带的大城市圈等①。

珠三角、长三角、环渤海区域之所以能够成为台资产业集群发展的热点区域，归根结底是这些地区具有以企业集群、产业集群、城市集群为主体内容的区域经济集群发展的综合优势。长江三角洲地区包括上海和隶属江苏、浙江的15个地级以上城市。无论从历史渊源、现实经济发展水平、交通基础设施（3小时经济圈）、区域市场整合进程以及政府协调方面，长三角地区都呈现出明显的一体化趋势。从发育程度看，已形成两省一市领导参加的“沪苏浙经济合作与发展座谈会”，“15+1”的城市领导参加的“市长论坛”，交通、旅游、人才、金融等部门的联席会议和协调机制等等。一个以上海为核心、城市化水平整体较高，城市体系完备的长三角大都市经济圈日益凸现出来。这里聚集着近百个工业产值超过100亿元的产业园区，还有数千家巨型企业。世界500强企业有400多家在此落户，合同利用外资总值已

① 朱伟东、忻华强：《论区域经济集群》（上），http：//www. drcnet. com. cn。

超过1500亿美元。珠江三角洲（这里指“小珠三角”①，即通常所说的珠三角）毗邻港澳，靠近东南亚，包括广州、深圳、珠海、佛山、中山、江门、东莞、惠州市区、惠阳县、惠东县、博罗县、肇庆市区、高要市、四会市等14个市县。珠三角地区是中国最早的改革开放地带，也是发展最快的地区，是中国经济增长的“发动机”之一。新世纪初，伴随着世界经济结构大调整和产业大转移，珠江三角洲已成为世界IT产业的生产基地，并经由改革开放以来城镇化的长足发展，业已进入“城市经济时代”②，形成由广州、深圳两个特大城市，佛山、珠海等大城市及一系列中小城市组成的较为完整的城市体系结构，成为中国市场化及国际化程度最高的大都市经济圈。环渤海经济带是中国乃至世界上城市区、工业区、港口区最密集的地区之一，这里聚集了近20个大中城市、数千家大中型企业，60多个大小港口。以京、津双核心带动的环渤海区域是中国乃至世界城市群、工业群、港口群最密集的区域之一。相形之下，福建中心城市辐射力有限，产业集聚效应不明显、交通通讯等基础设施通达性不高，凸显出区域经济集群发育相对滞后特征。③总体来看，海峡西岸城市群规模小，目前还没有一个超大城市，城市首位度低，聚集和创富能力不强；中心城市带动力弱，厦门虽可谓福建经济发展龙头，但因经济总量和城市规模等因素，使其远没有发挥作为中心城市的枢纽功能和培育功能。由于基础设施建设滞后，加之财政体制、行政区划等因素，三大城市群之间缺乏必要的联系和沟通，很大程度上呈现孤立发展状态，产业结构雷同、虽也有产业集群发育，但其影响力有限。因此，发掘福建的对台优势——即在追求紧密经贸联系、两岸直接“三通”、农业全面合作、旅游双向对接、文化深入交流、载体平台建设方面下功夫，以达成借助闽台经济合作推进海峡西岸经济区建设的目的，关键在于能否迅速培育起海

---

① 笔者注，严格地说，目前珠三角有三个概念，其一是“小珠三角”，其二是指“大珠三角”（即粤港澳），其三是指“泛珠三角”（即“9+2”——福建、江西、湖南、广东、广西、海南、四川、贵州、云南9省区，加上香港、澳门2个特别行政区）。

② 《广东进入城市经济时代》，http：//www.drcnet.com.cn。

③ 丁长发：《福厦城市群发展的现状、前景和启示》，载《海峡经济区发展论坛论文集》，福州出版社，2005年版，第444-456页。

峡西岸经济区的"区域集群发展"优势，其突破口在于发展城市集群。因为区域经济的对接实际上是区域经济网络的对接，其中城市网络作为产业网络、企业网络、市场网络的主要载体和交通、通讯信息网络节点，将在区域经济融合对接中发挥平台和枢纽作用。因此，通过打造城市集群，促进区域内部城市经济整合，壮大城市经济规模，凸现中心城市区域增长极的效应，应成为海峡西岸经济区发挥对台优势，"承'珠'接'长'、连接中部"、力抗区域经济边缘化的重要途径。

三、厦泉漳城市联盟对海峡西岸经济区建设的重要意义

城市联盟是以经济、社会、自然、资源等联系密切的区域为基础单元，以区域经济一体化为目标的特定区域内的城市群。通过加强城市在多层次平台上的协商、对话、沟通、交流、合作和协调，逐步实现特定城市群区域内的生产要素有机结合、各类资源优化配置、城市规划统一实施和基础设施共享共建，从而实现城市和区域共同发展①。改革开放以来，福建省闽东南沿海城镇密集地区经济社会快速发展，城市化进程明显加快，占全省45.7%的土地面积、76.5%的人口，创造了全省80%的GDP，是全省经济发展的"火车头"。但总体来看，仍存在城市规模偏小，中心城市带动力弱，城市之间缺乏必要的联系和沟通，区域整体发展态势尚未形成等现象。如果靠单个城市自身的发展，难以在短时期内强化中心城市的集聚辐射效应，难以发挥中心城市在区域发展中的重要增长极作用。因此，福建省要发展壮大中心城市就必须走城市联盟之路，大力发展城市群和城市带，通过城市联盟倍增中心城市的整体功能。

厦泉漳地区是闽东南城镇密集带的重要组成部分。在2004年7月，福建省建设厅和厦泉漳三城市政府在厦门举行了城市联盟第一次联席会议。会议发表《厦泉漳城市联盟宣言》，确定近期先从基础设施和社会事业项目开

① 林永健：《将城市联盟进行到底》，载《开放潮》，2004年第9期，第24－25页。

始，突破行政区划，在规划建设、区域交通建设、港口建设和岸线资源分配、区域基础设施建设、生态环境保护、旅游业发展等六个方面加强协调和衔接，加快厦泉漳中心城市和厦泉漳都市圈发展，形成真正意义的"厦泉漳城市地区"。

厦泉漳城市联盟对于海峡西岸经济区建设具有重大意义，是海峡西岸经济区发展的重要依托。首先，厦泉漳城市联盟有利于提升海峡西岸经济区的综合竞争力。厦泉漳在福建省九地市经济总量中占有绝对优势权重，三地集经济特区、沿海开放城市、台商投资区、海峡两岸农业合作试验区和沿海开放区于一体，是全国对外开放时间最早、开放程度最高、开放层次最多的地区之一，其产业结构梯次相较福建省其他地区为高，是福建省经济最具活力的增长极与核心区域，并且日益成为福建省新型生产中心与制造业基地、先进制度与技术的创新源以及海峡西岸主要的城镇密集带。目前三市的经济发展相当程度上呈现粗放的自我孤立发展模式，还存在产业同构现象，没有按照比较优势实现产业结构的衔接、互动。如能按照"资源共享、设施共建、优势互补、共同发展"的原则建立三市间的城市联盟，使三市各依比较优势实现产业"错位"发展，无疑将极大提升地区经济资源利用效率，推动地区产业结构的总体提升，最终形成"地域分工明显、经济联系紧密、中心城市支撑、市场体系统一、要素流动集聚，具有自身特点和独特优势的地域经济综合体"，并以自身辐射和扩散功能的发挥带动整个海峡西岸经济区综合竞争力的提升。

其次，厦泉漳城市联盟有利于提升海峡西岸经济区因应台湾产业转移、承接海峡东岸经济辐射的能力，从而强化海峡西岸经济区对台优势。一直以来，福建的对台优势，最为突出的是地缘、亲缘、文缘优势，以及诸如厦门经济特区、台商投资区、农业合作试验基地、台轮停泊点、对台贸易口岸、"小三通"等政策优势。这些优势对于闽台经贸关系的成长发挥了极为重要的作用。福建台商投资的总量规模虽总体上呈现上升态势，但其在珠三角、长三角等地区的竞争中，相对份额呈现明显下降趋势。特别是新世纪前后两岸相继加入 WTO 以来，台商投资重点指向了长三角地区，福建在新一轮台商投资中明显落后，据台“经济部投审会”统计，台商对福建的投资占全部大陆投资的份额锐减，从1991年的32.13%下降到2000年的3.82%，10年间下降了28个百分点，2001年以后虽有所上升，但基本维持在10%以下水平，2003年仅为6.39%。究其原因，主要是台商对大陆投资，与先前重视地缘、亲缘、文缘关系，以及优惠政策，转向更加注重投资地的市场规模，基础设施和人才储备，以及集聚经济和信息成本等因素。而上述诸方面因素，较之珠三角、长三角、环渤海地区，福建都不占有优势：福建的腹地相对狭小，市场规模受到限制；福建的高校和科研院所较少，人才储备逊色于珠三角、长三角、环渤海地区，难于满足台湾岛内高新科技产业转移的要求；福建的城市网络经济发育滞后，远未形成交通通讯设施的互联互通，而且造成信息成本的增加；福建没有雄厚的工业基础，本地企业的配套能力有限，造成集聚经济效应不显著。如此等等，都导致福建对台优势的弱化。要扭转这一局面，增创福建对台新优势，推动城市联盟发展是关键。厦泉漳城市联盟可以转化三市的资源互补优势为区域经济发展优势，提升闽南金三角地区城市集聚经济、产业集群经济、企业聚集经济；促进区域工业化，提升企业配套能力；提高区域城镇化水平，扩张市场规模；并通过基础设施的互联互通有效促进区域腹地扩张，使厦泉漳城市地区成为资源、人才、资本、信息汇聚的平台，从而大大提升其承接台湾经济辐射的能力，强化海峡西岸经济区的对台优势。

第三，厦泉漳城市联盟有助于海峡西岸经济区“承‘珠’接‘长’、连接中部”、力抗区域经济边缘化。海峡西岸经济区定位是从全国区域经济发展大趋势着眼，积极参与区域经济合作和竞争，构建福建及其周边地区所处海峡西岸与珠三角、长三角区域乃至中部地区的联动发展格局。早在2001年，福建省政府就曾提出构建山海协作、对内连接、对外开放的“三条战略通道”，建设海峡西岸繁荣带的构想。如今的海峡西岸经济区战略虽然内涵有所不同，但也体现了把国际、区际、区内三种开放的共生演进，把省内、省外、国外三个经济圈的对接互动，把基础设施、城市、产业三大体系的滚动发展有机融合，实现区域经济协调发展的总体思路。建设海峡西岸经济区不仅要协调区内经济发展，拓宽对外开放通道，密切海峡西岸经济区与台湾以及港澳的合作，联手加强与世界各国特别是发达国家经济往来和技术交流，而且要构筑与国内区域连接的通道，即北承长江三角洲，南接珠江三角洲，发挥地处东南沿海中间地段的作用，西连京九线，增进区际经贸互补，积极参与西部大开发，进一步拓展区域经济发展空间。实现上述目标，同样需要通道和平台建设。因为区域经济的对接实际上是区域经济网络的对接，其中城市网络作为产业网络、企业网络、市场网络的主要载体和交通、通讯信息网络节点，将在区域经济融合对接中发挥平台和枢纽作用。因此，通过打造城市联盟，促进区域内部城市经济整合，壮大城市经济规模，凸现中心城市区域增长极的效应，则成为海峡西岸经济区“承‘珠’接‘长’、连接中部”、力抗区域经济边缘化的重要途径。

四、厦泉漳城市联盟发展取向

厦泉漳城市联盟发展，需要从其所在的区域经济大环境做全方位的考量，从海峡两岸的宏观视野来谋划。厦泉漳是海峡西岸经济区的重要组成部分。海峡西岸经济区是以福建为主体的经济区，特定的区位条件赋予其“充分发挥作为两岸三地和两个三角洲联结点”的区位优势。因此，着力推进与长江三角洲和珠江三角洲的产业对接、基础设施对接，着力提升与台港澳的合作水平，使福建成为两岸三地经贸合作、科技文化交流的重要地区，即成为福建省提高区域经济竞争力的必由路径。厦泉漳城市联盟作为海峡西岸经济区建设的重头戏，同样要“衔接两‘三角’、打好‘台湾牌’”，其未来经济发展取向宜做以下定位：

1.“双三角”城市群的桥梁和腹地。

厦泉漳大城市地区地处东南沿海，长江三角洲、珠江三角洲对于厦泉漳既有经济辐射作用，也存在“虹吸”效应①。厦泉漳必须进一步密切与两大三角洲的经济技术协作，主动加入与长三角、珠三角的分工合作，承接两大

① 《福建抉择海峡西岸经济区》，http：//www. cet. com. cn/20040422/GUONEI/200404222. htm。

三角洲的经济辐射，既作为两大三角洲的腹地又作为两大三角洲经济协作的桥梁和纽带，从而在东南沿海区域经济版图上占有重要地位，避免“边缘化”走势。其中，如何强化对“双三角”的经济对接能力是关键。需要构造有效的对接平台和对接机制将区位优势转化为经济发展的动力，着力于产业链对接、产业结构互补、产业层次梯度安排、保障对接的物质性和制度性环境建设等方面。

2. 海峡东岸产业转移的承接地。

海峡东、西两岸经济发展水平存在较大差异。东岸资金雄厚、科技产业基础好，营销和管理经验丰富，但市场狭小、资源有限，劳动力成本高；厦泉漳地区资源禀赋相对较优，劳动力充足，市场广阔，但资金、技术和管理经验相对缺乏。海峡东岸已步入后工业经济发展阶段，产业结构已由劳动密集型转向技术、资金密集型，并进一步向知识、信息密集型的服务经济提升，正经历传统产业大举外移的发展历程，厦泉漳大城市地区可以抓住这个契机，借助内部产业资源整合，提升承接台湾产业辐射的能力，与海峡东岸形成互动发展，合作共赢的协同发展局面。要充分发挥对台优势，加强闽台经济合作，促进双方产业对接：以台商投资区和农业合作试验区为载体，积极探索、创新合作形式，在引进台商直接投资项目上下功夫，在扩大闽台农业合作上下功夫，在推进闽台金融、贸易、旅游、物流等服务业合作上下功夫，在建构两岸城市经济合作机制上下功夫，把厦泉漳大城市地区建设成为海峡两岸合作交流最活跃的地区。

3. 海峡西岸经济区的龙头。

培育和壮大沿海经济带是推进海峡西岸经济区建设的重要内容，主要是做大做强福州、厦门、泉州三大中心城市，以城市集群发展为平台，鼓励人口和产业活动向沿海城市地区集中，壮大主导产业，打造临海产业集群，使沿海经济带获得先行发展。厦泉漳三市地域临近，经济联系紧密，囊括了厦门、泉州两大中心城市，三市现有经济总量规模在福建省九地市中占有绝对优势权重（GDP 的 50% 以上），而且享有特区、台商投资区、两岸农业合作试验区、“小三通”等政策优势，三市产业集群发育也各具规模，尤以泉州最为突出，厦泉漳地区成为福建产业集聚最为密集的地区。种种形势说明，未来的厦泉漳联盟有条件、有实力也有责任成为海峡西岸经济区建设的龙头。

因此，厦泉漳城市联盟的战略取向之一应是通过三地经济一体化的制度安排和基础条件的进一步整合，增强联盟内部各板块（如大泉州、大厦门、大漳州）之间以及与联盟外部的协同发展能力，提高联盟对内外部资源的吸引能力和配置效率，以更多地投入和更有效的产出壮大联盟的经济实力，带动整个闽东南沿海城市带乃至海峡西岸经济区的发展。其关键是打破行政垄断，变行政区经济为经济区经济，变孤立、分散发展为协同、集聚发展，其内涵包括经济一体化、制度一体化以及基础设施一体化，是涉及方方面面的系统工程。厦泉漳城市联盟是政府主导推动的，具有跨越发展的属性，政府的协商引导、统筹规划是不可或缺的。除了厦泉漳地区发展规划外，还要加强毗邻地区及与经济联系紧密地区的规划衔接，要创新规划协调和管理机制，做到统一规划、分头实施。

总之，厦泉漳城市联盟的发展应立足于吸纳海峡东岸及长、珠两三角的经济辐射，提升整个城市联盟区域的综合经济实力。其原则是围绕厦泉漳城市联盟的经济发展目标定位，以优势产业为纽带、大型骨干企业为龙头、产业园区为载体，以产业链招商为导向，促进产业的聚集和整合。具体的努力方向在于：围绕主导产业，做大做强临海战略型产业集群（利用厦泉漳深水港口岸线资源发展大进大出型临海产业集群，如石油化工、船舶修造等）；挖掘传统产业优势，整合提升优势传统产业集群（如泉州的纺织服装、鞋业、建材产业集群，漳州的食品加工产业集群等）；以高新技术产业为重点，培育新兴技术产业集群（依托厦门国家级高新技术产业开发区，加快信息技术、生物技术、新材料技术和先进环保技术的开发和产业化，促进相关产业集群发育）；依托厦泉漳地区基础设施廊道建设以及陆路交通网络的建设及港口岸线资源整合，建立区域性物流中心，培育物流产业集群（发挥铁路、公路、海港、空港等枢纽功能，建设厦门、泉州两地专业物流中心等）。

海峡经济区的空间演进：结构、特征与问题*

石正方　邓利娟

一、海峡经济区概念的提出

从20世纪70年代末至今，两岸经济关系从贸易主导阶段、贸易与投资并重阶段到投资主导阶段，经历了规模不断扩张，层次不断提升，地域范围不断扩大的发展进程。两岸经济关系的成长演进，促进了两岸经济功能性一体化的发展，不仅为两岸经济带来了积极效应，而且推动陆、台、港、澳“两岸四地”一体化经济板块日益浮现，对亚太区域乃至全球经济格局产生巨大影响：最直接体现在台商投资拉动两岸贸易，使台湾地区、祖国大陆与发达国家之间贸易发生转向，从而导致区域乃至全球生产链重组——两岸（四地）经济的整合成为20世纪末期以来学术界和国际社会广为关注的区域经济现象。1993年世界银行发布的《全球经济展望和发展中国家》年度报告，第一次把祖国大陆、香港和台湾列为一个整体经济单元——Chinese Economic Area（CEA），认为CEA迅速增长的经济规模极大并影响其他国家，CEA正在成为继美国、日本、欧洲之后的第四个增长极，其对世界经济的影响是深远的。1994年7月，世界银行又发表题为《东亚贸易与投资》的研究报告，指出中国大陆、香港、台湾的经贸一体化已使这一地区的经济成长超越全球各主要经济体，它不但带动了临近东亚各国的经济成长和提供了投资机会，而且美国、东盟等作为这一地区出口商品的重要市场或竞争者，也将因此面临庞大的压力不得不有所调整。

* 本文原载于《浙江工贸职业技术学院学报》，2006年第3期。

针对两岸三地经济一体化现象，自1980年以来学术界曾先后提出“中国人共同体”、“大中华共同市场”、“华人共同市场”、“华人经济区”、“南中国经济圈”、“海峡两岸经济圈”等概上升到新层次。值此时机，本课题提出“海峡经济区”概念，拟对新形势下两岸经贸合作的模式、动力、机制等进行深入探讨，以及对发展架构、运行对策等方面进行系统性、深层次、实用性的剖析：

——海峡经济区，是以台湾海峡为纽带，以海峡两岸经济互补性、地缘临近性以及文化同源性为背景，以两岸经济功能性一体化发展为基础、两岸经济机制性一体化为共同愿景的经济区域。

首先，“海峡经济区”是分居海峡两岸的大陆、台湾两个独立关税区之间经济一体化所形成的整体区域经济单元，其边界随跨海峡生产、贸易网络的地域扩展而具有动态演进性，存在大（祖国大陆与台湾）、中（长江以南沿海地区与台湾）、小（福建与台湾）“三层重叠”的空间结构。

其次，“海峡经济区”基于两岸经济一体化的历史基础和现实发展，已不再是一种泛区域经济整合的“构想”，而是业已形成海峡两岸大规模贸易投资往来、垂直与水平混合型产业分工网络，以及大陆台商产业集群与本土化初步发育的区域经济板块实体，其区域经济空间具有明显的“结节化”特征——形成了“珠三角”、“长三角”、福建沿海地区等两岸经济交流致密地区。

第三，从区域经济整合的阶段性演进来看，“海峡经济区”的未来发展是构建两岸物流、资金流、信息流直接畅达的沟通管道，同时借由结节区功能的提升及其扩散与辐射作用的加强，进一步扩大两岸经贸交流规模和范围（包括产业范围、地域范围），推动两岸经济整合空间由“结节区域”向“网络区域”的演进；从区域经济整合的层次来看，“海峡经济区”的未来发展在于推进两岸经济一体化深化发展，矫正两岸经济交流中的制度性扭曲，建立两岸商务仲裁制度，设立两岸自由贸易区等，达成两岸经贸直接、双向、共赢，最终形成祖国大陆与台湾经济“你中有我”、“我中有你”，相互依存、共生共荣的互动发展格局。

因此，“海峡经济区”概念不仅承载着两岸经贸关系演进的历史与现实，而且涵括着海峡两岸人民对两岸经贸关系未来发展的共同愿景。

二、海峡经济区的空间结构

承上所述，海峡经济区基于两岸经贸关系演进的历史、现实及未来发展，其区域空间具有动态演进性。根据两岸经贸交流的时空分布特点，海峡经济区存在大、中、小“三层重叠”的“扇形”空间结构：

（一）福建与台湾——近邻区

闽台经济整合具有历史的必然性（基于同根同源的文化、亲缘关系所结成的社会经济联系）和现实的发展基础（截止2004年底，全省批准台资项目累计达8082个，合同台资138.7亿美元，实际到资103.5亿美元，利用台资总额居大陆各省第三位；全省对台贸易总额累计高达349.7亿美元，目前闽台经贸依存度已超过25%，基本形成相互依存的产业链格局）。闽台板块定位为“海峡经济区”的近邻区，主要基于地理区位的“近邻性”，按照区域经济的“墨渍”扩散原理，福建在两岸经济整合中享有“近邻”优势，处于首当其冲的重要地位。也正是由于这种地缘关系的无可替代性，福建享有特殊的对台政策优势，闽台经济整合在两岸经济合作进程中充当试验田、示范区的角色——凭借政策优势与地缘优势的结合，福建成为最先开始对台贸易的地区、最早的台商登陆地区。从这一角度出发，闽台圈层可以看作“海峡经济区”的“生长层”，而诸如“台商投资区”、闽台农业合作试验区、“定点直航”，包括台湾当局设立的“境外航运中心”则是两岸经济关系发展进程中不同阶段的重要生长点。特别是在目前两岸政治环境呈现恶化趋势，台湾当局背离“九二共识”，推行“台独”意识形态，两岸之间一时无法进行正式经济协商，两岸“三通”迟迟无法达成的形势下，谋求两岸经贸交流机制的突破，培育“以经促政”的新生长点尤显重要。而此方面，从闽台板块内部整合着手最具可行性——从扩大“小三通”适用范围、推动“厦高”城际交流乃至成立厦门“对台特区”方面着手。

（二）东南沿海地区与台湾——致密区

实践证明，海峡经济区的地域扩展与台商投资大陆的区域扩展具有一致性。1980年以来，台商对大陆投资的区位变化大致经历了三个阶段①，即：（1）1980年代以闽东南沿海及广东珠江三角洲为重心阶段；（2）1990年代以长江三角洲为热点并逐步确立其重要地位阶段；（3）新世纪以来以闽东南、珠三角、长三角为重心，向环渤海、西部地区多元化扩张阶段。上述三阶段中，如果说第一阶段是小尺度海峡经济区——海峡经济区之近邻区——“闽台板块”的孕育和萌芽阶段，第三阶段是两岸经济整合地域全方位扩展阶段，也即大尺度海峡经济区的启动和生成阶段；那么，第二阶段则是中尺度海峡经济区——海峡经济区之致密区的发育和形成阶段：1990年代，伴随着以石化等资金密集型产业为主体、以电子信息等高技术产业为主体的第二、第三波台商投资热潮的涌现，台商投资大陆不仅在目标取向、产业结构、企业结构方面发生了巨大变化，而且其地域分布也伴随着新投资热点地区的出现而大大扩展：以上海浦东为中心，包括江苏、浙江部分地区在内的长江三角洲地区，凭借其综合竞争优势吸引台商投资重心由闽、粤两省迅速北上，特别是高科技企业在长三角地区大规模集结，使长江三角洲地区作为以半导体等高新科技产业为主体的台商投资基地，最终确立了其在大陆台商投资地域分布格局中的重要地位。与此同时，珠江三角洲地区凭借毗邻港澳的区位优势，经济发展势头也不逊色，对台资依然保持较强的竞争力，所吸纳台资的技术层次不断提升，至新世纪前后已经成长为大陆电子零件业的重要加工出口基地。而福建的投资环境也不断改善，台商投资也开始形成较大规模，投资主体由中小企业发展为大企业。如以冠捷电子、中华映管为代表的高新技术企业在福建落户，以东南汽车为龙头形成70多家上下游企业协作的地域产业供应链②。

与此相呼应，海峡经济区的“致密区”逐步发育并最终显现出来。其标志不但是长三角新投资重心区的形成，也包括闽东南、珠三角等既有重心区

① 单玉丽：《台商在大陆投资的区域分布及未来走势》，《台湾研究》，2003年第4期。
② 同上。

的调整、优化，更重要的是台资企业本土化网络的快速发育——从最初的采购、生产、人才、管理本土化向市场、营销、研究开发、乃至融资本土化延伸。从而逐步建构起物流配送、协作分工、市场营销、资金融通、人力资源调配等生产、流通、服务网络。促使两岸经济在投资、贸易互动中加速融合并显现出强大的功能性一体化特征。早期“两头在外”的“飞地式”经济，已逐渐向优势互补、合作双赢的一体化经济转化，早期的孤立分散投资也已向大型化、集团化发展，台商的跨海峡经营活动不论在空间布局还是与本土经济联系方面都呈现出致密性特征——至此，中尺度规模的海峡经济区凸显出来，其地域范围涵盖祖国大陆东南沿海地区六省、一市，即：福建省、广东省、江苏省、浙江省，上海市以及香港、澳门地区与台湾省，与“闽台板块”——海峡经济区“近邻区”形成重叠外展的地域关系。包括“近邻区”在内，“致密区”可以划分为闽台、粤台、长三角与台湾三个次级板块。目前三个次级板块内部的两岸经济整合各具特色，但与其他板块之间的经济联系还不十分紧密，因此，提升板块内部两岸经济整合层次，同时建立各板块之间在对台经贸方面的互补合作、协调发展关系，是未来时期内海峡经济区发展的目标和任务。

（三）祖国大陆与台湾——扩展区——最完整意义的海峡经济区

祖国大陆与台湾是最完整意义上的“海峡经济区”，其基于两岸经济关系发展的现实基础，具有历史的必然性和未来的可预见性。20 多年来，两岸经贸关系由最初简单的货品贸易到投资拉动贸易，进而形成一定纵深的产业分工合作，经历了由小到大、由简单到复杂、由低层次到高层次的发展进程，台商的大陆投资业已形成以闽东南、珠三角、长三角为重心，并向北部、西部地区多元性扩张的格局。从世界经济大格局考察，两岸经贸关系的快速成长是在“后冷战”时期“经济合作取代政治冲突”的政经大气候中，在全球化浪潮的推动下，随着台湾经贸重心向亚洲地区的转移而孕育发展起来，又是以新世纪初期两岸“入世”为契机获得更大进步的——两岸经济关系是世界经济全球化的产物，也必然随着经济全球化的推进而成为不可遏止的潮流和趋势——这是历史必然性的一个方面，另一方面，两岸经济在禀赋资源、发展梯度方面存在互补性，这种内在的互补性在市场经济规律的作用下不仅业已转化为两岸经济互动的现实成果，而且为两岸经济关系的进一步发展提供了广阔空间。市场经济规律不可阻挡，只要两岸经济整合的市场利基存在，两岸经贸关系就会突破重重阻碍向前发展，以两岸经贸关系为物质内容的海峡经济区也将在地域拓展的同时不断实现功能提升。表现在台商投资的区位变化上，则是伴随着两岸经贸交流资源向闽东南、珠三角、长三角等结节区域的进一步集结，同时存在向周边条件较佳地区的扩散、转移——党的十六届三中全会确定了21世纪中国区域经济发展新战略，其主体思想为“西部提速，东北攻坚，东部保持，东西互动，拉动中部”①。在这一战略主导下，东北及中西部地区将释出巨大市场商机，吸引台商投资“北上西进”：以辽东半岛、山东半岛、京津冀为主体的环渤海地区将挟基础设施优势、人才优势以及初露端倪的城市经济联合发展优势②成为台商投资的新热点；中西部地区则凭借政策优势和潜在市场优势，不仅有可能成为台湾本土传统产业转移的目的地，而且有可能成为转移珠三角、长三角以及闽东南传统产业的主要区域，台商投资将以重庆、成都、西安、武汉、兰州、昆明、桂林、哈尔滨等大中城市为据点形成新的“结节”区（点）——经由台商投资新点、域的形成推动“海峡经济区”由业已凸显的“近邻区”、“致密区”向外围扩展，最终形成覆盖全国的最完整意义的海峡经济区——扩展区，这是可预见的必然的趋势。

三、海峡经济区的发展：现状、特征及问题

海峡经济区是以两岸经济一体化为物质内容的，是两岸不同属性经济空间借助经济要素流动(“生产力流动”）实现交接、重组、整合而为一体的过

① 《中国区域发展新格局基本形成》，中国经济时报，2004年1月15日。

② 张丽君、韩笑妍：《中国环渤海经济圈的现状及前景》，《台湾经济研究月刊》，2004年第1期。

程。海峡经济区作为两种不同经济区域的链接空间，在区域经济空间五大要素①（节点、信道、流、网络和体系）发育方面业已达成一定成果，但由于两岸“三通”问题等“瓶颈”因素的存在，大大阻碍了两岸经济要素的自由流动，进而影响到海峡经济区结构重组的效率。总的来看，海峡经济区的发展主要呈现以下现状特征：

1. 从两岸贸易、投资往来的“流量”规模来看，海峡经济区充满经济活力，但其所存在的“单向性”与“非均衡性”有损于区域经济整合的互利双赢原则，不利于海峡经济区的进一步整合。

贸易、投资往来是目前海峡两岸经济交流的主体形式，也是推动海峡经济区空间重组的主要动力。目前，两岸经贸交流的“流量”规模呈现快速扩张趋势，透视出海峡经济区的巨大经济活力。截至2004年底，台商在大陆投资64626个项目，合同台资金额近789.0亿美元，实际利用台资394.5亿美元。2004年，两岸间接贸易首次超过700亿美元，达783.2亿美元；截至2004年底，两岸贸易累计达到4045.7亿美元。目前，祖国大陆是台湾第一大出口市场和最大贸易顺差来源地，台湾是大陆的第二大进口市场。从两岸经贸交流的“流速”来看，20世纪80年代末期以来，两岸贸易、投资迅速发展。特别是1990年代以来，两岸贸易进入了加速倍增阶段：1990～2004年，平均贸易额达到261.9亿美元，年平均增长速度达到23.1%。两岸产业资本流动方面，1990～2004年间，台商对大陆投资合同金额以年均52.6亿美元的平均额度和22.7%的平均速率增长，实到金额也以每年26.3亿美元的平均额度以及22.2%的平均速率递增。两岸之间贸易、投资成长如此迅速，在全球范围内不同经济体之间的经济关系发展中也是不多见的，从中充分反映出海峡经济区整合的巨大潜力。

区域经济空间中经济要素的“流量”、“流速”可以衡量区域空间的“活性”，而“流向”则指明了区域空间结构成长过程中此消彼长的方向。长期以来，两岸的经贸关系一直处于“间接、单向、不对等”的畸形状态，

---

① 陈修颖：《区域空间结构重组：理论基础、动力机制及其实现》，《经济地理》，2003年第4期。

而且呈愈演愈烈之态势：从1980年代初期开始，祖国大陆在两岸贸易中就处于逆差地位，随着两岸“间接”贸易额的不断扩大，逆差额更呈大幅增加之势。截至2004年底，两岸贸易总额累计达4045.7亿美元，其中大陆对台出口651.8亿美元，自台进口3394.0亿美元，大陆累计逆差达2742.2亿美元；投资方面，两岸资金流动呈现单向性，主要以台商对大陆的单方面投资为主——两岸贸易、投资交流的“单向性”、“非均衡性”有悖于区域经济一体化的互利双赢原则，其不断累积强化终将不利于海峡经济区的健康发展：不仅使大陆因长期贸易逆差而利益受损，而且由于台资单向流入大陆，两岸经济资源的交流不畅，无法实现优化配置，对岛内经济也产生不利影响，近年来台湾经济所面临的“产业空洞化”压力，与岛内制造业资本大规模单向流入大陆关系紧密。

2. 两岸产业分工格局、大陆台资企业集群及“本土化”初露端倪；但两岸直接交流“信道”阻塞，不利于两岸区域经济网络实现对接，从而严重阻碍两岸经贸互补潜能的发挥。

近年来，伴随着台商大陆投资的规模扩展和产业层次提升，两岸产业分工网络、台资企业集群网络逐渐形成，大陆台企“本土化”进程日益加快。

近年来，两岸产业分工已初步形成垂直分工与水平分工并存的混合分工形态。从时序上考察，大陆最初是台湾转移劳力密集产业的主要基地。自1993年起，由于大陆内销市场逐步开放及因应全球高科技产业发展，台湾电子及电器产品制造业投资祖国大陆的步伐加大，大陆开始承接台湾较为成熟的电脑及半导体等产业，主要以台湾资讯硬体产业的加工出口基地角色参与台湾高科技产业的产业分工。从公司营运角度考察①，台商到大陆投资制造业，绝大多数都维持母公司在台湾继续营运，其主要机器设备、原材料及半成品等中间投入，或由母公司负责或直接向台湾地区其他企业采购，因此，伴随着台商在大陆投资不断扩充，不但台湾与大陆之间双边贸易获得快速成长，而且促进两岸产业分工关系更加紧密。从贸易结构演进角度考察，两岸

① 高长：《制造业赴大陆投资经营当地化及其对台湾经济之影响》，http：//www.moea.gov.tw/~ebook。

贸易由经贸往来恢复、发展初期的产业间贸易为主向后来的产业内贸易为主演进①，标志着两岸产业分工由垂直分工向水平分工的转化；而单就台资企业在大陆的生产作业而言，两岸产业分工的格局似乎以水平式分工为主，垂直式分工并不明显，但若就企业经营活动的整体面来观察，在大陆的子公司主要是负责生产活动，其他方面的活动如研发、产品设计、产品行销等则多由台湾母公司负责，两岸垂直分工的情形较明显。

其次，大陆台资企业的规模和关联形态也发生了很大变化：其一是近年来在岛内高科技厂商投资大陆热潮中出现的以大型高科技厂商为主导、产业链整体外移的局面；其二是大陆企业配套能力成长及本地市场商机显现中台商企业本土化趋势。两种趋势促进了台资企业集群及本土化网络的发育。其中最典型的案例当数东莞的台资制造业企业网络和苏州的台资高科技企业网络②。台资企业群聚，无疑是海峡经济区区域经济空间网络结构的亮丽图景，然而，台资企业本土化网络的发育更能反映两岸区域经济空间结构重组的水平。因为由台资企业“集团化”投资导致的台资产业的地域集群如果不能与本土企业结网，则无法根植于本土经济环境而具有“飞地式”特征；虽初步形成网络，但只是台资企业内部的网络，缺乏开放性，不属于真正意义的产业（企业）集群，因而也无法享有由集群所衍生的区域创新优势。就目前台资企业的“本土化”态势来看，虽有采购本土化、人才与管理本土化、市场与营销本土化、研发本土化、融资本土化等方面不同程度的发育③，体现出大陆台资企业与本土企业结网、全方位融入大陆经济的趋势，但总体来看尚处于初级阶段，有待深化发展。

总之，经由两岸产业分工、台资企业集群和大陆台商“本土化”的发展，海峡经济区的“网络”结构有所发育和成长，由岛内民间企业突破“政治障碍”推进的两岸区域空间交接、整合业已显现可观的成果。但是，近年来，两岸间通商与通邮已事实上实现，但通航却迟迟没有解决。两岸商

① 张冠华：《台商大陆投资对两岸贸易影响探析》，《台湾研究》，2003 年第 4 期。

② 王永龙、郑胜利：《台商投资从集聚到集群的对策分》，《经济问题》，2002 年第 9 期。

③ 张传国：《大陆台资企业本土化经营的动因、方式与影响》，《台湾研究》，2003 年第 4 期。

品运输及人员往来仍须假道第三地，而不能全面直接通航。这种经贸活动间接往来方式，不仅徒增成本费用，加大商业风险，常常导致商机延误。虽然两岸已于2001年末、2002年初相继加入世界贸易组织，而且在WTO原则下台湾当局也被迫对两岸经贸实施些微程度的“松绑”，但两岸经贸交流的政策环境并未有大的改观。目前两岸经贸交往主要是基于经济上的比较利益而自发性的合作，两岸经贸关系仍停留在民间性质层次。对于经贸往来，海峡两岸只是根据各自的立场和需要进行规范、推动或限制，并未共同建立起正常有效的协调与仲裁渠道，也没有制定双方共同遵守的规范性条例。因此，对于两岸经贸往来中出现的越来越多的经济纠纷如“反倾销”、税收协调等一系列问题均难以及时、有效与合理地解决——两岸经济交流的沟通“信道”不畅通，致使两岸区域经济网络无法实现全面对接，特别是制约了两岸科技、金融等高层级合作网络建设，从而严重阻碍两岸经贸互补潜能的发挥。

3. 海峡经济区的“结节”特征业已显现，并且在“结节区”功能强化与外围地域多元化扩张并进的演进格局中，海峡经济区的空间体系结构也在开始酝酿形成。

从区域经济空间演进阶段性来看，海峡经济区已显现出明显的结节特征，处于“结节区域”的初级阶段。其中，长三角、珠三角、闽东南沿海地区由于汇集了大批台资企业，成为两岸经济交流最为密集地区与两岸产业分工网络、企业集群网络集结地，因而在海峡经济区空间结构体系中发挥“结节”功能。从目前海峡经济区诸“结节”的功能发育来看，大多处于“集聚”为主阶段，辐射、扩散功能尚待提升：（1）海峡东岸区域——台湾地区。由于台湾地区经济开发程度较高，资金雄厚，科技产业基础好，营销及管理经验丰富，与大陆经济形成较大发展位差，辐射和扩散功能强。目前主要是通过直接投资实施其对大陆区域的产业转移和经济渗透，但台湾当局的限制性大陆经贸政策阻碍了其扩散功能的发挥，同时也使其不能充分利用大陆资源涵养本土经济，加速推进自身产业升级、经济转型，长此以往，其优越地位会逐步丧失。（2）长三角区域。长江三角洲是中国经济发展速度最快、经济规模最大、发展潜力最雄厚、发展前景最被看好的经济核心区。目前，长三角“两省一市”地区正着力于内部经济的互动整合，伴随中心城市与周边地区的联动发展，长江三角洲地区呈现出台商的区域营运总部向中心城市集中，而其加工制造部门向大城市周边转移并且依据专业化分工集结而成“群落化”的分布格局——“沪昆经济联动”① 即是典型案例——显示长江三角洲的“结节功能”主要是对外集聚、对内梯度扩散。随着“集聚”的“马太效应”的增强，上海及其周边城市商务成本迅速上升，将进一步推动传统密集型产业向长江三角洲地区周围转移及向内地延伸——这一过程是其竞争实力提升、辐射、扩散等“结节功能”发展强化的过程。（3）珠三角地区。从目前形势看，虽然台商大陆投资的区位呈现“北上西进”的趋势，但珠三角凭借其区位优势、综合实力和业已形成的台资产业链，而继续保有其对台资的独特吸引力，仍将是台商主要聚集区。特别是经由 CEPA 开启的粤港澳经济一体化，以及经由“9 +2”模式开启的“泛珠三角地区”经济合作，都会更加强化珠三角作为华南、东南、西南地区区域经济核心的地位——同时也更增强珠三角作为海峡两岸“一国四方”经济接合部的特殊的集聚与扩散功能。（4）环渤海地区。环渤海经济区毗邻东北亚和太平洋地区，地处中国东北、华北、西北、华东四大经济区的交叠处，是祖国大陆区域经济由东向西、由南向北推移的重要枢纽。这里聚集了近 20 个大中城市、数千家大中型企业，60 多个大小港口——以京、津双核心带动的环渤海区域是中国乃至世界城市群、工业群、港口群最密集的区域之一。历史累积的集聚效应，加之近年来日渐显现的新兴产业发展快速、外来投资日益密集、城市联合发展以及基础设施互联互通趋势，加之可预期的“企业制度创新、政府职能转变”等内部动力与奥运经济、外商投资“北上”、“振兴东北”战略等外部动力的耦合——历史基础、现实发展与未来的潜力相辅相成——环渤海地区是继珠三角、长三角之后正在崛起的中国区域经济第三支柱，同样也被认为是在不久的将来有能力与珠三角、长三角“三足鼎

① 盛九元：《沪昆经济联动与台商投资研究》，《台湾研究》，2004 年第 2 期。

立”的台商投资重心区域。(5) 福建（闽东南沿海地区）。在两岸经贸交流方面，福建昔日的辉煌已被近年的“边缘化”走势所取代，闽东南沿海地区（厦、漳、泉、福州）的台商投资虽然近年来也在规模增长中逐步实现结构优化，而且享有“试点直航”的特殊政策优势，但较之珠三角、长三角，其作为海峡经济区空间“结节”的集聚和辐射功能较弱，影响范围较小，功能位序较低。究其原因，主要是在市场规模、交通基础设施、人才储备、集聚经济、政府效率等方面存在竞争劣势，其中多数因素都与区域经济整体发展水平低下密切相关。因此，从壮大区域经济整体竞争力出发，发挥福建毗邻台湾的地缘优势，重塑福建的区域竞争力，至关重要。为此，福建省提出了建设“海峡西岸经济区”的战略目标：把“东临台湾、西邻赣湘、北承长江三角洲、南接珠江三角洲”的福建及其周边地区建设成为“地域分工明显、经济联系紧密、中心城市支撑、市场体系统一、要素流动集聚，具有自身特点和独特优势的地域经济综合体”①。除上述台商集中投资地域外，中西部地区的大、中城市如西安、重庆、成都、武汉等是台商大陆投资“西进”的重点，正在成长为西向扩展的“海峡经济区”的新“据点”。

综上所述，海峡经济区的“结节”特征业已显现，并且在“结节区”功能强化与外围地域多元化扩张并进的演进格局中，海峡经济区的空间体系结构也在各“结节区”集聚、辐射功能的此消彼长中开始酝酿形成。目前来看，台北无疑有条件成为海峡经济区网络体系最具权威性的主导性“结节”，但由于当局政治因素的束缚，使其功能不能充分发挥，无法担当其在海峡经济区空间网络结构中应有的角色；从目前资源配置、产业层级以及对周边地区的辐射、带动力来看，长三角、珠三角享有绝对优势，处于海峡经济区体系结构的高等级梯次；环渤海地区成长势头迅猛，未来可与长三角、珠三角相匹敌；以厦、漳、泉、福州为主体的福建东南沿海地区功能弱化，相对处于次一级等级位序——海峡经济区的网络体系结构与中国区域经济格局存在密切的互动关系，因此中国区域经济最为发育的东部沿海地区也是海峡经济

① 《福建确立海峡西岸经济区新定位获得高度评价》，http：//www. fjzb. cei. gov. cn。

区的经济重心所在。

综合前述分析，可以发现海峡经济区空间演进的主要问题在于：①经济流量规模大但“信道”阻塞。“信道”是经济交流得以实现的沟通管道，包括物质的交通管道，也包括非物质的信息、资讯交流管道等。没有吞吐能量相匹配的“信道”支撑，规模经济流量的实现是不可想象的。近年来，两岸经贸交流仅贸易往来一项每年就达到数百亿美元交易额度，但都是在没有全面直接“三通”的条件下通过“间接”管道进行的。②结节特征明显发育但网络结构单一化。海峡经济区已形成长三角、珠三角、闽东南等空间网络致密地区，显现明显的“结节”区域特征。但迄今为止，两岸经贸交流是以民间组织的形式、以企业的跨海峡投资为推动的，空间网络以产业、企业网络为主；没有建立以城市为单元的交流机制，更不用说跨海峡城市交流网络；两岸高科技产业园区、出口加工区、自由贸易港区等专业化区域尚未实现对接，更无法企及借由其网络化联系实现区域创新网络的对接——海峡经济区的区域空间网络结构单一，亟待向多元化、复合化发展。③空间网络结构单向成长。由于两岸资本流动以台商投资大陆为主，由此推进的产业分工网络、企业集群网络也偏集大陆区域，此外商品流动也是以台湾出口到大陆为主，两岸的商务往来活动也主要集中在大陆——海峡经济区空间网络结构具有单向成长属性。这种单向性不利于两岸经济的互补交流机制的形成，从而大大压缩了两岸经济互动双赢的回旋空间。

很明显，上述区域空间要素发育的不对称性对海峡经济区的空间结构成长形成瓶颈制约，使两岸经济空间的对接、整合不能达成在充分、合理利用资源基础上的“帕累托”最优。究其根底，这种局面的形成主要原因在于台湾当局限制性大陆经贸政策，诸如“三通”问题等障碍是造成两岸经贸交流“信道”阻塞的直接原因。而其背后的主导因素，也即海峡经济区发展的深层制约因素，在于“台独”政治。

“海峡旅游区”的构建及其对台湾旅游业的影响*

邓利娟　黄智略

近年来，随着海峡两岸关系形势的发展变化，两岸旅游合作发展呈现加快发展的势头。位于海峡西岸的福建更是不遗余力地加紧推进对台旅游的交流与合作，并提出了“海峡旅游区”的概念。在此背景下，两岸专家学者对有关议题进行了不少十分有意义的研究分析，① 总体而言，相关研究较多从宏观层次讨论加强两岸旅游合作对两岸经济以及两岸关系的影响，讨论“海峡旅游区”议题的研究又大多从大陆，特别是福建的角度偏重论述“海峡旅游区”构建的现状及对策。而从区域合作理论与实践的视角深入探讨两岸旅游合作对两岸旅游业、特别是台湾旅游业具体影响的研究则较少见。在现实层面，近年国家与福建省已将“海峡旅游区”纳入旅游业发展“十一五”规划之中，但“海峡旅游区”实际上能否顺利构建，显然还将取决于海峡东岸的台湾的认同及配合推动。因此，本文拟集中从区域旅游合作的视角探讨“海峡旅游区”的构建，进而针对台湾旅游业发展的现状分析构建“海峡旅游区”对其可能产生的影响。

---

* 本文原载于《台湾研究集刊》，2007 年第 2 期。

① 参见黄福才：《开放大陆居民赴台旅游与两岸旅游合作探析》；苏成田：《大陆市场与台湾观光产业发展关系之探讨》；潭瑾瑜：《台湾观光产业的现况与未来发展》；马勇等：《海峡旅游合作区的构建与发展模式及对策研究》；唐俊雅：《建立多元化的闽台区域旅游协作体系》；李丹：《加强闽台旅游合作打造海峡旅游品牌》等。

一、区域合作是旅游业发展的趋势

旅游业在产业构成上，除了由接待餐饮业、旅行社、旅游交通、旅游资源业和旅游管理组织等若干相互关联、又相互独立的直接旅游产业部门组成外，同时还与许多其他的产业发展密切相关，如为直接旅游产业部门提供原材料、物料、设备等产业部门，这些部门在不断的经济运转中间接地从旅游收入中获得收益。因此，旅游业是一个涵盖面宽、关联度高、发展潜力大的综合性产业，当今世界各国及地区无不积极致力于这一朝阳产业的发展，以带动整体经济社会的发展。而从旅游业自身发展趋势来看，面对经济全球化及旅游市场竞争不断加剧的趋势，通过加强区域旅游合作来提高区域产业竞争力已成为一种必然选择。

（一）区域旅游合作的理论依据

所谓区域旅游合作大约可以这样界定：依据自然地域、历史联系和一定的经济社会条件，在一定的区域范围内，旅游经济主体打破行政体制和区划的限制，依据相关协议或章程来整合和优化旅游系统各个要素的配置，从而提高该区域范围内旅游产品的整体质量与竞争力，以便获取最大综合效益的旅游经济行为①。关于区域旅游合作的理论依据，近年学界有不少探讨，总体而言，运用区域经济学的比较优势理论和产业集聚理论可以较好地阐明区域旅游合作的内在机制。

根据比较优势理论，某地区在旅游资源等方面占有的优势，导致其旅游产品相对其他地区而言更具特色，成本更低，因而在旅游市场更具竞争力。区域旅游合作遵循旅游者消费心理与行为规律，以“大旅游”和“区域整合”为理念，建立跨地区旅游产业链，形成相关产品配套协作网络，避免雷同开发，同构竞争，从而产生旅游空间竞争上的“正的近邻效应”，形成良性互动的双赢格局。而根据产业集聚理论，区域旅游合作各方通过旅游区的

① 参阅莫帮洪等：《浅析区域旅游合作》，《商场现代化》2005 年第 12 期；郑慧星等：《区域旅游规划、开发与管理》，高等教育出版社，2004 年版。

规模、影响、客源市场等要素的集聚与整合，缓解激烈的内部对抗性竞争，创造更强的外部竞争优势，形成一种正和博弈。同类旅游地之间以各自价值链中的强势部分相结合，产生规模经济和集群效应；异质旅游地之间突出比较优势，从而形成区域完整的产品链和产品体系，实现旅游要素一体化经营和旅游价值链的重构。①

基于上述区域旅游合作的内涵及内在机制，理论上通过区域旅游合作，对区域旅游业的发展至少将产生以下三种经济效应。

其一，品牌效应。在一定的区域内通过对具有区域特色的旅游景点、景区的整合与优化，塑造并共同宣传整体的旅游品牌形象，就能够大大提高区域旅游产品知名度，提升区域内旅游业的综合竞争力及对区域外的市场影响力。

其二，客源市场效应。区域内部主要表现在区域旅游合作使得单一旅游目的地的客源量在区域范围内的流通变得更加便利，使得客源互送更加频繁；而区域外部表现为由于合作区域共同推出整体的旅游品牌参与市场竞争，增强了竞争力，有利于吸引更多的区域外的客源。

其三，成本效应。通过区域的旅游整合，建立无障碍旅游合作区，各个景区建立起更加便利的交通方式，共用基础设施，同时消除了政策、市场、信息、服务等方面的障碍，使区域内的流动变得顺畅，旅游成本因而大大降低。

（二）区域旅游合作的实践发展

事实上，构建区域旅游合作区，共同推出区域旅游品牌已是当今世界旅游业发展的潮流。国际上有许多知名的旅游合作区域，如“阿尔卑斯山区”、“莱茵河沿线古城堡区”等等。而中国在上个世纪90年代初就已出现区域旅游合作的趋势，进入21世纪以来，区域旅游合作更是加速发展。据不完全统计，2000年以来中国积极参与、推进或筹划之中的跨越国境、国内跨省区等规模较大的区域旅游合作计划或文件至少有52项。② 其中，发展比较成熟、影响力较大的有“长三角游”、“粤港澳游”、“大香格里拉”、“环渤海

---

① 王晞：《竞争与整合：中国区域旅游发展与合作态势分析》，《桂林旅游高等专科学校学报》，2005年第1期。

② 同上。

游”及“长江三峡”等区域旅游品牌。

2003年7月在杭州举行了首届“长三角旅游城市‘15 + 1’高峰论坛”，会上发表了《杭州宣言》，提出联手建立“长三角无障碍旅游区”。2004年区域内共接待海外旅游者1171.25万人次，占全国的10.74%；旅游创汇57.482亿美元，占全国的22.35%；接待国内旅游者28814.49万人次，占全国26.19%，区域内旅游业发展达到历史最高水平①，取得了区域旅游合作的明显成效。而“粤港澳游”在品牌效应不断的增强背景下，不仅把发展目标锁定于国内市场，而且致力于品牌的国际化。三地联合推广“一江珠水，三颗明珠”的整体旅游形象，共同制定和实施旅游市场计划，参加大型国际旅游展销会，促使世界各地认同粤港澳大珠江三角洲作为一个旅游区域的地位，目前已有20个国家及地区的130多个旅行社在销售“珠三角”旅游线路，达到三地同时吸引区内外与境内外游客的目的。②

二、“海峡旅游区”概念的提出及推动

在世界各国及地区区域旅游合作发展蔚为潮流的大背景下，依据自然地域、历史联系和经济合作基础，位于海峡两岸的福建与台湾成为两个主体合作伙伴，共建区域旅游合作区，在理论上似乎应是顺理成章的，但事实上，由于两岸关系的特殊性，使得海峡旅游合作远较一般区域旅游合作难度为大。近年来促使构建海峡旅游区时机逐渐成熟的因素是，一方面，自2004年起福建开始实施海峡西岸经济区建设战略，并获得中央大力支持，这为海峡旅游区的构建提供了难得的契机；另一方面，2005年随着连战、宋楚瑜访问大陆，两岸关系出现新的发展变化，大陆正式宣布开放大陆居民赴台湾旅游，两岸旅游合作加快发展的大气候形成。

---

① 苏勇军：《长三角区域旅游一体化与宁波旅游业跨越式发展研究》，《宁波大学学报》（人文科学版），2006年第9期。

② 郭淳凡等：《粤港澳区域旅游合作的作用机制与对策分析》，《江苏商论》，2005年第5期。

（一）“海峡旅游区”概念的提出及其范围界定

与“海峡经济区”概念的提出相同，① “海峡旅游区”的概念也有多种不同的界定②，综合考虑各种因素，我们认为马勇教授的相关界定较符合实际，③ 即，广义的海峡旅游区指台湾海峡及海峡东岸的台湾，海峡西岸的大陆地区；狭义的海峡旅游区则是指台湾海峡，东岸台湾及以北起浙江温州、福建为主体、南至广东汕头的西岸地区。而狭义的海峡旅游区又可分为核心圈与拓展圈两个空间层次。核心圈指台湾海峡、海峡东岸的台湾和海峡西岸的福建全省；拓展圈的地域范围扩展到浙江南部温州地区、广东东部汕头地区，使海峡旅游与北部的长三角和南部的珠三角两翼相连接。由图 1 的示意可见，圆圈范围里即为拓展圈，中间蓝色部分为核心圈。

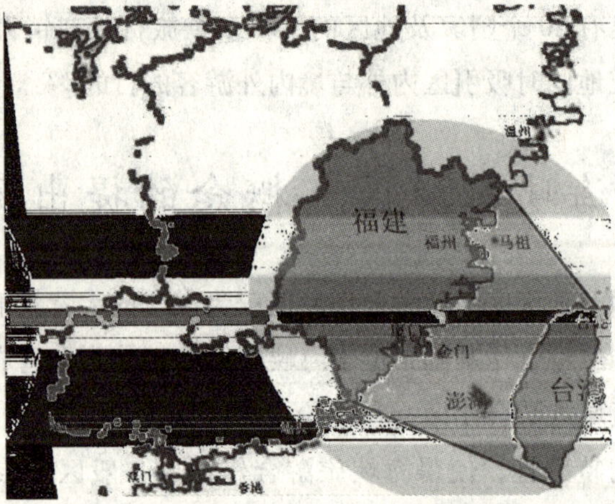

图 1　海峡旅游区区域范围示意图

而在政策规划层面，国家旅游局在《中国旅游业发展“十一五”规划纲要》中，把“海峡两岸旅游区”列为全国 12 个重点旅游区之首，并明确提出要从海峡西岸入手，联合东岸，打造“海峡旅游”品牌。福建省相应在 2006 年 10 月发布《福建省“十一五”旅游产业发展专项规划》，其中更进

① 石正方、邓利娟：《海峡经济区的空间演进：结构、特征与问题》，《厦门大学学报》（哲社版），2005 年第 5 期。

② 较有代表性的，如 2005 年 9 月在厦门召开的“海峡旅游博览会”，提出闽、台、港、澳两岸四地共同打造“海峡旅游”品牌，并签署《海峡旅游区域协作备忘录》。

③ 马勇等：《海峡旅游合作区的构建与发展模式及对策研究》，《经济地理》，2006 年第 1 期。

一步提出，要全方位、多层面搭建海峡旅游发展平台，努力构建海峡两岸旅游区，把海峡两岸旅游区建成世界级的旅游目的地。① 由此可见，从国家及福建省的政策规划来看，“海峡旅游区”界定的范围是福建地区与台湾地区再加上台湾海峡，即示意图中的核心圈部分。

基于上述学理的分析及实践可行度的考虑，本文研究将“海峡旅游区”概念的范围界定为以台湾海峡为纽带的闽台地区。

（二）“海峡旅游区”规划的主要内涵

根据上述关于区域旅游合作的界定，推动闽台区域旅游合作，构建“海峡旅游区”的核心内容是双方要打破行政体制和区划的限制，共同整合和优化旅游系统各个要素的配置。因此对于“海峡旅游区”的发展规划理应由闽台双方来进行。但是受制于两岸关系现实条件，目前要全面做到这一点尚较困难。不过，福建方面的相关规划体现了努力突破两岸关系的限制、推动闽台旅游要素的流动与重组的思路，因此从中可以大致窥视闽台区域旅游合作的主要内容及发展方向。

《福建省“十一五”旅游产业发展专项规划》中提出，② 构建“海峡旅游区”，要“遵循‘平等互利、循序渐进、对应需求’的原则，实现闽台旅游互动，与台湾在资源开发、市场互动、产业投资、企业管理、信息交流等方面进行广泛合作，提升区域整体的竞争力水平，共同努力使福建成为大陆居民赴台旅游的主要通道，把海峡两岸旅游区建成世界级的旅游目的地”，同时，闽台两地“共塑海峡旅游形象，共同打造海峡旅游品牌，形成海峡两岸旅游市场的一体化，…将海峡两岸旅游区建成全国旅游合作示范区。”为了达到这一目标，必须从以下几方面努力：

其一，提供政策保障。旅游、台办、公安等部门密切配合，积极争取国家有关部门的政策扶持，创造条件，建立两岸旅游交通通道，建设环海峡无障碍旅游区。积极推动海峡两岸旅游行业管理部门、行业协会之间的沟通、交流与协商，简化手续，减少限制，推动两岸直接“三通”。

---

① 《福建省“十一五”旅游产业发展专项规划》，http：//www.fjta.com/FJTIS/FJTA/index.shtml。
② 同上。

其二，创建长效旅游合作机制。以两岸旅游行业协会为龙头，组建旅游协调委员会，达成旅游合作意向，制订旅游合作规范，研究探讨旅游合作的方向和方式，在沟通协商、信息交流、产品互动、营销共推、应急处置等方面形成长期有效的旅游合作机制。

其三，构建海峡旅游产品体系。根据海峡两岸旅游资源的不同特点，进行旅游资源的同质组合、异质互补，营造"强强联合、优势互补"的局面。同时通过旅游节庆、旅游线路，与台湾在客源市场、项目投资、企业管理等方面形成互动，全面构建海峡亲情游、商贸游、修学游、宗教游、都会游等海峡旅游产品体系。

（三）"海峡旅游区"的实际推动

事实上，基于闽台两地往来的历史基础和现实发展，"海峡旅游区"已不仅仅是一种未来的构想或蓝图了，在闽台双方共同努力下，"海峡旅游区"的雏形已经呈现并在加快发展之中。

表1　福建接待入境台胞人数

单位：万人次；%

年　份	台胞赴闽人数	福建接待入境人数	赴闽台胞占福建入境总人数比例
2000	47.8	161.3	29.63
2001	49.4	163.5	30.21
2002	57.2	184.8	30.95
2003	47.5	149.7	31.73
2004	49.2	172.9	28.46
2005	58.9	197.4	29.84
2006	74.0	229.7	32.22

资料来源：2000－2004年数据来源于《中国旅游年鉴》2005年；2005－2006年数据来源于福建省旅游局《2006年我省旅游经济情况分析》。

1. 区域内游客往来日益频繁，并率先实现两岸旅游双向往来。

闽台之间不仅地理区位邻近，而且拥有同宗共祖的血缘关系与同音共俗的传统文化这一天然纽带，因而自1987年台湾当局开放台胞到大陆探亲以来，台胞游客就成为福建入境的最重要客源之一。由表1内数据可见，2000

-2005 年，福建接待台胞人数由 47.8 万人次增加到 58.9 万人次，占福建入境总人数比例大致稳定在 30% 左右。2006 年，台胞来闽人数更呈明显增加趋势，全年福建接待台胞人数 74.0 万人次（较上年增长 25.5%），占来闽境外旅游者的 32.2%。

特别值得关注的是，2001 年 1 月厦门与金门、马尾与马祖开通了海上直航航线，2006 年 6 月又开通泉州与金门直航航线，从而建立起三条闽台区域内旅游交通快速通道。2001-2005 年，福建对金马“小三通”直接航运往来 9423 航次，往来总人数超过百万人次，仅往来厦金航线的总人数就达 115.92 万人次。期间，2004 年 12 月及 2005 年 6 月，福建居民赴金门、马祖旅游相继启动，率先实现真正意义上的两岸双向旅游。至 2006 年年底，福建居民赴金马地区旅游 1287 个团组，25139 人次。① 小型的“海峡旅游圈”已经在闽台区域内形成。

2. 积极搭建闽台旅游发展平台，拓展双方合作的空间。

为了不断拓展闽台旅游合作关系，双方积极搭建稳定的发展平台，其中规模大、影响强的有，一年一度的海峡旅游博览会与各种大型文化旅游节等。

2005 年福建省政府和国家旅游局在厦门联合举办首届海峡旅游博览会，台湾各大旅行同业公会及港澳旅游局积极响应并共同协办，突出并提升了“海峡旅游”的品牌与知名度。2006 年第二届海峡旅游博览会不仅通过论坛增进两岸人员对构建海峡旅游区的共识，而且取得明显的旅游招商成效。目前，2007 年第三届海峡旅游博览会正在积极筹办之中。

由于闽台特殊的文化历史背景，各种特色鲜明的文化旅游节便成为发展闽台旅游的独特平台，如妈祖文化旅游节、关帝文化旅游节等。近年来福建已经举行八届的妈祖文化旅游节，台湾每年都有超过 10 万的妈祖信众前往莆田湄州朝拜祖庙，此一盛举有力地带动了福建特别是莆田地区旅游事业的兴旺。

---

① 福建省旅游局：《2006 年我省旅游经济情况分析》，http：//www.fjta.com/FJTIS/FJTA/index.shtml。

3. 初步建立闽台旅游互动合作机制。

作为闽台旅游健康持续发展的制度性保障，建立双方互动合作机制十分重要。在两岸关系现实条件下，签订民间性的地方合作协议应是较好的选择。早在2001年，“两马”与“两门”就先后签订了《福州马尾－马祖关于加强民间交流与合作的协议》及《关于加强厦门与金门民间交流交往合作协议》，为金、马地区与福建经贸关系的健康发展奠定了较好基础。在2005年首届海峡旅游博览会上，签署了武夷山与阿里山、大金湖与日月潭“两山两水”的旅游合作意向书，首次实现了海峡两岸旅游景区的对接，使闽台旅游合作在企业层面上取得实质性进展。2007年3月泉州旅游协会与澎湖县旅游发展协会签署了《建立旅游市场合作和交流关系协议》，以推进泉澎两地加强旅游文化合作，构建泉澎旅游共同市场。此外，自2006年以来，为配合落实国家旅游业“十一五”规划，福建省积极推进《海峡两岸旅游合作规划》的编制，以进一步完善闽台旅游合作机制，推动闽台旅游合作深入开展。

三、构建“海峡旅游区”对台湾旅游业的影响分析

关于整体两岸旅游合作将产生的影响，两岸专家学者具有较高的共识，基本上均认为加强两岸旅游合作，特别是加快开放大陆居民赴台旅游有利于两岸经济发展，尤其是对台湾经济社会发展有利。但需要进一步深入了解的是，就区域合作效应来看，构建“海峡旅游区”对台湾旅游产业本身会产生什么具体影响。

（一）打造海峡旅游品牌，提升台湾旅游业的竞争力

台湾自2000年10月宣布将观光产业列为重要的策略性产业，并在2002年5月启动“观光客倍增计划”，开始致力发展观光产业，希望在2008年时达到来台旅客500万人次的目标。但实际发展情况并不顺利。根据台湾“交通部观

光局”的统计，[①] 2005年与2006年来台旅客人数为337.81万人次及352.0万人次，年增长率分别为14.50%及4.2%。2008年要达500万人次的目标显非易事。而从旅游业对总体经济的重要性来看，台湾的旅游业也远未发挥应有的作用。2005年，台湾第三产业部门在产业结构中所占比重超过73%，而旅游业作为第三产业的重要产业，其2005年收入总金额为109.57亿美元，仅占GDP的3.17%。[②] 造成台湾旅游业滞后发展的原因固然不少，但其中台湾旅游资源品牌竞争力不够强，缺乏吸引大量海外游客来台的诱因，显然是关键性原因之一。与其他三个“四小龙”国家及地区相比，台湾每年在吸引海外游客方面不仅远远落后于香港，也落后于韩国与新加坡。参见表2。

表2　台湾与韩国吸引海外游客人数比较

单位：万人次

年份	2000	2001	2002	2003	2004	2005
韩国	532.2	514.2	534.7	475.3	581	602
台湾	262.4	283.1	297.8	224.8	295.0	337.8

资料来源：中国商务部：http：//www.mofcom.gov.cn/aarticle/i/jyjl/j/200609/20060903158683.html；台湾“交通部”《交通统计月报》

很显然，增强品牌效应，以提升旅游业的竞争力是台湾旅游加快发展的关键所在。前文分析指出，通过整合与优化区域内旅游资源，塑造并共同宣传整体的旅游形象，将产生品牌效应，从而大大提高区域旅游产品知名度，提升区域内旅游业的综合竞争力及对区域外的市场影响力。粤港澳三地便是通过这种方式来提高国内外旅游者的认知效率的。台湾与相邻的福建加强旅游合作，构建“海峡旅游区”，共同打造“海峡旅游”品牌，不仅十分必要而且可能性大。在福建方面，目前较知名的旅游品牌有武夷山、鼓浪屿、妈祖文化、惠女风情、泰宁世界地质公园、福建土楼等，而在台湾方面则有台北101大楼、阿里山、日月潭、太鲁阁及宗教系列、原住民系列、客家系列

---

① 台湾“交通部”全球资讯网，www.motc.gov.tw/hypage.cgi？HYPAGE＝yearbook.asp。

② 台湾“交通部”观光局：《2003至2005年观光外汇收入支出统计表》，《2005年观光年报》，第26页。

等较知名的旅游品牌。闽台两地可以对双方的旅游资源进行整合与创新，通过“同质组合、异质互补”的方式，共同推出“和谐、统一”的整体主题形象及一系列品牌支撑形象，以形成独具魅力的整体性的“海峡旅游”品牌。例如，在突出“海峡旅游”主题形象下，在自然资源方面，整合出“两山两水两岛”（武夷山与阿里山；大金湖与日月潭；平潭岛与澎湖岛）品牌；在宗教文化方面，整合出“闽台妈祖文化节”及“闽台客家文化节”品牌等。在此基础上，闽台两地通过联合营销，共同推广海峡旅游产品，整体塑造海峡旅游品牌形象，提高海峡旅游产品在海内外的知名度，从而达到强化台湾旅游资源吸引力的目的。

事实上，闽台两地的旅游业者已经在进行共同打造品牌的实践了。近年来厦门与金门多次联手推广“金厦旅游圈、两门魅力游”，将厦金两地的旅游资源和线路“捆绑”在一起行销，就是期望以“两门”的旅游资源互补，市场互惠，形成独到的旅游目的地，吸引各地游客。

（二）拓展客源市场，平衡台湾出入境游客数量

台湾旅游业的发展，除了整体上相对落后外，还突出存在出、入境游严重不对称的结构性问题，使台湾旅游业长期处于逆差状态。2005 年来台旅客 338 万人次，而出境人数则达 821 万人次，逆差人数达 483 万人次。2006 年来台旅客 352 万人次，出境人数为 867 万人次，逆差人数更升至 515 万人次。倘若由表 3 和图 2、图 3 进一步分析则可发现，台湾出境游的主要目的地之一是大陆地区，从 1999 年开始一直占到四成左右，2002 年与 2005 年更达到了五成；而台湾出入境人数的逆差主要也是来自大陆，平均比重在七成左右。之所以会如此，主要是因为长期以来台湾当局对包括大陆游客在内的大陆人士赴台有种种限制。现阶段大陆居民赴台旅游事项正在两岸之间协商推动之中，在此大背景之下，如果闽台两地能够顺利推进“海峡旅游区”的构建，区域旅游合作的客源市场效应将在相当程度上平衡台湾出入境人数的不对称性。

表 3 台湾出入境人数的统计及台胞赴大陆人数分析

单位：万人次

年 份	1999	2000	2001	2002	2003	2004	2005
台胞赴大陆人次(A)	258.5	310.9	344.2	366	233	368.5	411
台湾出境人次(B)	655.9	732.9	715.3	732	592.3	778	820.8
台湾出入境人次之逆差额(C)	414.7	470.5	432.1	434.2	367.5	483	483
两岸人员往来人次之逆差额(D)	246.5	297.5	330.8	350.5	219.2	355.1	392.3

资料来源：中国旅游网，http://www.cnta.com/wyzl/more.asp? newsid = 004001；台湾"交通部"，www.motc.gov.tw/hypage.cgi? HYPAGE = yearbook.asp。

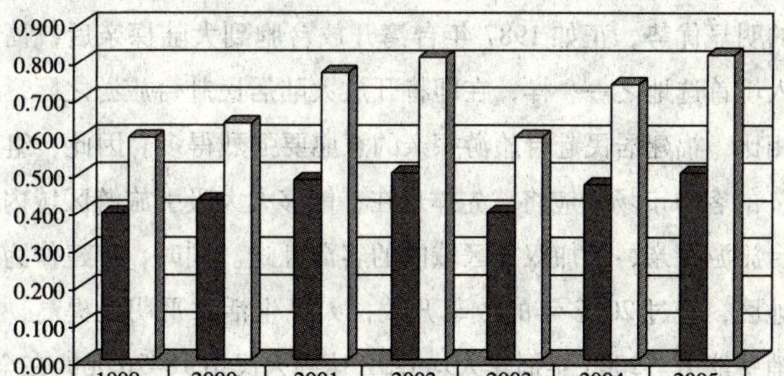

	1999	2000	2001	2002	2003	2004	2005
■ *A/B*	0.394	0.424	0.481	0.500	0.393	0.474	0.501
□ *D/C*	0.594	0.632	0.765	0.807	0.597	0.735	0.812

图 2 台湾出入境人数的统计及台胞赴大陆人数分析

资料来源：中国旅游网，http://www.cnta.com/wyzl/more.asp? newsid = 004001；台湾"交通部"，www.motc.gov.tw/hypage.cgi? HYPAGE = yearbook.asp。

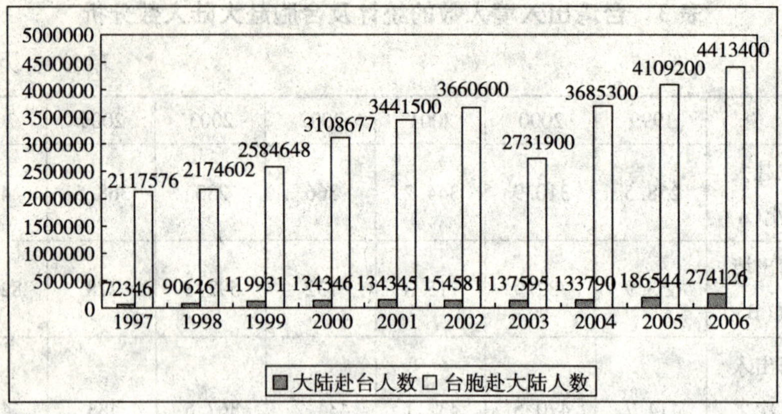

图 3　海峡两岸人员往来人数比较（单位：人次）

资料来源：国家统计局，http：//www. stats. gov. cn/tjsj/ndsj/2006/indexch. htm；中国旅游网，http：//www. cnta. com/wyzl/more. asp？newsid = 004001；台湾“交通部”，www. motc. gov. tw/hypage. cgi？HYPAGE = yearbook. asp。

1. 区域内的客源互送。

如前所述，由于特殊的地理区位与历史背景，闽台间拥有同根同源、民俗相近的明显优势，正如 1987 年台湾开放台胞到大陆探亲后，福建成为台胞游客入境首选地之一一样，在即将开放大陆居民赴台旅游之际，与大陆其他省份相比，福建居民赴台旅游探亲的意愿要强烈得多。因此，组建“海峡旅游区”的客源市场效应将首先体现在，能够大大吸引旅游区域内的福建居民的赴台旅游探亲，增加双方区域内的客源互送。同时，福建作为祖国大陆的沿海地区，经过 20 多年的改革开放，人民生活水平明显提高，已有较强的旅游消费能力。2006 年福建人均 GDP 达到人民币 18476 元，在全国排第 9 位。另一方面，构建“海峡旅游区”，实现两个区域内的旅游资源的整合，通过对旅游增长轴线的建设，将使得区域内的客源互送渠道更加便捷化，进而大大增加居民出行的积极性，使客源市场容量进一步扩大。

2. 吸引更多的区域外客源，特别是大陆其他省份的游客。

改善台湾旅游业所面临的出入境游不对称困境的另一个有效途径就是通过区域旅游合作吸引更多的区域外客源。其一，闽台两地构建“海峡旅游区”，共推

“海峡旅游”品牌，将使闽台两岸的旅游资源更具竞争力，强化对区域外游客的吸引力。其二，通过推动区域内的无障碍旅游，使其他省份的大陆游客体验更低成本的旅游，提高跨区旅游的积极性。特别是由于闽台邻近的特殊地理区位，福建历史性地成为大陆与台湾区域经济整合的桥梁和纽带。在构建“海峡旅游区”的过程中，福建将可成为海峡两岸人员交往的中转枢纽和集散中心。2006 年福建接待境内游客 6778.6 万人次，如果将其他省份的大陆居民赴闽的旅游线路延长到台湾岛内，就可大大增加台湾地区吸引客源的渠道。大陆游客可以选择自己所喜欢的“海峡旅游”线路，或者走“厦门——金门——澎湖——高雄”线路，或者走“武夷山——福州——马祖——台北”等线路进入台湾，花更少的钱体验更多的乐趣。此外，福建作为大陆的旅游大省，还有很大的境外客源市场容量，2005 年接待境外旅游者 197.4 万人次，而 2006 年则增加至 229.6 万人次，大幅增长了 16.4%。加强闽台旅游整合将大大扩大潜在的客源市场。

（三）实现区域内无障碍旅游，降低旅游成本

闽台两地构建“海峡旅游区”，通过对区域内的旅游增长点及增长轴线的确定，构建旅游区域网络，完成景点与景区间的对接及快速通道的建立，进而实现区域内的无障碍旅游，将在旅游时间及金钱上实现双重节约。

首先在交通运输方面，在当前两岸无法全面直航实现的背景下，“两门”、“两马”航线已成为台胞往返海峡两岸最重要通道之一。推动“海峡旅游区”的建立，很有必要将这一航线进一步推进至岛内，让福建居民或其他省份的大陆居民有一条赴台旅游的快速通道，实现游客在旅游区域内的方便流动，并且省时省力。同时，把厦门、金门、马祖等地建设成为两岸游客往来的中转站，也将大大促进这些旅游节点的经济发展。

其次，构建无障碍旅游区，要实现旅游车辆的跨境无障碍通行，取消对两岸旅游车辆的政策上限制并给予对方更多的优惠政策，如取消过路费、过桥费等导致旅游成本增加的政策，这样两岸的旅行社在报价上相对于其他旅游区域的报价也就更有竞争力，有利于吸引更多的客源。同时，旅游景点景区之间实现信息共享，共同协商推出“一票通”、“联网售票”等机制，有利于减少游客不必要的等待时间及享受更多的折扣优惠。

最后，在旅游宣传方面，闽台实现联合推广，可以避免重复性宣传，节约宣传费用。双方可以成立旅游促销推广专项资金，以共有的区域旅游品牌参加各地举办的旅游博览会、推广会等。

四、结　语

作为两岸关系发展过程中的新生事物，“海峡旅游区”正以强大的生命力孕育成形之中。它的发展壮大将十分有利于突破台湾旅游业发展的瓶颈、提升台湾旅游业的竞争力。展望“海峡旅游区”发展的前景，除了客观上面临相邻区域旅游区的竞争压力以及区内旅游资源同质性高的困扰外，更大的障碍是来自台湾当局主观上对两岸经贸往来及人员往来的种种政策限制。但是青山遮不住，毕竟东流去。顺应历史潮流的“海峡旅游区”将会在曲折的道路上不断向前迈进。

海峡经济区竞争性区域体系构建研究*

王　勇

竞争是动态的，它有赖于创新和寻求战略上的差异。随着经济全球化进程的加快，创新过程的基本要素已跨越了国界，成为全球性或区域性的要素。区域集聚为基于创新的学习型经济以及知识创造、传播和学习提供了最佳环境。创新体系最重要的潜力取决于地理位置上的邻近和技术上的接近，区域为技术交流、外部知识引进及学习机会提供了良好背景，因此，区域实际上已成为体现国家竞争力的主体。由此，如何有效挖掘区域特质，充分开发利用、改造和提升当地有形或无形的资源禀赋，将其由区域原生态材料转化为推动区域竞争力提升的内生滋养，进而加速推动该区域在全球经济一体化网络中强势搏击而崛起成为竞争性区域，凸显为各国区域发展战略的主旋律。

伴随着两岸经贸关系 30 年的发展，两岸经济的互补性和依存度不断提高，海峡两岸的经济整合已成为大势所趋。特别是目前两岸政治关系回暖和“大三通”的基本实现，为推动环台湾海峡的海峡经济区将迅速崛起，成为继长三角、珠三角、环渤海经济区之后中国又一重要的世界级竞争性区域，创造了条件。从竞争性区域构建理论视角探讨海峡经济区竞争性特质培育的重要内容及其建设着力点，具有重要意义。

一、竞争性区域构建的理论探讨

（一）竞争性区域的内涵

竞争性区域是拥有独特“地方品质”的区域，以创新和知识作为其发展

* 本文原载于《台湾研究集刊》，2009 年第 3 期。

的催化剂，重视基于更好地开发区域未利用的潜能和具有非竞争性和排他性的资产而产生的地方特定的外部性，集中提供改善“地方品质”，即地区整体的吸引力和功能、提高地方可达性等方面的集体产品，“创造”适合特定区域的经济和社会动力。

（二）竞争性区域构建的战略重点

1. 通过基础设施的升级改善可进入性

在竞争性区域内，通过基础设施的不断升级改善可进入性，将逐渐激发存在于不同市场的正外部性，如规模经济、范围经济、集聚经济、密度经济或网络经济，从而提高劳动生产率，促进资源的更好利用。与此同时，改善可进入性还将影响公司的生产区位、市场准入以及投资决策，从而增加区域税收和创造更多就业机会，推动区域吸引更多的外来投资。此外，可进入性的改善使当地企业可以接近多样化的劳动力市场，快速接近供应商和消费者，降低交易费用，不断拓展市场范围，进而引起区域运输流程和空间模式的变化，使基于高效、完善的基础设施网络之上的创新和专业化推动不同类型的空间积聚。

2. 培育竞争性企业

首先，拓展邻近性是催生企业区域竞争优势的关键。自然邻近和与此相伴而生的“区域文化”共享有助于区域内企业之间开展创新合作，形成共同的区域惯例、公共和准公共机构、劳动力市场等，成为区域创新体系的基石。在此基础上，通过创设高科技产业空间，为创新型企业提供培育创新的商业环境，从而促进区域创新能力不断提升①；其次，大力开展教育、研究和企业联合。近年来，企业为了应对技术创新竞争环境的压力，迫切需要与大学开展专门技术和研究合作以获得其智力支持。为此，科研院所开始在更广泛的领域与企业开展技术研究合作。许多高等教育机构（HEI）除了发挥其传统的教学研究功能外，正逐渐应对区域发展需求，积极参与区域管理、

① OECD. Building Competitive Regions：Strategies and Governance ，Paris，2005，pp. 26 – 50，http：// books. google. com/books？ hl = zh – CN&lr = &id = yy9sj_ FjI74C&oi = fnd&pg = PA7&dq = Building + Competitive + Regions&ots = EOwEZdRws9&sig = 6K9Q9rwSVtzB0cX96UxmSH – JyZw.

城市规划以及开展更为重要的与企业之间的协作，将自身转变为“企业家的摇篮”[①]；再者，应充分发挥技术院校对企业的技术服务作用。技术学院是区域创新战略的关键因子，专门为企业培养精细技术环节方面的专业人才。大多数技术学院的核心使命在于推动新技术的发展，而最具企业家精神和创新活力的技术学院则是激发新技术产生的原动力，确保充足的熟练劳动力流入到新技术增长需求旺盛的区域。

3. 促进创新集群的形成和发展

在市场条件下，创新型集群具有提供与区域专业化相关利益的潜力[②]。集群活动中生产力和工资水平要比非集群活动中的要高，集群提高了贸易部门对区域产出和工资的贡献程度[③]。集群政策是一种区域发展方法，是区域竞争政策的基石[④]，它侧重于支持由各合作方组成的地域网络。在实施集群政策过程中，筛选出特定时期重点发展的主要部门和具体产业，积极推动企业、大学和科研院所的合作，促进区域经济的快速增长。在集群战略的具体实施中，首先对区域的集群发展进行鉴别；其次，建立一站式集群发展服务中心；再者，建立集群发展技术中心和区域技术联盟；第四，鼓励开展创新集群发展领域的 R&D 投资，出台为各类企业发展服务的融资激励措施以及建立相关政府基金；第五，建立集群孵化器和技术集群中心，启动创新和商业投资项目来激发区域的创新和企业家精神；最后，在努力吸引外资促进集群发展而形成区域出口网络的同时开发区域特色品牌。

---

① OECD. Turning Science into Business: Patenting and Licensing at Public Research organizations , Paris, 2003, pp. 37 - 49, http: //www. epip. eu/papers/20031124/200411 _ conference/papers/Cervantes. pdf.

② OECD. Innovative Clusters: Drivers of National Innovation Systems , Paris, 2001, p. 7 - 19, http:// www. bth. se/tks/ctup. nsf/(WebFiles)/12E95BEA3697F838C1256F4A00598ECF/MYMFILE/InnovativeCluster%20oecd. pdf.

③ ［美］迈克尔·波特著：《国家竞争优势》，华夏出版社 2002 年版，第 139 - 145 页。

④ ［英］G. L. 克拉克、［美］M. P. 费尔德曼、［加拿大］M. S. 格特勒主编：《牛津经济地理学手册》，商务印书馆，2005 年版，第 257 - 279 页。

（三）竞争性区域构建的多级治理

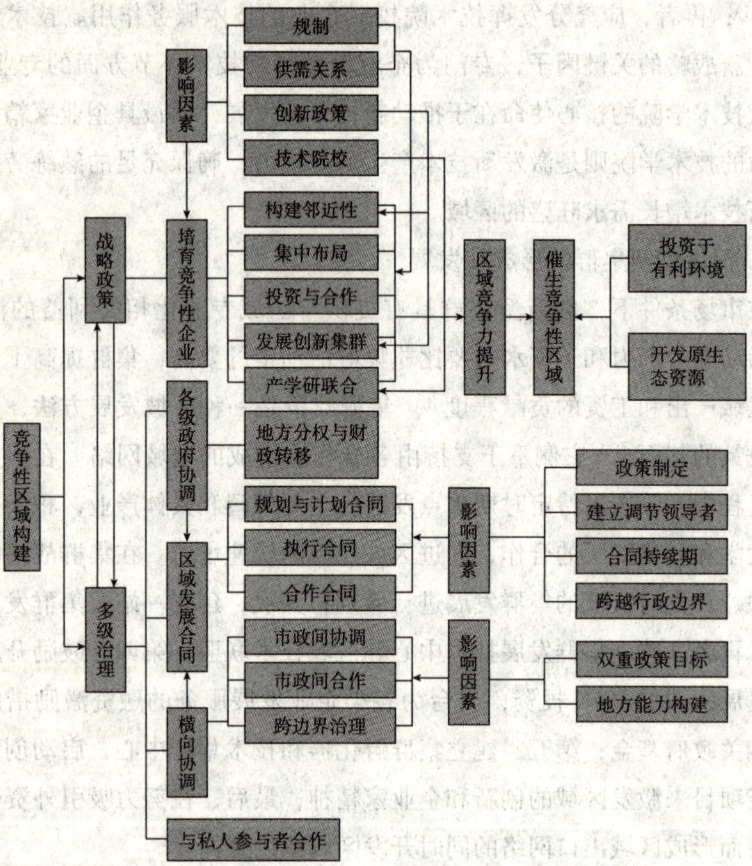

图1　竞争性区域构建的过程示意

在竞争性区域构建过程中涉及协调各参与方、各利益关系方实体甚至不同制度体系的小“生境”之间的利害冲突，从而推动区域管理模式更加多样和复杂化。为此，中央政府通过公共融资向各级地方政府进行财政转移，各级地方政府通过补偿一定程度超越管辖区的外溢收益来按比例划拨专项资金，或者按照地域人口和地理特征划拨专项资金来用于某种地方公共服务；各级政府间的财政关联集中体现在上下级政府间资金转移的制度机制上，其中，尤为重要的是各级政府间开展的合同式合作，主要有规划和计划合同、执行合同和合作合同，这些合同联系了地区、地方政策和国家优势，保持了公共政策制定和执行的连续性，有助于塑造地方施政能力，将服从政府政策与其他权力机构协商相协调，有助于处理制度冲突，提高了地方各部门间的合作，成为推动地方政府间横向合作的动力。与此同时，通过市政联合可以满足小城镇和中等城镇对于某些自身无法提供的大型设施和服务的需求，分担区域建设成本和降低投资风险，突出地区特性，有助于提升地方企业的竞争力；通过跨边界合作与治理及与此相伴的物质基础设施一体化将导致边界地区不同国家的核心区之间的时间距离不断减少，基础设施体系中的“缺失环节”得以建成，从而减少国家间的贸易壁垒，降低内部交易成本，推进地区在经济、社会、文化和制度等方面的高度一体化。此外，通过积极推动私营部门参与政策制定和不断增加公私合作来增强对区域创新的支持，强化对地方公务员的业务培训以提高其执政能力，很大程度上保证推进竞争性区域衍生的相关治理举措的成功落实（见图 1）。

二、海峡经济区竞争性区域特征发育现状考察

海峡经济区是以台湾海峡为纽带，以海峡两岸经济互补性、地缘临近性以及文化同源性为背景，以两岸经济功能性一体化发展为基础，两岸经济机制性一体化为共同远景的经济区域，是分居海峡两岸的大陆、台湾两个独立关税区之间经济一体化所形成的整体区域经济单元，其边界随海峡两岸生产、贸易网络的地域扩展而具有动态性①。本文所探讨的海峡经济区是指由以福建为核心的海峡西岸经济区及海峡东岸地区（包括台湾本岛和金马澎离岛地区在内）构成的环海峡经济区域。以闽台“五缘”关系及闽台经贸交流 30 年长足发展为基础，以“大三通”基本实现为契机，以“海西”建设为引擎，这一区域面临成长为竞争性区域的大好机遇。但就目前本区域的竞争性特质发育来看，还存在诸多问题，亟待改善。

---

① 石正方、邓利娟：《海峡经济区的空间演进：结构、特征与问题》，《厦门大学学报》（哲学社会科学版），2005 年第 5 期，第 77 页。

（一）基础设施网络建设有所推进，但海峡两岸连接性有待大幅提升

目前，海峡东岸由南北高速公路、纵贯铁路、机场等组成西部走廊，将台北、台中、高雄三大都市区的29座大小城镇联结在一起，沿1139公里海岸线建成高雄、基隆、台中、花莲、苏澳五大港口，内部交通网络通达性良好；而海峡西岸地区经过五年多来的“海西”建设，交通网络设施已有长足改善：厦门港、福州港、湄洲湾港、汕头港、温州港已成为全国重要的枢纽港，京福高速公路业已建成通车，纵横福建的5条国道都已改造为二级以上公路。此外，鹰厦铁路、横南铁路、赣龙铁路联通闽赣从而连接京福线、京九线，梅坎铁路连通闽粤，温福铁路、福厦铁路作为沿海铁路大动脉正在动工建设，厦深铁路则加快推进前期工作，由此，沿海铁路将贯通连接海峡西岸中心城市福州、泉州、厦门、温州与汕头，赣龙铁路连接京九线后使厦门从龙岩、赣州延伸到贵州，形成南方的“陇海线”，大大拓展了厦门口岸的腹地。与此同时，即将动工的向莆铁路不但为海峡经济区拓展了腹地，也为内陆地区在海峡西岸找到出海口。除铁路和公路外，海峡西岸还拥有福州、厦门、汕头3个国际机场和武夷山、泉州、温州、连城4个国内机场，基本形成较为完备的海、陆、空立体交通网络，极大地改善了台资企业和国内外企业在海峡西岸经济区的可进入性。

海峡经济区作为海峡西岸经济区与海峡东岸经济区域的整合区域，两区块的基础设施网络连接是区域对接融合的重要物质基础，是海峡经济区竞争性特质的重要内容和前提条件。从海峡经济区整体角度考察，过去由于两岸“三通”瓶颈问题的长期存在制约了海峡经济区的发育成长，使得以闽台为主体的海峡经济区的基础设施网络连接不通畅，虽然目前两岸“大三通”业已基本实现，闽台交通网络对接正在通过闽台对口港港际合作（包括海、空港）、“小三通”海空联运功能提升以及两岸航运模式创新（如客货滚装船）等向良性互动发展，但仍不能满足竞争性区域对基础设施网络通达性的基本要求。一方面海西对内陆区域的交通动脉应继续打通，今后首先应继续加快建设以海峡西岸主要港口为辐射中心的，畅通华南、华中、华东的海峡西岸综合交通体系。另一方面要进一步整合海峡港口资源，组建港口战略联盟体系，发展台湾海峡国际海运枢纽，大力发展海峡火车轮渡，尽早实现大陆与台湾铁路体系的无缝对接，尽快推进台湾海峡海底隧道项目实施，形成横跨海峡，连通大陆、台湾，延伸亚太的海陆综合运输通道。唯此，方能从根本上提升海峡经济区的可进入性。

（二）闽台教育、研究和企业合作初露端倪，亟待拓展深化

闽台高科技企业、科研机构和高校根据各自的优势，建立产学研联合科技创新体制，有效解决科技链与产业链脱节的状况，促进科研成果迅速市场化；同时，扩大信息传递密度与速度，降低单个企业的技术 R&D 风险，促进原始创新、合作创新与集成创新，实现闽台科技资源的优化配置，增强企业竞争力，培育竞争性企业，是海峡经济区区域竞争特质的重要源泉。

海峡经济区作为两岸区域经济融合一体的概念，凸显闽台产学研协作、共同培育区域竞争性企业的重要性。从现状来看，由于长期以来海峡西岸的投资合作主要以台企赴大陆投资为主，投资形式以独资为主，企业配套本土化及 R&D 本土化不够发育，技术还主要依赖台湾母公司供给，因此，虽然近 30 年的发展历程，闽台教育、研究和企业合作平台建设卓有成效，合作案例也日渐增多，但是实质性、深层次合作还只是初步发育，有待于拓展深化。例如，福建已逐步形成多个闽台产业 R&D 合作基地，如东南汽车制造基地、漳州闽台农业实验基地、厦门海沧石化产业合作基地，泉州对台轻纺建材产业合作基地、福建海峡两岸农业合作试验区、三明海峡两岸现代林业合作实验区、台湾学者创业园、海峡两岸软件示范基地等；从产学研合作模式来看，主要有：（1）R&D 合作，如台资福建士兴钢铁公司技术 R&D 长期依赖台湾母公司，无力进行新产品开发。通过与福州大学土木建筑设计院进行合作，联合开发出新型钢架结构技术，有效解决了企业的技术难题，开发出了具有良好市场前景的产品，使企业获得了巨大的收益；（2）企业战略联盟，即闽台高科技企业通过股权参与和契约联合结成资源共享、优势互补、风险共担的企业战略合作联盟。企业战略联盟通过共同 R&D、技术交换、供应合同、平衡投资、单项技术转让等使闽台企业相互学习交流先进技术，提高企业的 R&D 能力，增强企业的核心竞争力，有效地降低闽台企业国际化经营风险，使闽台中小企业能摆脱企业生产规模的限制，有效解决资金、技术、人才方面的制约因素，有助于闽台企业拓展国内外市场渠道；（3）联销合作，闽台企业通过采取联合销售、分销等形式，利用联盟伙伴现有的销售网络来降低生产成本，使产品在国内外市场树立起共同的品牌形象，扩大产品的知名度。例如，台湾传源公司与福建实达公司建立市场合作联盟，借助实达对市场行情的熟悉，共同对市场进行分析、预测，制定合理的市场战略，利用实达遍布全国的销售网络，共同开拓了市场。

综上所述，闽台在开展教育、研究和企业合作方面，还处于企业策略联盟阶段，尚未提高到产学研全面对接的深层次，存在着资源整合的巨大空间。仅以福建省为主的海峡西岸而言，有必要进一步加强人力资源的开发和引进，优化技术院校教育资源，建立和完善产业集群技术员工培训基地、职业技术学校，实现技术培训与职业教育紧密结合；同时大力从台湾引进适用的科技人才，推广开放式、委托式 R&D，鼓励通过“候鸟式”、客座、项目使用制等多种形式吸引优秀人才，鼓励和支持科技人员以自有专利和专有技术入股，为进一步加深海峡西岸和海峡东岸产学研合作提供组织保证和人才支持。

（三）台资主体型产业集群初步发育，闽台产业对接亟待深化

伴随着 1990 年代以来的创新全球化（Innovation Globalization），台湾经济日益面临着经济结构转型的压力，技术密集型工业在产业结构中的比重显著上升，制造业向大型化、集中化趋势发展。由此，近年来，闽台产业分工与合作正从垂直分工向水平分工发展。2007 年以来，以台塑、台玻、友达光电、东元电机等为主体的台湾石化、钢铁、机械等重化工产业和信息、生物制药、环保等新兴产业及生产服务业、金融服务业的台湾知名企业纷纷来闽投资，加速推动了闽台的产业对接。目前，福州和厦门的海沧、杏林、集美四个台商投资区业已成为两岸产业对接的集中示范区和大陆台资企业最为密集的区域。福建已初步形成以华映、冠捷、友达光电等为主体的电子信息产业集群，以东南汽车为典型的机械产业集群，以翔鹭石化、正新橡胶等为代表的石油化工产业集群以及漳州以漳浦台湾农业创业园为载体的台资农业产业集群。

与此同时，福建在与台湾开展产业对接过程中也相应地暴露出诸多问题，主要体现为：产业链配套不完善，资金支持力度不够，人才供应不充分，公共服务平台不健全，认识、组织机制和工作方法不到位，基础设施供给配套不齐全等。此外，伴随着台湾在金融海啸冲击下进行新一轮产业结构调整和升级，势必将推动台湾以光电子产业、软件业等较成熟的高科技产业向海峡西岸“迁移”，从而为海峡西岸和海峡东岸深化产业对接提供更多合作领域和业面。

（四）厦泉漳城市联盟试点带动海峡经济区协同发展，但亟待推至更高层次

城市联盟是发展壮大区域中心城市、培育区域经济发展增长极，进而带动区域整体协同发展的重要途径，也是在竞争性区域构建过程中有效协调各参与方利益、推动地方政府横向联合、提升跨边界治理效率的有效途径。2004年，福建提出重点构建海峡西岸三个层次的城市联盟①：（1）经济联系紧密的闽江口、厦门湾与泉州湾城镇密集区城市联盟；（2）漳州到宁德的闽东南沿海城镇密集带和沿闽江流域的城市联盟；（3）闽粤赣和闽浙赣等跨省市城市联盟。其中，厦泉漳城市联盟作为试点已于当年6月启动，在之后的2年多时间里，厦泉漳城市联盟重点开展了城市规划、交通、环保、旅游、海洋及省级以上风景区资源共享等方面的合作；签订了《厦泉漳城市联盟宣言》，成立了办事机构，建立了城市联盟市长联席会议制度；举办了《2005年中国·厦泉漳城市联盟高峰论坛》、海峡西岸金三角人居环境推介会；组织了中规院、泉州、漳州规划院编制了《厦泉漳城市走廊发展规划》；开创性地提出打造海峡西岸南翼城市群的新思路；促使龙岩市加入厦泉漳城市联盟。这些举措有助于“闽南新区”② 的形成，同时为海峡西岸更广泛区域的协同发展（包括跨省协同发展）提供典范。

尽管在厦泉漳城市联盟试点带动下，海峡西岸经济区协同发展态势良

① 叶飞文：《海峡西岸经济区发展现状、趋势目标、功能定位与发展对策》，载《2006年海峡西岸经济区发展报告》，社会科学文献出版社，2006年版。

② 李春兴：《建议在闽南设立中国第五个新区》，http：//news. sohu. com/20070304/n248490294. shtml。

好，但就成效而言，海峡西岸城市联盟还仅限于基础设施共建层面，区际间的商品与生产要素的自由流动、优化组合不够顺畅，缺乏统一的规划协调，产业布局缺乏层次和递补，合作多在传统项目，重点项目合作不足，在产业链延伸对接、现代物流业交融与发展方面也有待进一步加强和提升。而且从海峡经济区整体角度而言，推动跨海峡城市联盟发展对于促进海峡两岸经济区块对接、培育区域整体竞争性特质具有重要意义，不但海西城市联盟发展亟待提升至高层次，跨海峡城市联盟也应积极推进。

三、海峡经济区竞争性区域体系构建的着力点

综合前述对海峡经济区竞争性区域特征发育现状及问题的分析，可以针对性地确立海峡经济区竞争性区域构建的着力点，即应侧重于基础设施的协调与衔接、建立区域产业分工协作体系、创建厦金特区和福马特区、经济运行机制衔接、缔结台湾海峡城市联盟、开展以政府政策协调为中介的公私合营等六方面。

（一）以基础设施的协调与衔接拓展海峡经济区的区域邻近性

加强海峡西岸港口与内地交通、通讯等基础设施的衔接与协调，有助于解决直航口岸通往邻省和内地的“瓶颈”，拓展海峡经济区内部的区域邻近性。为此，海峡经济区的交通与通讯设施建设应以南中国区域和中南地区为腹地进行大网络规划，建成海陆空一体化的交通运输体系和现代通讯体系。随着两岸“大三通”的实现，近期应首先努力推进厦金大桥、金嶝大桥与海峡海底隧道建设的实施，建设福州、厦门等首批直航口岸通往邻省和内地的集装箱公路和铁路，扩建和技术化改造温州、汕头通往腹地的铁路和公路干线。与此同时，通过协调建设厦门至金门、福州至马祖的海底光缆，或联合租用经过台北与汕头的3号国际海缆，① 实现海峡两岸通讯设施的衔接。此外，台湾通过在福建沿海建设大型电站，合作建设金门、马祖的供水、供电

① 全毅：《构建台湾海峡经济区的几点思考》，《开放导报》，2006年第4期，第71页。

设施，以抵扣购买福建生活用水、用电费用。由此，在逐步协调两岸基础设施建设规划的基础上，将最终实现两岸基础设施的共建共享和全面对接。

1. 构筑台湾海峡国际航运枢纽区

海峡经济区拥有基础条件优良的港口群，以组合港模式发展海峡国际航运中心势必成为构筑海峡国际航运枢纽区的核心战略目标。大力鼓励与引导台湾海峡西岸的温州港、福州港、湄州湾港、泉州港、厦门港和汕头港和海峡东岸的高雄港、基隆港、台中港、花莲港和苏澳港之间逐步建立紧密合作关系，通过发挥各自的独特优势，逐步形成互补性强、辐射面广、分工明确、层次清晰、运行有序、服务门类齐全、设施现代化、管理先进的世界级大港口群体系。继续加快海峡西岸经济区港口的硬件和软件设施建设，为两岸港口之间更好的对接创造条件。继续加快海峡西岸的交通网络体系建设，提高海峡西岸交通体系的通畅度和覆盖度以及对外交通网络的对接度，使其成为有效支撑海峡西岸港口发展的交通网络体系。

2. 努力推进厦金大桥与海峡海底隧道建设的实施

修建连接厦门与金门的厦金大桥和修建连接两岸的海峡海底隧道是海峡经济区建设的根本性举措，一旦这些构想变成现实，海峡两岸就仅隔 1 个多小时的路程，其中，厦门与金门之间只有 5 分钟车程，海峡经济区两岸就能真正连为一体。

3. 在福建沿海地区为江西设置对台直通车道

江西省东部区域是海峡经济区内唯一没有直接面对台湾海峡的一个区域，是海峡经济区的重要腹地、向西辐射和关联的重要部分，又是海峡经济区中经济基础较差但发展势头良好的区域，而且它的资源和经济结构与海峡经济区内其他区域之间存在较大的差异性和互补性。在福建沿海的湄洲湾设置江西保税区和物流中心，将有助于江西东部区域经济更快地融入到整个海峡经济区经济中去，促进其经济发展和提高其经济开放度，同时为江西省直接开设出海通道和对台窗口，也有助于提升海峡经济区与我国中部地区的连接强度。

（二）以区域产业分工协作体系的建立推动创新集群的形成

目前，祖国大陆东南沿海地区劳动密集度高的加工出口业具有比较优势，与擅长中上游原材料与零组件产业的台湾形成优势互补。两岸“大三通”的实现，使两岸的航运成本大幅降低，人员往来更加便捷。势必带动更多的台湾加工企业到海峡对岸投资设厂，建立高效率、高品质的生产基地。同时，通过改善东南沿海的港口设施以及往来港口与生产基地之间的陆上交通系统，使台湾的供料厂商能在最快捷的运输、最低廉的成本之下与下游厂商配合。基于此，两岸间将就特定产业进行诸如原料、半成品、成品各生产阶段的分工，就企业功能在原料、生产、行销、R&D、设计等方面进行分工。同时，按照两岸间的比较利益来规划两岸分工生产的架构，从产品生命周期，将不同品质等级的产品配销到两岸市场，以台湾资金、商业化经验与大陆科技、市场相结合，形成新的产业分工形态。在依托台湾高科技工业园区、福建现有台商投资区、经济技术开发区、海峡两岸农业合作示范区等产业发展空间基础上，进一步孕育形成体现海峡两岸产业分工合作特色的，以IT产业和临港工业为主导的，富有竞争力的环台湾海峡沿海产业集群。

（三）以创建厦金、福马特区为样板形成海峡经济区梯度开放格局

厦门与金门之间、福州与马祖之间区位紧密相连、民间来往频繁、地理条件特殊，并都已实现了“小三通”。因此，通过特殊设计的制度安排，在厦门与金门县之间划出一个如翔安区的地方，以及在福州与马祖县之间划出一个如马尾区的地方，分别创建厦金经济紧密合作区和福马经济合作特区。对这两个经济合作区赋予类似准自由港定位，赋予更大的开放度，使其发展成为推进与固化两岸经济合作与交流的重要孔道。

（四）以经济运行机制的衔接催生海峡经济区协议式合作发展

随着海峡经济区内产业与基础设施衔接的加速，亟须相互间经济机制的衔接。通过移植借用台湾“合同法”、“投资法”、“专利法”、“仲裁法”等经济与法律制度，为台资企业在福建发展提供法律保障。同时，厦门、福州保税区可借鉴台湾出口加工区和高雄境外航运管理中心的管理经验，加快“两区”对接步伐。在口岸管理上借鉴台湾体制，加强协调，使通关更为快捷，高效和经济。与此同时，通过市场交易的方式，整体收购或兼并技术含量高的研究机构、技术项目或生产企业、引进一流的核心技术和人才；通过各种灵活协议方式吸引台湾高科技人员来海峡西岸工作，实现技术成果的共享与开发；建立科技协同机制，在学术研究、科学普及、科技人才资源开发和流动、维护科研人员合法权益等方面展开合作；进一步完善知识产权保护法，推动建立区域科技共同标准。此外，通过共同建立 R&D 机构、就某科技项目进行共同 R&D 等，促进民间科技合作与交流向更高层次和领域发展。

（五）以缔结台湾海峡城市联盟促进海峡经济区市政联合

鼓励与引导海峡东岸的台北、台中、台南和高雄等城市与海峡西岸的温州、福州、泉州、厦门和汕头等城市之间，单独、两个或多个、群体或整体建立城市联盟，发展一对一的紧密的经济与社会交流合作关系，形成对口合作交流的城市协作体，促进城市间的交流，在两岸之间率先实质性地启动两岸直接、双向“三通”，互惠互利，共同发展。鼓励与引导海峡两岸的县乡之间发展对口交流关系，通过合作交流促进县乡经济发展。在较低一级行政级别和基层的区域之间开展交流，以更加直接地联系地方利益，有利于调动地方参与海峡经济区建设的积极性。

（六）以政府间的政策协调为中介带动海峡经济区内部公私合营

随着两岸经济交流的深化，相互之间的矛盾与冲突也将随之增多。为了保证经济合作顺利，有效地推进、加强彼此之间的沟通和协调，两岸正在逐步建立经贸合作论坛以及各种地方政府支持的民间交流与合作机制。以此为契机，福建省可通过向行业协会授权，使行业协会拥有更多的自主权而更具“民间性”、“事务性”和“功能性”，使行业协会真正成为企业的代言人，①以民间性、事务性、功能性在两岸经济合作协商领域发挥作用，由此进一步扩大两地行业协会与民间组织及地方政府的交流与沟通，建立起从民间、行业中介组织与官方的协调机构，推动两地政策与管理的协调，促进两岸经济的协调与发展。此外，地方政府通过组建跨行政区域的，两岸民间资本相互参股的股份制集团企业开展民营资本的直接合作，促进家族资本和社会资本的融合，增强开放性，从而可有效打破区域封闭格局，优化区域资源配置，

① 石正方，刘严毅：《海峡经济区区域治理管见》，《台湾研究集刊》，2007 年第 4 期，第 18 页。

实现海峡经济区综合竞争力的提升。

四、结 论

竞争性区域实质上是以学习型产业区作为外在表现形态而存在的微型区域创新系统。这种网络化的区域创新体系依赖于大学、研究机构和企业之间开展的紧密合作，以及企业之间，企业和政府机构建立的基于公私合作的网络化联系。竞争性区域的构建过程体现为集中提升区域竞争力的战略政策要点和与此相配套实施的多级治理措施的高效统一。通过拓展地区邻近性、开展教育、产业和研究机构之间的密切合作以及充分发挥技术院校向企业的技术转移等智力溢出效应，以此来培育区域竞争性企业的形成和发展；通过对区域独特品质、要素禀赋的深度挖掘来推动当地创新集群的发展成型。与此同时，由地方分权推动下的财政转移、市政联合、公私合营等要求区域各关系方之间开展平等的合同式合作，而存在明显制度差异的边界地区，跨边界治理成为建设竞争性区域的关键环节。此外，地方公务员的培训以提升执政能力则成为落实竞争性区域构建各项发展要素的不可或缺的治理因素。

海峡经济区是经济全球化下两岸区域经济长期整合的必然结果，业已显现出基础设施网络日趋完善对企业可进入性的改善，闽台教育、研究和企业的合作平台初步建立促进竞争性企业形成，基于台商投资区的闽台产业初步对接推动台资企业为主体产业集群初步发育，以厦泉漳城市联盟为试点的区域经济协同发展初露端倪等特征，未来提升空间较大。基于此，海峡经济区应进一步从基础设施的协调与衔接、区域产业分工协作体系建立、厦金特区和福马特区创建、经济运行机制衔接、台湾海峡城市联盟缔结、以政府政策协调为中介的公私合营深入开展等方面来构建竞争性区域配套体系，从而推动海峡经济区迅速崛起成为中国乃至世界新兴的竞争性区域。

第五篇　大陆涉台经济研究历程与方法回顾

海峡两岸经济关系研究30年回顾与启示*

李　非　曾文利

海峡两岸经济关系研究作为台湾问题研究的重要课题之一，是区域经济学与世界经济学、国际经济学等学科相互交叉和涵盖的特殊的研究领域。从20世纪80年代初期起，在两岸关系逐渐趋于缓和与恢复的形势下，海内外对两岸经济关系的研究也开始起步，并逐步展开和深入。近30年来，研究发展随着两岸经济交流与合作进程，先后经历了三次热潮，逐步建立了较为完整的研究体系和研究基础，并初步形成了较为完备的研究梯队。

一、海峡两岸经济关系研究的进程和特色

(一) 研究进程

海峡两岸经济关系研究伴随着两岸经济交流与合作的全过程。从20世纪80年代开始起步，至90年代形成规模，再至21世纪初期日益兴盛，先后出现了三次研究热潮。

1. 第一次研究热潮（80年代）

学界对海峡两岸经济关系的研究始于20世纪80年代初期。自1979年全国人大常委会《告台湾同胞书》发表后，“和平统一”政策逐步深入人心，两岸经济关系逐步从相互封闭走向有限的开放。当时，两岸经济关系主要表现为通过香港的转口贸易以及少量台商以迂回的方式对大陆进行隐蔽、零星、分散的投资，数量和规模都相当有限。至80年代中期，以台湾解除外

---

* 本文原载于《台湾研究集刊》，2009年第1期。

汇管制和开放民众赴大陆探亲为转折点，两岸经济交流开始由暗转明，贸易和投资数量逐步增加。1988年6月，国务院公布了《关于鼓励台湾同胞投资的规定》，许多台商把大陆沿海地区作为加工出口基地，以“台湾接单、大陆生产、香港转口、海外销售”的模式，大量转移岛内的夕阳工业，即以轻纺为代表的劳力密集型产业。人们对两岸贸易、台商投资等一些经济交流现象开始关注，一批经济学者纷纷开展对此相关问题的研究。

从80年代陆续发表和出版的有关两岸经济关系研究的论文和著作看，当时这一领域的研究出现了第一次高潮，有影响的重要学者有北京的李家泉、天津的李宏硕、厦门的陈永山、张兆荣、福州的金泓汎、港澳的黄连枝、日本的刘进庆、美国的郑竹园、台湾的高希均等，代表性著作有金泓汎主编的《海峡两岸经贸关系展望》、姜殿铭主编的《大陆与台港澳的经济关系与合作》。作者正是在这一研究热潮的影响下，对两岸经济关系发生了浓厚的兴趣，开始涉足这一研究领域，并发表了数篇相关论文和研究报告，主要涉及两岸贸易关系等方面的问题。

2. 第二次研究热潮（90年代）

以90年代初邓小平南巡讲话和中共“十四大”确立社会主义市场经济发展方向为契机，台商在“求发展、逐利润”的强烈驱动下，采取各种不同方式，继续扩大对大陆的投资。1990年1月，台湾公布《对大陆地区间接投资或技术合作管理办法》，有条件地正式开放台商间接对大陆投资。大陆新增台资在深度和广度上都出现变化，不仅产业形态不再限于加工出口业，而由劳力密集型扩展到以石化为代表的资本密集型，更重要的是，台商通过在上海等地设立投资据点，占领大陆市场的商务活动不断出现。这一时期两岸贸易关系也发生变化，两岸经第三地（港澳、日本、韩国等地）的转运贸易迅速发展，逐步取代80年代兴盛的转口贸易（主要经香港的转口）。

随着两岸经济关系发展日益活跃，学界对两岸经济关系的研究又形成了第二次高潮，研究范围也从两岸贸易扩展到台商投资、产业对接和区域合作，研究触角从经济交流层面延伸至经济合作层面。90年代中后期，随着香港、澳门相继回归中国，解决台湾问题，最终完成祖国统一大业日益紧迫。

在新的形势下，如何进一步密切两岸经济联系，成为新的重要研究课题。在这一时期成长或出现的学者陆续发表和出版大量有关海峡两岸经济关系研究的论著，具有一定影响的学者有北京的刘震涛、殷存毅、周志怀、华晓红、刘雪琴，天津的曹小衡，上海的陆德明、周忠菲，厦门的林长华、韩清海、翁成受，福州的严正、吴能远、林世渊，广州的冯邦彦，台湾的高长、高孔廉、李诚、林祖嘉、张五岳、魏艾、陈德升等。代表性著作有李宏硕的《海峡两岸经贸关系研究》、顾铭主编的《闽台经贸关系研究》、唐树备主编的《合则两利—两岸经济关系研究论文集》等。作者也在此间出版了专著《海峡两岸经贸关系》（1994），并先后发表了10多篇相关论文。

3. 第三次研究热潮（21世纪初期）

进入21世纪，台商在大陆的投资活动逐渐形成新的高潮，不仅数量大幅增加，而且集聚规模也不断扩大。尤其是在两岸相继加入世贸组织后，台商对大陆的投资进入新的快速增长期，以电子资讯为代表的技术密集型产业大量涌入，从以往单打独斗转为集体合作，从最初的“跑、带”战略转变为“生根”战略。至2008年年底，大陆台资企业累计约有7.6万家，台商数量超过100万人，协议投资金额达2000亿美元，实际到资近千亿美元（含第三地中转台资）。这些台资企业甚至台商，都成为学者关注和研究的对象。许多研究机构和学者不仅从宏观角度关注一般的经济交流现象，更把研究触角伸至台资企业产业链、台资企业管理等具体问题。如清华大学台湾研究所、汕头大学台湾研究所等研究机构，就比较注重从微观的角度，具体分析台资企业的相关问题。在两岸经济交流热潮的带动下，两岸经济关系研究进入了第三次高潮，尤其是在国共两党会谈后，两岸经济合作先行、发展共赢的倡议，再次受到各界的关注，实现两岸经济关系正常化的相关研究层出不穷，并涌现出大批学人，出版和发表了大量的研究论著。重要学者有北京的张冠华、王建民、孙升亮、朱磊、李保明，上海的盛九元、钟焰，厦门的邓利娟、赵玉榕、石正方、唐永红，福州的单玉丽、林卿、朱斌、蔡秀玲、陈萍，广东的陈恩、徐宗玲，香港的宋恩荣，台湾的许振明、蔡宏明、李纪珠、陈云、熊正一等。这些学者对两岸经济关系的研究都具有一定的代表性，但各所切入问题的角度以及立场不尽相同。代表性著作有郑竹园的《加入 WTO 后两岸经贸关系展望》、高希钧等的《两岸经验 20 年——1986 年以来两岸的经贸合作与发展》、陈德升主编的《经济全球化与台商大陆投资》、高长的《大陆经改与两岸经贸》、唐永红的《两岸经济一体化问题研究》等。作者在此间也先后出版了《海峡两岸经济合作问题研究》（2000）、《两岸经济一体论》（2002）、《加入 WTO 与两岸经贸发展》（2003）和《海峡两岸经济关系通论》（2008）等 4 部专著。

（二）研究特色

目前，大陆对海峡两岸经济关系的研究大致形成北、南两大重镇。一是以中国社会科学院台湾研究所为代表，包括清华大学、北京联合大学、北京大学、中国人民大学、南开大学、天津大学、北京市社科院、天津市社科院等高校和研究机构的学者，长期关注两岸经济关系的发展动向和走势，侧重动态性的应用研究，具有浓厚的智囊色彩；另一是以厦门大学台湾研究院（中心）为代表，包括福建省社科院、福建师大、福州大学、上海市社科院、复旦大学、南京大学、东南大学、浙江大学、华侨大学、暨南大学、中山大学、广东省社科院等高校和研究机构的学者，开展以学术研究为主的基础性和专题性研究，注重基础研究与应用研究相结合的综合研究，长期关注两岸区域经济合作问题，具有浓郁的区域和地方色彩；其他如武汉、南昌、重庆、成都等地对两岸经济关系的研究也具有一定实力，但侧重点各有不同。

厦门大学台湾研究院（中心）作为全国最早成立（1980 年 7 月）的台湾问题研究机构，在海内外享有较高的声誉，先后培养了区域经济学专业两岸经济关系等方向的博士生 33 人、博士后 5 人、高级访问学者 3 人，部分研究者成果丰硕，在学界已崭露头角，如彭莉、石正方、唐永红、戴淑庚、张传国、李鹏、段小梅、王鹏、张玉冰、赖文凤、刘澈元、熊俊莉等。本机构研究人员先后出版有关两岸经济关系的专著 10 多部，论文数百篇，内容涉及入世对两岸经贸的影响、两岸经济竞争力比较、两岸贸易关系、台商投资问题、两岸金融合作、两岸农业合作、两岸企业交流等议题；研究成果受到学术界的高度评价，荣获国家、省、部级社科优秀成果奖 20 多项；承担国家、省、部级相关科研项目30多项，调研成果多次获国家、省、部领导的肯定和表彰。2001年初，在厦门大学台湾研究所的基础上，吸收校内外著名的两岸关系问题研究专家组建的厦门大学台湾研究中心，被正式授予“教育部人文社会科学百所重点研究基地”称号；2004年改制后的台湾研究院进一步成为国家“985工程”二期台湾研究创新基地，大大增强了研究功能，扩大了研究范围，并以项目带动科研，开展学术交流与合作，更好地为社会和政府部门决策服务。

二、影响海峡两岸经济关系研究的理论思潮

海峡两岸经济关系研究深受各种经济理论思潮的影响。在世界范围内，各种与经济交流和合作有关的理论思潮都反映和折射在两岸经济关系研究中。具体而言，影响两岸经济关系研究的理论思潮主要有以下几种：

（一）经济市场化理论思潮

20世纪70－80年代，由于全球统一市场渐趋形成，市场机制逐渐成为国际范围内经济交易与合作的共同机制，由此，市场化思潮成为全球范围内占据主导地位的经济思潮，海峡两岸经济体也深受其影响并在经济体制上产生了相应的变动。从总体上说，“市场化就是市场机制在一个经济中对资源配置发挥的作用持续地增大，经济对市场机制的依赖程度不断加深和增强，市场体制从产生、发展到成熟的演变过程”。① 但是，由于两岸经济发展程度不一，经济体制演进阶段各异，市场化推进也有不同特征：台湾从20世纪50年代后期开始逐步建立市场经济体制，但经济中的计划成分仍然很大，70年代一批留学欧美的学者回台后大力传播西方经济自由化思潮，市场化进程加快，至1984年台湾当局开始推动经济自由化、国际化、制度化的“三化”路线；大陆从70年代末开始实行改革开放的政策，逐步推进经济体制改革，市场化取向的改革浪潮由此启动，体制转型先后经历了“计划经济体制——计划为主、市场为辅——有计划的商品经济——社会主义市场经济”

① 陈宗胜：《中国经济体制市场化进程研究》，上海人民出版社，1999年版。

等发展阶段。

因此，“市场化有两种理解，一是发展意义上的市场化，二是改革或者转轨意义上的市场化”。[①] 对台湾经济体来说，市场化的主旨是自由化；“市场化的过程就是消除一切特权与歧视，确立平等契约、平等参与、平等竞争的市场规则的过程，也是交易规模日益扩大，合作范围不断扩展的过程。”[②] 对中国大陆来说，市场化的主旨在于完成由计划经济体制向市场经济体制的转轨。两岸对市场化的理论认识与推进方式虽然不同，前者更注重市场化演进中市场规则对经济主体权利的保障作用，而后者更强调市场化的体制演化性质，但两者或从过程或从前提均承认市场体制对资源的配置作用。体制的市场化确立了两岸共同的价格机制，奠定了两岸经济关系发展的体制基础。鉴于两岸经济关系是一种以市场原则为取向、以双方经济利益需要为动力的经济联系，在开展两岸经济关系研究过程中，越来越多的大陆学者逐步摆脱计划经济的思维，根据市场机制运行等相关理论，研究和分析两岸经济交流与合作的发展进程、基本特点、主要形式和发展规律等问题。

（二）经济全球化理论思潮

20 世纪 80 年代以来，由于信息技术的飞速发展，现代意义上的世界市场逐渐成形，全球化思潮逐步出现。到了 90 年代，以资本全球化为中心的全球化浪潮逐步成为在全球占有主导地位的经济思潮。全球化思潮催动的新产业革命和市场理念扩张，导致了世界经济结构的调整。在经济全球化条件下，由于世界市场的完全形成，市场化不仅仅局限于经济体内部，而是突破单个经济体固有的经济边界，以全球经济一体化为表现方式。为适应全球化条件下经济运行方式的变革，谋求一体化经济中规则的运用权与制定权，各经济体都力图参与世界经济一体化组织，为自身发展创造条件。世界贸易组织（WTO）作为囊括全球主要国家和关税领域的“经济联合国”，代表着经济全球化的发展方向。

---

① 王全斌：《关于我国市场化进程的研究》，中国经济时报，2002 年 7 月 20 日。

② 张曙光：《市场化及其测度——兼评（中国经济体制市场化进程研究）》，《经济研究》，2000 年第 10 期。

中国大陆自改革开放以来，经济高速发展，综合实力日益增强，对外经贸异常活跃。同时，中国的经济监管与承受能力也逐渐增强。在此背景下，为充分掌握全球化条件下经济发展的主动权，中国于2001年12月11日正式加入WTO。入世后，中国大陆的对外开放从深度到广度都出现重要转变，即从有限范围和有限领域的开放转变为全方位的开放，从以试点为特征的政策主导下的开放转变为在法律框架下可预见的开放，从单方面为主的自我开放转变为与世界贸易组织成员之间的相互开放。随着中国大陆经济的市场化程度日益提高，各项有关投资、贸易的法律、法规进一步健全，政策措施的透明度逐步增强，对台商的吸引力也不断增强。大陆有关研究如何扩大利用台资的论著，更多地从改善投资软环境的角度去探讨，如建立完善的投资管理机制、税收机制，改革进出口贸易管理体制，规范许可证管理以及进出口商品检验制度等。

在经济自由化、国际化政策的推动下，台湾也构筑了自己的国（区）际经贸网络，与主要经济体，如美国、日本、欧盟、中国大陆等逐渐形成了依赖程度不同的经济关系。2002年1月1日，台湾以“台湾、澎湖、金门、马祖单独关税区”（简称“中国台北”）的名义成为WTO第144名正式成员。入世后，由于台湾的大陆经贸政策在许多方面与世界贸易组织的基本精神相抵触，有悖于公平贸易与自由竞争的原则，台湾许多学者和有识之士纷纷发表文章，建言和呼吁台湾方面开放两岸直接“三通”，放宽台资流向大陆、大陆商品入台等政策。

两岸参与国际经济一体化组织，为两岸经济关系发展构筑了共同的规则基础。随着两岸经济逐步融入国际经济社会，台商在大陆的发展空间进一步扩大，投资的政策障碍也逐步消除，从而促进两岸经济在国际分工的基础上形成一个有着内在联系的有机整体。因此，海峡两岸相关学者纷纷开展入世对两岸经济关系发展的影响，如入世后两岸关税的持续调降以及非关税措施的减少，对两岸生产要素流动和经贸关系正常发展的影响；两岸如何依据WTO的有关内容，就经贸合作进行相互协商，同时利用WTO有关规则解决经贸纠纷与争端；两岸如何根据世界贸易组织的基本规则开展经济交流与合作，进行投资与贸易活动，共同融入全球经贸与国际分工体系等。

（三）经济区域化理论思潮

经济区域化思潮发端于区域主义或称地区主义（The Regionalism），它是一定区域内的若干国家和地区为维护本国和本区域的利益而进行国（区）际合作与交往的总和，是伴随着区域组织的大量出现和区域合作实践的发展而产生的一种意识形态或思潮。经济区域化同时也是经济全球化的伴生物，是经济全球化在相邻地理空间的表现。可以说，全球化的模糊定义和无所不包所产生的地区利益与地区问题，催生了区域主义，尤其是新区域主义。为了获得更多经济利益和相对优势的分工地位，各国都非常注重综合国力的提高，因而那些地理位置邻近、经济上依存度较高的国家形成新的区域联盟，来增强自身经济能力和在国际经济中一致对外的谈判能力。近年来，区域经济组织的大量涌现就是这种思潮的反映。经济区域化的具体表现方式是区域经济一体化，由功能性一体化走向制度性一体化，是区域经济合作走向成熟的标志，区域经济一体化组织中的宏观行为主体一般为主权国家。

鉴于 APEC 组织的非机制性等特点，在 1991 年 APEC 新加坡会议上，经中国政府与 APEC 成员各方协商并达成谅解备忘录后，中国政府同意台湾以地区经济体身份加入 APEC。这是台湾参加区域经济一体化组织的初步尝试。为进一步因应经济区域化潮流，台湾试图与美、日以 WTO 成员身份签洽协定，与东盟国家建立一体化协定。目前，台湾虽与新加坡、印尼、越南等东盟国家在投资保障和避免双重课税方面签订了协定，但在实质的一体化制度安排上未有任何进展。有关学者在探讨台湾参与某些区域性经济组织时，提出了各种方案和可能路径：如在遵循“一个中国原则、平等互利原则、政经暂时分离最终结合原则、灵活简便与循序渐进原则、符合 WTO 规则原则”的基础上，与中国主体建立一国之内不同关税区的制度性一体化，以一体化整体与其他一体化组织建立新的一体化经济；① 在遵循“一个中国”原则的基础上，协商结束两岸敌对状态，根据两岸经贸发展需要，在条件成熟时，

① 唐永红：《WTO 下两岸经济一体化的法律定位、依据与原则》，《台湾研究集刊》，2006 年第 4 期。

经中央政府授权，以中国主体下的地区经济体与其他经济体构筑一体化制度，在特定权限下拓展国际经济空间。

中国大陆继与东盟签署10+1、与东盟、日、韩签署10+3协议，积极融入东亚经济一体化外，2003年6月、10月，又分别与香港、澳门签署了《关于建立更紧密经贸关系的安排》（CEPA），开创了国家主体与单独关税区经济一体化的新模式。CEPA的实施，实现了内地与港、澳初步的制度性经济一体化，也为两岸经济一体化提供了范例。台湾岛内也有学者和政党领导人就两岸经济关系发展提出共同市场或自由贸易区以及综合性经济合作协议（CECA）等构想。可见，海峡两岸有关研究均受到经济全球化和区域化思潮的影响，并提出了一些因应区域化的政策措施，但效果不一。大陆的主要问题在于内部区域发展不平衡，影响一体化进程；台湾的主要问题在于参与经济一体化的宏观主体资格缺失。但从总的趋势看，两岸经济的功能性一体化已然形成，客观形势的发展必然要求突破政策藩篱，实现两岸经济的制度性一体化。

（四）民族化思潮

经济全球化和区域化促进国家或经济体之间的经济合作，但并不排斥与否定民族国家的存在，相反，区域化的过程往往是同一民族、同一文化经济体在更大地域和范围的经济融合过程。因此，全球化、区域化的发展在一定阶段可能导致民族化思潮的高涨，为民族化思潮的形成创造条件。事实上，民族化思潮贯穿两岸经济合作始终。两岸同文同种，虽因历史和政治原因暂时隔绝，但两岸同属一个中国、同为中华民族、共荫中华文化的事实不会改变。这种文化与血缘关系至今在两岸经济合作中仍发挥重要的作用，促使两岸中国人无论面临怎样的情况都会息息相通，从而在经济上采取合作的态度。早在1980年，香港学者黄枝连就预言，在80年代后期，亚太地区将有可能出现一个“中国人共同体”。自此，两岸四地的学者相继提出大中国经济圈、中华经济协作区、中国人经济圈、两岸共同市场等经济协作系统构想，欧美一些学者也敏锐地捕捉到兴起中的中华文化潮，提出一些两岸四地经济合作的构想。90年代后期，时任台湾“行政院长”的萧万长先生提出两岸“共同市场”的构想，当时虽未获大陆正面回应，但在2005年国共会谈公报中最终得到大陆的正式回应，有望在两岸政治关系缓和的情势下得以实施。两岸深厚而密切的人缘、亲缘关系，对加强区域经济合作具有强大的凝聚作用。海峡西岸是台湾民众的主要祖籍地。在台湾人口中，讲闽南话的占75%，讲客家话的占13%，两种语系的人口构成了台湾移民社会的主体。由于血缘相亲，语言相通，民情、风俗相近，不少姓氏宗族也相同，从而孕育了独具特色的民俗文化。这种一脉相承的人文关系，为两岸经济合作提供天然的纽带。可以预见，随着全球化、区域化的发展，民族化思潮也将以不同方式得以表现，两岸经济合作将具有更深厚的民族精神与民族文化基础。

上述可见，两岸经济关系研究深受国际范围内各种经济理论思潮的影响。这些思潮既有历时性，又有共时性，在作用空间上也体现出一些均质性和异质性。在这些特点的作用下，两岸经济关系研究虽然未完全按上述理论思潮的变迁而演进，但仍有一个大致的发展轨迹，这种轨迹体现为一种总体趋势，那就是对两岸经济关系的研究从初期注视经济交流衍生的相关问题，到中期关注经济功能性的一体化问题，再到后期重视经济制度的一体化问题。

三、海峡两岸经济关系研究的几点启示

海峡两岸经济关系是一种以双方的经济利益需要为动力，以民间企业投资为形式，以产业分工和对接为内容，逐步走向市场化和规范化的特殊的经济交汇。这种经济关系的性质决定了它的研究定位和方法、研究意义和作用以及它的研究角度和方向。

（一）关于研究定位和方法

海峡两岸经济关系的研究定位具有一定的特殊性。其之所以特殊，是因为：一方面，它在性质上属于中国主体与其尚待统一的特殊地区——台湾单独关税区之间的经济关系，是一个国家内区域之间经济交流与合作的问题，基本上归属区域经济学的研究范畴；另一方面，由于两岸在政治上还暂时处于分离状态，在经济体制上又具有明显的差异性，它在运行方式上还带有自

己的特点，基本上按照特定的国际分工模式、国际经济惯例和对外经贸制度运行，因而又可用国际经济学和世界经济学的理论进行解释。

海峡两岸经济关系的特殊定位，决定了两岸之间所有的经济行为和活动，既不能违背“一个中国”原则，有关合作事宜可以在“九二共识”下通过协商加以解决，同时又要遵循市场经济法则、国际经济规则和 WTO 基本准则，促进两地经济的密切联系，为两岸经济共同发展和繁荣服务，更要贯彻“以经促政”的政策，为推进两岸关系和平稳定发展和中华民族振兴服务。

海峡两岸经济关系研究必须坚持以马克思主义基本经济理论为指导，以区域经济学、世界经济学和国际经济学为理论基础，适当参考西方经济学、数量经济学等学科的理论与方法，牢牢把握两岸关系和平发展的主题，准确掌握两岸经济关系发展的基本脉络，努力揭示两岸经济关系发展的客观规律。

具体研究方法包括：以历史分析法论述两岸经济关系发展的进程和特点，通过系统分析法探讨两岸经济关系发展的模式和走向，运用结构分析法阐述两岸经济关系发展的层次和架构，采用定量分析法，通过建立经济计量模型，分析两岸经济关系的量化指标及其相关系数，以比较分析法考察两地经济此消彼长的发展趋势等。

（二）关于研究意义和作用

在经济全球化和区域化趋势下，国（区）际经济竞争逐渐演变为各种比较利益的较量，各国或地区充分利用自身的资源优势，在一定区域内构筑互补、互利和互惠的经济合作关系，已成为世界经济发展的潮流。因此，两岸经济关系研究不能仅局限于台湾或大陆两个视角，而应从环球经济一体化和区域化的大视角，将视野扩大到周边区域以至全球范围，并将台湾经济与大陆经济作为一个有机的整体加以考察，通过区域联系和区域分工理论，认识和掌握两岸经济关系发展中出现的新的条件、特点、形势和趋势，阐明在一个国家范围内，不同政治、经济体制下特殊地区之间的区域经济合作问题，揭示两岸经济关系的内在联系。两岸经济作为一个中国架构下的两个单独关税区，在性质上属于一个国家范围内特殊的区域经济范畴，其发展与整合趋势与中国的和平统一进程密切相关。两岸经济合作既不同于国际间的经济合作，也不同于国内同一政治、经济体制下的区域经济合作。这一理论框架或研究模型，同样也适用或有助于研究港澳与内地的经济合作问题。

海峡两岸经济关系是在市场经济原则下，两地生产因素基于追求最佳利润或比较利益而进行的相互交流与结合。它不仅隐藏着巨大的发展潜力，而且具有明显的发展效能。两地经济交流互相调适，各尽所能，各取所需，越来越趋紧密。两岸经济联系的不断加深，决定并规范着未来两岸关系的发展趋势。两岸经济关系的发展方向，必须是互利互惠的正和博弈，以利于两岸经济交流规模的扩大和合作层次的提高，实现两岸经济在各个领域、各个层面的全面合作和共赢。两岸经济关系研究的理论意义在于，探索在新的世界经济形势和发展格局下两岸实现经济资源优化配置的途径、方式及特点，建立推动两岸经济交流与合作的理论模型，从而有助于丰富区域经济学、国际经济学的研究内容和方法，如一个国家内特殊地区之间的区域经济合作问题，为进一步完善中央提出的“两有理论”和“两岸命运共同体”提供理论依据。

深化两岸经济合作，是实现两岸经济共同发展和繁荣的必由之路，也是两岸同胞的共同利益所在。因此，从维护和扩大两岸同胞的共同利益出发，应尽快排除政治干扰，消除政策障碍，积极推动经济关系正常化和各种形式的经贸合作事宜。据此，两岸经济关系研究的实践意义在于，通过相关分析，总结海峡两岸经济关系的发展模式和特征，阐明两岸经济关系的发展趋势，揭示台湾经济与大陆经济之间的内在联系，论述两岸经济整合与两岸关系和平稳定发展的互动关系，为政府有关部门掌握两岸经济关系发展脉络和制定有关涉台经贸法规、政策提供参考数据以及可操作性的对策建议。

在未来相当长的时期内，两岸经济交流与交融是无法阻挡的趋势。根据国际经济形势和大陆、台湾经济发展趋势，加速推动两岸经济关系发展，进一步密切两岸经济联系，增强祖国大陆对台湾的吸引力，进而形成“你中有我，我中有你”和“两岸命运共同体”的发展格局，不仅对两岸区域经济合作和中国现代化建设具有重要的经济意义，更重要的是，对促进两岸关系稳定发展具有深远的政治意义。

国家统一是一个长期而艰巨的过程。祖国大陆只有不断加强以经济实力为基础的综合国力，包括科技实力、军事实力和文化实力在内的“软实力”，才能在日益激烈的国际竞争中发展壮大，从而使两岸关系不断朝有利于国家统一的方向发展。发展两岸经贸关系对大陆社会经济建设和综合国力的增强是有益的，贡献也是显著的。两岸经济关系研究应贯彻“以经促政”的政策，通过政治与经济关系的分析，论述两岸经济关系对政治关系的影响，提出在一个中国架构下，根据世贸组织规则，建立两岸经济互补、互动模式和整合构想，并转化为可操作的对策性方案以及具体的政策措施，逐步消除两岸经济交流的政策障碍，为促进两岸关系和平稳定发展和中华民族振兴服务。

海峡两岸经济关系研究的社会价值和经济效益在于：首先，有关两岸经济关系的发展动向和基本走势，可供中央对台经济决策参考，发挥对台研究和咨询服务的效益；其次，有关海峡两岸经济关系的分析数据和基本情况，可为国家宏观经济管理部门制定中国社会经济发展蓝图提供参考和依据；其三，有关两岸产业合作的具体情况和发展动态，可为商务部、中国人民银行、农业部、交通部等经济职能管理部门制定对台经贸、金融、农业、通航等政策提供决策依据；其四，有关两岸区域经济合作的基本内容与对策建议，可为地方政府扩大对台招商引资、发展区域经济提供咨询和参考；其五，有关微观层面的企业合作动态和产业发展信息，可为企业有效开展对台经贸交流与合作提供有益的参考资料，发挥咨询服务的社会和经济效益。

（三）关于研究角度和方向

海内外有关海峡两岸经济关系的研究成果陆
计，堪称丰硕，涉及内容也较为全面，且具有
部分研究比较侧重于对两岸经济交流现状的
究，即对发展进程和特点等现象着墨相对较多，
结不够，对未来走向与对策研究相对欠缺，对微
究也不够深入，具体的个案和实证研究更显不足，

上进行技术分析，又从理论上进行系统的阐述和全面论证，并以更高、更广的视角，从两岸关系良性互动和稳定发展、国家统一大业和中国和平崛起等深层次的问题进行观察和联系起来分析的成果。

海峡两岸经济关系研究应坚持理论与实践相结合的原则，不能满足于提出理论框架和对经济现象的简单分析，而应及时将理论运用于实践，积极为政府有关部门、社会乃至企业服务，为两岸经济关系的良性互动献计献策。因此，有必要把两岸经济关系研究提高到把握发展脉络、预测发展趋势、揭示发展规律的更高层次上，致力于探索实现两岸经济资源优化配置以及区域经济整合的可能模式，建立两岸经济合作机制，促进两岸经济交流朝有利于促进两岸关系稳定和区域经济繁荣的方向发展。

具体而言，研究方向应注重两岸经济关系发展规律和具体模式的探讨，既要建立分析两岸经济要素流动和配置关系的计量模型，从量化角度考察两岸经济关系的发展趋势和区域经济整合的可能模式，又要注重论述两岸政策变动和国际经济环境变化对经济关系的影响。关于理论分析与实证研究的关系、数量变动与政策效果的关系、大陆因素、台湾因素和国际因素三者之间的关系，都是两岸经济关系研究应兼顾和考虑的，也是要着重解决的关键性问题。

海峡两岸作为世界经济的重要成员，如何在严格遵守入世承诺的前提下，逐步建立和形成某种区域经济联系机制，推动两岸经济关系从初级层次的经济交流向高级层次的经济合作发展，促进两岸经济整合从功能性一体化向制度性一体化转化，是一个在理论上值得深入探讨和全面总结的课题。两岸区域经济整合进程的启动和推进，不仅在国际经济法上是完全可行的，即没有违反 WTO 的基本规则，而且相关法规和政策也基本上与国际惯例相符合。因此，有必要在研究两岸经济关系发展的基础上，提出在区域经济合作模式中，建立两岸经济合作新机制的观点，论证“两岸综合性经济合作协议”（CECA），论述两岸经济竞争与互补的关系，以利于海峡两岸加强经济互补、合作与整合，化解不必要的恶性竞争。总之，研究两岸经济关系，应从符合两岸同胞根本利益、有利于两岸经济共同发展的角度去思考和解决问题。

30 年来涉台经济研究的研究范式与方法演进*

——基于历年《台湾研究集刊》所发表论文的分类分析

王　华

经济学已被公认是社会科学中比较成熟的一门学科，较之其他社会科学，该学科更遵循科学研究的一般原则，① 以其近乎自然科学的严谨逻辑和研究方法成为社会科学中的显学。② 作为“经世济民”之学，基于严谨逻辑推理和经验检验的经济学理论，成为指导人类社会掌握客观经济规律、改善经济运行质量的重要依据，而可靠的研究方法也为全世界经济学家探讨不同理论的适用性与特定经济政策的有效性构筑了坚实的交流平台。

基于祖国大陆角度的涉台经济研究，属于经济学研究中的特定子域，必然也遵循经济研究的一般范式；而鉴于海峡两岸关系的特殊性，其具体研究范式与研究方法的演进，与祖国大陆主流经济学研究的演进趋势又难免表现出或多或少的疏离。但可以肯定的是，只有不断地推进研究的科学化，利用相关研究成果所进行的现实解读与决策制定才会尽可能地合理而有效；这一点对于推动两岸经贸交流合作的顺利开展以及对台工作政策的正确制定显得尤为重要。通过将涉台经济研究领域历年来的研究范式加以总结，对采用的研究方法加以分类梳理，有助于对该领域研究的成熟化和科学化路径有一个清晰了解。

创刊于 1983 年的《台湾研究集刊》（以下简称《集刊》），是祖国大陆最早的专门以台湾问题为研究对象的多学科学术刊物，亦成为涉台经济研究

---

* 本文原载于《台湾研究集刊》，2009 年第 3 期。

① 张树民：《中级微观经济学教程》，中国经济出版社，2006 年，第 2 页。

② 林毅夫：《论经济学方法》，北京大学出版社，2005 年，“总序”第 6 页，第 11 页。

的重要阵地。纵观近三十年来《集刊》中发表的台湾经济与两岸经贸类研究论文，为了解大陆涉台经济研究的进展提供了直观有效途径。本文首先对经济学领域的一般研究范式与方法加以分类说明，探讨不同范式方法的应用逻辑和适用条件；进而以历年《集刊》所发表的涉台经济研究类论文作为对象，对其中所采用的各种范式方法加以归纳比较，分析该领域近三十年来研究范式和方法的演进特征。

一、涉台经济研究的范式界定与方法分类

（一）研究范式的界定

本文借用美国科学哲学家托马斯·库恩在其著作《科学革命的结构》中提出的“范式（Paradigm）”一词，用以表示各时期的涉台经济研究文献在研究目标、内容结构、方法和规范等方面所体现的共性特征。严格来讲，本文中所谓“范式”的范畴要小于该词汇在库恩著作中的本义①，但并不影响本文意义的表达，亦应不会引起对术语的误解误用。

研究范式的确定，首先取决于研究内容。由对《集刊》中文献的检索归纳可知，伴随两岸关系由滞到通、由疏到密的转换历程，涉台经济研究的内容大体可分为政策/法规介绍、现状描述、制度/政策评价、问题剖析/原因/影响分析、趋势预测及前景展望、制度/模式的规划构建等诸多类型；与两岸经贸交流的现实要求相呼应，几类研究内容由表及里、由浅及深、由虚及实，在对于基础资料的掌握程度、内容结构的复杂程度以及研究方法的精确程度等方面的要求渐次提高。

各类研究内容的组合结构奠定了研究范式的基本形态。由于经济理论涉

---

① 范式指常规科学所赖以运作的理论基础和实践规范，是从事某一科学的研究者群体所共同遵从的世界观和行为方式，它包括三个方面的内容：共同的基本理论、观念和方法；共同的信念；某种自然观（包括形而上学假定）。范式的基本原则可以在本体论、认识论和方法论三个层次表现出来，分别回答的是事物存在的真实性问题、知者与被知者之间的关系问题以及研究方法的理论体系问题。这些理论和原则对特定的科学家共同体起规范的作用，协调他们对世界的看法以及他们的行为方式。

及对所要解释的经济现象背后的各种变量之间因果关系的逻辑体系[2]，因此对于不同内容组合结构的范式特征，可从逻辑体系的广度、深度与精度等三个方面加以诠释。逻辑广度是指研究内容结构中所涉及并行逻辑关系（如“A→B”、“C→D”）的数量；逻辑深度是指研究内容中串联逻辑关系（如“A→B→C”）的数量；逻辑精度则是指逻辑关系的唯一确定性，或是对其所进行检验论证的精确性与可靠性。总体而言，在论文篇幅既定的情况下，逻辑广度、逻辑深度与逻辑精度三者之间必然是互为消长的，即逻辑广度的拓宽、或者逻辑深度的掘进，必然要以逻辑精度的损耗为代价；前两者的关系亦是如此。

（二）研究方法的层次性

研究方法是决定研究范式的另一关键要素，是理论生成与创新的基本工具和必要途径。科学研究方法具有层次性，不同层次研究方法的抽象性和普适性不同。科学的研究方法可划分为三个层次①：即具有最高普适性的哲学方法（如从实际出发、实事求是、解放思想、开拓创新，用矛盾观点、联系和发展的观点分析问题等），适用于众多学科、具有较高普适性的一般方法（包括观察方法、实验方法、抽象方法、逻辑思维方法、假说方法、数学方法、系统方法等）以及个别学科领域的特殊方法和具体操作方法。

在经济研究领域，对于研究方法目前仍无明确的、得到统一公认的分层或分类体系。但仿照上述自然科学领域的研究方法层次体系，同样可将经济学研究方法加以分层。如理论联系实际、定性与定量相结合，或利用矛盾统一观点、联系和发展的观点分析问题等等，应当属于经济学研究中最抽象、具有最高普适性的哲学方法。具体到第二层次，可以认为，凡是有关信息资料搜集以及由其推导得出特定研究结论的途径和方法都属于该层次的方法，包括规范分析、文献归纳、理论演绎、逻辑推理、经验检验，以及近年流行的实验经济学方法，等等。第三层次则应是第二层次方法的具体应用，针对性更强、适用性更专。本文主要针对第二层次的研究方法展开讨论。

---

① 林德宏：《科技哲学十五讲》，北京大学出版社，2004 年版，第 178 – 180 页。

（三）研究方法的分类

研究方法的运用与研究内容密切关联，研究内容的结构决定了研究方法的深度和复杂性。

经济学研究中，除了传统的经济制度规范性评价和价值判断外，对于社会经济的历史变迁与现状描述，以及对经济现象的特征归纳，属于单一逻辑层次的研究（即不考虑经济现象或变量之间的逻辑关系），旨在说明“是什么”的问题。进一步，剖析存在的问题、分析经济现象产生的原因、作用机理及其影响后果，属于复合逻辑层次的研究（即需要考虑经济现象或变量之间的逻辑关系），旨在解释“为什么”的问题。而对预测未来发展趋势、提供政策建议，则是基于上游理论研究而做的合理推断，旨在建议“怎么办”的问题。

现代经济学研究范式下，理论研究主要集中于解答“为什么”的问题，即寻找可靠的理论来解释经济现象；对策研究则集中于解决“怎么办”的问题，即基于理论结论来构建可行而有效的对策集合；而对“是什么”问题的解答，只是作为理论研究或对策研究的必要前提基础。针对上述研究内容，研究方法由易及难、由浅及深大致可划分为数量描述分析、文献归纳、逻辑推理、计量模型检验等几种类型。以下作逐一说明。

1．数量描述分析方法

对于单一逻辑层次的研究（历史回顾、现状描述、特征归纳、问题揭示等）而言，数量描述分析是最为直接的方法；基于可获取的统计数据对经济现象的历史发展进程、水平和结构的数量描述与对比分析，提供了对经济现象的历史及现状的直观反映。但受制于统计数据在全面性和可获取性方面的缺陷，运用数量描述分析得出的结论往往也缺乏必要的系统性和深度。同时，由于仅停留在单一层次，无助于对事物发展机理的理解和预判；换言之，单一逻辑层次的数量描述分析无法揭示经济变量因果影响机理，因而仅提供了理论研究的基本素材，还无法实现理论研究的最终目标和任务。

2. 文献归纳方法

学术研究具有传承性，后人的研究都要以前人的研究成果作为基础，文献归纳①因而成为一种更为有效的理论生成方法。基于前人关于同类问题的研究和论述，从中归纳出逻辑自洽的、结构完整的观点体系，是这类研究的常用方法。与数量描述分析方法相比，文献归纳方法的结论可以更具系统性。但由于其逻辑结构取决于所参考文献的逻辑结构，如果仅针对单一逻辑层次文献进行归纳，则所得结论仍然停留于单一层次，仍无法实现理论研究的目标。同时，所参考文献由于发表周期以及引用时滞的影响，其结论的适用性与可靠性无法得到保证，基于文献归纳方法也无从检验相关结论，因而会影响归纳结论的可靠性。

3. 逻辑推理方法

科学知识必须是能用逻辑来证明的知识，逻辑证明和推论是获得科学知识的首要方法。在由单一逻辑层次研究向复合逻辑层次研究进化的过程中，对经济现象产生的原因、作用机理及其影响后果提供可靠的解释（简言之即因果关系研究），成为经济学研究的主要内容；而逻辑推理方法则成为主要的研究方法。该方法的运用可概括为基于特定经济理论进行推理演绎和类比分析（其前提是假设特定理论是合理的、普遍适用的）等；具体的逻辑推理工具则包括语言逻辑和数学逻辑。逻辑推理方法的局限性在于：无法验证逻辑前提假设是否符合现实情况；符合逻辑的推理结果（即理论）往往是多样化的，而各种理论之间可能存在不一致、甚至是矛盾之处，冲突的理论之间如果取舍，在该方法的框架内无法得以解决；逻辑结论往往只能揭示变量因果关系的方向，却无助于揭示因果关系发生的速度和影响程度。

4. 计量模型/经验检验方法

严格来说，计量模型方法只是经验检验方法的一种，但却已经成为经济学领域对事物之间因果关系进行经验研究检验的标准方法，并形成了经济学体系中的一门重要学科——计量经济学。计量模型估计结果有形而具体，对

① 此处所谓的“文献”，既包括学术研究文献，也包括媒体新闻报道评论等文字资料。

于全面、系统、深入地揭示经济作用机理提供了有效的工具。计量模型估计的前提条件是：以理论模型作为先导，只有基于严谨理论推导的计量模型才是可靠的；对于数据生成机制的假设和检验（简称为计量经济学检验），以保证估计方法的合宜性。如果忽视理论的特异性而盲目构建计量模型，或者忽略数据生成机制的复杂性而草率进行估计，则易于使研究结论导向科学性的反面，产生适得其反的结果。

二、各时期涉台经济研究的范式与方法

研究方便起见，本文抽取 1983－1987、1993－1997 和 2003－2007 年三个时间段中《台湾研究集刊》发表的经济类论文，对其研究范式和方法进行分类统计，用以分别代表 1980、1990 和 2000 年代涉台经济研究领域的范式与方法特性。

（一）1980 年代涉台经济研究的范式与方法

1980 年代，两岸恢复交流伊始，祖国大陆对台湾的了解甚少。这一时期涉台经济研究的任务首先是展现台湾经济的方方面面图景，介绍台湾经济发展的经验、具体政策措施，其次则是分析台湾经济发展中存在的问题及影响，或对其发展的趋势前景进行研判。

1983－1987 年间，《集刊》共发表经济类论文 91 篇，其中有 44 篇涉及对台湾经济发展模式、财政金融管理体制、土地改革、外资及美援的利用、科学园区建设、自由贸易区的设立、企业管理等方面的政策措施的介绍，占总数的 48.35%；49 篇涉及对台湾集团企业、（农业、纺织、煤炭、交通运输、旅游、信息等）产业发展、产业升级、对外经贸关系、财政货币政策、劳动力市场、城市化及企业管理等方面的发展历史回顾、现状描述及特征归纳，占总数的 53.85%。这两类研究逻辑深度较为扁平单一，基本不涉及逻辑推理，但需要较多地占有文献资料，为后续研究的开展则提供了丰富信息、奠定了良好基础。在此基础上，有 65 篇涉及对所描述现象中存在的问题、原因或影响的分析，占总数的

71.43%；25 篇则涉及对相关制度或政策的评价，占 27.47%；26 篇涉及对相关现象的发展趋势影响进行研判预测，占 28.57%。这三类研究的逻辑广度和深度都有所拓展，需要在文献分析的基础上进行一定程度的逻辑演绎。虽然是在研究初期，但已有文献涉及对战后台湾经济发展分期问题等研究概念的探讨，以及对发展经济学在涉台经济研究中的适用性问题等方法论的研究。

各类研究内容的分类统计结果如图 1 所示。

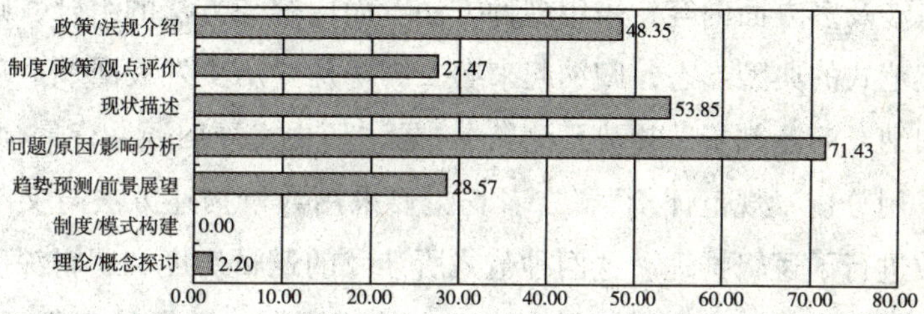

图 1　1980 年代涉台经济研究文献中的研究内容分类统计

与各类研究内容相适应，诸多文献在研究方法的采用上亦体现出关联性特点①。在对台湾经济性质的评价过程中，有 8 篇论文基于传统马克思主义政治经济学理论进行规范性评价，因其不涉及经济发展的具体表现，具有形而上学的特征，此处称之为价值判断方法，占总数的 8.79%。在政策介绍与现状描述中，数量描述分析方法提供了最直观的展现路径，运用此方法的论文数量达 44 篇，占 48.35%；而运用文献归纳方法的论文数量达 73 篇，占 80.22%，是研究方法中运用最普遍的方法。在分析预测研究中，逻辑推理方法得到一定运用，论文 10 篇，占 10.99%。另外，翻译的外文文献有 15 篇，占 16.48%；对基于第三者角度的涉台经济研究成果的引入，成为一种重要的方式。

各类研究方法的分类统计结果如图 2 所示。

① 需要说明的是，此处对于文献中所采用研究方法的界定分类，遵循两点准则：一是明确性，即所采用的方法可辨识；二是主体性，即贯穿论文主要架构，属于联结研究问题与研究结论的主要方法。在此准则下，存在着将论文中其他一些重要性不够突显的研究方法予以忽略的可能性。

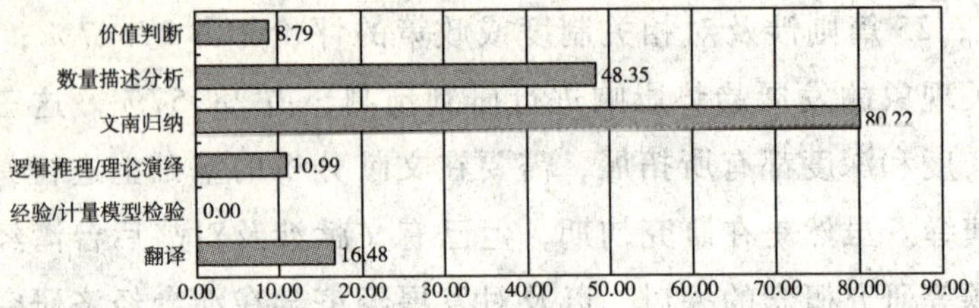

图2　1980年代涉台经济研究文献中的研究方法分类统计

需要说明的是，上述对于内容与方法的分类并不是互斥的，在同一篇论文中可以涉及多方面内容，采用多种方法。而内容与方法的组合，则形成该时期研究范式的典型形态，归纳起来有二：一是“历史发展回顾－现状描述－特征归纳－问题剖析－趋势预测”，二是“历史发展回顾－背景/原因分析－影响作用分析－规范评价”，二者均主要采用数量描述方法与文献归纳方法，少数进行了逻辑推理。这两种范式所涉及的逻辑广度和逻辑深度都很可观，提供的信息量非常丰富；但由于论文篇幅限制，逻辑精度则无法保证，即论文的论证结论或观点具有主观模糊性，论证过程的严谨性也有欠缺。

（二）1990年代涉台经济研究的范式与方法

进入1990年代，随着两岸经贸交流的公开化与频繁化，这一时期的涉台经济研究也开始转而对两岸交流与合作的相关方面予以更多关注；研究内容逐渐从描述介绍转向分析评价，并开始对相关政策、模式提出自己的见解和设想。

1993－1997年间，《集刊》共发表经济类论文84篇，其中有18篇涉及对台湾经济体制转换、财政金融宏观管理体系、产业政策、外贸政策的介绍，占总数的21.43%；37篇涉及对台湾民间投资、产业发展与产业升级、海峡两岸经济合作、对外投资（及其政策取向）等方面的现状描述及特征归纳，占总数的44.05%。绝对量和相对量都小于1980年代。涉及对所描述现象中存在的问题、原因或影响进行分析的论文达57篇，占总数的67.86%；涉及相关制度或政策予以评价的论文达27篇，占32.14%；二者合计略超过1980年代。涉及对相关现象的发展趋势影响进行研判预测的论文有26篇，占30.95%，也高于1980年代。与前相比非常突出的是，这一时期研究的回顾性有所收敛、前瞻性有所增强，进行制度构建、模式设想或政策建议的论文达9篇，占10.71%，主要是针对两岸区域合作或产业合作。涉及对台湾产业升级的界定及战后台湾经济发展的分期问题等研究概念进行探讨的论文达5篇，占5.95%。

各类研究内容的分类统计结果如图3所示。

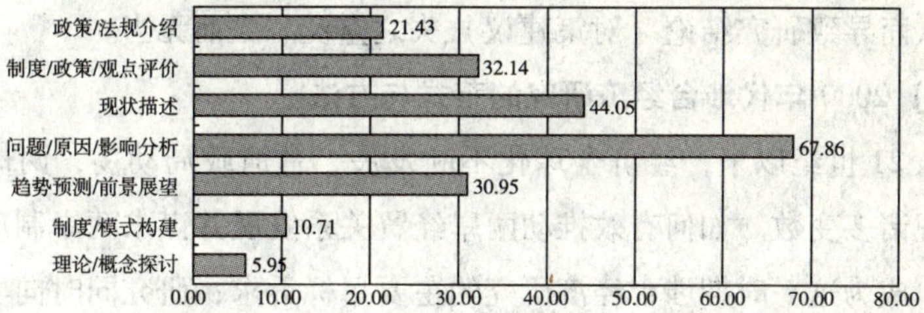

图3　1990年代涉台经济研究文献中的研究内容分类统计

在研究方法的采用上，采用数量描述分析方法的论文数量为13篇，占15.48%，较1980年代有较大下降。运用文献归纳方法的论文数量达63篇，占75%，亦略有下降。而逻辑推理方法的运用则有所加强，论文达18篇，占21.43%，较1980年代有较大增长，显现研究的深度不断得以强化。另外，翻译的外文文献有21篇，占25%，亦有一定增长。

各类研究方法的分类统计结果如图4所示。

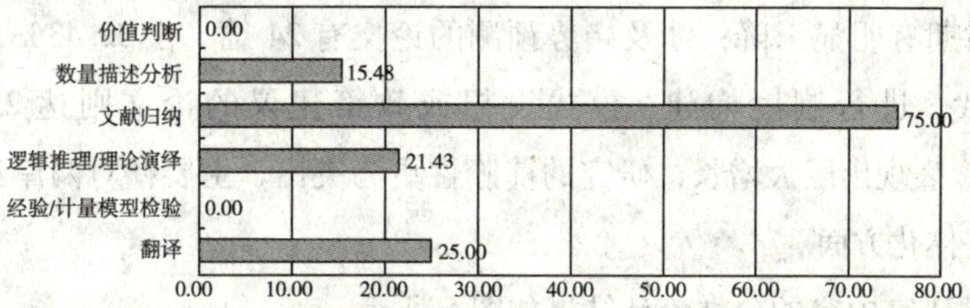

图4　1990年代涉台经济研究文献中的研究方法分类统计

除前述两种范式外，该时期研究范式的另一典型形态表现为“背景条件分析－问题剖析－制度规划/模式构建/政策建议”。该范式更为关注研究的实用性；相对于数量描述与文献归纳方法，也更为倚重逻辑推理或理论演绎方法的运用；其逻辑广度有所收缩，逻辑深度则有加强，逻辑精度也有一定提高。一般而言，经济对策的提出应具备三项条件，即合理性（符合理论逻辑）、可行性（满足现实预算约束）以及有效性（预算约束下的效果最大化）；同时，在局部（如某地区、部门或行业）符合条件的政策措施，还应确保不与整体中其他部分的政策产生冲突①。以此为参照可以发现，采用该范式的现有文献中易于出现两种失误倾向，一是仅关注对策建议的合理性而忽略对其可行性与有效性的考量，二是仅满足于局部规划的“美好蓝图”而无视与整体格局的冲突，从而导致研究结论（对策建议）失之空泛、大而无当。

（三）2000 年代涉台经济研究的范式与方法

进入 21 世纪以来，经济全球化不断发展，台湾政局动荡，两岸交流格局亦出现诸多变数。如何有效推动两岸经贸关系发展并谋求两岸制度性一体化合作，成为这一时期涉台经济研究的主要目标诉求；研究同时向实用性和理论性两个方向发展，既注重研究对于实践的指导意义，也开始引入主流经济学中的经验研究范式用于理论检验和创新。

2003－2007 年间，《集刊》共发表经济类论文 74 篇，涉及对台湾各方面政策介绍的论文已经减少至 8 篇，仅占总数的 12.16%；涉及对经济现象现状描述及特征归纳的论文篇数达 42 篇，占总数的 56.76%，仍略超前两时期。涉及对所描述现象中存在的问题、原因或影响进行分析的论文达 50 篇，占总数的 67.57%，与 1990 年代持平；涉及制度或政策评价的论文达 13 篇，占 17.57%，较前两时期有明显下降；涉及趋势预测的论文有 24 篇，占 32.43%，略高于 1990 年代。进行制度构建、模式设想或政策建议的论文则达 22 篇，占 29.73%，表现出巨大增长，研究的前瞻性更为突出，主要针对两岸经济合作与经济一体化方面。

各类研究内容的分类统计结果如图 5 所示。

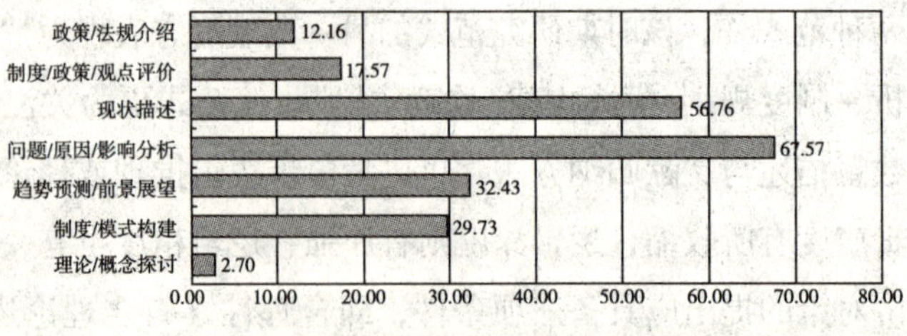

图 5　2000 年代涉台经济研究文献中的研究内容分类统计

① 若整体资源配置已达到帕累托最优，则政策或福利冲突往往是难以避免的。原载于《台湾研究集刊》，2009 年 3 期。

在研究方法的采用上，采用数量描述分析方法的论文数量为 17 篇，占 22.97%，高于 1990 年代，但仍远低于 1980 年代。而运用文献归纳方法的论文数量达 52 篇，占 70.27%，比 1990 年代进一步下降。逻辑推理与理论演绎方法得到更多运用，论文 40 篇，占 54.05%，相较前两时期增长非常显著，表明研究中更加注重逻辑严谨性。不仅如此，要避免语言逻辑表述的模糊性与多义性，就必须对论文的论述范围加以限定，对研究论证方法加以凝练；此时，经验检验方法的运用得到重视，经验研究论文达 7 篇，比重 9.46%。翻译的外文文献占 17.57%，虽低于 1990 年代，但仍占有相当比重。

各类研究方法的分类统计结果如图 6 所示。

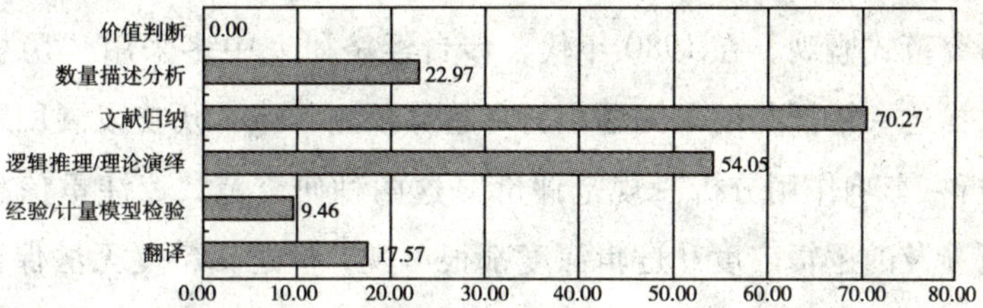

图 6　2000 年代涉台经济研究文献中的研究方法分类统计

该时期新出现的典型研究范式是基于计量模型的经验检验研究，其在逻辑广度和深度方面都有极大收缩，仅将重点置于对逻辑精度的保证上，因而研究方法的可复制性与研究结论的明确性得以改观。然而在另一方面，计量模型的构建须以理论模型为先导、且涉及对数据生成过程的诸多假设与检验，模型估计方法也易于向复杂方向进化。这些要素在现有文献中的考量仍显不足，同时对于指标数据的统计口径及其纵向可比性、时序长度等数据特征对模型估计可靠性的影响也缺乏必要讨论和处理，从而制约了经验检验结果对理论修正的可能性以及对于实践指导作用的发挥。

三、结论及启示

本文以 1983－1987、1993－1997 和 2003－2007 年三个时间段《台湾研究集刊》中发表的涉台经济研究类论文作为对象，对其中所采用的各种范式方法加以分类归纳比较，分析该领域近三十年来研究范式和方法的演进特征。结果表明，从1980年代到2000年代，基于祖国大陆角度的涉台经济研究表现出由浅入深的演进过程，具有与两岸经贸关系发展历程较为明显的关联性特征。随着两岸经贸关系的不断发展深化，涉台经济研究中关于政策/法规介绍以及制度/政策评价的比重逐渐下降，对于经济现象中存在的问题、原因或影响进行分析的比重也有所降低，而预测趋势/展望前景以及对未来的制度/模式进行规划构建的比重则不断上升。与此相适应，在研究方法方面，数量描述分析方法和文献归纳方法的采用比重逐渐降低，逻辑演绎的采用比重则迅速提高，近年来以计量模型分析为主的经验检验方法也得到运用。

以研究范式概观，在1980年代，涉台经济研究中多采用“历史发展回顾－现状描述－特征归纳－问题剖析－趋势预测”或“历史发展回顾－背景/原因分析－影响作用分析－规范评价”这两种研究范式，注重信息的丰富程度，所涉及的逻辑广度和逻辑深度都很可观，但逻辑精度无法保证。1990年代出现的另一典型研究范式是“背景条件分析－问题剖析－制度规划/模式构建/政策建议”，更为关注研究的实用性，其逻辑广度有所收缩，逻辑深度则有加强，逻辑精度也有一定提高。2000年代新出现的典型研究范式是基于计量模型的经验检验研究，其在逻辑广度和深度方面都有极大收缩，仅将重点置于对逻辑精度的保证上，因而使研究方法的可复制性与研究结论的明确性得以改观。

上述演进轨迹的形成，与涉台经济研究的学科特性有着密切关系，同时也在不断重塑后者的学科范畴。基于祖国大陆角度的涉台经济研究，其主旨在于系统了解台湾经济机制、借鉴其发展经验、探讨两岸经贸关系有序发展的机理与制度安排，因此侧重于回顾性、应用性与对策性研究；这决定了其初期的研究范式必然注重逻辑广度和深度，研究方法方面则较为倚重对统计数据和（台湾方面的）已有文献的利用与参考。随着研究基础的不断夯实，研究的前瞻性不断加强，理论研究的意涵有所凸显，此时研究范式转而注重逻辑精度，在研究方法上则开始强调逻辑性与可靠性。而鉴于各类研究范式和方法的运用易于出现诸多失误倾向，基于大陆角度的涉台经济研究领域在其理论体系的建构、研究范式的调整与研究方法的改进等方面都仍有很大的发展空间，有必要加强对主流经济学领域研究范式方法的借鉴。这一过程中，涉台经济研究的学科范畴必将不断得以拓展，成为应用性与理论性并重的研究领域。

另一方面，本文所归纳的各种研究范式和方法，虽然表现出不同的时间演进特征，但各自承担不同功能，分别从不同角度实现对涉台经济的研究，彼此互为补充，并不存在用一种范式（方法）完全取代另一种范式（方法）的可能性。相较于经济学理论知识更新速度之快、研究方法创新程度之巨，研究人员的知识结构则相对易于固化，因而通常只从事某一类范式和方法下的研究；此时各种范式之间即有必要建立一种传承机制，运用不同方法进行研究时也有必要相互参照。如果以产业供应链中的研发设计、生产、营销等环节的合作共赢作比喻，上述各种研究范式方法之间的合作必要性也不言自明——对策研究的合理性和有效性取决于理论研究的可靠性，理论逻辑的可靠性则需要经验研究的支持，而理论假设与经验检验的合宜性又依赖于对经济事实的准确把握。唯有如此，才能保障涉台经济研究脉络的有序传承，才有望实现涉台经济研究理论体系的有效建构，不断推进其研究的科学化进程，并充分发挥对现实的指导作用。